国家社会科学基金重大项目“国企混合所有制改革的实现路径选择研究”（20&ZD073）
中国国有企业研究院国有企业理论研究开放基金项目“国有企业的组织特性研究：混合组织理论视角”

ORGANIZATIONAL HYBRIDITY

组织混合化

视角、过程与展望

Perspectives，Processes，Promises

[英] 玛丽娅 · L. 贝沙罗夫（Marya L. Besharov）
[荷] 比约恩 · C. 米津内克（Bjoern C. Mitzinneck）◎主编
肖红军 阳 镇 商慧辰◎译

北京市版权局著作权合同登记：图字：01-2022-6048 号

图书在版编目（CIP）数据

组织混合化 ：视角、过程与展望 /（英）玛丽娅·L. 贝沙罗夫（Marya L. Besharov），（荷）比约恩·C. 米津内克（Bjoern C. Mitzinneck）主编 ；肖红军，阳镇，商慧辰译. -- 北京 ：经济管理出版社，2024. -- ISBN 978-7-5096-8901-1

Ⅰ. C936

中国国家版本馆 CIP 数据核字第 2024NC8287 号

组稿编辑：申桂萍
责任编辑：申桂萍
助理编辑：张　艺
责任印制：张莉琼
责任校对：陈　颖

出版发行：经济管理出版社
（北京市海淀区北蜂窝 8 号中雅大厦 A 座 11 层　100038）
网　　址：www. E-mp. com. cn
电　　话：（010）51915602
印　　刷：北京市海淀区唐家岭福利印刷厂
经　　销：新华书店
开　　本：720mm×1000mm/16
印　　张：20
字　　数：403 千字
版　　次：2024 年 10 月第 1 版　　2024 年 10 月第 1 次印刷
书　　号：ISBN 978-7-5096-8901-1
定　　价：98. 00 元

目　录

第一篇　混合型组织的多重理论视角

第二篇　混合型组织作为实证研究情景

第三篇　混合型组织研究的多层次和动态方法

第一章　混合型组织的异质性：结构、定位和动态方法*

摘要：随着复杂、棘手的社会问题不断增多，组织越来越多地采用新颖的方法来应对，这些方法跨越了多个制度领域，并将传统上不可能结合在一起的形式、身份和逻辑结合在一起，从而创造了混合型组织。学术界对混合型组织的研究也随之展开，并提出了多种方法界定混合型组织的概念内涵，以保持概念的清晰性和情境性。回顾和整合现有文献，我们认为，为了实现分析的严谨性和与现实世界的相关性，研究必须考虑混合性在组织结构、时间位势和制度嵌入方面的差异。我们开发了一个框架来表现这种异质性，并讨论了混合型组织研究的三个关键内容：利用多个理论视角、不同的实证研究情境以及采用多层次和动态的视角。

关键词：混合；制度逻辑；组织身份；类别；矛盾；异质性

一、引言

联系愈加紧密的世界和愈加复杂的社会问题对传统的组织实践提出了挑战（George et al.，2016）。气候变化、经济发展不平衡等问题需要不同利益相关者达成合作，以制定有效的应对措施（Montgomery et al.，2012；Wijen and Ansari，2007）。此外，还需要在多个层面上进行转型，包括从个人消费模式的转变到产业的系统性转型（Ferraro et al.，2015；Van Wijk et al.，2019）。作为对以上社会问题的回应，组织越来越多地跨越多个制度领域，将传统上不可能结合在一起的形式、身份和逻辑结合在一起，混合型组织由此产成（Battilana et al.，2017）。例如，可再生能源合作企业融合了市场、环境和社区逻辑（Huybrechts and

---

* Marya L. Besharov 和 Bjoern C. Mitzinneck；本章要感谢丛书编辑 Mike Lounsbury 的支持和意见反馈，感谢 Marc Ventresca 对本章早期版本的阅读和提出的发人深省的问题。

Haugh，2018；Mitzinneck and Besharov，2019），公私伙伴关系跨越了国家和市场逻辑（Hoffman et al.，2012；Jay，2013），共益企业（Gehman and Grimes，2017）、小额信贷组织（Battilana and Dorado，2010；Cobb et al.，2016；Zhao and Wry，2016）和社会企业（Battilana and Lee，2014；Smith and Besharov，2019）将社会福利和商业逻辑结合在一起。

随着混合现象在当代组织环境中越来越广泛和多样化，关于这一现象的学术研究也在不断扩展和演变（Mitzinneck and Greco，forthcoming）。对混合型组织的研究包含了各种理论视角，包括交易成本经济学的早期理论（e.g.，Williamson，1985，1991，1996）、网络形式（e.g.，Podolny and Page，1998；Powell，1990）、组织身份（e.g.，Albert and Whetten，1985；Foreman and Whetten，2002；Glynn，2000），以及最近关于制度逻辑（Battilana and Dorado，2010；Thornton et al.，2012）、组织形式（Battilana and Lee，2014；Tracey et al.，2011）和社会类别（e.g.，Wry et al.，2014）的研究。组织混合研究也涵盖了一系列实证研究情景。尽管近期某些研究将社会企业描述为理想的典型混合模式（Battilana and Lee，2014），但是研究发现，从制造业（Greenwood et al.，2011）到专业服务业或金融服务业（Smets et al.，2015；Smets et al.，2012），再到高等教育（Albert and Whetten，1985）、合作社企业（Foreman and Whetten，2002）、医疗保健领域（Reay and Hinings，2009）、艺术领域（Glynn，2000）以及非营利部门（Skelcher and Smith，2015）等都存在一定的混合性。事实上，对混合性的研究已经达到了这样的程度，怀疑论者可能会质疑这个概念的研究价值，因为许多组织都可以被定性为混合型组织。

本章总结了现有研究文献对混合型组织研究的最新进展，并探讨了组织混合的概念如何在分析上保持有用性，同时适应于各种各样的管理实践。为了实现分析的严谨性和与现实世界的相关性，研究必须考虑混合性在组织结构、时间位势和制度嵌入方面的异质性。本章制定了一个框架，包含了不同方面的异质性，并解释其与理解组织混合性的性质和后果的相关性；简要研究了学者应当如何研究混合型组织，并强调了三种关键方法，即利用多个理论视角、研究不同的实证研究情景以及采用多层次和动态的视角，我们将展示并举例说明这些方法，这有助于解开混合异质性的下一个研究议题。

二、混合的异质性

早期关于混合的研究倾向于将其视为二元性和短暂性的，将组织定性为混合

型组织或非混合型组织（e. g. , Albert and Whetten，1985），并将混合视为组织经过的一个阶段（e. g. , Haveman and Rao，1997）。然而，随着混合性研究的发展，学者提出了更为微妙的概念。最近的研究表明，组织混合的结构可以在多个维度上变化（e. g. , Battilana et al. , 2017；Besharov and Smith，2014）。研究还开始探索更为多样的时间和研究背景，探究组织混合如何持续并随着时间的推移而演变（e. g. , Dalpiaz et al. , 2016；Ramus et al. , 2017；Smith and Besharov，2019；Teelken，2015），以及它是如何形成和被制度环境塑造的（e. g. , Litrico and Besharov，2019；Reay and Hinings，2009；Wry and Zhao，2018；Zhao and Wry，2016）。在本节中，我们开发了一个框架，用于捕捉这种异质性并理解其含义。

（一）混合结构的变化

研究组织混合的异质性需要考虑混合结构变化的多个维度。第一个维度涉及混合组成元素的兼容性（Besharov and Smith，2014；Raynard，2016），也就是说，它们在多大程度上需要一致的或矛盾的认知和行动。最初的兼容性概念被视为静态的，但最近的研究表明，随着时间的推移，这一维度可能会发生变化（Ramus et al. , 2017）。此外，即使在单个时间点，相同的元素也可能同时是兼容和不兼容的，而且即使在一个时间点上，相同的元素也可能既兼容又不兼容。这种可能性在 Smith 和 Besharov（2019）对数字鸿沟数据（Digital Divide Data，DDD）企业的研究中得到了显著体现。DDD 是一家社会企业，旨在通过在 IT 服务企业就业，为低收入青年提供一条脱贫之路。通过企业来追求 DDD 的社会使命，为目标受益人提供了更有用的工作经验，这表明了兼容性，但也为企业带来了更高的培训成本，造成了不兼容性。

除了兼容性不同，第二个维度涉及组织混合的中心性。中心性是指组成要素被视为同等重要的程度，一个要素若占主导地位，另一个要素则发挥外围作用（Besharov and Smith，2014）。与兼容性一样，学者最初描述了相对静态的中心性，但最近的研究考虑了它如何随时间变化（Ramus et al. , 2017）。

第三个维度涉及混合结构中包含的组成元素数量也存在差异，即多样性。正如过去对混合性的研究回顾所指出的（Besharov and Smith，2014），大多数研究倾向于关注涉及两个组成元素的混合，通常是市场或商业元素与一些其他元素相结合，这些元素如果不是与市场冲突的话，则至少与市场不同。这种“市场—其他元素”二分法显著体现在社会企业（Battilana and Lee，2014）、非营利性商业化企业（Cooney，2006）和公共部门改革（Fossestøl et al. , 2015；Waring，2015）中。然而，混合性也可以将三种或三种以上传统上不同的元素结合在一起，如社区、宗教、专业、社会和环境逻辑与市场（商业）逻辑相结合（e. g. ,

Capellaro et al.，2020；Greenwood et al.，2010；Mitzinneck and Besharov，2019）。

第四个维度涉及混合的组成元素是如何构成的，即结构。许多现存的研究区分了整合型和分隔型的混合结构（Albert and Whetten，1985；Battilana et al.，2017；Besharov et al.，2019；Greenwood et al.，2011）。前者包括个人和子群体，以及组织实践和职能部门，都与杂糅的元素结合并混合，而后者只携带了一种元素［关于这两种类型的说明，参见 Ebrahim 等（2014）］。最近的研究表明，组织也可以将整合型和分隔型结构结合起来。例如，Smith 和 Besharov（2019）描述了 DDD 是如何表现出整合性的，领导者采用了结合社会福利与商业导向的认知框架，并通过不同的组织目标、指标和角色来区分社会福利和商业。事实上，研究表明，组织可以相对灵活地在其发展的结构中结合和重组整合型和分隔型结构（Battilana et al.，2015；Ramus et al.，2017）。

组织混合化的结构、情景与动态框架如图 1-1 所示。

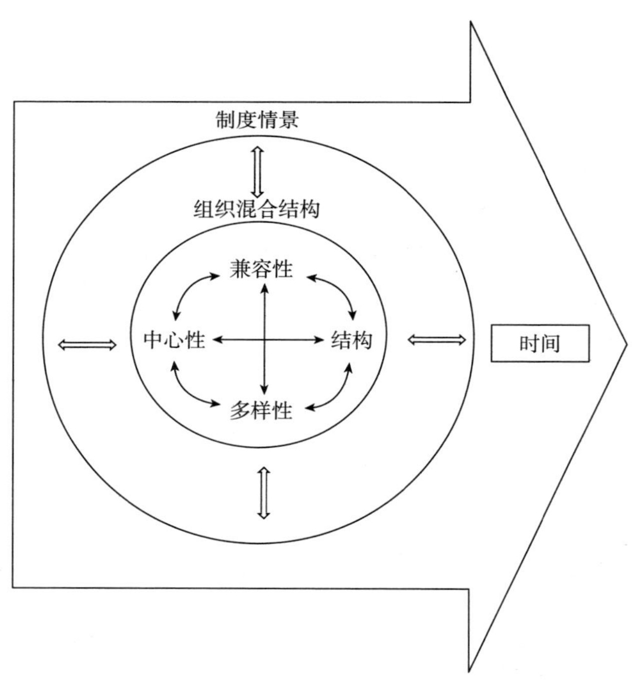

图 1-1　组织混合化的结构、情景与动态框架

图 1-1 中的四个维度不仅可以用于描述混合结构的精确性问题，而且对理解混合的后果产生了启示。例如，兼容性可以影响混合是否会在组成元素之间产生张力或提供协同机会。组成要素的相容性越低，它们之间出现紧张关系的可能性

越大。与此同时，中心性会影响混杂性的“黏性”，以及变化的速度和难度。例如，高中心性可能使领导者难以迅速改变战略方向或降低任何特定因素的优先级。相反地，当中心性较低且单一因素占主导地位时，组织更有可能拥有独特的行动指南，因此可能在其他条件相同的情况下更迅速地做出战略决策。

组成元素多样性导致的结果还存在模糊性。一方面，在做出战略决策或讨论行动方案的合理性时，更多的组成要素可能提供更多的选择和更高的灵活性（e. g. , McPherson and Sauder, 2013），多种因素在相互影响下共同导致的结果可能不同于单独产生的结果（Greenwood et al. , 2010）。随着多样性的提高，组织行动可能因此更具适应性，但也更难预测。另一方面，两个以上组成要素的存在可能造成不稳定性，使得组织难以管理（Capellaro et al. , 2020）。

元素组成结构可能会对混合型组织中的冲突风险和使命漂移产生影响。断层线更容易出现在分隔型结构中，从而增加了群体或者子群体之间发生冲突的可能性（e. g. , Glynn, 2000）。同时，分隔型混合可以让人们关注混合的每一个要素（Binder, 2007）。整合型结构不太容易发生冲突，因为对混合型的多个要素的共同责任和日常参与会激励组织成员找到合作的方式（e. g. , McPherson and Sauder, 2013; Smets et al. , 2012）。然而，由于没有专门的单位或个人代表和倡导混合型组织中的任何单一元素，导致非优先元素的中心性较低，并可能导致有意义的混合模式的消亡。Pache 和 Santos（2010）、Battilana 和 Dorado（2010）有关小额信贷组织背景下的研究注意到了这种风险。Besharov 等（2019）对社会企业背景下混合结构的现有工作进行了评估，认为整合型结构和分隔型结构的结合可以帮助组织应对各自的“纯类型”挑战。

（二）混合结构的相互依赖性

除了各自的含义外，上述维度相互影响和制约，共同影响组织混合的结构和结果。现有研究主要关注兼容性和中心性之间的相互作用，特别是 Besharov 和 Smith（2014）的研究认为，组织层面低兼容性和高中心性结合的内部冲突水平最高，然后是低兼容性和低中心性、高兼容性和高中心性，最后是高兼容性和低中心性。

其他维度之间的相互关系可能也很重要，但迄今为止的探讨仍然较少。首先，元素多样性可能进一步制约或增强中心性和兼容性的作用。例如，与三个或三个以上组成元素的混合创造了中心性层级的可能性，而不仅仅是平衡或“中心—外围”二分法。这会使缓和冲突变得复杂，因为不同元素的支持者可能不仅在一条断层线上存在分歧，还在多条断层线上存在分歧。此外，高层次的多样性也会对兼容性产生影响，因为混合元素的需求可能不仅在它们彼此的一致性方面存在差异，而且在组合和共同处理这些元素的难易程度方面也有所不同（Mitzinneck and Besharov，2019）。这反过来会影响不同元素支持者之间“结盟”或“休战”的可能性，以及管理元素之间紧张关系的容易程度。

其次，混合结构的差异可能对兼容性和中心性也有影响。例如，当兼容性和中心性较低时，分隔型结构可能更常见，因为结构分离可以促进资源和注意力的差异分配，并使组织可以避免直接面对混合元素之间的不一致性。然而，这种趋势可能进一步增强产生冲突的可能性，因为每个元素的代表都在争夺控制权（Battilana and Dorado，2010；Glynn，2000）。相比之下，整合型结构可能有助于确保对所有要素的注意力和资源的均衡分配，这表明元素之间可能存在高度集中的关联性。然而，整合和高度集中的结合使得组织在混合化要素出现时，没有每个要素的特有支持性代表，也没有明确的决策指南，且如果只有一个要素一直受到青睐，那么可能导致中心地位的转变。

多样性和结构本身可能相互作用。当分隔型结构和整合型结构仅涉及两个要素时，则相对简单，这一直是过去组织混合研究的重点。然而，当多样性较复杂时，这两种类型的管理模式可能更具有挑战性。例如，Capellaro 等（2020）在研究中讲述了意大利一家医院“三联”结构的不稳定性和最终失效。对具有多重身份的个体（e. g. ，Ramarajan，2014）和具有两种以上逻辑的领域的研究（e. g. ，Jones et al. ，2012；Jones and Thornton，2005），可以帮助解决其他层次分析中的类似问题，并为打开这些可能性的黑箱提供起点。

（三）混合结构的情景嵌入

理解组织混合的性质和结果不仅取决于如何理解其结构的多个维度，还取决于如何理解其历史和未来，以及其所处的制度环境。组织层面的现有研究往往侧重于较为新颖的形式混合和混合组织的早期生命阶段，而对一些已经较为成熟的混合型组织的研究较少。然而，作为混合型组织直接创办的或具有长期组合多种元素历史的组织，如家族企业（Whetten et al. ，2014）或宗教大学（Albert and Whetten，1985），与那些混合性仍在兴起且尚未确立的领域如开展商业投资的慈善机构（Litrico and Besharov，2019）或建立管理主义的公共部门组织（Teelken，2015）相比，可能面临不同的挑战和机遇。

当一个组织中存在混合化时，可能有助于提高对变化的开放性，以及对多种要素如何组合进行试验的意愿或能力，并进一步随着时间的推移进行学习和适应（Smith and Besharov，2019）。然而，新型混合模式也可能伴随着关于将传统上不同的元素组合在一起是否合适的问题。混合的历史越短，就如何构建和优先考虑多个元素以及找到管理它们之间紧张关系的方法达成共识的机会就越少。相比之

下，具有较长的混合历史可以在利益相关者中获取更强的合法性，并可能有助于组织发展内部机制和惯例，以缓解紧张局势，实现多要素的协同效应（Smets et al.，2015）例如，家居用品制造商 Alessi 30 年来将工业制造和文化生产相结合，在收藏家之中赢得了独特的声誉，并保持了竞争优势（Dalpiaz et al.，2016；Rindova et al.，2011）。类似地，创新和护理逻辑的结合在现代研究型医院中越来越成熟，推动了治疗的改进（Miller and French，2016）。然而，具有长期的混合历史也可能使组织更难改变混合的配置组合方式（Hannan and Freeman，1984），抑制大胆的实验和对混合的适应。

制度环境的不同对组织混合化及其结果也具有影响。现有研究已经注意到组织场域总体上存在许多维度（Greenwood et al.，2011；Zietsma et al.，2017），包括碎片化、集中化、成熟度和制度基础设施的程度。不同场域在多个制度要素的优先顺序和结构方面的差异，以及这种要素多样性在多大程度上得到确立（而不是不确定和有争议的）对理解组织混合性至关重要（Raynard，2016）。随着时间的推移，各场域内也存在相关差异，包括多个要素的数量和优先顺序的变化，以及这些要素确定程度和未确定程度的变化。例如，在北美风能场域，节约和生态化逻辑之间的初始冲突最终解决，并产生了新的混合逻辑（York et al.，2016）。此外，场域内的变化可能是周期性的，而不仅仅是线性的（Dunn and Jones，2010；Goodrick and Reay，2011）。例如，制药企业内场域在冲突阶段和相对稳定阶段之间摇摆不定，冲突阶段的特点体现在对多种逻辑的兼容性和优先顺序的争议加剧，而相对稳定阶段的特点是每种逻辑的代表之间的“休战”（Nicolini et al.，2016）。

关注这些场域内和场域间的差异有助于揭示组织混合的本质和含义。例如，当在场域层面突然出现新型混合模式时，它会引起更多的争议（Raynard，2016），在利益相关者的眼中，组织可能经历非法折扣或较低的质量感知（Hsu，2006；Zuckerman，1999）。随着混合越来越成熟，这种挑战可能会减少（Glynn et al.，2000）。这一动态过程在社会企业和小额信贷领域表现十分明显，随着时间的推移，市场和社会福利逻辑的结合已经相对成熟（Smith and Besharov，2019），而随着混合性在场域层级上变得更加稳定，特定混合结构出现的次数也可能发生变化（Litrico and Besharov，2019）。例如，在可再生能源领域，随着网络组织召集外地与会者并统一意见，一体化合作结构在欧洲越来越普遍（Huybrechts and Haugh，2018）。

这些时间和制度上的差异强调了混合型组织的结构不仅是异质的，而且是可塑的。在某些时间点和某些制度环境中，混合化可能特别容易受到影响，从而使组织领导人在要素和相关活动的数量、优先顺序和制定方面拥有更大的自由裁量权。这些选择不仅会影响混合的结构，还会影响混合的意义，因为领导者会组织和管理多个要素之间的紧张关系，或者利用协同效应来加强创新和影响（Ashforth and Reinge，2014；Battilana and Dorado，2010；Besharov，2014；Glynn，2000；Jay，2013；Smith and Besharov，2019）。

三、研究混合的异质性：三个关键方法

本章框架中描述的混合的异质性对研究设计和分析具有重要意义。最根本的是，它提出了如何选择和界定一个案例进行调查的问题（Ragin and Becker，1992），以及在分析案例时可以利用哪些理论视角。特定的理论视角可能比其他视角更适合理解混合的某些维度。同样地，不同的情景可能或多或少地与阐明混合的特定维度和混合化的结构相关。此外，调查混合元素构型的不同维度之间的相互作用，以及它们的制度嵌入性，可能需要跨层次的分析和时间周期分析。在本节中，我们将探讨如何通过利用多个理论视角、考察不同的实证研究情景以及采用多层次和动态的视角来解决这些问题，并用示例说明每种方法，表 1-1 提供了总结。

表 1-1　本书各章概述及研究方法

章	概要	理论视角	实证研究情景	分析层级	随时间变化
第二章	**中心论点** 从逻辑视角研究混合性具有较强分析力度，但也存在过度使用或误用的风险 **新的视角或贡献** ·如何使用逻辑作为元理论和工具来进行理论发展 ·这一元理论是如何帮助学者跨越多个分析层次的	制度逻辑	NA	个体层面、组织层面	—
第三章	**中心论点** 随着时间的推移，混合身份的制度化可以改变混合实体内部紧张和外部冲突 **新的视角或贡献** ·混合身份制度化的认知、规范和监管路径框架 ·在混合型组织不同生命阶段考虑混合的价值	组织身份和制度逻辑、组织类别理论	NA	组织层面、场域层面	√

续表

章	概要	理论视角	实证研究情景	分析层级	随时间变化
第四章	**中心论点** 组织的受益人可能具有多维价值偏好，因此倾向于支持组织混合 **新的视角或贡献** ·外部受众可能会倾向于使用启发式方法来评估混合性 ·外部受众使用的启发式方法的变化可以塑造混合型组织在场域中的竞争地位	组织类别理论、判断和决策（启发式方法）	小额信贷和全球投资	个体、组织和场域层面	√
第五章	**中心论点** 将动态平衡法和永久辩证法相结合的悖论研究方法对研究混合性具有重要价值 **新的视角或贡献** ·从悖论视角如何关注动态过程、冲突和权力在混合型组织中的作用 ·在一个理论视角内结合多种方法的优点	悖论理论	NA	组织层面	√
第六章	**中心论点** 四种商业可持续性混合模式（基于商业可持续性整合及自主性变化） **新的视角或贡献** ·不同混合结构的含义以及不同情境因素下的优势和挑战 ·多元素整合型混合可能最终只保留一种元素作为主导元素，而分隔型混合可以允许每个元素发挥价值以及自主权	组织形式、悖论理论	全球商业可持续	组织层面	√
第七章	**中心论点** 受创始人及其父母的工作经验影响，形成混合型（与纯粹的）社会企业 **新的视角或贡献** ·混合型社会企业出现过程受个体生活历史的作用，而非仅仅受制度和背景因素的影响 ·建立新的定量数据集研究新的混合场域	组织形式、印记	美国新社会企业	个体层面、组织层面	√

续表

章	概要	理论视角	实证研究情景	分析层级	随时间变化
第八章	**中心论点** 混合型组织可以通过平衡内外部稳定性与变化的实践来应对新颖性责任 **新的视角或贡献** · 新颖性责任涉及既不被理解也难以接受的挑战 · 它在制度和时间上都具有依赖性，当任务的实质内容和组织形式都涉及新的组合时，它可能会得到增强	组织形式、制度逻辑	德国宗教社会孵化器	组织层面	—
第九章	**中心论点** 为充分理解混合型社会企业，需要考虑其制度安排，这在不同的社会问题领域和国家背景下是不同的 **新的视角和贡献** · 组织混合性的机会与挑战视问题场域而异 · 对这些不同的挑战和机遇的响应体现在组织和其他场域层次不同的治理安排中	组织形式、制度逻辑	跨越三个欧洲国家和社会问题的社会企业	组织层面、场域层面（问题场域）	—
第十章	**中心论点** 组织混合性可以转向更大程度地集成一体化以应对日益增加的环境复杂性 **新的视角或贡献** · 权力垂直转移和任务水平转移的结构变化如何降低复杂性并促进整合 · 随着时间的推移，权力的变化既是混合化的动力，也是混合化的结果	制度逻辑	意大利财政警察	组织层面、场域层面	√
第十一章	**中心论点** 混合代理的四种机制可以使组织实现逻辑组合用于规避场域规范和监管框架 **新的视角或贡献** · 场域层面的规范和监管变化如何为混合型组织带来挑战和机遇 · 混合型组织如何利用各种组织形式应对这些变化，并保持其运营的合法性	制度逻辑、组织形式	美国庇护车间	组织层面、场域层面	√

续表

章	概要	理论视角	实证研究情景	分析层级	随时间变化
第十二章	**中心论点** 场域内地位强势的行为人可以制定场域协议，从而约束管理混合性的组织的选择 **新的视角或贡献** ·场域内的角色可以通过资源控制、逻辑去合法化、话语权控制以及评价标准影响组织的混合性 ·一线员工可以通过操纵混合性维度来参与对抗	制度逻辑、权利与政治	加拿大艾伯塔省戒毒中心	组织层面、场域层面	√
第十三章	**中心论点** 场域条件会影响混合型组织的合法性 **新的视角或贡献** ·建立了将场域成熟度、混合流行性与组织合法性认知建立起来的机制 ·场域环境对组织合法性既有消极影响也有积极影响	制度逻辑、合法性	社会企业、影响投资与全球小额信贷组织	组织层面、场域层面	√

（一）多重理论视角的绘制

尽管当代混合性研究通常与制度逻辑视角相关（Thornton et al.，2012），但是当人们考虑跨社会学、组织理论和公共管理等相邻学科的混合性研究时，一些其他理论视角也会出现（Battilana et al.，2017）。例如，一些以往的研究借鉴了组织形式（Powell，1990）和组织身份（Albert and Whetten，1985），一些较新的研究采用了悖论（Smith and Lewis，2011）和社会类别（Durand et al.，2017）的视角。不同的理论视角在阐明混合的异质性方面提供了互补的优势。例如，组织形式视角有助于考虑混合结构，而制度逻辑视角则能很好地适应更高层次的多样性。以意义建构为中心的身份视角可能特别适合研究混合型组织的中心性，而悖论理论为探索兼容性提供了有用的概念工具。

本书更详细地说明了这些可能性，并呼吁我们重新审视混合研究中的一些核心理论视角。总的来说，要求在理论视角之间（有时也在理论视角内部）进行更多的整合，以促进新概念见解的持续发展。Pache 和 Thornton 将重点放在制度逻辑上，解释了这种占主导地位的视角如何继续推动混合研究，但对制度逻辑视角的过度使用提出了警告。他们对未来的研究提出了四点挑战和建议：第一，制度逻辑本身就是一种元理论，这意味着它制约着其他理论，而并非单独运作。因此，它可以结合并用于进一步细化较低层次的理论，如社会范畴、组织身份或悖论理论，以有力地解释混合现象。第二，Pache 和 Thornton 敦促我们仔细考虑这样的理论混合，以便在混合研究的初期萌芽到中间阶段的过程中巩固认识和积累知识（Edmondson and Mcmanus，2007）。第三，他们展示了制度逻辑元理论如何穿越分析层面，并在个体层面的分析研究中具有相当大的潜力。第四，观察并鼓励在更加多样化的环境中进行研究，特别强调探索其他混合形式的前景，如跨部门伙伴关系和非正式合作。作为一个整体，他们的论述挑战了关于混合性的制度逻辑研究的常见见解，并确定了研究进一步发展的多种路径。

通过对类别研究的反思，Wry 和 Durand 观察到，混合一直是该领域学者关注的焦点。这要求我们重新探究受众如何对组织进行分类的隐含假设，他们建议将启发式研究整合到类别文献中，以建立混合分类过程的更有力解释。受众可能会重视混合型，因为他们欣赏价值的多个维度和多种类型的效用，如商业、社会或环境影响。然而，与内部组织成员相比，外部受众（如投资者）不太可能参与解决混合固有的紧张关系这一认知问题。相反地，他们可能依赖启发式来分类和评估混合。基于这一观点，Wry 和 Durand 的研究主要包括如何将前人关于满意度、语义偏好和类别消除的研究整合到类别研究中，以推进混合分类过程的理论研究。在此过程中，他们展示了以前与混合性无关的概念（如启发式决策的形式）如何有助于加强现有的理论传统（如类别），并更好地捕获混合异质性的维度。本章还说明了分类过程多样性的含义，指出受众可能同时嵌入多个逻辑中，并说明这如何使寻求多维价值生成的组织的分类复杂化。通过这种方式，第二章提供了一个令人信服的示范，说明制度逻辑理论如何作为一个较低层次理论（如分类理论）的条件元理论。

从对组织身份和混合研究的回顾开始，Glynn 等结合了制度化的考虑，从组织身份的角度为混合研究提供了新的见解和未来的研究方向。虽然身份视角是组织混合研究的基础，但是近年来学者已将其作为背景。与哀叹这一趋势截然相反，Glynn 等强调了将身份理论与其他理论视角特别是制度逻辑视角相结合的价值，以指导对混合化不足方面的研究。特别地，他们的研究表明，现有研究对组织生命周期后期的混合性几乎没有深入探究。虽然混合最初可能涉及相互冲突的身份要素，并且这些要素的组合似乎是非传统的，但是 Glynn 等解释了合法化过程，即如何使混合随着时间的推移而被接受和制度化。他们认为，随着制度场域的接触，从复杂的制度环境中提取的身份要素的某些组合变得理所当然，尽管它们具有冲突的潜在性，这是调节内部紧张和外部评估的认知、规范和监管制度化的过程。第三章展示了身份和制度理论之间的理论整合如何有助于将混合性和新

的研究方向结合起来。

Smith 和 Cunha 撰写的内容展示了悖论视角如何为组织混合的几个方面提供新的见解。回顾悖论理论的演变，他们区分了两种方法，即动态平衡法和永久辩证法，它们结合起来为混合研究提供了有用的概念工具。动态平衡方法强调相对永久性极点的振荡和平衡（如商业和社会影响）。相比之下，永久辩证法强调的是一种行为的倾向，即引发一种反应，造成持续和生成性的冲突，随着时间的推移，这种冲突可能会形成两极［如社会企业试图增加利润，引发对供应商价格公平性的考虑，导致（重新）评估价格制定标准］。Smith 和 Cunha 认为，将这两种方法结合起来可以使人们注意到混合的各个方面，这些方面相对来说还没有得到充分的探索，也没有得到其他理论的较好解释。特别地，我们应该考虑混合组织构成要素之间的相互依赖性（而不仅仅是矛盾），构成要素之间潜在的永久性紧张关系，接受而不是"解决"这些紧张关系的长期方法的价值，以及组成元素随着时间变化（而不是保持稳定）的可能性。因此，他们提供了一个新的视角来重新考虑上面所说的兼容性维度。作为一个整体，第五章体现了应用一个更动态的视角来研究混合性的价值，并使学者对组织混合性中的过程、权力和（生产性）冲突更加敏感。

（二）考察不同的实证研究情景

鉴于混合在组织结构、时间和制度上的异质性，不同的实证研究情景有可能揭示其混合化和混合结果。对经过充分研究的背景进行重新聚焦的调查，结合对以前未经审查的实证研究情景的研究，有助于更全面地理解混合的异质性表现。例如，大型企业的企业社会责任方面的举措可能有助于揭示共低中心性，而不仅追求双重使命还追求其他组织形式的组织，如可再生能源合作社（Mitzinneck and Besharov，2019），可以揭示其更高程度的多样性。研究长期存在的混合模式，如医疗保健（Pratt and Rafaeli，1997；Reay and Hinings，2009）、艺术（Glynn，2000；Townley，2002；Maitlis，2005）以及高等教育（Bertels and Lawrence，2016；Kraatz et al.，2010）组织，可能有助于揭示当混合性在组织和制度上得到确立时产生的动态过程。相反地，研究发起商业活动的慈善机构（Litrico and Besharov，2019）或结合市场逻辑的公共部门组织（Polzer et al.，2016；Denis et al.，2017）可以揭示新生混合型组织的挑战和机遇。正如这些案例所揭示的，新的认识发展机会不一定基于一个组织、行业或领域的实质性活动（如社会企业、专业服务、家族企业、保健和生物技术）。相反地，它们取决于混合性在兼容性、中心性、多样性和结构方面的特殊组成配置，以及时间和制度嵌入性等方面。

本书还展现了在不同的实证研究情景下检验混合化的价值。首先，Hahn 展示了如何在商业可持续性的背景下考虑混合性，为相关领域的研究提供了新的见解。当企业同时解决经济、生态和社会问题时，它们将不同的身份、逻辑和组织形式结合在一起，从而创造出混合性。然而，企业实施业务可持续性的方式存在差异，Hahn 从两个维度描述了这一点：一是“整合”，即可持续性在多大程度上融入组织核心，并在结构上与业务活动整合，体现上述的中心性和混合结构维度的各个方面；二是“自主性”，这是指是否将可持续性本身视为一种目的，或仅在其增强业务目标的程度上予以重视和追求。将这两个维度结合起来考虑，会产生四种类型的商业可持续性混合——仪式性、偶然性、外围性和全面性。这种分类会产生几个有趣的结论。例如，在企业可持续发展的背景下，仪式性混合可能会增强合法性，而现有研究通常认为混合将会削弱组织合法性。此外，商业可持续性的案例为混合构型的性质和优点提供了更为复杂的说明。例如，多个要素的整合型混合可能是局部和选择性的，将一个要素保留为主要要素（对其他要素不利），而分隔型混合可能允许更多的自主性，从而使每个要素都得到充分重视，并且在追求要素目标时不受约束。更一般地，第六章根据实证研究情景说明了特定混合型组织结构的含义以及它们的优势和挑战如何。与此同时，还扩展了商业可持续性研究的领域，将企业纳入可持续性关注点的多种方式，而不仅仅是可持续性的商业案例。

本书的其他章节展示了对社会企业的研究如何继续为混合异质性的性质和含义提供新的见解。他们通过选择情境因素和使用研究方法来做到这一点，这些研究方法使得我们可以研究混合的特定维度及其时间和制度背景中尚未被充分理解的方面。Lee 和 Battilana 利用一个关于新兴社会企业及其创始人的独特数据集，研究个人生活史和先前经历在混合型组织出现中的作用。他们开发并测试了创业者先前的营利性工作经验和父母的营利性工作经验对创业选择的影响的假设。他们的分析表明，当至少有一位家长有营利性工作经验时，以及当他们自己有营利性工作经验时，创始人更有可能创办混合性社会企业。同样根据假设，创始人的商业工作经验的边际效应随着经验的延长而减少，这一发现可以用初始工作社会化相对更强的锚定效应来解释。第七章对组织混合的产生提供了新的见解，强调了个人生活史的作用，而不仅仅是制度和背景因素（Defourny and Nyssens, 2006；Kerlin, 2006；Maier et al., 2016；Litrico and Besharov, 2019）。学者可以通过考虑个人和组织层面因素之间的关系，利用额外的理论视角（印记）来解释这些层面之间的关系。利用一个新的定量数据集，除了组织特征外，还可以记录生活史信息，从而对混合性的动态进行推断。这三个特性都代表了对混合性生成新视角有价值的方法，即使在经过充分研究的混合模式中也存在价值。

Gümüsay 和 Smets 撰写的第八章阐明了社会企业的背景如何帮助我们理解更

高层次的多样性以及在混合模式的合法性尚未确立的情况下理解混合性。基于对德国孵化器（Incubate）案例的深入研究，他们发现，当混合性在特定的时间和社会文化背景下，不仅在组织上而且在制度上都是新的模式时，“新颖性责任”就会出现。正如 Gümüsay 和 Smets（2020）所指出的那样，这种“新颖性责任”由于缺乏认知理解和缺乏规范接受而分别带来了描述性和评估性的挑战。此外，当一个组织的实质性目标和追求这些目标的组织形式都出现混合时，这些挑战就会加剧。例如，孵化公司采用了一种跨越三种逻辑的使命，即宗教、社区和市场，为了实现这一使命，它将数字和模拟组织模式相结合。Gümüsay 和 Smets（2020）进一步利用孵化案例来展示组织如何通过平衡内部和外部稳定性和变化的实践，来应对与“新颖性责任”相关的挑战。例如，Incubate 寻求促进内部一致性和外部一致性来创造稳定，同时努力使内部结构和实践、外部期望和关系与其混合使命和组织形式相结合。总的来说，这一章提供了一个令人信服的案例，说明了当混合性涉及复杂多样性并跨越组织形式和实质时混合结构的情景依赖性及其混合结果。

Mair 和 Rathert 撰写的第九章探讨了制度环境在塑造社会企业所面临的挑战和机遇中的作用，以及它们采取的应对策略和实践。作为使用市场机制解决社会问题的组织，社会企业在市场中为实现公共目的而进行商业运作，包括一系列“解决有关公共利益的社会问题的私人和公共努力”（Mair，2020）。Mair 和 Rathert 认为，这些市场的性质，以及相应的社会企业治理和组织实践的性质，取决于所涉及的社会问题领域，包括所服务的受益人的类型、关于该问题的公共话语的性质、它作为一个问题被接受的程度以及用于解决该问题的组织类型和治理机制。为了说明社会问题如何影响社会企业的治理和组织实践，Mair 和 Rathert 利用了来自德国、英国和瑞典的调查数据，这些数据是作为“社会企业家精神促进更具包容性和创新性社会”（SEFORIS）项目的一部分进行收集的。探索性分析指出，不同国家和问题领域，社会企业所感知的机遇和挑战以及所选择的法律形式存在差异，这些差异在竞争的水平和类型以及特定法律形式的集中和主导地位方面有所不同。除了说明混合配置的性质和后果如何取决于其嵌入的环境外，这一章还提供了一种基于社会企业寻求解决社会问题的以问题为中心的方法。

（三）采用多层次、动态的视角

复杂的社会问题需要多层次的反应（Ferraro et al.，2015；Van Wijk et al.，2019），因此混合性表现在多个层次上并不令人奇怪。个体混合不同的身份、角色和逻辑（Mcgivern et al.，2015；McPherson and Sauder，2013；Pache and Santos，2013b；Smets et al.，2015），组织通常混合不同的形式和身份（Battilana and Dorado，2010；Besharov and Smith，2014；Gümüsay et al.，2020；Jay，2013；Pache and Santos，2010，2013；Smith and Besharov，2019），场域则混合多种制度逻辑（Greenwood et al.，2011；Lounsbury，2007；Reay and Hinings，2009）。此外，这些不同层次上的混合是相互关联的，在个人和组织（McPherson and Sauder，2013；Pache and Santos，2013）、个人和场域（Ansari et al.，2013；Tracey et al.，2011）以及组织和场域（Wry and Zhao，2018；Zhao and Wry，2016）之间相互影响。无论是在不同层级内部还是跨层级，随着个人、组织和场域的发展，混合化也会随着时间的推移而变化（Albert and Whetten，1985；Haveman and Rao，1997；Litrico et al.，2019；Rao et al.，2003）。多层次和动态的视角可以提供对这些过程和关系的洞察，有助于更全面地理解组织混合是如何随着时间的推移出现和演变的，以及它是如何嵌入特定的制度环境中的。

本书第十章体现了这一潜力。首先，Ramus 等对意大利财政警察（GdF）自 1862 年成立以来混合性演化的分析，显示了混合结构在组织层面的转变，以响应日益增加的环境复杂性。GdF 将公共财政逻辑与军事逻辑结合在一起，最初在高级领导人中有一种不同的配置，军事官员和公务员被划分成不同的角色。然而，它在较低级别上有一个集成的结构，因为操作任务由财政官员处理，将这两种逻辑结合在一起。在它 150 多年的历史中，GdF 在整个组织中朝着一个集成的结构发展，财政官员在纵向和横向上都获得了权力。Ramus 等确定了促成这一转变的四种内部结构变化机制，即向上垂直整合、向下垂直整合、横向整合任务扩展和横向整合能力扩展，并展示这些机制如何在四个历史阶段运行。基于丰富的历史分析，他们提出了一个模型，描述了组织混合的多样性和结构如何随着环境复杂性的增加而发生变化。他们的分析还揭示了混合的政治动态，不仅包括适应外部需求的压力，还包括来自低层组织成员的努力，以提高他们的自治程度和权威。

Dorado 撰写的第十一章同样关注混合化的组织结构与不断变化的场域条件之间的关系。Dorado 的经验背景是庇护车间，即将社会和商业逻辑结合起来为残疾人提供就业机会的混合车间，以及它们在美国的发展过程中形成的规范和监管背景。研究强调了四种机构类型，通过这些机构，混合型组织建立并寻求维持非传统的逻辑组合：上游机构，混合型组织利用创始人的愿景，在现有监管框架的约束下，偏离主导的组织实践；中游机构，管理者利用环境变化调整混合型组织活动并影响监管框架；下游机构，在支持性监管环境中持续调整和扩大混合型组织活动，控制较少，以及在面临规范和监管挑战时混合型机构寻求维持合法性并继续运营。Dorado 的分析通过展示这些不同形式的机构在不同时期如何在庇护车间内显现出来，展示了历史上的偶发事件是如何影响组织混合的性质和演变的。它

还确定了能够使混合型领导者有效驾驭不同环境的技能和能力。为此，这一章超越了现有文献对处理悖论技巧的关注（Gao and Bansal，2013；Smith and Besharov，2019），呼吁我们注意管理和宣传技巧，以获得资源、合法性和其他形式的支持，使组织偏离主导的实践和组织形式。

Reay 等通过研究场域层面的制度变化对组织混合性的影响，阐明了综合考虑多层次分析的重要性，以理解为什么混合模式在一段时间内以特定的方式展开。通过对加拿大艾伯塔省受监管消费场所的初步研究，他们揭示了场域层级逻辑的突然变化是如何限制组织级的混合性结构的。特别地，他们的研究表明，对场域层级逻辑多样性增加的支持有增无减会对不同元素在组织的中心地位产生影响。例如，当一个新的省级政府将减少伤害的逻辑与现有的治疗、护理和预防逻辑合法化时，这会为受监管的消费场所提供一个机会，使其活动转向拯救阿片类成瘾患者的生命，从而改变了这一混合元素的中心地位。当政府随后的变化使减少伤害的逻辑失去了合法性，取而代之的是先前的逻辑时，这将会导致中心地位的另一个转变，因为组织不再关注拯救生命，而是重新强调其他活动以保持资源的可获得性。Reay 等对这些变化的分析为场域层面的政治解决在形成组织层面的混合结构中的作用提供了新的见解。它们揭示了两种主要机制，通过这两种机制可以产生跨层面的影响，并说明了受影响的混合组织中的个人如何采取反行动，以努力保持特定类型的活动。从整体上看，本书的分析论证了运用多层次方法研究混合性所获得的理论支持。

Casasnovas 和 Chliova 撰写的第十三章还关注了分析场域和组织层面的相互作用，特别关注场域特征如何塑造组织混合化的合法性前景。他们的核心论点是，合法性的含义在新兴和成熟的领域中有所不同，在新兴领域中，混合性更为普遍。他们通过影响投资的新兴领域以及更成熟的小额信贷领域（特点是相对较低的中心性）和社会企业领域（特点是相对较高的中心性）的例子来说明这一论点。综上所述，他们的概念框架和实证研究说明了混合多层次以及动态方法的价值。例如，随着小额信贷领域的成熟，其组成部分商业制度逻辑相对于穷人社会支持逻辑变得更加主导，机构的认知合法性由于人们对小额信贷组织的预期而趋同，小额信贷的混合性可能会增加。但道德合法性可能会随着一些（原始）因素而下降，社会目标成为共同目标。Casasnovas 和 Chliova 提出了一系列主张，并提出了未来工作可以在其框架基础上通过采用多层次和动态视角推进混合合法性研究的多种方式。

四、结论

复杂、棘手的社会问题不断增多，需要跨越多个制度领域、不同的组织形式和不同的个体身份和价值观的组织方法。在这种背景下，对组织混合化的研究越来越重要，它需要分析的精确性和实证的广度。本章提出的框架和研究方法以及本书其余部分进一步阐述的框架和研究方法旨在作为这些努力的基础。本书希望提供新的灵感和有用的分析工具，以便及时洞察组织混合化，发挥潜力解决这个时代的社会问题。

参考文献

[1] Albert, S., & Whetten, D. A. (1985). Organizational identity. Research in Organizational Behavior, 7: 263-295.

[2] Ansari, S., Wijen, F., & Gray, B. (2013). Constructing a climate change logic: An institutional perspective on the "Tragedy of the Commons". Organization Science, 24 (4): 1014-1040.

[3] Ashforth, B. E., & Reinge, P. H. (2014). Functions of dysfunction: Managing the dynamics of an organizational duality in a natural food cooperative work-life events theory view project. Administrative Science Quarterly, 59 (3): 474-516.

[4] Battilana, J, Besharov, M. L., & Mitzinneck, B. C. (2017). On hybrids and hybrid organizing: A review and roadmap for future research. In R. Greenwood, C. Oliver, T. B. Lawrence, & R. Meyer (Eds.), The SAGE handbook of organizational institutionalism (2nd ed., pp. 128-162). New York, NY: Sage.

[5] Battilana, J., & Dorado, S. (2010). Building sustainable hybrid organizations: The case of commercial microfinance organizations. Academy of Management Journal, 53 (6): 1419-1440.

[6] Battilana, J., & Lee, M. (2014). Advancing research on hybrid organizing: Insights from the study of social enterprises. Academy of Management Annals, 8 (1): 397-441.

[7] Battilana, J., Sengul, M., Pache, A. C., & Model, J. (2015). Harnessing productive tensions in hybrid organizations: The case of work integration social enterprises. Academy of Management Journal, 58 (6): 1658-1685.

[8] Bertels, S., & Lawrence, T. B. (2016). Organizational responses to institutional complexity stemming from emerging logics: The role of individuals. Strategic Organization, 14 (4): 336-372.

[9] Besharov, M. L. (2014). The relational ecology of identification: How organizational identification emerges when individuals hold divergent values. Academy of Management Journal, 57 (5): 1485-1512.

[10] Besharov, M. L., & Smith, W. K. (2014). Multiple institutional logics in organizations: Explaining their varied nature and implications. Academy of Management Review, 39 (3): 364-381.

[11] Besharov, M. L., Smith, W., & Darabi, T. (2019). A framework for sustaining hybridity in social enterprises: Combining differentiating and integrating. In G. George, T. Baker, P. Tracey, & H. Joshi (Eds.), Handbook of inclusive innovation (pp. 394-413). London: Elgar.

[12] Binder, A. (2007). For love and money: Organizations' creative responses to multiple environmental logics. Theory and Society, 36 (6): 547-571.

[13] Capellaro, G., Tracey, P., & Greenwood, R. (2020). From logic acceptance to logic rejection: The process of destabilization in hybrid organizations. Organization Science.

[14] Cobb, A., Wry, T., & Zhao, E. Y. (2016). Funding financial inclusion: Institutional logics and the contextual contingency of funding for microfinance organizations. Academy of Management Journal, 59 (6): 2103-2131.

[15] Cooney, K. (2006). The institutional and technical structuring of nonprofit ventures: Case study of a U. S. hybrid organization caught between two fields. Voluntas, 17 (2): 137-155.

[16] Dalpiaz, E., Rindova, V., & Ravasi, D. (2016). Combining logics to transform organizational agency: Blending industry and art at Alessi. Administrative Science Quarterly, 61 (3): 347-392.

[17] Defourny, J., & Nyssens, M. (2006). Defining social enterprise. In M. Nyssens (Ed.), Social enterprise: At the crossroads of market, public policies and civil society (pp. 3-27). New York, NY: Routledge.

[18] Denis, J. L., Ferlie, E., & Van Gestel, N. (2017). Understanding hybridity in public organizations. Public Administration, 93 (2): 273-289.

[19] Dunn, M. B., & Jones, C. (2010). Institutional logics and institutional pluralism: The contestation of care and science logics in medical education, 1967-

2005. Administrative Science Quarterly, 55 (1): 114-149.

[20] Durand, R., Granqvist, N., & Tyllström, A. (2017). From categories to categorization: A social perspective on market categorization. Research in the Sociology of Organizations, 51: 3-33.

[21] Ebrahim, A., Battilana, J., & Mair, J. (2014). The governance of social enterprises: Mission drift and accountability challenges in hybrid organizations. Research in Organizational Behavior, 34: 81-100.

[22] Edmondson, A. C., & Mcmanus, S. E. (2007). Methodological fit in management field research. Academy of Management Review, 32 (4): 1155-1179.

[23] Ferraro, F., Etzion, D., & Gehman, J. (2015). Tackling grand challenges pragmatically: Robust action revisited. Organization Studies, 36 (3): 363-390.

[24] Foreman, P., & Whetten, D. A. (2002). Members' identification with multiple-identity organizations. Organization Science, 13 (6): 618-635.

[25] Fossestøl, K., Breit, E., Andreassen, T. A., & Klemsdal, L. (2015). Managing institutional complexity in public sector reform: Hybridization in front-line service organizations. Public Administration, 93 (2): 290-306.

[26] Gao, J., & Bansal, P. (2013). Instrumental and integrative logics in business sustainability. Journal of Business Ethics, 112 (2): 241-255.

[27] Gehman, J., & Grimes, M. (2017). Hidden badge of honor: How contextual distinctiveness affects category promotion among certified b corporations. Academy of Management Journal, 60 (6): 2294-2320.

[28] George, G., Howard-Grenville, J., Joshi, A., George, G., Howard-Grenville, J., Joshi, A., & Tihanyi, L. (2016). Understanding and tackling societal grand challenges through management research. Academy of Management Journal, 59 (6): 1880-1895.

[29] Glynn, M. A. (2000). When cymbals become symbols: Conflict over organizational identity within a symphony orchestra. Organization Science, 11 (3): 285-298.

[30] Goodrick, E., & Reay, T. (2011). Constellations of institutional logics: Changes in the professional work of pharmacists. Work and Occupations, 38 (3): 372-416.

[31] Greenwood, R., Díaz, A. M., Li, S. X., & Lorente, J. C. (2010). The multiplicity of institutional logics and the heterogeneity of organizational responses. Or-

ganization Science, 21 (2): 521-539.

[32] Greenwood, R., Raynard, M., Kodeih, F., Micelotta, E. R., & Lounsbury, M. (2011). Institutional complexity and organizational responses. Academy of Management Annals, 5 (1): 317-371.

[33] Gümüsay, A. A., Smets, M., & Morris, T. (2020). "God at work": Engaging central and incompatible institutional logics through elastic hybridity. Academy of Management Journal, 63 (1): 124-154.

[34] Hannan, M. T., & Freeman, J. (1984). Structural inertia and organizational change. American Sociological Review, 49 (2): 149-164.

[35] Haveman, H. A., & Rao, H. (1997). Structuring a theory of moral sentiments: Institutional and organizational coevolution in the early thrift industry. American Journal of Sociology, 102 (6): 1606-1651.

[36] Hoffman, A. J., Badiane, K. K., & Haigh, N. (2012). Hybrid organizations as agents of positive social change: Bridging the for-profit and non-profit divide. In K. Golden-Biddle & J. E. Dutton (Eds.), Using a positive lens to explore social change and organizations (pp. 152-174). New York, NY: Routledge.

[37] Hsu, G. (2006). Jacks of all trades and masters of none: Audiences' reactions to spanning genres in feature film production. Administrative Science Quarterly, 51 (3): 420-450.

[38] Huybrechts, B., & Haugh, H. (2018). The roles of networks in institutionalizing new hybrid organizational forms: Insights from the European Renewable Energy Cooperative Network. Organization Studies, 39 (8): 1085-1108.

[39] Jay, J. (2013). Navigating paradox as a mechanism of change and innovation in hybrid organizations. Academy of Management Journal, 56 (1): 137-159.

[40] Jones, C., Maoret, M., Massa, F. G., & Svejenova, S. (2012). Rebels with a cause: Formation, contestation, and expansion of the de novo category "Modern Architecture" 1870-1975. Organization Science, 23 (6): 1523-1545.

[41] Jones, C., & Thornton, P. H. (2005). Transformation in Cultural Industries. In C. Jones & P. H. Thornton (Eds.), Research in the sociology of organizations (pp. xi-xxi). London: Emerald.

[42] Kerlin, J. A. (2006). Social enterprise in the United States and Europe: Understanding and learning from the differences. Voluntas, 17 (3): 246-262.

[43] Kraatz, M. S., Ventresca, M. J., & Deng, L. (2010). Precarious values and mundane innovations: Enrollment management in American liberal arts

colleges. Academy of Management Journal, 53 (6): 1521-1545.

[44] Litrico, J. B., & Besharov, M. L. (2019). Unpacking variation in hybrid organizational forms: Changing models of social enterprise among nonprofits, 2000-2013. Journal of Business Ethics, 159 (2): 343-360.

[45] Lounsbury, M. (2007). A tale of two cities: Competing logics and practice variation in the professionalizing of mutual funds. Academy of Management Journal, 50 (2): 289-307.

[46] Maier, F., Meyer, M., & Steinbereithner, M. (2016). Nonprofit organizations becoming business-like. Nonprofit and Voluntary Sector Quarterly, 45 (1): 64-86.

[47] Mair, J. (2020). Social entrepreneurship: Research as disciplined exploration. In W. W. Powell & P. Bromley (Eds.), The nonprofit sector: A research handbook (pp. 333-357). Stanford, CA: Stanford University Press.

[48] Maitlis, S. (2005). The social processes of organizational sensemaking. Academy of Management Journal, 48 (1): 21-49.

[49] Mcgivern, G., Currie, G., Ferlie, E., Fitzgerald, L., & Waring, J. (2015). Hybrid manager-professionals' identity work: The maintenance and hybridization of medical professionalism in managerial contexts. Public Administration, 93 (2): 412-432.

[50] McPherson, C. M., & Sauder, M. (2013). Logics in action: Managing institutional complexity in a drug court. Administrative Science Quarterly, 58 (2): 165-196.

[51] Miller, F. A., & French, M. (2016). Organizing the entrepreneurial hospital: Hybridizing the logics of healthcare and innovation. Research Policy, 45 (8): 1534-1544.

[52] Mitzinneck, B. C., & Besharov, M. L. (2019). Managing value tensions in collective social entrepreneurship: The role of temporal, structural, and collaborative compromise. Journal of Business Ethics, 159 (2): 381-400.

[53] Mitzinneck, B. C., & Greco, A. (forthcoming). Organizational hybridity. In R. Griffin (Ed.), Oxford bibliographies in management. Oxford: Oxford University Press.

[54] Montgomery, A. W., Dacin, P. A., & Dacin, M. T. (2012). Collective social entrepreneurship: Collaboratively shaping social good. Journal of Business Ethics, 111 (3): 375-388.

[55] Nicolini, D., Delmestri, G., Goodrick, E., Reay, T., Lindberg, K., & Adolfsson, P. (2016). Look what's back! Institutional complexity, reversibility and the knotting of logics. British Journal of Management, 27 (2): 228-248.

[56] Pache, A. C., & Santos, F. (2010). When worlds collide: The internal dynamics of organizational responses to conflicting institutional demands. Academy of Management Review, 35 (3): 455-476.

[57] Pache, A. C., & Santos, F. (2013). Embedded in hybrid contexts: How individuals in organizations respond to competing institutional logics. In M. Lounsbury & E. Boxenbaum (Eds.), Research in the sociology of organizations (pp. 3-35). London: Emerald.

[58] Podolny, J. M., & Page, K. L. (1998). Network forms of organization. Annual Review of Sociology, 24 (1): 57-76.

[59] Polzer, T., Meyer, R. E., Hollerer, M. A., & Seiwald, J. (2016). Institutional hybridity in public sector reform: Replacement, blending, or layering of administrative paradigms. In J. Gehma, M. Lounsbury, & R. Greenwood (Eds.), Research in the sociology of organizations (pp. 69-99). London: Emerald.

[60] Powell, W. W. (1990). Neither market nor hierarchy: Network forms of organization. Research in Organizational Behavior, 12: 295-336.

[61] Pratt, M. G., & Rafaeli, A. (1997). Organizational dress as a symbol of multilayered social identities. Academy of Management Journal, 40 (4): 862-898.

[62] Ragin, C., & Becker, H. (1992). What is a case? Exploring the foundations of social inquiry. Cambridge: University Press.

[63] Ramarajan, L. (2014). Past, present and future research on multiple identities: Toward an intrapersonal network approach. Academy of Management Annals, 8 (1): 589-659.

[64] Ramus, T., Vaccaro, A., & Brusoni, S. (2017). Institutional complexity in turbulent times: Formalization, collaboration, and the emergence of blended logics. Academy of Management Journal, 60 (4): 1253-1284.

[65] Rao, H., Monin, P., & Durand, R. (2003). Institutional change in toque ville: Nouvelle cuisine as an identity movement in French gastronomy. American Journal of Sociology, 108 (4): 795-843.

[66] Raynard, M. (2016). Deconstructing complexity: Configurations of institutional complexity and structural hybridity. Strategic Organization, 14 (4): 310-335.

[67] Reay, T., & Hinings, C. R. (2009). Managing the rivalry of competing

institutional logics. Organization Studies, 30 (6): 629-652.

[68] Rindova, V., Dalpiaz, E., & Ravasi, D. (2011). A cultural quest: A study of organizational use of new cultural resources in strategy formation. Organization Science, 22 (2): 413-431.

[69] Skelcher, C., & Smith, S. R. (2015). Theorizing hybridity: Institutional logics, complex organizations, and actor identities: The case of nonprofits. Public Administration, 93 (2): 433-448.

[70] Smets, M., Jarzabkowski, P., Burke, G. T., & Spee, P. (2015). Reinsurance trading in Lloyd's of London: Balancing conflicting-yet-complementary logics in practice. Academy of Management Journal, 58 (3): 932-970.

[71] Smets, M., Morris, T., & Greenwood, R. (2012). From practice to field: A multilevel model of practicedriven institutional change. Academy of Management Journal, 55 (4): 877-904.

[72] Smith, W. K., & Besharov, M. L. (2019). Bowing before dual Gods: How structured flexibility sustains organizational hybridity. Administrative Science Quarterly, 64 (1): 1-44.

[73] Smith, W., & Lewis, M. (2011). Toward a theory of paradox: A dynamic equilibrium model of organizing. Academy of Management Review, 36 (2): 381-403.

[74] Teelken, C. (2015). Hybridity, coping mechanisms, and academic performance management: Comparing three countries. Public Administration, 93 (2): 307-323.

[75] Thornton, P. H., Ocasio, W., & Lounsbury, M. (2012). The institutional logics perspective: A new approach to culture, structure, and process. Oxford: Oxford University Press.

[76] Townley, B. (2002). The role of competing rationalities in institutional change. Academy of Management Journal, 45 (1): 163-179.

[77] Tracey, P., Phillips, N., & Jarvis, O. (2011). Bridging institutional entrepreneurship and the creation of new organizational forms: A multilevel model. Organization Science, 22 (1): 60-80.

[78] Van Wijk, J, Zietsma, C., Dorado, S., De Bakker, F. G. A., & Martí, I. (2019). Social innovation: Integrating micro, meso, and macro level insights from institutional theory. Business and Society, 58 (5): 887-918.

[79] Waring, J. (2015). Mapping the public sector diaspora: Towards a model

of inter - sectoral cultural hybridity using evidence from the English healthcare reforms. Public Administration, 93 (2): 345-362.

[80] Whetten, D. A., Foreman, P., & Dyer, W. G. (2014). Organizational identity and family business. In L. Melin, M. Nordqvist, & P. Sharma (Eds.), The SAGE handbook of family business (pp. 480-497). New York, NY: Sage.

[81] Wijen, F., & Ansari, S. (2007). Overcoming inaction through collective institutional entrepreneurship: Insights from regime theory. Organization Studies, 28 (7): 1079-1100.

[82] Williamson, O. E. (1985). The economic institutions of capitalism: Firms, markets, relational contracting. New York, NY: Free Press.

[83] Williamson, O. E. (1991). Comparative economic organization: The analysis of discrete structural alternatives. Administrative Science Quarterly, 36 (2): 269-296.

[84] Williamson, O. E. (1996). Economic organization: The case for candor. Academy of Management Review, 21 (1): 48-57.

[85] Wry, T., Lounsbury, M., & Jennings, P. D. (2014). Hybrid vigor: Securing venture capital by spanning categories in nanotechnology. Academy of Management Journal, 57 (5): 1309-1333.

[86] Wry, T., & Zhao, E. Y. (2018). Taking trade-offs seriously: Examining the contextually contingent relationship between social outreach intensity and financial sustainability in global microfinance. Organization Science, 29 (3): 507-528.

[87] York, J. G., Hargrave, T. J., & Pacheco, D. F. (2016). Converging winds: Logic hybridization in the Colorado wind energy field. Academy of Management Journal, 59 (2): 579-610.

[88] Zhao, E. Y., & Wry, T. (2016). Not all inequality is equal: Deconstructing the societal logic of patriarchy to understand microfinance lending to women. Academy of Management Journal, 59 (6): 1994-2020.

[89] Zietsma, C., Groenewegen, P., Logue, D. M., & Bob Hinings, C. R. (2017). Field or fields? Building the scaffolding for cumulation of research on institutional fields. In Academy of management annals (Vol. 11, Issue 1, pp. 391-450). New York, NY: Routledge.

[90] Zuckerman, E. W. (1999). The categorical imperative: Securities analysts and the illegitimacy discount. American Journal of Sociology, 104 (5): 1398-1438.

第一篇
混合型组织的多重理论视角

第二章　混合型组织与制度逻辑*

摘要：本章从制度逻辑视角讨论混合型组织文献中的假设、概念性问题和挑战。我们以对现有文献进行综述为基础，分析了混合型组织和制度逻辑的理论交叉点上被引用较多的10篇文章和最近发表的10篇文章，进一步从有关理论构建和理论发展的相关文献中吸取经验，以加强对这一研究的分析，并对未来的理论发展进行了展望。从这一分析中，我们从制度逻辑视角强调了当前组织混合研究面临的四大挑战，并提出了四条建议，以启发未来的研究。我们的目标在于通过这一研究，更加精准、细致地运用制度逻辑的观点，促进理论的创新发展，并深化对组织混合性的实证研究。

关键词：混合；混合型组织；制度逻辑；制度理论；制度化；理论建构

对社会、经济和环境面临的复杂挑战的管理促进了混合型组织形式和实践的发展（Jay，2013）。这反过来又鼓励了多个社会科学学科的组织学者，特别是管理和公共政策领域的学者，对混合型组织和组织混合现象进行概念和实证研究。混合型组织被定义为结合多种组织形式的组织（Battilana and Lee，2014；Haveman and Rao，2006；Hoffman et al.，2012）。近期研究通过引入组织混合的概念对这一定义进行了阐述：传统上不属于同类的核心组织元素的混合。"混合"一词扩大了分析范围，超越了组织形式的研究范围，如在定义组织的目标和权力结构时的组织身份和合理性（Battilana et al.，2017）。

混合型组织和混合性的很大一部分研究将制度逻辑视角（Thornton et al.，2012）作为识别和分析混合性发生的制度背景以及混合的原因、过程和结果的方法和元理论。在本书中，我们运用制度逻辑的视角研究混合型组织，识别其概念

* Anne-Claire Pache 和 Patricia H. Thornton。我们衷心感谢 Julie Battilana、Marya Besharov、Bob Doherty、Helen Haugh、Matthew Lee、Fergus Lyon 和 Bjoern Mitzinneck 对组织混合文献的宝贵研究成果。在被要求充当"挑战者"时，我们发现很难在他们的研究中发现局限性。这篇文章中提出的关于混合型组织和制度逻辑学交叉点的质疑不应被解读为对他们观点的批评，而应被解读为我们有兴趣与该领域学者进行对话的证据。

性问题，并对既有显性或者隐性的假设提出相应的挑战。本着积极建设这一研究方向的精神，为了履行我们作为挑战者的职责，本章重新审视了现有的文献（Battilana and Lee，2014；Doherty et al.，2014；Battilana et al.，2017），以及*Web of Science*上列出的混合型组织和制度逻辑研究交叉点上被引用较多的10篇文章和最近发表的10篇文章。本章进一步借鉴了有关理论构建和理论发展成长的文献（Berger and Zelditch，1993；Cornelissen and Durand，2014；Hernes，1998；Edmondson and McManus，2007）以加强分析，并展望未来的理论发展。经过研究分析，本章从制度逻辑的角度强调了当前组织混合研究面临的四大挑战，并提出了四条建议，以启发未来的研究。我们的研究目标是提高制度逻辑视角使用的准确性，从而促进组织混合的新的、不断累积的理论发展和实证研究。

一、混合型组织研究面临的四大挑战：制度逻辑的视角

制度逻辑是"物质实践、假设、价值观、信仰和规则的社会建构历史模式"（Thornton and Ocasio，1999），它形成了可接受的目标和组织原则，从而影响组织的优先级、战略和实践。更广泛地说，制度逻辑视角是分析社会系统中个人、组织和制度之间相互关系的强大元理论框架（Thornton et al.，2012）。该观点已被广泛应用于阐明各类混合现象，包括解释其混合前因（Almandoz，2012，2014）、管理混合型组织的策略（Ramus et al.，2017）以及混合对组织的影响（McPherson and Sauder，2013）。

制度逻辑学的观点已经被用来研究混合的决定因素，从理论上描述混合发生的背景。当前研究已经表明了在个体（McGivern et al.，2015；Smith et al.，2017）、组织（Jay，2013；Smith and Besharov，2019）和场域（Ansari et al.，2013）分析层面上不同的制度逻辑组合是如何驱动混合的。例如，Almandoz（2014）研究了美国本土银行是如何被银行创始团队所承载的相互竞争的社区和金融逻辑所塑造的。Ansari等（2013）进一步研究了混合场域，认为其"由市场、国家、职业和社区等各种核心制度逻辑组成"。此外，制度逻辑视角已被用于研究组织混合的后果，强调其对资源配置（Zhao and Lounsbury，2016）、创新（Dalpiaz et al.，2016）和内部冲突（Pache et al.，2020）的影响。更重要的是，在这一关于混合决定因素和结果的活跃研究流派中，逻辑学视角也被用于指导研究设计。例如，在提供比较案例研究框架如Ramus等（2017）和选择统计建模策略（Jourdan，2018）时运用了该

研究方法。引用次数较多的文章总共被引用 2183 次，并且在现有的文献综述中形成了强烈的共识（Battilana et al.，2017；Battilana and Lee，2014），很明显地，制度逻辑观点是混合型组织研究发展的催化剂。

鉴于现有关于混合型组织和组织混合化综述的彻底性和新近性，在混合型组织和制度逻辑的交叉点上对文献进行详尽的综述是没有意义的。本书认为，重要的是不仅利用现有的研究作为我们讨论的根源，而且尽可能通过分析最具影响力和最近出版的文献的特点和跨学科范围来激发我们自己的理论分析。因此，在完成本书的“破坏性”任务时，我们不仅重新探究了现有研究，而且从理论和文献的发展历程中通过直觉进行探索，试图收集更多的见解（Berger and Zelditch，1993）。为此，本书对 *Web of Science* 平台上被引用较多的 10 篇论文和最近发表的 10 篇论文进行了编码，在管理学、社会学、经济学、传播学和公共行政学科的标题和摘要中使用关键词“混合”“制度”“逻辑”搜索了被引用较多的发表在英文学术期刊的实证论文。为了选择最新的论文，我们还在管理学、社会学、经济学、传播学和公共管理学科的 10 种最有影响力的期刊（按照 SCImago 期刊排名进行排名）中搜索在标题和摘要中使用“混合”“制度”“逻辑”的实证论文，最终产生了表 2-1 和表 2-2 中列出的文章样本，随后对此也进行了讨论。

表 2-1 截至 2019 年 5 月 *Web of Science* 上发表的 10 篇被引用较多的论文特点

作者及时间	期刊	实证背景	方法和分析层次	引用次数	研究问题	理论或概念、标签	制度逻辑是否被视为元理论及相关的制度逻辑	机制
Battilana 和 Dorado（2010）	*Academy of Management Journal*	小额信贷银行	定性研究；组织	628	组织如何管理冲突的逻辑和维持混合性	旧制度理论；白板雇佣方式	是；发展（国家）和银行（市场）逻辑	特定的雇佣和社会化实践促进了组织认同以维持混合性
Pache 和 Santos（2013a）	*Academy of Management Journal*	工作整合社会企业	定性研究；组织	391	组织如何应对多种制度逻辑	新制度理论；选择性耦合	是；社会福利（国家）和商业（市场）逻辑	不同的合法性需要驱动不同的选择性耦合方法
Tracey 等（2011）	*Organization Science*	社会企业	定性研究；组织	262	当制度企业家结合现有的制度逻辑创造新的组织形式时，需要什么样的制度工作	制度工作	是；营利性零售（市场）和非营利性无家可归者支持（州）逻辑	制度企业家将不同的制度逻辑连接起来，创造新的组织形式

续表

作者及时间	期刊	实证背景	方法和分析层次	引用次数	研究问题	理论或概念、标签	制度逻辑是否被视为元理论及相关的制度逻辑	机制
Jay（2013）	*Academy of Management Journal*	公私伙伴关系	定性研究；组织	236	混合型组织如何创新和改变	悖论理论	是； 政府机构（国家）、商业公司（公司）、非营利组织（社区）逻辑	逻辑形成悖论的意义，引发组织创新和变革
Lewis（2012）	*Information Communication & Society*	创造性行业	概念研究；场域	226	为什么新闻和创意产业的专业逻辑正在侵蚀	职业理论	是； 新闻（专业）和开放参与（社区）逻辑	两种竞争逻辑之间的边界协商促进了混合逻辑的出现
Murray（2010）	*American Journal of Sociology*	医疗专利	定性研究；场域	136	形成混合边界的机制是什么，边界的混合属性与作用机制之间的联系是什么	冲突理论	是； 市场与学术科学（职业）逻辑	冲突强化了制度逻辑之间的界限
Smets 等（2015）	*Academy of Management Journal*	劳合社再保险交易	定性研究；组织	90	混合型组织中的人们如何管理相互冲突的逻辑，以共同提高组织的合法性和绩效	新制度理论	是； 社区和市场逻辑	个体通过分割、衔接和界定的过程来平衡竞争逻辑的动态张力
Skelcher 等 Smith（2015）	*Public Administration*	公共和非营利组织	概念研究；组织	87	混合型组织是如何产生的，它们采用何种形式	由复数逻辑产生的混合组织形式的类型学	是； 家庭、社区、宗教、国家市场、职业企业逻辑	五种机制形成了混合形式：分割、分离、同化、混合和阻塞
McGivern 等（2015）	*Public Administration*	英国医院	定性研究；个体	65	专业人士如何以及为什么要求和使用混合角色	职业理论和身份理论	是； 职业和公司逻辑	两种混合型管理人员与专业人员并存：偶然的（临时的）和自愿的（全面的）。自愿的混合型人员将混合重新定义为他们职业中的精英

续表

作者及时间	期刊	实证背景	方法和分析层次	引用次数	研究问题	理论或概念、标签	制度逻辑是否被视为元理论及相关的制度逻辑	机制
Ansari 等（2013）	*Organization Science*	气候变化	定性研究；场域	62	什么机制导致具有冲突逻辑的行为人改变他们的框架，这些变化如何导致场域级混合公共逻辑的出现	新制度理论	是；科学（专业）、政府（国家）、企业（公司）和跨国非政府组织（社区）逻辑	五种驱动框架变化的机制：集体理论化、问题联动、主动学习、合法性寻求、催化放大

表 2-2 截至 2019 年 5 月 *Web of Science* 上发表的 10 篇最新论文的特点

作者及时间	期刊	实证背景	方法和分析层次	研究问题	理论或概念、标签	制度逻辑是否被视为元理论及相关的制度逻辑	机制
Smith 和 Besharov（2019）	*Administrative Science Quarterly*	工作整合社会企业数据服务	定性研究；组织	组织如何管理和维持长期的混合性	结构灵活性，悖论框架和边界	不是	结构的灵活性可以依靠悖论的框架和边界长期保持混合性
Sharma 等（2018）	*Journal of Business Venturing*	共益企业	混合研究；组织	共益企业认证如何改变连续认证的实践以增加亲社会影响	实践转变有利于社会的影响	不是	组织改变他们的实践配置，以增强亲社会影响。这些转变是由可负担性、可解释性和社会指称所驱动的
Quelin 等（2017）	*Journal of Management*	公共、非营利和私人合作	概念研究；组织	混合型、公私合营和跨部门合作的形式如何创造社会价值	混合型组织的类型	不是	混合型组织在两个维度上不同：治理结构和制度逻辑

续表

作者及时间	期刊	实证背景	方法和分析层次	研究问题	理论或概念、标签	制度逻辑是否被视为元理论及相关的制度逻辑	机制
Villani 等（2017）	*Journal of Management*	意大利健康保健行业	定性研究；组织	在混合型公私伙伴关系中，关键的商业模式特征如何缓解制度复杂性的挑战，并支持价值创造	商业模式	是；政府（国家）、企业（公司）、非营利性民间团体（社区）	商业模式是帮助混合公私伙伴关系管理组织过程、资产和治理之间相互依赖关系的关键
Smith 等（2017）	*Journal of Organizational Behavior*	澳大利亚健康保健行业	定量研究；个体	预先存在的制度信念如何影响组织认同和信任	心理理论，期望，违反，合同违约，以及未满足的期望	是；专业管理（市场）	先验信念和逻辑实际经验的负向差异会对新入职者的组织认同、组织信任感和自我效能感产生负向影响
Mair 等（2016）	*Academy of Management Journal*	印度扶贫非营利组织	定性研究；场域	非政府组织如何组织工具是否能改变社会的不平等	鹰架理论	不是	鹰架理论是通过支持资源动员、交互稳定和目标隐藏来改变不平等的过程
Boone 和 Özcan（2016）	*Organization Science*	伊斯兰银行	混合研究；组织	组织如何在制度环境中平衡意识形态的纯洁性和实用主义	分类理论	是；不认同顺序，引用逻辑文献，但称之为对立逻辑	伊斯兰意识形态越纯粹，跨越对立范畴的风险就越大
Zhao 和 Lounsbury（2016）	*Journal of Business Venturing*	小额信贷银行	定量研究；组织	社会机构如何影响小额信贷组织获得资本的能力	资本收购	是；市场和宗教	市场逻辑增加，宗教逻辑的冲突削弱了小额信贷组织获取资本的能力

续表

作者及时间	期刊	实证背景	方法和分析层次	研究问题	理论或概念、标签	制度逻辑是否被视为元理论及相关的制度逻辑	机制
Dalpiaz 等（2016）	*Administrative Science Quarterly*	家庭用品制造商阿莱西公司	定性研究；组织	如何结合逻辑获取新的市场机会	代理理论	是；工业制造（企业）、文化生产（专业）	用三种策略（分割、压缩、合成）将两种逻辑结合起来，每一种策略都能够追求不同的市场机会
York 等（2016）	*Journal of Management Studies*	绿色能源	定性研究；个体	个体为什么以及如何参与环境创业	身份理论	是；商业（公司）和生态（专业）	创始人身份与逻辑的紧密耦合激发了环境企业家精神

重新阅读现有的研究结果以及被引用较多和最近发表的文献，使我们能够确定四个值得进一步讨论的、反复出现的主张。下面我们将详细阐述并质疑这四个主张。虽然这种方法可能会过度简化先前研究中提出的论点，但是我们仍然认为激发辩论是有价值的，这种讨论可以激发未来研究的设想。在本章中，我们以这四个受到挑战的主张为基础，概述了未来研究的四个建议，目的是在混合型组织和制度逻辑的交叉点上发展和深化研究。

被质疑的主张一：制度逻辑是文献中用来说明组织混合性的多种理论之一。

现有的文献指出了用于研究混合的理论的多样性。例如，Battilana 和 Lee（2014）解释说，关于组织身份、组织形式和制度逻辑的文献都对多种不同元素的混合做出了理论贡献。Battilana 等（2017）的研究进一步对混合型组织研究中的组织身份、组织形式和形成理由进行了分类，他们提出了关于混合型组织研究的八个不同的视角，包括组织身份、交易成本经济学、网络形式、类别理论、组织原型、制度逻辑、文化和转型中的经济体制。

本书认为，过去文献中使用的分类方案在为未来研究提供理论指导方面存在问题，因为它们不区分理论和元理论，所以不符合分析互斥性的类型学标准（Doty and Glick，1994）。尤其是当前分类方法将制度逻辑视角视为与交易成本经济学或组织类别理论等其他理论并列的一种理论。然而，制度逻辑视角是一种元理论（Thornton et al.，2012）。理论可以定义为试图解释和预测特定环境下的行为，解决什么、何时、如何和为什么四个基本问题，以及阐述这四个要素的抽象概念和可测量变量（Whetten，1989），是可以直接或间接地进行测试的（Wagner and Berger，1985）。元理论是关于一种理论的理论。它的主体是一些其他的理论。它的特点是一系列广泛的认识论和本体论假设，这些假设确定和指导了关于某种现象理论化的形式或内容（Lawler and Ford，1993）。元理论不一定对变量相互作用的方式做出具体的预测。相反地，它提供了一套可用于进一步发展现有理论的总体假设。它是一种理论发展工具，有助于明确其他理论的概念、机制和适用范围与条件（Thornton et al.，2012）。它可能是一个新概念的来源，改变或设置了先前理论预测的条件；它可能产生新的问题焦点或理论变体；它可能包含一个假设，即经过思考会产生一个新的理论命题（Lawler and Ford，1993）。本书认为，更清晰地区分作为元理论的制度逻辑和其他理论，对于充分发挥制度逻辑视角在促进其他混合型组织研究理论发展方面的潜力非常重要。

元理论和理论之间的区别可以通过制度逻辑视角（作为元理论）和组织认同（作为理论或概念）之间的相互作用来说明。从制度逻辑视角本身出发可能无法具体提出可测试的组织行为如何与组织身份相关的假设，因此它假设嵌入在不同制度逻辑中的个人和组织以不同的方式体验身份，从而为组织身份理论提供条件。制度逻辑影响组织身份的形成、演变以及如何对其结果如人际冲突或身份认同等产生影响。类似地，现有研究已经证明制度逻辑与注意力相互作用：它们通过制定特定的可用、可访问和可采取行动的问题解决方案提请组织领导者注意，从而为基于注意力的企业观点的预测提供条件（Thornton and Ocasio，1999）。

回顾混合型组织的文献发现，现有类型学将制度逻辑与某些概念或研究领域如“文化”和“转型经济体制”（Battilana et al.，2017）等进行平行研究，然而制度逻辑的视角与这些概念并不平行。作为一种元理论，它可以用来检验转型经济体制与不同文化的互动效应，使用逻辑视角来提高文化差异的精确度。例如，Doty 和 Glick（1994）解释，类型学要求研究者对相互排斥的类别进行分配，以进一步分析。由于它们不完全满足这一条件，因此现有的混合型组织研究限制了理论建设、理论发展和理论成长的潜力（Berger and Zelditch，1993）。

Battilana 等（2017）在他们的研究分类方法中讨论了这种缺乏互斥性的情况，因为他们强调“组织原型通常嵌入到特定的制度逻辑中”。此外，他们的研究表示“制度逻辑视角与交易成本视角相关，因为市场的经济制度受社会层面的市场逻辑的支配，而等级制度则与公司逻辑相关”，承认制度逻辑对交易成本和公司组织形式有不同的影响。他们进一步认识到制度逻辑与组织身份相关，因为逻辑提供了“组织成员聚集在一起阐明基本身份要素的文化素材”。

为了解释这种相互作用，研究人员必须明确将制度逻辑理论作为元理论框架的目的是将其与较低层次的理论（如交易成本理论）相匹配。因此，随着混合型组织研究的成熟，区分概念、理论和元理论是非常重要的，这有助于为未来研究提供更系统的研究成果和思路。在鼓励学者依赖其他理论来增强对混合的理解的同时，我们也鼓励使用其他元理论来产生新的见解，如关注理性的行为主义（Cyert and March，1963），强调权力和冲突的马克思主义（Hernes，1998），将世界概念化为人类各种目标、行动、互动和习俗的产物的后现代主义（Westwood and Clegg，2003），或假设社会秩序是通过社会互动产生的民族方法学（Garfinkel，1967）。其中，民族方法学尤其展示了概念、理论、元理论之间的关系，其关注日常生活中的合作和实践推理。例如，Goffman（1959）的“遵从理论”揭示了呈现仪式和回避仪式的概念是如何联系在一起的，以解释具有不同背景、价值观、目标和身份的社会行为人如何在彼此不熟悉的情况下进行社会交往。“遵从理论”被归类为民族计量学的“元理论”，因为它关注的是人们如何通过社会交往中的符号交流来维持秩序和情感。

被质疑的主张二：在当前关于组织混合的研究中，制度逻辑视角、组织身份视角和组织形式视角之间的相互作用有限。

当前对混合型组织进行研究的综述认为，用于解释混合型组织的各种理论方法之间没有充分的整合。例如，Battilana 和 Lee（2014）指出，关于组织身份、组织形式和制度逻辑方面的混合性的讨论……在不同的文献中得到了发展。Battilana 等（2017）进一步研究认为，不同的研究倾向于采用不同的理论视角，将混合型组织视为多种组织身份、多种组织形式或多种社会理性的结合，但是这三种研究视角之间的交叉作用有限。

这种缺乏整合的见解易于接受。由于混合性是一个普遍的概念，适用于许多学科、理论、分析水平和实质性领域，因此这种理论发展状态是可以理解的。没有一项研究能够解决混合型组织的所有问题，对于同时涉及多种理论的研究，在出版过程中可能很难获得审稿人的同意。

尽管如此，本书仍然乐观地认为，缺乏整合可能是理论发展与文献增多的自然结果。本书通过促进学术界关于混合型组织的互动和辩论，可能有助于修剪这片不羁的“森林”。此外，整合后的理论创新可能来自重要学者的指导，这引起了人们对跨学科研究的关注（Cornelissen and Durand，2014）。制度逻辑视角的增长模式可能具有指导意义。例如，研究探索了制度逻辑如何制约资源依赖理论（Thornton，2004）、代理理论（Thornton，2001）和权变理论（Thornton，2002），还进一步运用制度逻辑的观点扩大了 Goffman 象征互动理论中个人对组织遵从的适用条件（Jourdan et al.，2017）。同样地，逻辑学视角可以用来识别与混合相关的理论难题，开发研究设计，并通过提供一座跨越通常互不对话的文献的桥梁来假设和解释研究结果。本书再次强调元理论和理论的匹配有利于为心理学、社会学和经济学等一系列学科的理论发展开辟新的路径。

本章的文献回顾提供了有趣的例证，说明了制度逻辑可以用来研究混合的不同方式。所有被引用较多的论文都提供了令人信服的例证，说明了制度逻辑视角如何被用作元理论来丰富现有理论。被引用最多的 Battilana 和 Dorado（2010）的研究应用制度逻辑的观点设计和构建了一个比较案例研究，该案例研究涉及两个嵌入竞争性发展逻辑和银行逻辑的微型金融银行。他们发现，混合型组织的可持续性是由其结合这两种逻辑发展共同组织身份的能力驱动的。这种共同身份是通过雇用在逻辑和流程上都没有社会化的员工以及对他们的培训而形成的，这些培训强调实现卓越运营的手段，而不是更广泛的目标。在本书研究中，制度逻辑元理论指导了管理问题的识别，即结合多种逻辑的组织的可持续性，以及研究设计，即两个具有不同人力资源政策的组织的比较案例研究，它完善了与身份和社会化理论相关的预测。

同样地，Pache 和 Santos（2013a）作为被引用量排在第二位的文章，探讨了一类混合型组织即如何在相互竞争的社会福利和商业逻辑中运作。他们发现，组织有选择地将每种逻辑中的完整实践结合起来，而非将它们混合起来。他们进一步发现，在进入某个领域时缺乏合法性的组织可能会诉诸特洛伊木马战略，这主要是借鉴主流逻辑的做法，以增加其在外部利益相关者眼中的合法性。在这项研究中，制度逻辑被用来描述这些混合型组织运作的环境，并描述这些组织可以用来构建其行动战略的“工具包”（Swidler，1986；Thornton，2004）。这项研究通过解释组织如何应对来自不同受众（利益相关方）的竞争性制度需求，完善了制度理论（Pache and Santos，2010；Greenwood et al.，2011）。其他被引用较多的文献也将制度逻辑视角作为元理论来丰富其他概念或理论，如制度创业（Tracey et al.，2011）、悖论和意义构建（Jay，2013）以及冲突与认同理论（Murray，2010）。在最新的文献中，Dalpiaz 等（2016）表明，制度逻辑可以战略性地用于创造和追求新的市场机会，从而利用制度逻辑的视角为创新和组织代理理论提供依据。类似地，Boone 和 Özcan（2016）展示了机构逻辑如何与组织身份相互作用，从而在伊斯兰银行的背景下推动人员选择。

然而，与被引用较多的论文相比，最新的文献在理论发展中则很少系统地运用制度逻辑。只有 60%的人使用制度逻辑作为元理论来刻画另一种理论。近期文献在识别和应用制度逻辑方面不够精确，这些论文通常以描述性而非分析性的方式使用逻辑理论。例如，虽然 Villani 等（2017）确定了政府（州）、企业（公司）和公民社会（社区）的制度逻辑，但是在公私混合伙伴关系的背景下，这些逻辑有助于说明什么理论还不太清楚。类似地，Sharma 等（2018）主要依靠制度逻辑的概念来描述“B 公司”，即寻求亲社会影响的企业，他们关注的是推动 B 公司实践结构的外部因素和内部因素，但并没有真正涉及制度逻辑的观点。

本章的研究回顾表明，制度逻辑视角已被用作挑战或扩展现有理论的框架，并确定了其与现有理论的互动效应。特别地，它被用来完善我们对组织身份、机构压力的反应以及对组织机构的理解。在这些情况下，交叉理论研究对于完善用于解释混合型组织的主体理论的假设和适用范围、条件是有价值的。然而，制度逻辑视角与经济理性选择理论（如交易成本经济学或网络理论）之间的交叉理论研究潜力仍有待充分挖掘。在交易成本经济学或网络理论中，经济理性是随制度秩序不同而变化的变量。由于制度逻辑视角是在高度抽象的层面上运作的，因此它能够与广泛的理论视角进行交叉融合，并有可能传播到各种学科（Thornton et al.，2012）。然而，为了将这一潜力转化为现实，研究人员必须确定制度逻辑视角可以为解释组织混合性的现有理论提供新思路的方式。总的来说，当前的问题也许不在于缺乏交叉研究，而在于研究人员在多大程度上正确地分析识别了现有的交叉理论研究，以积累相关的理论和实践知识。

被质疑的主张三：当用于研究组织混合性时，制度逻辑视角在宏观分析层面起作用。

Friedland 和 Alford（1991）最初提出的制度逻辑观点通过描述社会层面对组织生活的影响，勾勒出西方社会制度间体系的轮廓，这吸引了学者对宏观分析视角的关注。该体系由五个社会层面的秩序组成：资本主义市场、官僚国家、民主、核心家庭和基督教。关于混合型组织的现有研究强调，制度逻辑是“在社会层面上定义的”（Battilana and Lee，2014），制度逻辑观点“主要在组织外层面运作，将混合性定义为更广泛的社会层面理论的组合”（Battilana et al.，2017）。然而，本书对被引用较多的文献的综述仅部分证实了这一说法。Ansari 等（2013）的研究侧重描述和理论化导致气候变化的场域层面跨国混合逻辑出现的过程，该逻辑来自市场、州、职业和社区逻辑。然而，许多其他研究在中观或微观分析层面上采用制度逻辑的观点，探索个人和组织与逻辑的关系如何影响组织和个人行为（McGivern et al.，2015；York et al.，2016）。

制度逻辑学视角假设逻辑学以嵌套的方式在多个分析层次上发挥作用，具有跨层次交互效应的潜力（Thornton et al.，2012）。该视角是单个分析层面不可知的，它可以解释社会对场域、场域对组织、组织对个体行动者的影响，个体行动者对组织、组织对场域、场域对社会的递归影响。这种层次分析的递归嵌套在理论上抓住了社会层面的信仰系统对个人、群体、组织和场域的认知和行为的影响；反之亦然。使用制度逻辑的视角来研究混合型组织需要一个确定分析层次的研究设计。因此，本章通过对要解释的利益或因变量现象的分析水平进行编码，评估了被引用较多和最新文章的分析层次（Rousseau，1985）。表2-3和表2-4中的编码揭示了制度逻辑视角用于描述不同层次的现象。在宏观分析层面，既有的研究已经阐明了如何在场域层面将逻辑结合起来，从而产生新的混合逻辑（Ansari et al.，2013）。同时，它也展示了不同的逻辑如何在组织层面上结合起来，以产生新的组织实践或组织形式。此外，制度逻辑视角可以作为一个有用的视角来分析混合组织中的个人层面行为（Almandoz，2014；Smets et al.，2015）、混合个体的行为（McGivern et al.，2015）以及个体在创建场域混合逻辑中所扮演的角色（Ansari et al.，2013）。

表2-3 以“组织混合”和“制度逻辑”为关键词的10篇最高被引论文的属性

发表的学科	%（n=10）	分析层次	%（n=10）	分析方法	%（n=10）	逻辑是否为元理论	%（n=10）
管理学	60	个体	10	定性	100	是	100
经济学	00	组织	60	定量	0	否	0
社会学	10	市场	00	混合	0		
心理学	00	场域	30				
传播学	10	社会	00				
公共管理学	20						
总百分比	100		100		100		100

表2-4 以“组织混合”和“制度逻辑”为关键词的10篇最新发表论文的属性

发表的学科	%（n=10）	分析层次	%（n=10）	分析方法	%（n=10）	逻辑是否为元理论	%（n=10）
管理学	100	个体	20	定性	80	是	60
经济学	000	组织	80	定量	40	否	40
社会学	000	市场	00	混合	20		
心理学	000	场域	00				
传播学	000	社会	00				
公共管理学	000						
总百分比	100		100		N/A		100

总的来说，在被引用较多的10篇论文中，10%侧重于个体层面的分析，60%侧重于组织层面的分析，只有30%侧重于宏观层面。在最新的10篇论文中，没有一篇侧重于宏观层面的分析：20%侧重于个人层面的分析，其余80%侧重于组织层面的分析。虽然这些占比只是一些比较初步的证据，因为本书的样本很小，不一定代表制度逻辑和混合交叉研究的更大的研究主体，但是它们表明了一种趋势，即较少使用逻辑来探索宏观层面的分析，而是偏向于中观层面以及越来越多的微观层面。

被质疑的主张四：关于组织混合的研究主要集中在结合了社会和市场逻辑的社会企业。

历史证据表明，混合型组织已经存在了几十年，而且在卫生和教育等广泛领域存在的时间更长（Battilana et al.，2017）。在过去的20年里，受学术界对社会企业（旨在通过商业活动实现社会目的的组织）日益增长的兴趣的推动，关于混合型组织和混合性的研究已经获得了长足发展（Dees et al.，2002；Mair and Marti，2006）。最近3篇关于混合型组织的研究中有两篇特别关注社会企业，或者是将其作为一种理想的混合型组织（Battilana and Lee，2014），或者是作为研究的重点（Doherty et al.，2014）。3篇被引用较多的实证论文研究了不同形式的社会企业：小额信贷银行（Battilana and Dorado，2010）和工作整合社会企业（Tracey et al.，2011；Pache and Santos，2013a）。Battilana等（2017）认识到，混合型组织研究的实证重点是“出现在不同制度场域边界上的新型组织，包括融合营利和非营利组织类型的社会企业等”。

Web of Science 文献回顾了10篇被引用较多的文章和10篇最近发表的文章，这些文章涉及组织混合和制度逻辑研究的交叉点，这表明除了社会企业之外，研究背景还存在多样性。本书发现，在被引用较多的10篇文章中，只有3篇研究了社会企业（Battilana and Dorado，2010；Pache and Santos，2013a；Tracey et al.，2011），其他7篇文章研究了各种组织，包括公私合作（Jay，2013）、大学和生物制药公司（Murray，2010）、再保险交易公司（Smets et al.，2015）、医院（McGivern et al.，2015）和创意产业（Lewis，2012）。在近年的文献中也可以观察到类似的模式，其中10篇文章中有4篇研究社会企业（Sharma et al.，2018；Smith and Besharov，2019；York et al.，2016；Zhao and Lounsbury，2016），其余的则研究了不同的组织，如非政府组织（Mair et al.，2016）、公私伙伴关系（Quelin et al.，2017；Villani et al.，2017）、公立医院（Smith et al.，2017）和家庭用品制造商（Dalpiaz et al.，2016）。综上所述，虽然社会企业仍然是一个稳定的研究背景，但是本书对被引用较多和近年文献的回顾表明，混合型组织研究人员探索了更为多样化的研究背景。在实证研究环境中，任何多样性的

先兆都是重要的，因为它阐明了混合性概念的相关性，以及跨行业、场域、部门、组织形式（公共、私人和非营利）和组织使命的制度逻辑观点。此外，这种实证研究情景的多样性提供了探索社会福利（社区和国家）和商业（市场）逻辑之外更大范围的制度逻辑影响的机会。

二、制度逻辑视角下混合型组织未来研究的四点建议

本章在制度逻辑和混合型组织交叉点的研究探索，使我们能够质疑一些被认为理所当然的主张，发现研究趋势，并为未来研究提出建议。被引用较多的论文运用了制度逻辑的视角，与各种理论相互作用，在管理学、社会学、传播学和公共行政等学科中发展，并对理论发展做出了贡献。这支持了本章的观点，即制度逻辑视角作为一种元理论，有可能将混合性的研究扩展到不同的学科领域，并对进一步发展微观和中观层面的理论发挥作用。在比较被引用次数较多的文献和最新的文献时我们发现，以制度逻辑为视角的混合型组织研究最近扩展到了经济学和心理学学科，并试图解决更多不同的研究问题。本书进一步发现，专注于微观过程的管理学文献比例有所增加，并且定量研究有所增加，而制度逻辑作为元理论的使用有所减少，且对现有理论贡献也有所减少。总的来说，这些趋势与本书的观点一致，即将制度逻辑视角与解释混合性的理论分离可能会导致意料之外的理论发展呈现减弱趋势。

虽然目前本章讨论的趋势是基于一个小样本，但是要注意它们是基于领先的跨学科期刊上的文献。这使我们能够在制度逻辑和组织混合的交叉点上展望未来研究并大有可为。本书提出以下四点建议，概述我们认为未来的工作在哪些方面可以卓有成效地开展。

建议一：组织混合化和制度逻辑交叉点上的未来研究能够受益于作为元理论的制度逻辑，并且制度逻辑视角可以帮助现有理论进行更严格的分析与区别。

我们认为，未来的研究使用制度理论的视角来指导混合型组织的研究，可以从制度逻辑视角的更严格应用中获益。特别是，研究人员必须明确制度逻辑是否被用作方法论工具（如描述混合型组织的定义或描述导致组织混合性发展的问题），或它们是否被用作元理论（作为一种分析工具，用于完善理论假设、预测和与制度逻辑整合的理论范围条件）。如果学者更多地关注制度逻辑视角的不同用途，且他们能够根据自己的研究目标调整自己对逻辑视角的使用，他们将更有效地产生和积累新知识和新理论贡献，以解释混合性导致的后果，以及与混合型

组织相关的策略。这将有助于学者认识到研究的独特理论贡献，减少不必要的概念涌现，并避免对先前研究者已确定机制的重复标记。

整合是理论通过组合而获得发展的方式之一。整合可以关注元理论之间以及理论变体和衍生体之间的关系（Berger and Zelditch，1993）。例如，在整合制度逻辑和其他理论的实例中，研究者提出了一个问题，即逻辑如何影响其他理论在解释组织混合化某些方面的效果。Jay（2013）的这项研究是逻辑条件悖论理论的一个例子。研究表明，执行悖论，即将混合结果解释为成功或失败，取决于使用哪种制度逻辑来解释结果。同样地，Almandoz（2014）的研究表明是否遵守制度逻辑决定了社区银行创始人对风险的态度。

在这些例子中，制度逻辑理论被用来通过强化对现有理论的预测来加强对混合不同方面的理解。这种方法可以在未来的研究中扩展。例如，为了解释混合型组织的出现，可以将制度逻辑视角与印记理论（Marquis and Tilcsik，2013；Stinchcombe，1965）和网络理论（Burt，1992；Granovetter，1973）相结合。为了解释混合型组织的功能，将制度逻辑与新制度理论（DiMaggio and Powell，1983；Meyer and Rowan，1977）和类别理论（Durand and Thornton，2018；Hsu et al.，2009）相结合，进一步阐明混合型组织如何在制度复杂性中应对合法性挑战（Greenwood et al.，2011）。将制度逻辑与冲突理论相结合（McGrath，1984）可以对制度逻辑在推动混合型冲突中的作用以及如何缓解或产生冲突提供有价值的见解。为了解释混合的一些后果，可以将制度逻辑与资源依赖理论相结合（Hillman et al.，2009；Pfeffer and Salancik，1978）来解释混合型组织中参与者（如董事会成员或高层管理人员）的制度嵌入性及其生态系统的制度嵌入性如何影响他们为了生存而调动和管理关键资源的能力。尽管这些研究范围可能更广泛，但是我们的目标并不是详尽无遗。相反地，这是为了强调学者可以考虑使用制度逻辑视角来扩展现有理论，以解释混合的决定因素、管理和后果。

建议二：组织混合化和制度逻辑交叉点上的未来研究将受益于更具有战略性的交叉融合，以更系统的方式在给定理论上构建知识集群。

混合研究可以被描述为一个“新生”领域（Edmondson and McManus，2007）。它主要基于案例研究，这些案例研究通常侧重于发展新的理论，而不是增长和积累现有的理论知识。然而，本书认为，混合研究进入“中间”阶段（Edmondson and McManus，2007）并以系统的方式将先前独立的研究主体整合成一个更为连贯的整体的时机已经成熟。通过系统的方式，本书建议关注研究发现如何影响理论发展的性质和原则。

理论如何发展是一门社会科学（Berger and Zelditch，1993）。它以标准术语概述了理论发展的不同方法论，包括简化、扩散、比较变体和竞争理论。新的发现可能有助于阐述理论，使先前的理论更全面、具有更强的分析性和经验性。理论阐述建立在相同的理论概念和原则“家族”以及相同的解释领域之上，且扩大这些领域的应用范围。新的发现可能有助于理论扩散，因为它们将理论推进到原始实质性领域之外，纳入新的概念和原则。例如，Dunn 和 Jones（2010）、Merry（2010）和 CurdAn 等（2017）的研究发现，组织在面对竞争的制度逻辑时，将会试图保持逻辑共存，并防止逻辑组合。这些研究的潜在理论相似性使学者能够分析所确定的理论机制的范围条件的累积扩展，并探索其在不同行业（如医学教育、生物技术、再保险或电影）中的普遍性。

当变量依赖于相同的概念和原则“族”但采用不同的机制时，研究结果可能是比较变量的一个例子。Battilana 和 Dorado（2010）的研究是这类理论增长的一个有趣例子，因为它比较了两种不同的雇佣和社会化员工的方式及其对混合型小额信贷银行可持续性的影响。这项研究表明，在这种混合型组织中，招聘具有开发或银行业务逻辑经验的员工对组织的可持续性是有害的。这为组织认同的研究提供了一个适用范围和条件。

通过对比竞争理论（目标是比较不同理论解释特定现象的能力），研究可能有助于理论的发展 Marquis 和 Lounsbury（2007）的研究就是一个典型的例子，其中生态和制度理论被用来解释竞争逻辑如何促进对制度变迁的抵制，重点关注银行专业人士对大型国家银行收购小型地方银行的抵制。

更重要的是，随着混合化和制度逻辑交叉点研究的发展和成熟，研究人员应参与此类理论分析，以表明他们的新研究如何有助于理论和理论概念的积累，而不是仅产生先前可能已确定理论的新颖的描述性标签。这就要求研究人员通过补充丰富的定性研究来调整他们的方法以适应这一理论发展的新阶段，这些定性研究极大地促进了早期阶段的理论发展——通过定量研究来验证或测试通过定性研究发现的关系（Edmondson and McManus，2007）。然而，定性研究对于更深入地探索（如通过民族志）混合型组织丰富的经验机制仍然非常有用。本章对最近发表的文献继续回顾，分析表明该领域正开始朝着这个方向发展。例如，被引用较多的 10 篇论文均使用定性方法，而最新论文中 40%使用定量方法、20%使用混合方法。我们期待看到方法论的不断进步，以加强混合型组织研究及其理论基础的发展。

建议三：组织混合化和制度逻辑交叉点上的未来研究将受益于更系统地关注个体层面的分析，这将有助于学术界更好地考虑权力和关系动态。

在混合化和制度逻辑交叉点上的大多数研究都集中在组织层面进行分析，探索组织混合化的前因和后果。然而，我们需要更多地了解个体在面对将他们暴露于多种制度逻辑的混合环境时如何反应，以及他们为什么会这样反应（Gautier et al. , 2020; Pache and Santos, 2013b)。我们需要更多地了解个体之间的小规模互动（如对话或群体动态）如何影响混合型组织中的权力和关系动态。在被引用较多的论文中，一些研究利用个体层面的数据预测组织结果（Smets et al. , 2015）或场域层面的演变（Ansari et al. , 2013），但很少有人试图解释混合环境中个体水平行为的动态。

McGivern 等（2015）的研究是例外。这项研究表明，英国医院的医疗专业人员对行政侵占其临床角色的经历反应不同。虽然管理者和临床医生等混合角色受到了一些个体的欢迎，他们很容易采用新的混合身份，但是其他医疗专业人员抵制这种混合身份，并选择忠于他们的专业（医疗）身份。有趣的是，这些差异对医院专业人员的权力和地位顺序产生了意料之外的影响：与专业理论的预测相反，管理人员的地位高于临床医生。

Jourdan 等（2017）的研究还探讨了在法国电影业背景下，银行家和导演需要合作制作一部电影时制度逻辑在个体分析层面上的影响。然而，在市场逻辑下运作的银行家，在电影导演的眼中，他们是在纯粹的专业逻辑下运作。结合 Goffman（1959）的符号互动理论和制度逻辑视角，本书研究表明，生产者和银行家并没有混合他们的身份来克服与他们在冲突的制度逻辑中的嵌入性相关的挑战。相反地，他们通过表达尊重的方式合作制作电影。例如，银行家用象征性的姿态向导演表示敬意，比如投资艺术电影、不公开基金的财务回报信息以及参加行业颁奖仪式等。

迄今为止，少量混合背景下探讨个体行为的研究表明个体对混合的反应各不相同。它们可能只遵循一种逻辑（Jourdan et al. , 2017），可以在空间或时间上划分对不同逻辑的遵守（Smets et al. , 2015），在逻辑之间临时切换（McPherson and Sauder, 2013），或者可以将逻辑进行结合使用（McGivern et al. , 2015）。然而，为什么不同的个体会以他们的方式做出反应，以及哪些因素会影响这些反应尚待探究。现有研究表明，起作用的因素是复杂的。例如，最近的两项研究揭示了为什么一些个体在嵌入相互竞争的制度逻辑时会保持稳定的身份边界并避免参与逻辑混合。然而，他们在研究中指出了不同的作用机制。Murray（2010）对生物技术行业的定性案例研究表明，尽管面临市场化的压力，但是科学家仍能够通过从事边界工作来保持学术身份的稳定性，这加强了学术逻辑和商业逻辑之间的区别和竞争，使他们处于生产紧张状态。相比之下，Jourdan 等（2017）的研究表明，在法国电影行业，国家补贴的电影制作方法引入了市场机制，电影制作人通过遵守竞争逻辑诉诸合作而非竞争，这使得他们在面临市场化压力的情况下仍能保持其艺术身份的稳定性。从分析角度而言，比较这两项研究可以清楚地看出，专注于不同机制、竞争（Murray, 2010）和合作（Jourdan et al. , 2017）的竞争理论可以用来解决相同的研究问题，即为什么个体在暴露于相冲突的制度逻辑时不诉诸逻辑混合。因此，需要利用这种分析比较开展未来研究，以进一步了解这些个体层面机制之间的差异以及每种机制活跃的条件。

总之，本书认为，制度逻辑的研究在阐明混合情景下的个体层面的互动方面体现了广阔的前景。作用于个体的逻辑会通过“手段—目的”方法影响他们的行为（Binder，2007；Hallett and Ventresca，2006）。既有的研究表明，相似环境中的个体在嵌入多重制度逻辑时可能会做出不同的反应（Almandoz，2012；Binder，2007；Creed et al.，2010；Lok，2010）。这是因为他们独特的制度印记（Bertels and Lawrence，2016）与制度需求的关系不同，因而他们可能不会以同样的方式理解制度矛盾（Voronov and Yorks，2015）。要理解在混合环境中发生的事情，最基本的是要理解个人如何体验和应对混合：一个人如何成为混合体，以及为什么一个人成为混合体而其他人在类似环境中却不是。另一个有趣的研究领域是个体水平混合的结果，即混合型个体在执行特定角色、建立特定关系或访问特定类型资源方面处于优势还是劣势的位置。Lewis（2012）对数字技术促进开放参与的效果以及对媒体作品专业管辖权的影响的研究表明这个问题值得进一步关注。因此，我们鼓励未来在制度逻辑和混合化的交叉点上继续研究以深入探索混合性的微观现象。

建议四：未来在组织混合化和制度逻辑交叉点上的研究将受益于探索替代混合形式，包括（但不限于）跨部门伙伴关系和非正式合作。

近期关于混合的研究表明，混合是一个程度问题，而不是类型问题（Battilana et al.，2017），因此需要认识到所有组织都会表现出一定程度的混合，非营利组织变得更加商业化（Hwang and Powell，2009），营利组织变得更具社会责任感（Margolis and Walsh，2003），公共组织越来越遵循市场导向（Ferlie et al.，1996）。与这看法一致，过去关于混合的研究已经研究了广泛的背景，包括社会企业、医院、银行、公私合作伙伴关系和保险公司。有趣的是，目前为止，关于混合的研究仍然主要集中在表现出较高混合程度的正式组织上。

然而，我们也观察到了新的混合实践的出现，这些实践跨越了组织和部门界限，以制定应对重大社会挑战的对策（George et al.，2016），包括失业、贫困、公共卫生或全球变暖。这些问题的规模和复杂性使得传统组织（无论是公共机构、非营利实体还是营利企业）无法单独解决（Ferraro et al.，2015）。因此，研究人员和从业者都强调了跨部门合作的必要性（Ferraro et al.，2015），利用不同部门参与者的技能和资源，开发可持续和更有效的解决方案（Selsky and Parker，2005）。这些新的合作形式本质上是混合的，因为它们将嵌入不同制度逻辑的参与者聚集在一起，因此可能共享不同的目标、利益和价值观。

未来关于混合化的研究可以利用这些新实践来探讨正式组织边界之外的混合型组织的意义。探索跨部门合作现象的现有研究是分散的、以描述性为主的（Pache et al.，2021），而很少从制度逻辑的视角对跨部门合作的混合理论做出贡献。Quelin 等（2017）的研究是一个例外，其最近的文章为这些工作奠定了基础：他们概述了不同跨部门合作的类型，并指出面向社会的跨部门伙伴关系尤其具有挑战性，因为它们在涉及的逻辑和治理实践方面具有高度的混合性，通过探索使这些伙伴关系发挥作用所需的治理和协调过程可以为未来的混合性研究提供肥沃的土壤。反过来，由于这些形式的跨部门伙伴关系已被证明具有特别的挑战性，未来对这一主题的研究可能有助于了解混合型组织成功的驱动因素。

组织混合化与制度逻辑交叉的研究是一个充满活力的研究方向。基于四个挑战和对未来研究的四个建议，本书希望为对混合型组织这一现象感兴趣的研究人员提供有价值的思考，同时也支持有意义的理论发展。制度逻辑视角可以是阐明混合现象的有力框架，也可以是定义和扩展现有混合理论的强大元理论。随着该领域的不断发展和成熟，我们鼓励更严格地使用制度逻辑视角来阐明混合现象。这种关注和演进也使当制度逻辑不能真正帮助我们对加深混合现象的理解或促进混合理论的发展时，我们决定不再利用制度逻辑理论视角进行研究。

参考文献

[1] Almandoz，J.（2012）. Arriving at the starting line：The impact of community and financial logics on new banking ventures. Academy of Management Journal，55（6）：1381-1406.

[2] Almandoz，J.（2014）. Founding teams as carriers of competing logics：When institutional forces predict banks' risk exposure. Administrative Science Quarterly，59（3）：442-473.

[3] Ansari，S.，Wijen，F.，& Gray，B.（2013）. Constructing a climate change logic：An institutional perspective on the "tragedy of the commons". Organization Science，24（4）：1014-1040.

[4] Battilana，J.，Besharov，M.，& Mitzinneck，B.（2017）. On hybrids and hybrid organizing：A review and roadmap for future research. In R. Greenwood，C. Oliver，R. Suddaby，& K. Sahlin-Andersson（Eds.）：The SAGE handbook of organizational institutionalism pp. 133-169. Thousand Oaks，CA：SAGE Publications.

[5] Battilana，J.，& Dorado，S.（2010）. Building sustainable hybrid organizations：The case of commercial microfinance organizations. Academy of Management Journal，6：1419-1440.

[6] Battilana, J., & Lee, M. (2014). Advancing research on hybrid organizing: Insights from the Study of Social Enterprises. Academy of Management Annals, 8: 397-441.

[7] Berger, J., & Zelditch, M. (1993). Theoretical research programs: Studies in the growth of theory. Stanford, CA: Stanford University Press.

[8] Bertels, S., & Lawrence, T. B. (2016). Organizational responses to institutional complexity stemming from emerging logics: The role of individuals. Strategic Organization, 14 (4): 336-372.

[9] Binder, A. (2007). For love and money: Organizations' creative responses to multiple environmental logics. Theory and Society, 36: 547-571.

[10] Boone, C., & Özcan, S. (2016). Ideological purity vs. hybridization trade-off: When do Islamic banks hire managers from conventional banking? Organization Science, 27 (6): 1380-1396.

[11] Burt, R. S. (1992). Structural holes: The social structure of competition. Cambridge, MA: Harvard University Press.

[12] Cornelissen, J. P., & Durand, R. (2014). Moving forward: Developing theoretical contributions in management studies. Journal of Management Studies, 51 (6): 995-1022.

[13] Creed, W. E. D., Dejordy, R., & Lok, J. (2010). Being the change: Resolving institutional contradiction through identity work. Academy of Management Journal, 53 (6): 1336-1364.

[14] Cyert, R. M., & March, J. G. (1963). A behavioral theory of the firm. Malden, MA: Blackwell.

[15] Dalpiaz, E., Rindova, V., & Ravasi, D. (2016). Combining logics to transform organizational agency: Blending industry and art at Alessi. Administrative Science Quarterly, 61 (3): 347-392.

[16] Dees, J. G., Emerson, J., & Economy, P. (2002). Enterprising nonprofits: A toolkit for social entrepreneurs. New York, NY: John Wiley & Sons.

[17] DiMaggio, P., & Powell, W. W. (1983). The iron cage revisited: Institutional isomorphism and collective rationality in organizational fields. American Sociological Review, 48: 147-160.

[18] Doherty, B., Haugh, H., & Lyon, F. (2014). Social enterprises as hybrid organizations: A review and research agenda. International Journal of Management Reviews, 16 (4): 417-436.

[19] Doty, D. H., & Glick, W. H. (1994). Typologies as a unique form of theory building: Toward improved understanding and modeling. Academy of Management Review, 19 (2): 230-251.

[20] Dunn, M. B., & Jones, C. (2010). Institutional logics and institutional pluralism: The contestation of care and science logics in medical education, 1967-2005. Administrative Science Quarterly, 55 (1): 114-149.

[21] Durand, R., & Thornton, P. H. (2018). Categorizing institutional logics, institutionalizing categories: A review of two literatures. Academy of Management Annals, 12 (2): 631-658.

[22] Edmondson, A. C., & McManus, S. E. (2007). Methodological fit in management field research. Academy of Management Review, 32 (4): 1155-1179.

[23] Ferlie, E., Fitzgerald, L., & Pettigrew, A. (1996). The new public management in action. Oxford: Oxford University Press.

[24] Ferraro, F., Etzion, D., & Gehman, J. (2015). Tackling grand challenges pragmatically: Robust action revisited. Organization Studies, 36 (3): 363-390.

[25] Friedland, R., & Alford, R. R. (1991). Bringing society back in: Symbols, practices, and institutional contradictions. In W. W. Powell & P. DiMaggio (Eds.), The new institutionalism in organizational analysis (pp. 232-263). Chicago, IL: The University of Chicago Press.

[26] Garfinkel, H. (1967). Studies in ethnomethodology. London: Polity Press.

[27] Gautier, A., Pache, A. C., & Santos, F. (2020). Compartmentalizers or hybridizers? How individuals respond to multiple institutional logics. ESSEC Business School Working Paper. Cergy: ESSEC Business School.

[28] George, G., Howard-Grenville, J., Joshi, A., & Tihanyi, L. (2016). Understanding and tackling societal grand challenges through management research. Academy of Management Journal, 59 (6): 1880-1895.

[29] Goffman, E. (1959). The presentation of self in everyday life. Garden City, NY: Doubleday.

[30] Granovetter, M. S. (1973). The strength of weak ties. American Journal of Sociology, 78 (6): 1360-1380.

[31] Greenwood, R., Raynard, M., Kodeih, F., Micelotta, E. R., & Lounsbury, M. (2011). Institutional complexity and organizational responses. Acade-

my of Management Annals, 5 (1): 317-371.

[32] Hallett, T., & Ventresca, M. J. (2006). Inhabited institutions: Social interactions and organizational forms in Gouldner's Patterns of Industrial Bureaucracy. Theory and society, 35 (2): 213-236.

[33] Haveman, H. A., & Rao, H. (2006). Hybrid forms and the evolution of thrift. American Behavioral Scientist, 49 (7): 974-986.

[34] Hernes, G. (1998). Real virtuality. In P. Hedstrom & R. Swedberg (Eds.), Social mechanisms: An analytical approach to social theory (pp. 74-101). Cambridge: Cambridge University Press.

[35] Hillman, A. J., Withers, M. C., & Collins, B. J. (2009). Resource dependence theory: A review. Journal of Management, 35 (6): 1404-1427.

[36] Hoffman, A. J., Badiane, K. K., & Haigh, N. (2012). Hybrid organizations as agents of positive social change: Bridging the for-profit & non-profit divide. In K. Golden-Biddle & J. E. Dutton (Eds.), Using a positive lens to explore social change and organizations: Building a theoretical and research foundation (pp. 131-153). New York, NY: Routledge.

[37] Hsu, G., Hannan, M. T., & Koçak, Ö. (2009). Multiple category memberships in markets: An integrative theory and two empirical tests. American Sociological Review, 74 (1): 150-169.

[38] Hwang, H., & Powell, W. W. (2009). The rationalization of charity: The influences of professionalism in the nonprofit sector. Administrative Science Quarterly, 54 (2): 268-298.

[39] Jay, J. (2013). Navigating paradox as a mechanism of change and innovation in hybrid organizations. Academy of Management Journal, 56 (1): 137-159.

[40] Jourdan, J., Durand, R., & Thornton, P. H. (2017). The price of admission: Organizational deference as strategic behavior. American Journal of Sociology, 123 (1): 232-275.

[41] Jourdan, J. (2018). Institutional specialization and survival: Theory and evidence from the French film industry. Strategy Science, 3 (2): 408-425.

[42] Lawler, E. J., & Ford, R. (1993). Metatheory and friendly competition in theory growth: The case of power processes in bargaining. In J. Berger & M. Zelditch (Eds.), Theoretical research programs: Studies in theory growth (pp. 172-210). Stanford, CA: Stanford University Press.

[43] Lewis, S. C. (2012). The tension between professional control and open

participation: Journalism and its boundaries. Information, Communication & Society, 15 (6): 836-866.

[44] Lok, J. (2010). Institutional logics as identity projects. Academy of Management Journal, 53 (6): 1305-1335.

[45] Mair, J., & Marti, I. (2006). Social entrepreneurship research: A source of explanation, prediction, and delight. Journal of World Business, 41 (1): 36-44.

[46] Mair, J., Wolf, M., & Seelos, C. (2016). Scaffolding: A process of transforming patterns of inequality in small-scale societies. Academy of Management Journal, 59 (6): 2021-2044.

[47] Margolis, J. D., & Walsh, J. P. (2003). Misery loves companies: Rethinking social initiatives by business. Administrative Science Quarterly, 48 (2): 268-305.

[48] Marquis, C., & Lounsbury, M. (2007). Vive la résistance: Competing logics and the consolidation of U. S. community banking. Academy of Management Journal, 50 (4): 799-820.

[49] Marquis, C., & Tilcsik, A. (2013). Imprinting: Toward a multilevel theory. Academy of Management Annals, 7 (1): 195-245.

[50] McGivern, G., Currie, G., Ferlie, E., Fitzgerald, L., & Waring, J. (2015). Hybrid manager-professionals' identity work: The maintenance and hybridization of medical professionalism in managerial contexts. Public Administration, 93 (2): 412-432.

[51] McGrath, J. E. (1984). Groups: Interaction and performance. Englewood Cliffs, NJ: Prentice-Hall.

[52] McPherson, C. M., & Sauder, M. (2013). Logics in action: Managing institutional complexity in a Drug Court. Administrative Science Quarterly, 58 (2): 165-196.

[53] Meyer, J. W., & Rowan, B. (1977). Institutionalized organizations: Formal structure as myth and ceremony. American Journal of Sociology, 83 (2): 340-363.

[54] Murray, F. (2010). The Oncomouse that roared: Hybrid exchange strategies as a source of distinction at the boundary of overlapping institutions. American Journal of Sociology, 116 (2): 341-388.

[55] Pache, A. C., Battilana, J., & Spencer, C. (2020). Keeping an eye

on two goals: Governance and organizational attention in hybrid organizations. ESSEC Business School Working Paper. Cergy: ESSEC Business School.

[56] Pache, A. C., Fayard, A. L., & Galo, M. (2021). How can cross-sector collaborations foster social innovation? A review. In A. Vaccaro & T. Ramus (Eds.), Handbook of social innovation and social enterprises. New York, NY: Springer.

[57] Pache, A. C., & Santos, F. (2010). When worlds collide: The internal dynamics of organizational responses to conflicting institutional demands. Academy of Management Review, 35 (3): 455-476.

[58] Pache, A. C., & Santos, F. (2013a). Inside the hybrid organization: Selective coupling as a response to competing institutional logics. Academy of Management Journal, 56 (4): 972-1001.

[59] Pache, A. C., & Santos, F. (2013b). Embedded in hybrid contexts: How individuals in organizations respond to competing institutional logics. In M. Lounsbury & E. Boxenbaum (Eds.), Institutional logics in action: Research in the sociology of organizations (Vol. 39B, pp. 3 - 35). Bingley: Emerald Group Publishing.

[60] Pfeffer, J., & Salancik, G. R. (1978). The external control of organizations: A resource dependence perspective. New York, NY: Harper and Row.

[61] Quelin, B. V., Kivleniece, I., & Lazzarini, S. (2017). Public-private collaboration, hybridity and social value: Towards new theoretical perspectives. Journal of Management Studies, 54 (6): 763-792.

[62] Ramus, T., Vaccaro, A., & Brusoni, S. (2017). Institutional complexity in turbulent times: Formalization, collaboration, and the emergence of blended logics. Academy of Management Journal, 60 (4): 1253-1284.

[63] Rousseau, D. M. (1985). Issues of level in organizational research: Multi-level and cross-level perspectives. Research in Organizational Behavior, 7 (1): 1-37.

[64] Selsky, J. W., & Parker, B. (2005). Cross-sector partnerships to address social issues: Challenges to theory and practice. Journal of Management, 31 (6): 849-873.

[65] Sharma, G., Beveridge, A. J., & Haigh, N. (2018). A configural framework of practice change for B corporations. Journal of Business Venturing, 33 (2): 207-224.

[66] Skelcher, C., & Smith, S. R. (2015). Theorizing hybridity: Institutional logics, complex organizations, and actor identities: The case of nonprofits. Public Administration, 93 (2): 433-448.

[67] Smets, M., Jarzabkowski, P., Burke, G. T., & Spee, P. (2015). Reinsurance trading in Lloyd's of London: Balancing conflicting-yet-complementary logics in practice. Academy of Management Journal, 58 (3): 932-970.

[68] Smith, L. G., Gillespie, N., Callan, V. J., Fitzsimmons, T. W., & Paulsen, N. (2017). Injunctive and descriptive logics during newcomer socialization: The impact on organizational identification, trustworthiness, and self-efficacy. Journal of Organizational Behavior, 38 (4): 487-511.

[69] Smith, W. K., & Besharov, M. L. (2019). Bowing before dual Gods: How structured flexibility sustains organizational hybridity. Administrative Science Quarterly, 64 (1): 1-44.

[70] Stinchcombe, A. L. (1965). Social structure and organizations. In J. G. March (Ed.), Handbook of organizations (pp. 142-193). Chicago, IL: Rand McNally.

[71] Swidler, A. (1986). Culture in action: Symbols and strategies. American Sociological Review, 51 (2): 273-286.

[72] Thornton, P. H. (2001). Personal versus market logics of control: A historically contingent theory of the risk of acquisition. Organization Science, 12 (3): 294-311.

[73] Thornton, P. H. (2002). The rise of the corporation in a craft industry: Conflict and conformity in institutional logics. Academy of Management Journal, 45 (1): 81-101.

[74] Thornton, P. H. (2004). Markets from culture: Institutional logics and organizational decisions in higher educational publishing. Stanford, CA: Stanford University Press.

[75] Thornton, P. H., & Ocasio, W. (1999). Institutional logics and the historical contingency of power in organizations: Executive succession in the higher education publishing industry, 1958-1990. American Journal of Sociology, 105: 801-844.

[76] Thornton, P. H., Ocasio, W., & Lounsbury, M. (2012). The institutional logics perspective: A new approach to culture, structure, and process. Oxford: Oxford University Press.

[77] Tracey, P., Phillips, N., & Jarvis, O. (2011). Bridging institutional

entrepreneurship and the creation of new organizational forms: A multilevel model. Organization Science.

[78] Villani, E., Greco, L., & Phillips, N. (2017). Understanding value creation in public-private partnerships: A comparative case study. Journal of Management Studies, 54 (6): 876-905.

[79] Voronov, M., & Yorks, L. (2015). Did you notice that? Theorizing differences in the capacity to apprehend institutional contradictions. Academy of Management Review, 40 (4): 563-586.

[80] Wagner, D. G., & Berger, J. (1985). Do sociological theories grow? American Journal of Sociology, 90 (4): 697-728.

[81] Westwood, R., & Clegg, S. (2003). The discourse of organization studies: Dissensus, politics, and paradigms. In R. Westwood & S. Clegg (Eds.), Debating organization: Point-counterpoint in organization studies (pp. 1-43). Oxford: Blackwell.

[82] Whetten, D. A. (1989). What constitutes a theoretical contribution? Academy of Management Review, 14 (4): 490.

[83] York, J. G., O' Neil, I., & Sarasvathy, S. D. (2016). Exploring environmental entrepreneurship: Identity coupling, venture goals, and stakeholder incentives. Journal of Management Studies, 53 (5): 695-737.

[84] Zhao, E. Y., & Lounsbury, M. (2016). An institutional logics approach to social entrepreneurship: Market logic, religious diversity, and resource acquisition by microfinance organizations. Journal of Business Venturing, 31 (6): 643-662.

第三章 混合是理所当然的：制度化与混合型组织身份认同*

摘要：随着混合型组织越来越普遍，我们观察到一些混合型组织正在制度化和合法化。我们探讨了混合制度化的含义，既缓和了困扰许多混合型组织的内部紧张关系，也缓和了来自评估者评估和利益相关者不确定性的外部紧张关系。我们认为，制度化可以缓和与混合相关的内部紧张，也有利于合法化和被外部受众接受。我们将组织身份作为一个有用的理论视角来研究这些问题，因为身份来自现有的制度安排，但也有可能改变现有的制度安排。我们在身份认同、混合和制度化的结合点上提出了未来研究的方向，并提出了这一富有成效的研究趋势中潜在的研究路径。

关键词：混合；组织认同；制度化；合法性；社会评价；紧张

随着公众对气候变化、贫困和不平等等社会问题的日益关注，组织越来越多地寻求在保持高绩效的同时，以其使命、宗旨和身份解决这些问题。结果是，组织混合——可能相互冲突的核心组织要素的组合（Albert and Whetten，1985）正在不断增加（Battilana et al.，2017）。学者用来解决组织混合问题的理论观点包括分类观点（Wry et al.，2014）、制度逻辑（Battilana and Dorado，2010；Pache and Santos，2013）以及组织认同（Battilana and Dorado，2010；Glynn，2000；Golden-Biddle and Rao，1997；Smith and Besharov，2019）。对于努力满足不同利益相关者的需求并关注多个受众的组织来说，培养一种能够协同融合不同实践、目标和意义的混合型组织身份是一项挑战（Battilana and Dorado，2010）。尽管这一项挑战在混合型组织中普遍存在，但是本书认为，随着混合型组织在场域层面的制度化和合法化，组织可能能应对混合身份构建和管理中固有的挑战。

本章是探索在场域层面上混合型组织的制度化和合法化如何影响组织层面上

---

* Mary Ann Glynn，Elizabeth A. Hood 和 Benjamin D. Innis。

的身份建构。因此，我们从奠定组织身份、制度和制度化相关的理论基础开始，提供了一套逻辑、实践、符号、价值和目标，组织从中构建身份。组织根植于制度环境中，并以给定制度环境中可用的元素构建身份（Glynn，2008）。此外，身份和制度都植根于其意义。Scott（1995）将制度定义为“为社会行为提供稳定性和意义的结构”，Navis 和 Glynn（2011）将身份定义为一系列主张赋予“我们是谁”和“我们做什么”问题的意义。与此相关的是，Schatzki（2002）将意义和身份视为同一枚硬币的两面，将意义描述为“某物是什么”，将身份描述为“某人是谁”，他认为“具有身份的实体是理解自身意义的实体”。实际上，制度将意义系统正式化，并提供相对具体化的资源集，包括有形资源和无形资源，组织可以从中构建连贯的身份。当组织构建自己的身份时（或者当他们协商并达成自己的意义时），他们从制度环境中寻找线索，以表明他们可以从中构建一个合法而独特的身份的元素（Navis and Glynn，2011）。

三十多年前，Albert 和 Whetten（1985）对混合型组织身份给出了一个有影响力的定义，即“由两种或两种以上通常不会同时出现的类型组成的组织身份”。混合性是一个典型的概念，它涉及管理组织身份中经济导向的要素和社会利益导向的要素之间的内在权衡。这一主题对社会企业的研究很有帮助（Battilana et al.，2015；Golden-Biddle and Rao，1997；Smith and Besharov，2019；Wry and Zhao，2018），包括平衡金融利益与社区服务等广泛的社会关注（Almandoz，2014）、社会利益（Yan et al.，2019）和宗教关注（Gümüsay et al.，2019）。考虑到它们明显的内在不相容性，混合身份往往会产生冲突。例如，Glynn（2000）在对1996年亚特兰大交响乐团罢工的研究中显示了混合导致的冲突。在这里，该组织的实用性和表现身份元素的内在不相容性发生了冲突，在交响乐团董事会和音乐家之间就交响乐团的未来展开了一场“战斗”。相似地，Wry 和 Zhao（2018）探讨了小额信贷组织中社会外联和金融稳定之间的紧张关系，强调了放大或抑制这些紧张关系的文化问题。Zuckerman（1999）研究表明，当分析员、评估员或其他受众无法将一个组织完全归入一个类别以帮助其评估时，就会出现合法性折扣的概念，这反映了许多混合型组织面临的困境（Battilana et al.，2017）。

然而，尽管存在与混合化相关的挑战，但是许多混合型组织仍蓬勃发展，与非混合型竞争对手相比享有明显优势。例如，Heaney 和 Rojas（2014）研究发现，混合型社会运动可能能够吸引更广泛的个人参与其事业。此外，混合型组织可能有利于为复杂问题开发更具创新性的解决方案（Jay，2013）。不仅一些混合型组织蓬勃发展，而且一些混合型组织形式也变得越来越普遍，越来越容易被认可，也越来越被广泛地视为合法的，以至于一些混合型组织身份现在得到了制度上的认可。例如，2010年以来，美国34个州通过了法律，允许组织以“共益企业”的正式身份出现，即承诺是坚持社会使命同时仍保持盈利能力的组织。像Warby Parker和TOMS Shoes这样的零售商，在向消费者出售每一件产品的同时，就向有需要的人捐赠一件产品。同时，文化领域的大多数组织如交响乐团、博物馆和剧院都是混合型组织，既服务于美学，也服务于乐器（Glynn，2000）。Wry等（2014）最近的研究表明，外部利益相关者可以“感知到混合类型引发的多个类别之间的有意义的联系”，与外部评估者施加的合法性折扣形成了对比。此外，用于组织身份分类的分类系统随着各种混合型组织类别的出现、衰落、扩展或收缩以及新类型组织的出现而不断演变（Navis and Glynn，2010；Rosa et al.，1999）。因此，组织“通常不期望一起出现的类型”（Albert and Whetten，1985）的感知惯例会随着时间而改变，如一些混合形式可能会制度化，被认为是理所当然的，甚至最终被“期望一起出现”。当行为人开始接受现实的共同定义或者当他们对那些可以组合成广泛意义系统的元素达成一致时，制度化就发生了（Phillips et al.，2004）。然而，制度化并不一定能消除与混合身份相关的内部冲突，尽管它可能使这种冲突正常化。

总之，学者倾向于强调混合身份中多种身份元素组合的意外性，但一些现代形式的混合绝非意外。第一，在特定的领域中，混合性是如何以及在何种情况下被制度化或被视为理所当然的？第二，混合性的制度化如何影响组织构建和维持混合性身份的过程？为了探讨这些问题，首先，本章研究了关于组织混合性的文献，特别关注那些研究组织身份构建动态的。其次，本章将描述一个组织中给定混合元素的制度化如何影响人们对该组织的看法。我们相信，本章的工作可能会使研究人员重新审视这些动态研究如何将混合概念化，将现有理论从组织层面的分析扩展到场域层面。此外，本章还探讨制度化如何影响组织层面的身份构建过程。最后，我们讨论本章研究工作的意义，指出本章的局限性，并提出为将来的研究做准备的直接建议。

一、组织混合化研究综述

本章在Battilana等（2017）进行的稳健评估的基础上，回顾了关于组织混合化的相关研究。与他们不同，本章的目标在两个关键方面：第一，本章试图在更高的分析层次上探索混合性，从组织层面转移到场域或制度层面；第二，本章试图探索最常见的混合身份类型，寻找这些身份是否正在以理所当然的形式制度化的线索。

Battilana 等（2017）使用来自多个学科的同行评议期刊对混合型组织文献进行了广泛搜索，包括管理学、组织研究、社会学、公共行政学、志愿和非营利组织、政治学和商业史。他们以“混合”为词根搜索（如 hybridity 和 hybridizing），最初搜索到 658 篇文章。在剔除不相关的文章后，最终确定了 254 篇文章，他们将其编码为以下内容：研究者将混合性概念化，如组织形式、原理或身份，以及研究者使用的理论方法，即交易成本经济学、制度逻辑、组织原型、网络形式、转型经济体制、组织身份、文化和类别。Battilana 等（2017）发现混合被概念化为三个主要类别：身份、形式和逻辑。他们确定了从不同角度研究混合的重要性，研究了两个以上元素的情况，并将混合视为一个程度问题，而不是关注不同类型的混合。Battilana 等（2017）指出混合体如何对制度理论提出了独特的挑战，认为“混合体似乎与新制度主义的核心命题背道而驰”。作为一种反常现象，混合型组织不容易符合制度化模板或既定组织形式。然而，本书认为，这种将混合型组织定性为反规范的行为仅限于混合型组织和混合型组织制度化的新生阶段。

Battilana 等（2017）在他们的推测中暗示了这一点，“随着时间的推移，特定的混合组合本身可能会被视为合法的、制度化的原型”。此外，他们认可 Rawhouser 等（2015）的研究，强调随着监管体系逐渐承认共益企业等混合法律形式，社会企业面临的合法化挑战会越来越少。因此，本书认为，随着混合要素的制度化，混合型组织可能会被视为合法组织，并对制度解释产生更少的挑战。制度不是静态的，混合形式的制度化可以将以前意想不到的身份要素组合转化为合法的、可接受的甚至可预期的身份，接下来将会研究这一假设。我们首先简要回顾相关文献，这是对 Battilana 等（2017）广泛综述的一个狭隘的补充，我们提供这些文献只是为了说明问题。

本章搜索了管理学和社会学领域的七大顶级期刊，即 *Academy of Management Journal*、*Academy of Management Review*、*Administrative Science Quarterly*、*Organization Science*、*Organization Studies*、*American Journal of Sociology* 和 *American Sociological Review*。本章使用以下术语的单数和复数形式搜索，在多个分析层次上探究组织的混合化：混合组织［hybrid organization（s）］、混合类别［hybrid category（ies）］、混合场域［hybrid field（s）］和混合产业［hybrid industry（ies）］。在本章的研究中，我们没有限制时间参数。

本章最初的搜索结果是 250 篇文章。由于并非所有这些文章都以“混合”为中心词，我们采取了几个步骤来删除不相关的文章。第一，我们删除了没有使用某种形式的“混合”这个词的文章；第二，我们删除了那些在讨论中只提到混

合的文章，这些文章通常暗指潜在的未来研究；第三，我们删除了那些提到混合作为补充主题但没有关注对混合研究的贡献的文章。删除这些文章后，本章的最终研究样本由 52 篇文章组成。

与 Battilana 等（2017）类似，我们发现近年来围绕混合型组织的研究越来越多。研究混合化的最早文献是 Borys 和 Jemison（1989）关于将混合安排作为一种战略联盟形式的理论文章。随后，Golden-Biddle 和 Rao（1997）关于非营利组织 Medlay 的文章是最早关于混合的实证文章，这一文献的重点是关于竞争身份。Glynn（2000）在有关亚特兰大交响乐团的一项研究中也对混合身份进行了研究。然而，尽管有如此突出的混合型组织研究的文章，但是对混合研究有贡献的文章数量仍然很少。1997~2009 年，每年最多有两篇关于混合型组织的文章发表，其中约有一半发表在这七种期刊上。多年来，关于混合的文章几乎为零。截至 2010 年，共有 8 篇关于混合型组织的文章。然而，2010~2019 年，却增加了 44 篇。显然，这十年间学者对组织混合的兴趣增加了（见图 3-1）。我们在审查这些文章时，重点关注了研究人员如何从三个方面研究混合：理论视角、分析层次以及相互竞争的混合元素。

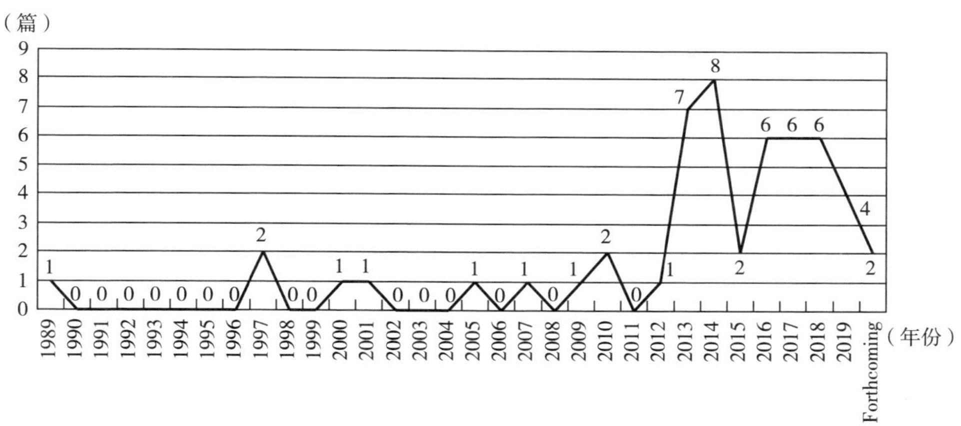

图 3-1　不同年份的混合型组织文献数量

第一，理论视角。在 52 篇文章中，我们发现学者使用了多种理论视角来研究混合型组织。虽然一些文章完全关注一种理论视角，但是其他文章包含了一种附加视角。36 篇文章使用单一视角来研究混合性。常用的单一视角为制度逻辑（12 篇，33.3%）和结构/形式（11 篇，30.6%），然后是身份（5 篇，13.9%）、类别（3 篇，8.3%）、实践（3 篇，8.3%）和框架（2 篇，5.6%）。有趣的是，在 5 篇以身份为主要理论视角的混合性研究文章中，只有 3 篇发表在管理学期刊上，其余 2 篇发表在社会学期刊上。

几乎 1/3 的文章（16 篇，30.8%）包含了额外的理论视角，其中在 16 篇文章中，有 11 篇文章（68.8%）使用了两种视角将身份与制度逻辑结合起来。因此，早期关于组织身份的文章，如 Albert 和 Whetten（1985），学者在解释混合型组织时似乎有着背景身份、前景化的制度逻辑和形式。这种逻辑和身份的耦合主要表现在两个方面。首先，身份是竞争逻辑在组织中体现的一种方式（Smets et al.，2015）。其次，组织身份作为一种“混合身份”被考虑，这有助于减少竞争逻辑之间的冲突（Battilana and Dorado，2010）。这种对逻辑和身份的关注表明了一些学者是如何将逻辑和身份观点融合到他们对混合型组织的研究中的。此外，它还强调了在制度化的背景下考虑混合身份的承诺。

第二，分析层次。尽管经常使用制度逻辑来研究混合，但是学者尚未探索场域层面的影响或这些逻辑的制度起源。在本书回顾的 52 篇文章中，28 篇（53.8%）只关注组织层面的分析，21 篇（40.4%）包括一些跨层面分析，3 篇（5.8%）没有提到具体的分析层次。在跨层次的文章中，9 篇文章使用了逻辑学视角，8 篇文章使用了组织形式视角。因此，似乎仍然有机会在更高层次的分析（如机构或领域层面）上研究混合型组织，特别是在这些层面上关注身份识别动态。

第三，竞争性混合元素。在本章的文献回顾研究中，近一半（23 篇，44.2%）文献集中于混合型组织中竞争性市场、经济和社会因素的组合。社会因素包括环境（York et al.，2016））、艺术（Dalpiaz et al.，2016）和社区（Almandoz，2014；Smets et al.，2015）。一些学者关注小额信贷组织（Battilana and Dorado，2010；Canales，2013；Wry and Zhao，2018）。许多研究证明，这是一种极端情况，它明确暴露了不同混合元素之间的冲突和竞争。小额信贷组织虽然不是研究混合的唯一研究背景，但是它仍然是一个有趣的背景，特别是对于阐明混合动态而言。

第四，其他补充研究。我们注意到关于混合的其他重要文章，这些文章没有被本书搜索到。例如，在 *Academy of Management Annals* 中，Greenwood 等（2011）探讨了组织是如何受到多个制度逻辑的影响并对其做出反应的。他们强调了组织如何以各种方式体验制度逻辑的多样性，并且特定类型的响应在一定程度上取决于组织身份。在 *Academy of Management Annals* 的另一篇文章中，Battilana 和 Lee（2014）关注社会企业，以了解组织如何将多种组织形式融入到混合型组织中。他们还认为，社会企业为研究混合型组织提供了丰富的背景。Ebrahim 等（2014）在 *Research in Organizational Behavior* 期刊上发表的关于社会企业的研究中提出了两种不同类型的混合体，即整合型和差异型，它们根据两种混合元素

之间的综合水平而有所不同。

此外，有几项研究探讨了混合的动态，但没有明确声称研究或使用“混合”这一词汇。例如，Besharov（2014）展示了组织如何在自上而下和自下而上的过程中获得多重身份的优势，从而实现身份识别或不识别。Greenwood 等（2010）以类似的方式探讨了组织在决策过程中如何重视区域和家族逻辑并受其影响，特别指出了家族逻辑如何在小公司的裁员决策中发挥作用。在研究多重逻辑的另一个例子中，Dunn 和 Jones（2010）探讨了医疗护理和科学在医学教育中作为不同且往往相互竞争的逻辑所产生的影响，并指出了随着时间的推移，对其中一种逻辑的强调是如何向另一种逻辑屈服的。综上所述，这些文章揭示了混合型组织元素，特别是制度逻辑和身份，为何有时表现出兼容或竞争的动态，并以随时间推移的方式表现出来。

总之，我们对混合型组织的相关管理文献的研究产生了一些深刻的见解。从本节对 52 篇文章的回顾中我们发现，制度逻辑是研究者使用的主要理论视角，组织认同很重要，但在解释组织混合性的应用上要少得多。此外，分析的主要层面是组织，尽管只有有限的跨层面研究。最后，我们发现，一些形式的混合越来越普遍，成为学者们研究的对象，尤其是小额信贷组织。

尽管关于混合型组织的文献越来越多，但是研究混合型组织制度化的却非常有限。这一观点可以从本书对混合型组织身份的理解中获益，并有助于我们理解混合型组织身份。本书认为这种疏漏是由两个主要因素造成的：第一，文献的脱节和理论观点的扩散，其在逻辑、形式、身份、类别、实践和框架方面表现出不同的混合形式；第二，或许也是最关键的一点，调查多层次分析的研究数量有限，特别是在场域、行业或制度层面等高于组织层面的研究上。为了推进混合型组织身份制度化的研究，本书接下来提出了解决这些问题的框架。

二、一个关于混合型组织身份制度化的概念框架

现有的专门关注混合制度化的研究是有限的，但已经发表的少数研究是具有启发性的。例如，Smets 等（2015）研究了许多混合组织所面临的制度复杂性，并展示了同时制定多种制度逻辑是如何被视为理所当然的。更重要的是，他们的研究表明，与混合型组织相关的内部冲突即使在制度化后也可能持续存在，因为组织在“动态紧张”中持有相互竞争的逻辑。Rawhouser 等（2015）证明了监管部门对特定混合身份标志的批准，即共益企业名称，提供了混合身份制度化的进

一步证据。

Ansari 等（2013）在对混合型制度接受度的另一项研究中，展示了在不同逻辑下运作的参与者如何协商共享的场域混合逻辑，从而模糊了两个先前对立逻辑之间的界限。随着混合逻辑在场域层面被接受，如 Ansari 等（2013）观察到的气候变化框架，新组织可能更容易主张和合法化这些混合身份。由于制度“提供了构建组织身份的原材料”（Glynn，2008），因此场域层面的混合逻辑制度化可以实现甚至促进组织层面的混合身份构建。

如前所述，组织身份既表达了组织做什么，也表达了组织是谁，或者至少表达了他们所说的是谁或声称是谁。给定混合形式、逻辑或类别的制度化可能会影响这些身份组件中的任何一个。在这样做的过程中，制度化可能会影响组织内参与者如何协商与其混合身份相关或固有的冲突，以及利益相关者和其他外部、组织外评估者如何感知和评估混合组织的身份。下面我们将依次探讨这些问题。

（一）混合身份组织的内部挑战

混合型组织的特点是存在一种紧张关系，这种紧张关系使它们的存在变得复杂。在制度化之后，这些紧张关系通常不会消失。然而，当一种特定的混合型组织形式被制度化时，管理这些紧张关系并从中获益的实践和过程也往往被制度化，从而有可能降低混合身份的管理难度。例如，把医疗作为一个制度场域来考虑，大多数医疗机构都是混合型组织，因为它们必须在盈利目标与围绕患者护理、幸福和人群健康的价值观之间取得平衡。Reay 和 Hinings（2009）描述了医生和医疗保健管理人员如何制定应对这些紧张关系的合作实践，包括建立共同点，在需要专业知识时保持逻辑分离，以及创造空间以促进各种逻辑组合的试验。通常，当混合的特定形式，如某些逻辑、类别或形式的组合在某种程度上相互冲突即被制度化时，有助于引导这种冲突的实践和过程也会被制度化。例如，现代音乐产业必须在艺术完整性和创造性与盈利能力和市场性之间取得平衡。这两个要素对行业内部人士（音乐家、制作人等）和消费者来说都是有意义和重要的。唱片制作人必须找到在不疏远消费者的情况下鼓励创新的方法，说服艺术家限制他们的创造力本质上是一个充满紧张的过程，然而这种商业模式自广播和其他音乐发行渠道出现以来就一直存在。

尽管制度化不一定能解决许多混合型组织固有的紧张关系，但是它通常能提供组织可以用来管理这些紧张关系的工具。回想一下，组织身份是意义的标记，机构是意义的系统。当组织所处的制度场域不被接受或使得意义构建不被合法化时，协商是困难的（Lounsbury and Glynn，2001）。此外，内部紧张只是混合型组织面临的一个挑战，混合型组织往往难以在利益相关者和外部评估者之间获得合法性。

（二）混合身份组织面临的外部挑战

混合身份的传统概念集中于假设的混合身份的意外性，混合组织的开创性定义证明了这一点，即“由两种或两种以上类型组成，通常不会同时出现”（Albert and Whetten，1985）。当在完全不熟悉混合身份的环境中发现混合新股组织时，它们被视为最出人意料的。例如，在 20 世纪 70 年代之前，现代小额信贷组织几乎无人知晓，因此这一形式是出人意料的。格拉明银行（Grameen Bank）和穆罕默德·尤努斯（Muhammad Yunus）等为小额信贷的合法化和制度化铺平了道路。随着管理与小额信贷相关的竞争逻辑的过程变得制度化和逐步被人熟悉，以及与这种商业模式相关的价值和意义获得认可和合法性，小额信贷组织变得更加普遍。

尽管有限的研究探索了混合制度化可能对混合型组织产生的影响，但是现有证据表明，制度化后，混合型组织明显冲突的身份要素可能变得不那么明显（Reay and Hining，2009；Smets et al.，2015），人们可以更好地理解他们独特的身份元素实际上是如何以及为什么会“走到一起的”（Albert and Whetten，1985）。一旦既定的混合型组织身份被合法化，利益相关者通常不会对组织如何或为什么声称这样的混合身份感到困惑。然而，在危机时期，即使是制度化很好的混合形式，如交响乐团（Glynn，2000），也可能重新面对其混合性，观众可能会质疑其身份要素之间的冲突。一旦危机得到解决，人们所感受到的冲突可能会消失。本章对该过程的动态描述如图 3-2 所示。

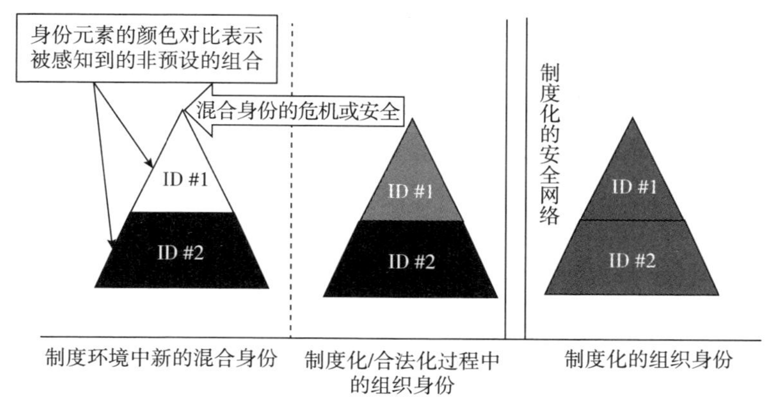

图 3-2　混合身份的制度化过程

制度化可以提供一种“安全网”，防止混合组织遭受组织合法性折扣（Zuckerman，1999），至少可以阻止刺激重大制度变革的重大事件。这种制度化的安全网从三个方面维护了混合身份的合法性。首先，从认知的角度来看，制度化有助于对混合身份的意义进行感官化，利益相关者对混合身份的质疑较少。因此，这些组织可能会发现更容易驾驭和理解许多混合身份固有的紧张关系，他们可以将制度化的模板作为管理模式。其次，从规范的角度来看，制度化重新定义了特定背景下的合法性预期和规则，可能会消除许多障碍以及与混合身份相关的社会或规范性处罚。实际上，混合组织身份本身可能成为一个类别，评估人员使用它来确定适合任何特定组织的程度。最后，从监管的角度来看，制度化可以为合法化某些混合形式的组织提供正式、公认的混合身份标记。本章探索了每一条途径，通过这些途径混合身份的制度化可以缓解与混合相关的紧张关系。

本书遵循 Scott（1995）对制度的概念化，认为制度由文化认知、规范和规制支柱组成，并将其应用于混合型组织的制度化：从文化认知上讲，制度化会影响组织成员和外部利益相关者如何看待混合型组织多重身份之间的关系；从规范上讲，它可以重塑特定背景下的合法性规则，将同构压力转向特定类型的混合；从规制角度来看，新的正式名称是专门针对各种形式的混合型组织（如共益企业名称）的流行而创建的。在下面的章节中，我们将研究混合制度化对每个支柱的影响。

（三）混合身份制度化的文化认知效应

文化认知（或简单的认知）制度支柱关注如何从行动、符号和实践中派生和构建共同的意义。Scott（1995）强调对制度和制度化的认知视角，“强调社会身份的重要性：我们对自己是谁的概念以及在特定情况下什么样的行动方式对我们有意义”。Navis 和 Glynn（2011）扩展了这一身份概念，将身份定义为两个组成部分，即“我们是谁”和“我们做什么”，并作为一个组织。

随着混合身份在特定环境中变得越来越普遍，利益相关者更容易理解这些身份的文化含义，因为它们越来越正常化，组织成员也更容易理解培养混合身份背后的原因。当混合身份对给定的环境来说是新的，以及组织成员和外部利益相关者都在努力理解给定的混合身份中的文化意义时，混合身份可能会充满冲突。然而，随着混合身份制度化，理解这些身份的框架和图式得到了更好的发展，并且能够促进意义构建流程。在这个过程中，这样的框架可以减少歧义，并消除或显著减少与混合身份相关的负面影响，但这样做是非法的（至少是不合法的）。此外，与混合身份相关的许多内部冲突也源于缺乏认知框架，通过认知框架可以理解多重的、发散的、冲突的身份要素。就制度化提供这种框架的程度而言，制度化也可能抑制组织内混合身份相关的冲突。

例如，混合身份在美容行业正变得越来越普遍。Body Shop 是这一领域的先行者，它信奉“致富而非剥削的承诺”。Body Shop 致力于改善他们种植和收集产

品成分的地区的生物多样性，从不在动物身上测试他们的产品，并尝试以各种方式实现可持续性（The Body Shop，2020）。同样地，Alba Botanicals 致力于“Do Good Do Beautiful”（Alba，2020），将他们的利润用于性别平等和动物权利等问题。此外，女性服装商艾琳·费舍尔（Eileen Fisher）定期宣传在服装中使用“再生聚酯”“负责任的羊毛”“有机棉”，表达了她们对这一领域的渴望。

本书的愿景是建立这样一个行业，在这个行业中，人权和可持续性不是某项特定计划的影响，而是企业良好经营的结果。社会和环境不公正不是不幸的结果，而是采取不同做法的理由。

尽管这些双重利益组合在几十年前可能很难理解，但是当这种对产品、环保主义甚至社会正义的担忧不常见时，Body Shop、Alba Botanicals 和 Eileen Fisher 等组织帮助建立了框架，通过这个框架，人们可以理解组织有责任弥补他们破坏或潜在危害的环境的各个方面。购买和使用这些可持续产品对许多现代消费者来说可能是有意义的。它可能会创造一些标准，外部评估人员可以根据这些标准来判断公司的表现，如三重底线。混合身份的制度化促进了对这些身份的理解等认知过程，在这个过程中，可能会减少之前与声称这种身份相关的紧张和冲突。

（四）混合身份制度化的规范效应

制度的规范支柱侧重于共同的价值体系和规范，这些价值体系和规范指导着制度中嵌入的人的行为。随着某些混合身份在特定领域变得越来越普遍，混合性可能成为规范。在户外服装市场，诸如 Patagonia 和 REI 等组织已经致力于解决环境问题，利用他们的利润来追求社会目标。例如，Patagonia 将其组织身份中的“我们做什么”元素定义为“我们的事业是为了拯救我们的家园”（Patagonia，2020）。他们刻意、公然、自豪地宣称自己是混合型组织，利用自己的利润为减少人类对环境的影响做出贡献。他们正在改变关于商业在社会中角色的对话机制，至少在致力于促进户外和环境享受的市场中是这样的。

Scott（1995）认为“规范规定了事情应该如何做，它们定义了追求有价值目标的合法手段”。混合型组织的制度化修改了合法性的指导原则，混合身份成为预期，而不是惊喜。随着类似巴塔哥尼亚公司等的混合身份变得越来越普遍，这一领域的新组织可能会符合这些混合组织设定的价值观和规范，这是一种混合身份可能会影响深远的社会变革的新机制。通过将特定市场和行业中的混合制度化，同构压力可能会推动新组织继续沿着这条道路前进。利益相关者或消费者的期望和需求对大多数组织来说至关重要，一旦混合身份在特定的环境中被制度化，满足这些期望的规范压力就会变得非常大，难以抗拒。

（五）混合身份制度化的规制效应

制度的规制支柱侧重于监督和制裁行动的正式程序，即奖励或惩罚（Scott，1995）。一些组织通过正式的、机构认可的（有时甚至是政府认可的）象征性名称来表明其混合身份。例如，食品可能被标记为“公平贸易”（Fair Trade），整个组织可能被指定为共益企业（B 公司）。这两个正式名称都是针对特定混合身份和做法的流行而创建的。

通常，拥有公平贸易名称的组织销售咖啡和巧克力等商品。在正式的公平贸易指定存在之前，这些组织仍然参与许多定义其身份的实践，展示作为组织的“他们是谁”和“他们做什么”（Navis and Glynn，2011）。公平贸易公司为了可可豆、咖啡豆和棉花等原材料向出口商支付相对较高但公正的价格，防止边缘化农民和工人受到剥削，甚至在正式的公平贸易被安排建立之前，这些做法就已经成为组织身份的基石。随着这些做法越来越受到其他组织的赞赏和利用，消费者开始重视公平交易组织生产的产品，特别是寻找这些产品，并要求其他生产者效仿。创建正式的公平贸易名称是为了将特定的混合身份制度化：公平贸易符号意味着同时承诺支持发展中国家边缘化的农民，以及承诺创造足够的收入来维持这些业务。消费者现在明白了公平贸易的含义，正式名称代表了合法的混合身份。

在过去几年里，“共益企业”的正式名称也迅速增加。2006 年，组织共益企业实验室成立。共益企业实验室颁发私人“共益企业”认证，共益企业在“法律上需要考虑他们的决定对工人、顾客、供应商、社区和环境的影响”。这种共益企业名称是一种私人认可的、更广泛的组织身份标记的具体形式。自 2010 年以来，美国已有 34 个州通过了将共益企业作为正式组织类别的立法。共益企业必须坚持将其利润用于对社会福利的承诺，并因此为组织提供预先包装的、制度化的混合身份，使多重身份的同时协同实施合法化。Cao 等（2017）认为，共益企业为组织提供了一种同时声明独特和合法身份的方法。然而，我们认为组织在多大程度上强调其身份的这一要素取决于其所处的环境。

三、未来研究方向

跨制度的文化认知、规范和监管支柱的混合身份制度化可以大大降低与构建混合身份相关的负面影响。也许对于理解制度化的混合型组织来说，最重要的是从其他理论角度（主要是身份）来研究这一现象。目前，在顶级管理期刊上，

几乎一半的混合型组织研究采用制度逻辑作为理论视角。制度逻辑视角是一种成熟的元理论，可以与其他理论视角相结合。例如，Durand 和 Thornton（2018）呼吁在逻辑和分类的交叉点上进行更多的研究。我们相信，在混合性、逻辑性和同一性的交叉点上进行的研究也同样有成效。在实践和认知方面，任何给定机构中的利益相关方都受到该机构主导逻辑及其相关实践的指导。因此，身份构建过程也可能由逻辑驱动。未来探索身份如何在多重制度逻辑的影响下构建的研究可能是非常宝贵的。

此外，由于之前的研究主要集中在以高度紧张和冲突为标志的时期组织层面的研究，本书对组织如何在更稳定的时期管理混合化的理解有限。为了进一步了解不同制度化水平下的混合性，本书建议学者关注混合型组织生命周期的后期阶段。当前文献关注的是混合型组织的早期生命周期阶段或关键时刻，这可能是基于混合性问题，而不是提出可能的解决方案。我们建议未来的研究重点放在已建立的混合型组织上，这些混合型组织可能受益于田间或行业水平上混合的制度化、合法化或规范化。这种生命周期后期阶段的研究可以帮助揭示是否、如何以及何时可以减少与混合身份相关的挑战，这将有助于解释制度化如何减少与混合有关的紧张和冲突，同时确定制度化后仍然存在的紧张和冲突。

四、结论

混合型组织经常面临内部紧张关系和冲突，因为其中的参与者努力实现不同的目标，受到不同身份的指导，并致力于满足许多利益相关者。此外，外部评估者和利益相关者往往不愿将合法性授予以全新方式结合不同身份的组织（Hsu，2006；Zuckerman，1999）。然而，当一个给定的混合身份被制度化时，比如小额信贷（Battilana and Dorado，2010），组织可能会进行管理内部紧张关系的实践，而任何外部不确定性和相关的合法性折扣可能会大大削弱。这种不确定性可以通过正式批准某些形式的混合类别来进一步降低，如共益企业名称（Gehman and Grimes，2017；Rawhouser et al.，2015）。

当结构、过程、服务、类别或身份被认为是理所当然时，本书认为它们是制度化的。“制度化发生在参与者互动并接受现实的共同定义时”（Phillips et al.，2004）。当围绕身份的文化意义存在高度一致时，可以认为混合身份是制度化的。作为意义系统，制度为组织层面的身份建构提供了基石。当组织试图定义自己的含义（即身份）时，它们会从制度环境中寻找可接受的线索（Lounsbury and

Glynn，2001）。相互竞争的身份要素之间任何联系的制度化都有助于混合身份的构建，并有助于驾驭内部紧张和外部评估。随着混合越来越普遍，学者必须继续在各种各样的环境中研究混合型组织，以了解组织如何能够成功地驾驭“混合景观所形成的混合地图”。

参考文献

[1] Alba. (2020). Alba Botanica Skin & Hair Care. Retrieved from https://www.albabotanica.com/en/dogooddobeautiful/.

[2] Albert, S., & Whetten, D. A. (1985). Organizational identity: Research in organizational behavior. Greenwich, CT: JAI Press.

[3] Almandoz, J. (2014). Founding teams as carriers of competing logics: When institutional forces predict banks' risk exposure. Administrative Science Quarterly, 59 (3): 442-473.

[4] Ansari, S., Wijen, F., & Gray, B. (2013). Constructing a climate change logic: An institutional perspective on the "Tragedy of the Commons". Organization Science, 24 (4): 1014-1040.

[5] Battilana, J., Besharov, M., & Mitzinneck, B. (2017). On hybrids and hybrid organizing: A review and roadmap for future research. In R. Greenwood, C. Oliver, T. B. Lawrence, & R. E. Meyer (Eds.), The SAGE handbook of organizational institutionalism (Vol. 2, pp. 133-169). Thousand Oaks, CA: Sage Publications.

[6] Battilana, J., & Dorado, S. (2010). Building sustainable hybrid organizations: The case of commercial microfinance organizations. Academy of Management Journal, 53 (6): 1419-1440.

[7] Battilana, J., & Lee, M. (2014). Advancing research on hybrid organizing-Insights from the study of social enterprises. The Academy of Management Annals, 8 (1): 397-441.

[8] Battilana, J., Sengul, M., Pache, A. C., & Model, J. (2015). Harnessing productive tensions in hybrid organizations: The case of work integration social enterprises. Academy of Management Journal, 58 (6): 1658-1685.

[9] Besharov, M. L. (2014). The relational ecology of identification: How organizational identification emerges when individuals hold divergent values. Academy of Management Journal, 57 (5): 1485-1512.

[10] Borys, B., & Jemison, D. B. (1989). Hybrid arrangements as strategic alliances: Theoretical issues in organizational combinations. Academy of Management

Review，14（2）：234-249.

［11］Canales，R.（2013）. Weaving straw into gold：Managing organizational tensions between standardization and flexibility in microfinance. Organization Science，25（1）：1-28.

［12］Cao，K.，Gehman，J.，& Grimes，M. G.（2017）. Standing out and fitting in：charting the emergence of certified B Corporations by industry and region. In Hybrid ventures（pp. 1-38）. Emerald Publishing Limited.

［13］Dalpiaz，E.，Rindova，V.，& Ravasi，D.（2016）. Combining logics to transform organizational agency：Blending industry and art at Alessi. Administrative Science Quarterly，61（3）：347-392.

［14］Dunn，M. B.，& Jones，C.（2010）. Institutional logics and institutional pluralism：The contestation of care and science logics in medical education，1967-2005. Administrative Science Quarterly，55（1）：114-149.

［15］Durand，R.，& Thornton，P. H.（2018）. Categorizing institutional logics，institutionalizing categories：A review of two literatures. Academy of Management Annals，12（2）：631-658.

［16］Ebrahim，A.，Battilana，J.，& Mair，J.（2014）. The governance of social enterprises：Mission drift and accountability challenges in hybrid organizations. Research in Organizational Behavior，34，81-100.

［17］Gehman，J.，& Grimes，M.（2017）. Hidden badge of honor：How contextual distinctiveness affects category promotion among certified B corporations. Academy of Management Journal，60（6）：2294-2320.

［18］Glynn，M. A.（2000）. When cymbals become symbols：Conflict over organizational identity within a symphony orchestra. Organization Science，11（3）：285-298.

［19］Glynn，M. A.（2008）. Beyond constraint：How institutions enable identities. The Sage Handbook of Organizational Institutionalism，41：3-430.

［20］Golden-Biddle，K.，& Rao，H.（1997）. Breaches in the boardroom：Organizational identity and conflicts of commitment in a nonprofit organization. Organization Science，8（6）：593-611.

［21］Greenwood，R.，Díaz，A. M.，Li，S. X.，& Lorente，J. C.（2010）. The multiplicity of institutional logics and the heterogeneity of organizational responses. Organization Science，21（2）：521-539.

［22］Greenwood，R.，Raynard，M.，Kodeih，F.，Micelotta，E. R.，&

Lounsbury, M. (2011). Institutional complexity and organizational responses. Academy of Management Annals, 5 (1): 317-371.

[23] Gümüsay, A. A., Smets, M., & Morris, T. (2019). "God at Work": Engaging central and incompatible institutional logics through elastic hybridity. Academy of Management Journal. Advance online publication. https://doi.org/10.5465/amj.2016.0481.

[24] Heaney, M. T., & Rojas, F. (2014). Hybrid activism: Social movement mobilization in a multimovement environment. American Journal of Sociology, 119 (4): 1047-1103.

[25] Hsu, G. (2006). Jacks of all trades and masters of none: Audiences' reactions to spanning genres in feature film production. Administrative Science Quarterly, 51 (3): 420-450.

[26] Jay, J. (2013). Navigating paradox as a mechanism of change and innovation in hybrid organizations. Academy of Management Journal, 56 (1): 137-159.

[27] Lounsbury, M., & Glynn, M. A. (2001). Cultural entrepreneurship: stories, legitimacy, and the acquisition of resources. Strategic Management Journal, 22 (6-7): 545-564.

[28] Navis, C., & Glynn, M. A. (2010). How new market categories emerge: Temporal dynamics of legitimacy, identity, and entrepreneurship in satellite radio, 1990-2005. Administrative Science Quarterly, 55 (3): 439-471.

[29] Navis, C., & Glynn, M. A. (2011). Legitimate distinctiveness and the entrepreneurial identity: Influence on investor judgments of new venture plausibility. Academy of Management Review, 36 (3): 479-499.

[30] Pache, A. C., & Santos, F. (2013). Inside the hybrid organization: Selective coupling as a response to competing institutional logics. Academy of Management Journal, 56 (4): 972-1001.

[31] Patagonia Mission Statement-Our Reason for Being. (2020). Retrieved from https://www.patagonia.com/company-info.html. Accessed on January 5, 2020.

[32] Phillips, N., Lawrence, T. B., & Hardy, C. (2004). Discourse and institutions. Academy of Management Review, 29 (4): 635-652.

[33] Rawhouser, H., Cummings, M., & Crane, A. (2015). Benefit corporation legislation and the emergence of a social hybrid category. California Management Review, 57 (3): 13-35.

[34] Reay, T., & Hinings, C. R. (2009). Managing the rivalry of competing institutional logics. Organization Studies, 30 (6): 629-652.

[35] Rosa, J. A., Porac, J. F., Runser - Spanjol, J., & Saxon, M. S. (1999). Sociocognitive dynamics in a product market. Journal of Marketing, 63: 64-77.

[36] Schatzki, T. R. (2002). The site of the social: A philosophical account of the constitution of social life and change. University Park, PA: Pennsylvania State University Press.

[37] Scott, W. R. (1995). Institutions and organizations. Foundations for organizational science. London: A Sage Publication Series.

[38] Smets, M., Jarzabkowski, P., Burke, G. T., & Spee, P. (2015). Reinsurance trading in Lloyd's of London: Balancing conflicting-yet-complementary logics in practice. Academy of Management Journal, 58 (3): 932-970.

[39] Smith, W. K., & Besharov, M. L. (2019). Bowing before dual gods: How Structured flexibility sustains organizational hybridity. Administrative Science Quarterly, 64 (1): 1-44.

[40] The Body Shop. (2020). ABOUT US. Retrieved from https://www.thebodyshop.com/enus/about-us/our-commitment.

[41] Wry, T., Lounsbury, M., & Jennings, P. D. (2014). Hybrid vigor: Securing venture capital by spanning categories in nanotechnology. Academy of Management Journal, 57 (5): 1309-1333.

[42] Wry, T., & Zhao, E. Y. (2018). Taking trade-offs seriously: Examining the contextually contingent relationship between social outreach intensity and financial sustainability in global microfinance. Organization Science, 29 (3): 507-528.

[43] Yan, S., Ferraro, F., & Almandoz, J. (2019). The rise of socially responsible investment funds: The paradoxical role of the financial logic. Administrative Science Quarterly, 64 (2): 466-501.

[44] York, J. G., Hargrave, T. J., & Pacheco, D. F. (2016). Converging winds: Logic hybridization in the Colorado Wind Energy Field. Academy of Management Journal, 59 (2): 579-610.

[45] Zuckerman, E. W. (1999). The categorical imperative: Securities analysts and the illegitimacy discount. American Journal of Sociology, 104 (5): 1398-1438.

第四章　启发式推理：类别理论和混合型组织评价的新方法*

摘要：我们研究认为，类别理论可以通过采用启发式研究和受众经常基于多重价值标准评估项目的见解而得到推进。现有理论认为类别包含了特定的评估标准，或者人们是根据一套价值理论来进行评估操作。但我们认为，关注潜在的过程将有利于混合型组织研究，这些过程是参与者用来衡量和平衡指导他们做出决定的各种考虑。本章定义并讨论了三种常用的启发式方法（满意选择法、字典序），并展示了这些方法如何引导受众支持不同类型的混合型组织。

关键词：类别；混合型组织；启发法；认知过程；影响投资；社会评价

一、引言

类别理论的核心贡献是解释了为什么混合型组织被外部观众忽视、轻视或嘲笑（Vergne and Wry，2014）。也就是说，“绝对命令”认为，类别反映了对项目应如何分组和评估的共同理解，而混合型组织通过不同类别的特征（Hsu，2006）或制度逻辑（Besharov and Smith，2014）致使这一问题复杂化。反过来，这种对单一类别或逻辑缺乏忠实性的情况使混合型组织难以被理解，并导致人们认为它们质量低下（Zuckerman，1999）。最近的研究已经开始为这一论点增加不同见解，认为混合型组织整合功能的方式有时与特定类别代码（评估方案）一致（Wry et al.，2014），或者以受众的价值理论为例（Pontikes，2012；Paolella and Durand，2016），因此得到了积极的评价。然而，这并不能解释参与者使用多个指标来评估一个项目，或者试图通过选择或支持单个实体来满足多个目标的

* Tyler Wry 和 Rodolphe Durand。

情况。考虑到影响力投资、社会企业和其他混合领域的快速增长，我们认为这是一个重大限制，并试图在本书的研究中解决这一问题。

要深入了解外部受众如何评估混合型企业，一种可选的方法是基于混合研究文献的最新进展进行了解。研究者已经意识到，参与者的利益并不总是与单一的制度逻辑（Durand and Thornton，2018；Thornton et al.，2012）、身份（Wry and York，2017）或类别代码（Durand and Paolella，2013）一致。反过来，研究表明，组织内部人员将在追求多重价值目标的过程中，花相当长的时间去理解矛盾，在谈判过程中耗费时间，并与悖论做斗争（Battilana，2015；Smith and Besharov，2019；Smith and Tracey，2016；Wry and York，2017）。然而，尽管我们对接受多重动机表示赞赏，但是这些研究对于外部受众的理论化几乎没有价值。与组织内部人员（他们可能被激励去做整合目标、处理权衡和识别最大效用等对认知要求较高的工作）相比，外部受众可能是“认知守财奴”。事实上，类别理论的一个关键观点是，评估者是有限理性的，并依靠捷径来应对复杂性（Rosch，1999）。因此，要理解受众如何评估混合型组织，需要一种建立在对人类行为的现实假设基础上的方法，并采用参与者基于多种标准评估道具时使用的捷径。本书认为，这可以通过将启发式决策的见解纳入分类研究中来实现（Gigerenzer and Todd，1999；Tversky，1972）。

本章首先回顾了分类理论的最新进展，这些进展已经放松了绝对命令，而且这项工作已经表明外部受众使用简单的决策规则来评估混合。其次，本章定义并讨论了三种关键的决策启发法，即偏好法和依方面排除法。研究表明，参与者使用这些方法从而基于多种标准来评估项目。本章扩展了此讨论，以说明每种启发式方法如何引导受众将混合体划分为不同类型的考虑集合，并奖励其中的不同实体。最后，本章提出了一个研究议题，重点放在内部和外部受众如何对待混合型组织的差异，分类混合型组织不同竞争地位的潜在有效性，以及与当前理论的进一步相比，使用启发式方法更好地解释和预测了混合型组织绩效的前景。

二、关于分类和混合型组织文献中的盲点

（一）类别理论简述

类别理论侧重于受众如何比较和评价组织，作为一个筛选器，制作人提供属性中的多种变化（Aldrich and Ruef，2006；Durand，2006）。从根本上说，这项

研究假设参与者是有限理性的，信息处理能力有限，必须决定如何在潜在的大量刺激中分配注意力（Durand and Paolella，2013；Vergne and Wry，2014）。类别通过将项目集中到不同且可识别的集群中，支持对不同项目的相似性和独特性的共同理解，并减少搜索和评估潜在备选方案的负担，帮助参与者管理这种复杂性。事实上，研究表明，在做出决定时评估者不会无限比较替代方案。相反地，它们依赖于类别：一是提供包含相似项的有界对价集；二是指定这些项应如何适当估值（Zuckerman，1999）。通过这种集总和拆分，类别向受众传达组织的类型，并为确定组织是不是该类型的优秀实例提供线索。反过来，通常持有和一致应用的标准支持类别内的地位排序，以及评估人员或多或少可能会看好的立场的出现。Durand 和 Paolella（2013）认为，在市场和组织的背景下，类别提供了一个认知基础设施，使评估驱动预期，并导致物质和象征意义上的交换。

通过深入了解受众如何与组织互动，类别理论有助于推进许多研究领域。从战略角度来看，组织领导者使用类别分析竞争格局（Porac and Thomas，1990；Granqvist et al.，2013），并找到相对于其他类别组织的潜在有价值的地位（Cattani et al.，2017；Zhao et al.，2017）。相关研究还考虑了组织和倡导者如何战略性地创建新类别，以更好地确保外部受众的合法性（Rao et al.，2003；Durand and Khaire，2017；Khaire and Wadhwani，2010；Navis and Glynn，2010）。

总体而言，大多数类别研究都集中于受众如何评估和选择组织和产品（Vergne and Wry，2014）。追溯到 Zuckerman（1999）的“绝对命令”，学者或多或少地接受了搜索和评估分为两个步骤：首先，参与者选择一个类别，在其中他们希望找到感兴趣的项目（考虑因素集）；其次，他们比较这些项目，根据特定的预定义指标找到最佳替代方案（类别代码）。评估可能会根据参与者的具体价值理论而有所不同（Paolella and Durand，2016；Zuckerman，2017）。然而，总的来说，简化的假设是，最好的替代方案是一个类别中更完整的成员，类别越清晰越好。这一逻辑意味着混合型组织容易被忽视或贬值，因为它们不符合任何一个考虑因素集，也不完全符合任何一个类别代码（Vergne and Wry，2014）。实证结果基本上是支持性的，为这些效应提供了证据，并表明侧重于类别的实体往往比混合类型的实体更受青睐（Hsu，2006；Hsu et al.，2009；Negro and Leung，2013）。

另一些人则试图在绝对命令中加入边界条件，表明当类别系统处于变动或缺乏内部对比时，混合型组织不太可能被低估（Negro et al.，2010；Ruef and Patterson，2009）。而被污名化的组织可以从与类别跨越相关的混淆中获益（Vergne，2012）。更进一步地，一些人认为，当受众认为混合有助于创造特定类型的价值如利润或创新时，混合可能会受到积极的看待（Pontikes，2012；Wry

and Lounsbury, 2013; Wry et al., 2014)，或者不会偏离组织的核心价值主张(Paolella and Durand, 2016)。

（二）混合型组织

综观文献，可以区分出三种主要类型的混合型组织。第一，跨类别混合型组织将属于现有可识别类别的属性并置。例如，恐怖喜剧包含恐怖和喜剧类型的属性，而融合餐厅则混合了夏威夷、秘鲁、墨西哥、美国等地区和国家的美食。对这些类别的简单回忆会让观众期待某些原型功能，如上述例子中的“尖叫者”“酸橘汁腌鱼”和“玉米饼”。相比之下，第二，混合型即组织混合型追求整合两种或两种以上制度逻辑的目标。例如，社会责任投资基金渴望创造财务回报和社会影响（Arjaliès and Durand, 2019)。对跨类别混合型组织的研究侧重于外部受众如何评估这种混合化，但对组织混合化的研究侧重于组织成员和管理者如何同时处理两个或多个任务所带来的复杂性和矛盾。

在本章中，我们将重点介绍第三大类型的混合型组织，本书称之为“类属化的混合”。绝对混合型组织具有其他两种类型的主要特征，因为它们追求与不同的逻辑一致的目标（类似于组织混合型组织)，并结合不同类别的属性（类似于跨类别混合)。虽然在对受众如何评价类别管理者和组织混合进行理论分析时，一种自然的趋势可能是扩展适用于跨类别混合和组织混合的原则，但本书认为，这两个特征的交汇融合需要一个独特的理论视角。

事实上，虽然既有的研究提高了我们对受众如何评价类别管理者的认识，但是本书认为，这项研究的理论价值仅限于建立在对人类行为的简单假设上。事实上，这反映了组织理论，如制度逻辑（Thornton et al., 2012）和资源依赖（Wry et al., 2013)，类别理论假设参与者基于单一效用评估项目（Hannan et al., 2007)。因此，现有理论并没有发展一个理论架构来解释为什么参与者可能内在地重视混合，而是侧重于确定类别跨越允许组织创造单一类型价值的背景（Pontikes, 2012; Wry et al., 2014; Paolella and Durand, 2016)。本书不认为确实存在这样的情况，即受众以这种方式评估组织，我们认为这种假设是不必要的简化，并忽略了（现实的）可能性，即受众通过依赖不同的前提来识别和评估绝对混合（Durand and Boulongne, 2017)。

对组织混合的研究在承认参与者可能重视多种效用方面做得更好，但在理解受众如何评估类属化的混合方面也有局限性。目前为止，这项工作的重点是混合组织中的参与者如何驾驭多个目标的竞争吸引力（Battilana and Dorado, 2010; Pache and Santos, 2013; Smith and Besharov, 2019; Wry and Zhao, 2018)。早期的研究将特定的目标与组织内的特定群体联系起来，但人们越来越认识到，一些参与者之所以重视混合型组织，正是因为他们追求的是多种效用。研究已经开始接受这样一种观点，即一些创始人、经理和一线员工积极追求通过与混合型组织的关系实现并整合多个目标（Battilana et al.，2017）。反过来，学者基于身份理论（Besharov，2014）、整合复杂性（Wry and York，2017）、选择性耦合和信号传递（Pache and Santos，2013）以及悖论理论提出了更多的解释（Smith and Besharov，2019），详细介绍了伴随此类整合而来的努力、自主和持续的过程。

还有证据表明，客户（Fosfuri et al.，2016）和投资者（Arjaliès and Durand，2019）等受众可能出于追求单一效用以外的因素而对混合型组织进行估价。因此，预测跨类别混合将受到负面评价的理论逻辑并不直接适用于绝对混合型组织（Vergne and Wry，2014）。然而，组织混合研究中的细微差别、认知要求高的过程也不太可能适用（Battilana et al.，2017）。与专注于一个组织、知识渊博、积极思考不同公用事业之间细微权衡的内部人员不同，外部受众通常会评估多个备选方案，但对每一个方案都知之甚少，在做出决策时往往面临压力，因为所有这些因素都与认知捷径和简化工具的使用有关（Gigerenzer and Todd，1999）。明确地说，这并不意味着外部受众试图在单一维度上最大化他们的效用。相反地，它展示了决策启发法在基于多价值度量的实体评估中的使用。

基于此，本章认为需要新的方法来建立对受众如何评价绝对混合的有意义的理解。无论是跨类别研究用来解释混合所带来的相对不信任的相似性判断，还是内部人员使用的细微而轻松的过程，都不能解释多个目标的合并，也无法解释受众如何识别、评估和选择绝对混合。也就是说，本章相信分类理论有潜力在这里产生新颖而重要的见解，但前提是它建立在对人类行为更丰富（更现实）的假设之上。

三、更新类别理论以解释混合型组织的价值

本章认为，更新类别理论以解释混合型组织的价值的第一步是接受文献中最近朝向分类过程的变化（Barsalou，1983；Glaser et al.，2019）。值得注意的是，这项工作使人们并不总是受到既定类别的指导。在许多情况下，受众会构建由与特定目标相关的项目组成的特别考虑集；反过来，他们对这些项目会根据其满足手头目标的能力进行评估（Barsalou，1999）。例如，一个人可能会将苹果和鸡等物品归为同一个目标类别（吃的东西），或将踏板和朋友的背等归为一组（站在上面够到架子上的东西）（Durand and Paolella，2013），然后根据这些项目满足当前目标的程度以及参与者的特定偏好对其进行评估。我们认为，这一独特的出

发点对于理解受众如何评估分类混合产品至关重要。例如，小额信贷组织和工作整合社会企业具有与营利性和非营利性组织一致的特征，并追求与社会和金融逻辑一致的目标（Battilana et al.，2017）。一些人认为，这种混合性意味着评估这些组织没有单一的、一致的指标：一些受众会看重社会影响，而其他人则看重财务绩效（Cobb et al.，2016；Pache and Santos，2013）。不过，有证据表明，许多公司对这些组织追求的两种价值创造形式都给予了奖励（Mugaliar et al.，2018）。

（一）启发式方法引入

要理解受众如何评估混合模式，需要一种理论工具来解释行动者如何构建考虑集，以及当他们看重与符合多重逻辑的目标时如何评估项目。关于启发式和决策的文献为这个难题提供了一个适当的解决方案。与组织研究中的其他观点一样，如卡内基学派和基于注意力的观点（Gavetti et al.，2007），启发式研究追溯到 Simon（1955）对经济合理性的批判。核心观点是参与者是有限理性的，即他们在认知局限性和任务环境的约束下运作，因此依赖启发式作为捷径来降低复杂性、最小化搜索成本和简化评估任务，同时仍能获得可接受的结果（Shah and Oppenheimer，2008）。通过这种方式，启发式可以定义为参与者用来取代复杂算法的简单过程（Newell and Simon，1972）。然而，这项工作对于理解混合型组织特别有趣的地方在于，它并不假设参与者在评估不同产品时追求单一效用。相反地，它提供了一套工具，帮助解释参与者如何根据多个标准做出决策（Gigerenzer and Todd，1999；Tversky，1972），正如 Payne 等（1993）指出的那样，评估多个属性在功能上等同于评估这些属性所服务的多个目标的价值。

启发式研究攻击了无限经济理性的理论“稻草人”，如最大预期效用模型所示，即参与者在做出涉及多个标准的决策时应通过应用加权加法规则实现效用最大化的观点（Payne et al.，1993）。该模型建议决策者应决定他们对哪些属性进行评估，为每个属性分配一个权重，将每个属性的评估值乘以其相应的权重，并将每个备选方案的总得分制成表格。这种方法显然在认知上非常复杂，但它仍然类似于组织混合研究中描述的复杂处理。例如，Wry 和 York（2017）所描述的综合复杂思维，即创始人努力以共鸣的方式将不同形式的价值创造结合起来，在概念上类似于理性效用最大化。悖论研究（Smith and Tracey，2016）、护栏研究（Smith and Besharov，2019）、身份整合研究（Ashorth and Reingen，2014）和选择性耦合研究（Pache and Santos，2013）同样将混合型组织的领导者描述为积极努力平衡不同形式的价值创造者。本书认为，这些相同的过程不太可能适用于外部评估人员。

随着对有限认知资源需求的增加，人们更可能依赖简化决策的策略（Bingham and Eisenhardt，2011）。这一点很重要，因为所有证据都表明，评估混合型组织在认知上要求很高。对于外部受众来说，这涉及考虑多个组织、权衡多个标准，并且通常要在时间限制下完成。鉴于决策者通常时间有限、工作精力有限、认知能力有限，他们似乎会默认简单的规则和启发式方法（Brown and Eisenhardt，1997；Rieskamp and Hoffrage，1999）。

人们还发现，解决公共事业如何相互权衡的问题也很费劲。当行为者被迫思考与不同逻辑相一致的目标如社会和金融目标时尤其如此，因为这需要他们面对令人不安且道德上令人担忧的权衡（Tetlock and McGraw，2005）。反过来，这又增加了评估任务的复杂性（Gigerenzer and Todd，1999；Tversky，1972）。Arjaliès 和 Durand（2019）在其对法国社会责任投资行业的 20 年研究中对此进行了说明，他们描述了类别创建（责任投资基金）的混乱过程，该过程同时尊重行业技术术语并包含亲社会目标（如经济活动的去碳化），将混合型组织类别作为一种判断工具和一种分类工具来呈现。因此，与混合型组织的领导者不同，他们有动机进行权衡，关注和评估多个实体的多个方面的认知复杂性使外部受众在评估混合型时倾向于依赖简化的启发式。

（二）超越相似性和补偿方法

当前的分类文献提供了两种途径来简化复杂情况和评估混合。第一，绝对命令的一个核心原则是受众通常会选择忽略不容易评估的组织，而不是承担需要深思熟虑的评估的认知要求方面的工作（Hannan et al.，2007）。该机制基于相似性计算，并依赖最小化与已知原型的距离：超过一定距离后，实体被忽略，因为它们不属于考虑集合，或者它们被视为不纯类型。第二，由补偿方法提出的，它同时考虑和衡量不同的属性，以提供多个属性的最佳匹配。与这种简化机制（相似性计算）和过度工程解释（补偿计算）相比，关于判断和决策的研究提供了实证验证的指导，以了解在评估服务于多个目标的组织时，哪些启发式行为者可能会被使用。

总的来说，当人们基于多个标准评估项目时，他们倾向于遵循简单、非补偿性的决策规则（Bruch and Feinberg，2017），这种方法比补偿方法（如理性效用最大化）要省力得多，因为它允许决策者一次只关注一个属性（Laroche et al.，2003）。值得注意的是，这种顺序评估有不同的方式，每种方式都可以帮助参与者降低复杂性并做出有限理性决策，并且每种方式都有不同的含义，即哪些组织可能被纳入考虑因素集中，哪些组织最终可能得到支持。虽然并非详尽无遗的列表，但是本书关注三种常见的启发式方法：满意选择法（Simon，1955）、字典序偏好法（Fishburn，1967）和依方面排除法（Tversky，1972）。本书首先定义每

种启发式方法，并讨论其支持的决策类型。然后，使用 Wry 和 Zhao（2018）研究中的小额信贷组织数据，展示了如何——使用不同的启发式方法也可以导致系统不同的决定，即考虑哪些是混合型组织，哪些是支持的，即使受众有相似的偏好，并且在他们的决策中追求相似的目标。

第一，满意选择法。关于满意的见解可以追溯到 Simon（1955）的早期工作，该工作有利于关于简单规则和启发法的当代研究，以及对行为策略和公司基于注意力的观点的研究。Simon 指出，作为对经济理性的早期挑战，决策者倾向于选择他们遇到的第一个可接受的选项，而不是寻求给定问题的最优解决方案。虽然这种启发式使用多个线索，但是它不会整合所有这些线索中的信息以形成项目整体效用的印象。相反地，为了做出选择，决策者为每个线索设置了界限水平，然后在他们的搜索中选择满足这些条件的第一个选项（Payne et al.，1993；Shah and Oppenheimer，2008）。

对于小额信贷等混合型金融组织，达到满意需要采取以下步骤：首先，评估者将设定临界值，以指定社会和财务绩效的最低可接受水平；其次，这些临界值将指导搜索，评估者将选择满足这两个标准的第一个选项。当然，这些界限在评估者之间可能有合理的差异。例如，相对于财务绩效目标，慈善机构和公共资助者可能会相对更重视社会绩效，从而将他们的搜索领域转向这一方向。相比之下，影响力投资者等其他人可能需要更高水平的财务绩效来满足他们的目标，甚至改变他们的目标，以搜索符合该标准的组织（Cobb et al.，2016）。图 4-1 和图 4-2 描述了这些可能性。这两个图都绘制了 2013 年［Wry 和 Zhao（2018）研究数据中的最后一年］海地所有小额信贷组织的社会绩效（X 轴）和财务绩效（Y 轴），并包含阴影区域，以反映对社会和财务产出的重视程度不同的受众的假设考虑集。图 4-1 描绘了优先考虑财务绩效的受众。图 4-2 则相反，其评估者优先考虑社会影响，在此指标上设置了更高的阈值，并设置了较低的基数，即财务回报水平。在这两种情况下，任何属于考虑集的小额信贷组织，如果它是参与者遇到的第一个选择，那么它们均有同样的概率被选中。

第二，字典序偏好法。字典序偏好启发法与满意选择法有些不同，因为不同的属性是按顺序被考虑的（Fishburn，1967）。在这种方法下，决策者重视多个实用程序，但在它们之间有明确的优先级顺序。要做出决策，评估者从其主要目标开始，并考虑所有选项在此指标上的表现。次要标准随后用于主要度量上的连接（或接近连接）情况。通过以这种方式分段考虑，决策者可以避免考虑不同逻辑如何权衡形成整体效用的复杂性和不适感，并且仍然识别出与他们的主要决策标准相一致的选项。这种方法类似于 Paolella 和 Durand（2016）在他们对律师事务所的研究中观察到的，客户主要根据单一的执业领域选择一家律师事务所，但将

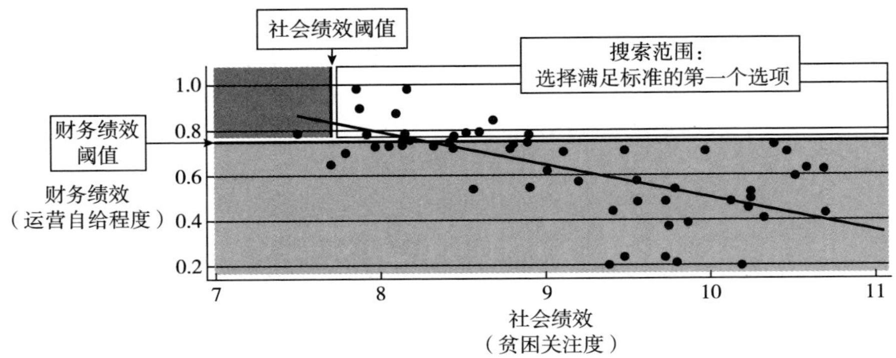

图 4-1　满意选择法（财务优先）

注：①该图表示了 2013 年海地所有小额信贷组织社会与财务绩效分布情况，图中黑点代表个体小额信贷组织；②评估者确定一个最小的财务绩效阈值和最小的社会绩效阈值，然后选择绩效满足二者的第一个混合型组织；③财务绩效通过运营自给程度来衡量，其计算方式为运营自给程度取对数；④社会绩效通过企业的贫困关注度来衡量，即该小额信贷组织在多大程度上关注未达到平均贷款规模的贫困借款人。

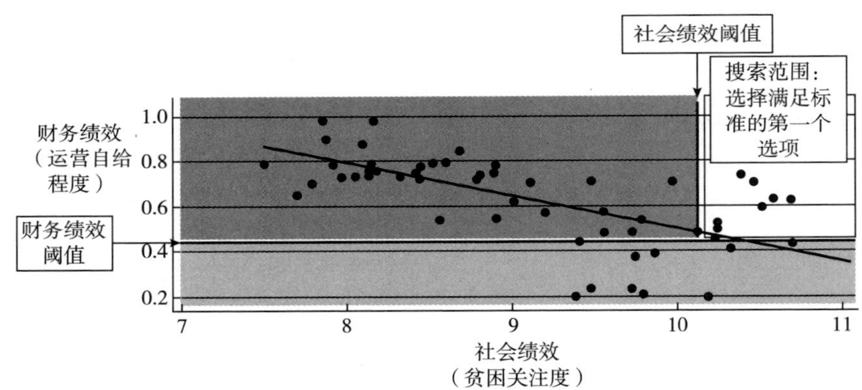

图 4-2　满意选择法（社会优先）

注：①该图表示了 2013 年海地所有小额信贷组织社会与财务绩效分布情况，图中黑点代表个体小额信贷组织；②评估者确定一个最小的社会绩效阈值和最小的财务绩效阈值，然后选择绩效满足二者的第一个混合型组织；③财务绩效通过运营自给程度来衡量，其计算方式为运营自给程度取对数；④社会绩效通过企业的贫困关注度来衡量，即该小额信贷组织在多大程度上关注未达到平均贷款规模的贫困借款人。

其他专业领域视为一种额外的奖励应用于小额信贷等混合型金融机构，他们高度重视财务目标，寻找财务绩效表现良好的组织，然后使用社会影响标准作为决定因素。图 4-3 描述了这一点。图 4-4 描述了评估者优先考虑社会影响，并在寻找财务指标作为决定因素之前试图最大化该指标。

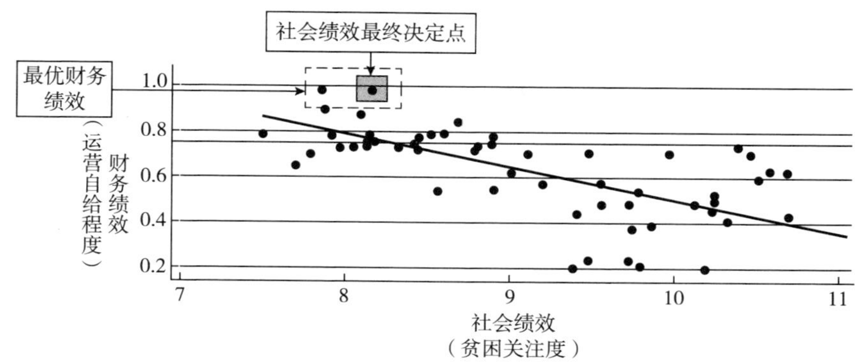

图 4-3 字典序偏好法（社会优先）

注：①该图表示了 2013 年海地所有小额信贷组织社会与财务绩效分布情况，图中黑点代表个体小额信贷组织；②评估者确定一个最优的社会绩效，然后使用财务表现作为最终决定因素；③财务绩效通过运营自给程度来衡量，其计算方式为运营自给程度取对数；④社会绩效通过企业的贫困关注度来衡量，即该小额信贷组织在多大程度上关注未达到平均贷款规模的贫困借款人。

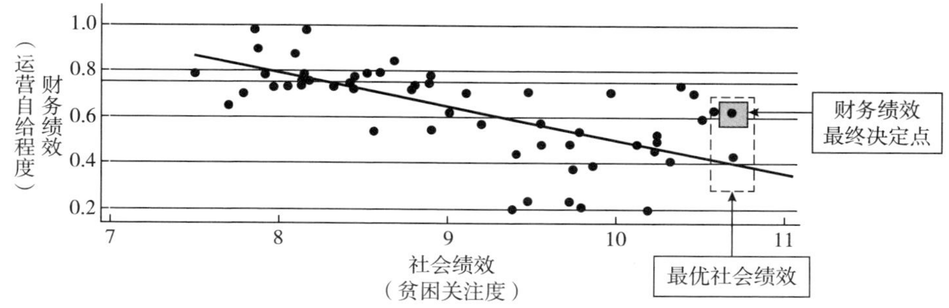

图 4-4 字典序偏好法（财务优先）

注：①该图表示了 2013 年海地所有小额信贷组织社会与财务绩效分布情况，图中黑点代表个体小额信贷组织；②评估者确定一个最优的财务绩效，然后使用社会表现作为最终决定因素；③财务绩效通过运营自给程度来衡量，其计算方式为运营自给程度取对数；④社会绩效通过企业的贫困关注度来衡量，即该小额信贷组织在多大程度上关注未达到平均贷款规模的贫困借款人。

第三，依方面排除法。基于不同方面的消除启发式方法综合了满意选择法和字典序偏好法的特征（Tversky，1972）。决策者首先形成一个考虑因素集，包括满足某个指标上特定阈值点的所有选项，然后根据下一个最有价值的标准比较该集合中的项目，以此类推，直到确定最佳选项。即使决策者追求多个目标并搜索多个线索，他们一次也只考虑一个问题，从而减少了认知努力。这种启发式方法与许多新兴（尽管仍以实践者为主）影响力投资文献中讨论的方法相匹配（Bugg-Levine and Emerson，2011；Mudaliar et al.，2019）。虽然有影响力的投资者明确寻求社会和财务回报，但是他们有受托责任追求商定的投资财务回报率。

有证据表明，这些投资者开始寻找混合型组织时会形成一个考虑集，包括满足财务绩效阈值的期权，然后切换到社会影响指标，以区分财务上可行的替代方案。在本书的小额信贷数据中，出资人可能会首先考虑剔除所有不可能提供预期投资收益的组织。在这组财务上可接受的考虑范围中，他们将开始根据社会影响标准比较各种选择。有吸引力的选择是使社会影响最大化的组织，条件是满足一个相对较高的财务表现门槛，如图 4-5 所示。可以想象的是，慈善机构和非政府组织等评估机构可能会遵循类似的过程，首先确定一个社会影响阈值，其次根据它们的财务表现对这些选择进行比较。在这些决策规则下，最具吸引力的选择是一组具有强大社会影响力的组织中财务表现最好的。本书在图 4-6 中描述了这种可能性。

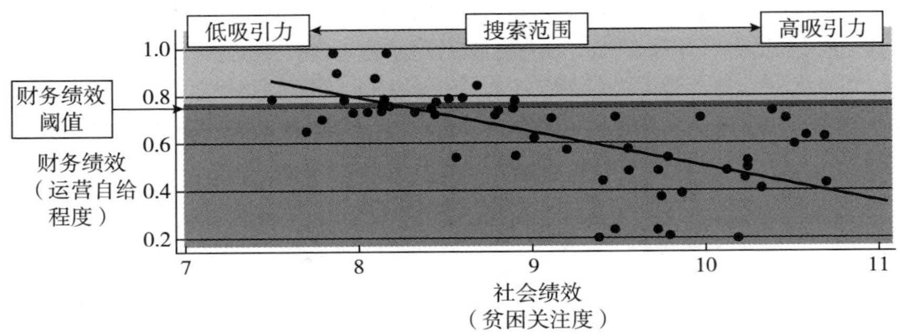

图 4-5　依方面排除法（财务优先）

注：①该图表示了 2013 年海地所有小额信贷组织社会与财务绩效分布情况，图中黑点代表个体小额信贷组织；②评估者设定一个最小的财务绩效阈值，然后在阈值之上寻找最佳的社会表现；③财务绩效通过运营自给程度来衡量，其计算方式为运营自给程度取对数；④社会绩效通过企业的贫困关注度来衡量，即该小额信贷组织在多大程度上关注未达到平均贷款规模的贫困借款人。

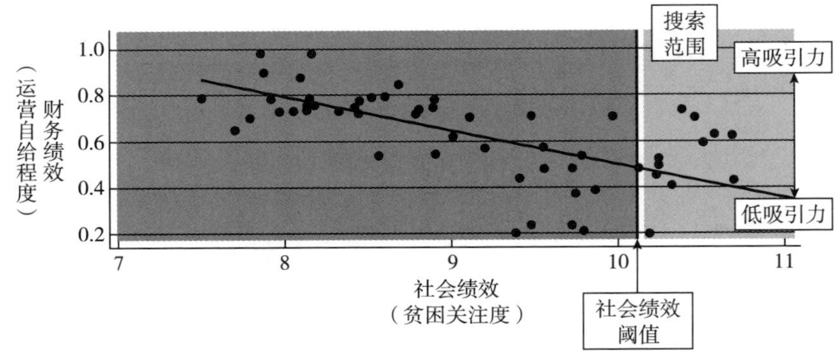

图 4-6　依方面排除法（社会优先）

注：①该图表示了 2013 年海地所有小额信贷组织社会与财务绩效分布情况，图中黑点代表个体小额信贷组织；②评估者设定一个最小的社会绩效阈值，然后在阈值之上寻找最佳的财务表现；③财务绩效通过运营自给程度来衡量，其计算方式为运营自给程度取对数；④社会绩效通过企业的贫困关注度来衡量，即该小额信贷组织在多大程度上关注未达到平均贷款规模的贫困借款人。

四、实践和理论意义

基于对外部受众和内部受众的考虑，将启发法的观点整合到类别文献中会产生许多影响。最重要的是，这种方法超越了受众根据一组类别特定标准（Hsu et al.，2009）或单一目标（Durand and Paolella，2013）评估组织的观点。当然，这些条件适用于许多情景，但它们对理解受众如何评估绝对混合并没有特别的帮助。事实上，建立在这些基础上的研究表明，当一个目标明显促进另一个目标时（Wry et al.，2014），或当提供附加的、次要的好处时（Paolella and Durand，2016），或当模糊性产生战略灵活性时（Pontikes，2012；Vergne，2012），受众会重视混合型组织。当然，这些都是有用的见解，但它们掩盖了一个事实，即受众在评估组织时往往重视多个产出及目标。通过提供一套更现实的关于人类行为的假设，特别是关于高认知负荷下的决策，启发式研究直接解决了这一问题的理论盲点（Gigerenze and Todd，1999；Shah and Oppenheimer，2008）。

我们认为，将启发式研究与基于目标分类的新兴见解相结合（Durand and Paolella，2013）有可能巩固类别研究的理论基础，同时提供一个概念架构，为参与者如何评估混合产品提供有意义的见解。此外，这种方法强烈表明外部受众依赖快速和节约的捷径，并寻求避免理性效用最大化的认知需求（Payne et al.，1993；Gigerenzer and Todd，1999）。这具有重要的理论意义，因为它表明内部和外部受众可能会评估混合，并以不同的方式系统地考虑目标权衡。因此，与其试图应用关于身份整合的观点（Battilana and Dorado，2010；Wry and York，2017）、护栏研究（Smith and Besharov，2019）、选择性耦合（Pache and Santos，2013）或悖论思维（Smith and Tracey，2016），我们认为，对于外部评估者来说，学者应该专注于以直接解决外部受众评价过程的方式扩展类别理论。

内部受众和外部受众采用不同的方法来评估混合型企业这一观点也表明，绝对混合型组织在遵循现有研究提供的建议时可能会犯战略性错误。现有研究表明，混合型组织的领导者应该努力以细致入微、持续进行和富有成效的方式整合相互竞争的目标（Battilana and Dorado，2010；Pache and Santos，2013；Wry and York，2017；Smith and Besharov，2019）。然而，很少有人直接考虑外部受众对这些努力的反应。启发式方法表明，通过直接面对权衡并花费认知努力来协调不同的目标，领导者可能会忽略外部受众如何决定他们的选择，并在这个过程中使他们的组织更难以被外部受众理解，从而减少他们被选择的机会。经过权衡的深思熟虑的整合可能会缓解内部紧张局势，这对内部人士来说似乎是明智的，但外部受众不太可能花时间理解和欣赏这种细微差别。例如，Wry 和 York（2017）提出综合复杂思维可以帮助企业家创建新的、富有成效的方式以整合社会和财务目标的模型。启发式研究表明，局外人可能会发现这种组织难以理解（Gigerenzer and Todd，1999）。更简单的整合形式，即更巧妙地提供给外部受众快速和简单的捷径，可能不会缓解内部紧张，但它们可能会使混合型组织更容易得到理解和被感知到价值。这进一步说明了在混合型组织背景下"讲故事"的重要性，因为这些组织表达他们为什么追求不同的目标，以及他们的具体整合如何与评估者的利益保持一致（Cornelissen et al.，2015；Glaser et al.，2016；Harmon et al.，2015；Wry et al.，2011）。因此，需要进行研究，以确定组织预期或响应外部受众部署的各种启发式条件。"讲故事"的目的是安抚外部观众，这有助于重新审视组织的自我展示和管理沟通。

不同竞争地位的有效性。整合启发式研究和分类理论对于理解混合型组织如何吸引有价值的资源也具有潜在的重要意义（Wry et al.，2013）。其中，一个重要的考虑因素是参与者用于评估混合体的决策规则中的同质性与异质性的程度。即使在本书有限的研究背景下，我们也确定了三种经典的启发式方法，解释了参与者如何在一个决策中追求多个目标。正如本书小额信贷组织数据所述，每种启发法都可能导致参与者形成不同的考虑因素集，并在其中选择不同的项目。由于启发式研究聚焦于心理学或者社会学，使得我们难以了解行为人是否倾向于采取不同的启发式决策或者倾向收敛于一个共同的方法，但是本书仍然对于理解哪些竞争定位会获取资源提供者的偏好具有显而易见的意义。例如，如果我们查看本书的小额信贷银行组织的数据，并假设评估人员优先考虑社会产出和财务产出，并且依赖满意选择法、字典序偏好法和依方面排除法，结果将是一个多峰适应环境，组织可以占据各种地位，但仍然拥有潜力获得所需资源（Levinthal and Warglien，1999）。简言之，研究路径是将目标维度上的各种最佳位置条件与内部组件（资源、能力、常规等）组合或来自外部压力组织的适应功能相结合（竞争、环境承载力等）。根据考虑的受众以及他们使用的启发方法，可能引发新的情景和多重局部优化（Levinthal，1997）。

然而，如果受众使用同一组价值偏好和启发法，其意义就大不相同了。在这种情况下，可能的结果是一个单峰景观，并强烈激励组织朝着这个重心移动（Wry et al.，2013）。这对混合型组织（如小额信贷组织）具有潜在的重大影响，因为现有证据表明，这种趋同可能相当普遍。例如，我们从营销研究中了解到，人们倾向于首先通过应用屏幕来评估产品，消除不符合基本功能要求的选项，然后根据享乐特征（产品外观、给人感觉等）评估剩余可选要素（Chitturi et al.，

2007）。同样地，有证据表明，有影响力的投资者等资源提供者遵循一个决策过程，形成一个考虑因素集，包括满足特定财务阈值的选项，然后根据社会影响标准对这些组织进行评估（Mudaliar et al.，2019）。这两个例子都表明采用了依方面排除法（Tversky，1972）。在某种程度上，评估人员围绕着这种方法趋同，这意味着在给定的混合组织群体中，资源依赖压力将以系统的方式发生变化。再次考虑本书对应的现实世界的小额信贷组织，我们可以推断，满足一定财务门槛的组织将从增加其社会影响力中获益，因为这将帮助它们在资源提供者考虑范围内的选择中脱颖而出。然而，对于未达到这一阈值的组织，可能的激励因素将是提高财务绩效以便被考虑，这可能以牺牲社会影响力为代价（Grimes et al.，2019；Varendh-Mansson et al.，2020）。

近年来，人们越来越多地致力于确定类别内的最优相似性和显著性程度。以视频游戏行业为背景，Zhao 等（2018）开发了一个模型，当类别围绕可识别的样本出现并根据游戏类别中的竞争程度进行演变时，适度的显著性是有利的。Haans（2019）还证明，最佳显著性取决于类别内的同质性：中等程度的显著性在同质类别中产生最佳结果，但随着类别变得更异质，这种优势消失。这些和其他文献对如何在受众（认知）同质性的假设下预测偏离类别，以及由此产生的类别混合册是否有益进行了改进。

我们的思想对于未来来说是基础性的，因为它表明了将类别的混合与绩效结合起来的哲人之石是徒劳的。解决方案可能不在于进一步细化相似性计算和大数据实体描述，而在于更深入地理解受众成员用于根据多个标准评估实体的各种启发式方法。由于产品和组织推崇多属性和身份，特别是类别间的混合表现出了潜在的矛盾，传统的计算 n 向量空间距离的方法无法考虑潜在的非补偿权衡（Arjaliès and Durand，2019）。也就是说，各种元素在受众眼中可能是不相容的，或者它们可能会应用价值性判断直接将待选组织从考虑因素集中剔除。满意选择法、字典序偏好法和依方面排除法。提供了受众偏好排序的基本规则，能够简化绝对性混合分析，并解释比传统方法及其最新进展所获得的结果更大的差异。

我们希望这一章为当前分散的文献进行富有成效的结合铺平道路。当前的发展侧重于跨类别混合管理和组织混合管理，不能单独或结合考虑受众在评估混合型组织时可能的偏好。启发式方法提供了一套丰富的解决方案用以解决混合型组织相对于纯粹型组织的存在性和潜在优势问题。目前的研究在理论上和实证上都忽略了这些。

参考文献

[1] Aldrich，H. E.，& Ruef，M.（2006）. Organizational evolution and entre-

preneurship. London: Sage Publications.

[2] Arjaliès, D. L., & Durand, R. (2019). Product categories as judgment devices: The moral awakening of the investment industry. Organization Science, 30 (5): 885-911.

[3] Ashforth, B. E., & Reingen, P. H. (2014). Functions of dysfunction: Managing the dynamics of an organizational duality in a natural food cooperative. Administrative Science Quarterly, 59 (3): 474-516.

[4] Barsalou, L. W. (1983). Ad hoc categories. Memory & Cognition, 11 (3): 211-227.

[5] Barsalou, L. W. (1999). Perceptual symbol systems. Behavioral and Brain Sciences, 22 (4): 577-660.

[6] Battilana, J., Besharov, M., & Mitzinneck, B. (2017). On hybrids and hybrid organizing: A review and roadmap for future research. In The SAGE handbook of organizational institutionalism (Vol. 2, pp. 133-169). London: Sage Publications.

[7] Battilana, J., & Dorado, S. (2010). Building sustainable hybrid organizations: The case of commercial microfinance organizations. Academy of Management Journal, 53 (6): 1419-1440.

[8] Battilana, J., Sengul, M., Pache, A. C., & Model, J. (2015). Harnessing productive tensions in hybrid organizations: The case of work integration social enterprises. Academy of Management Journal, 58 (6): 1658-1685.

[9] Besharov, M. L. (2014). The relational ecology of identification: How organizational identification emerges when individuals hold divergent values. Academy of Management Journal, 57 (5): 1485-1512.

[10] Besharov, M. L., & Smith, W. K. (2014). Multiple institutional logics in organizations: Explaining their varied nature and implications. Academy of Management Review, 39 (3): 364-381.

[11] Bingham, C. B., & Eisenhardt, K. M. (2011). Rational heuristics: The "simple rules" that strategists learn from process experience. Strategic Management Journal, 32 (13): 1437-1464.

[12] Brown, S. L., & Eisenhardt, K. M. (1997). The art of continuous change: Linking complexity theory and time-paced evolution in relentlessly shifting organizations. Administrative Science Quarterly, 42 (1): 1-34.

[13] Bruch, E., & Feinberg, F. (2017). Decision-making processes in social contexts. Annual Review of Sociology, 43: 207-227.

[14] Bugg-Levine, A., & Emerson, J. (2011). Impact investing: Transforming how we make money while making a difference. Innovations: Technology, Governance, Globalization, 6 (3): 9-18.

[15] Cattani, G., Porac, J. F., & Thomas, H. (2017). Categories and competition. Strategic Management Journal, 38 (1): 64-92.

[16] Chitturi, R., Raghunathan, R., & Mahajan, V. (2007). Form versus function: How the intensities of specific emotions evoked in functional versus hedonic trade-offs mediate product preferences. Journal of Marketing Research, 44 (4): 702-714.

[17] Cobb, J. A., Wry, T., & Zhao, E. Y. (2016). Funding financial inclusion: Institutional logics and the contextual contingency of funding for microfinance organizations. Academy of Management Journal, 59 (6): 2103-2131.

[18] Cornelissen, J. P., Durand, R., Fiss, P. C., Lammers, J. C., & Vaara, E. (2015). Putting communication front and center in institutional theory and analysis. Academy of Management Review, 40 (1): 10-27.

[19] Durand, R. (2006). Organizational evolution and strategic management. London: Sage.

[20] Durand, R., & Boulongne, R. (2017). Advancing category research: Theoretical mapping and underresearched areas. In The Sage handbook of organizational institutionalism (pp. 647-668). London: Sage.

[21] Durand, R., & Khaire, M. (2017). Where do market categories come from and how? Distinguishing category creation from category emergence. Journal of Management, 43 (1): 87-110.

[22] Durand, R., & Paolella, L. (2013). Category stretching: Reorienting research on categories in strategy, entrepreneurship, and organization theory. Journal of Management Studies, 50 (6): 1100-1123.

[23] Durand, R., & Thornton, P. H. (2018). Categorizing institutional logics, institutionalizing categories: A review of two literatures. Academy of Management Annals, 12 (2): 631-658.

[24] Fishburn, P. C. (1967). Methods of estimating additive utilities. Management Science, 13 (7): 435-453.

[25] Fosfuri, A., Giarratana, M. S., & Roca, E. (2016). Social business hybrids: Demand externalities, competitive advantage, and growth through diversification. Organization Science, 27 (5): 1275-1289.

[26] Gavetti, G., Levinthal, D., & Ocasio, W. (2007). Perspective-Neo-Carnegie: The Carnegie school's past, present, and reconstructing for the future. Organization Science, 18 (3): 523-536.

[27] Gigerenzer, G., & Todd, P. M. (1999). Fast and frugal heuristics: The adaptive toolbox. In Simple heuristics that make us smart (pp. 3-34). Oxford: Oxford University Press.

[28] Glaser, V. L., Fast, N. J., Harmon, D. J., & Green, S. E. (2016). Institutional frame switching: How institutional logics shape individual action', how institutions matter. Research in the Sociology of Organizations, 48: 35-69.

[29] Glaser, V. L., Krikorian Atkinson, M., & Fiss, P. C. (2019). Goal-based categorization: Dynamic classification in the display advertising industry. Organization Studies.

[30] Granqvist, N., Grodal, S., & Woolley, J. L. (2013). Hedging your bets: Explaining executives' market labeling strategies in nanotechnology. Organization Science, 24 (2): 395-413.

[31] Grimes, M. G., Williams, T. A., & Zhao, E. Y. (2019). Anchors aweigh: The sources, variety, and challenges of mission drift. Academy of Management Review, 44 (4): 819-845.

[32] Haans, R. F. (2019). What's the value of being different when everyone is? The effects of distinctiveness on performance in homogeneous versus heterogeneous categories. Strategic Management Journal, 40 (1): 3-27.

[33] Hannan, M. T., Hannan, M. T., Pólos, L., & Carroll, G. R. (2007). Logics of organization theory: Audiences, codes, and ecologies. Princeton: Princeton University Press.

[34] Harmon, D. J., Green Jr, S. E., & Goodnight, G. T. (2015). A model of rhetorical legitimation: The structure of communication and cognition underlying institutional maintenance and change. Academy of Management Review, 40 (1): 76-95.

[35] Hsu, G. (2006). Jacks of all trades and masters of none: Audiences' reactions to spanning genres in feature film production. Administrative Science Quarterly, 51 (3): 420-450.

[36] Hsu, G., Hannan, M. T., & Koçak, Ö. (2009). Multiple category memberships in markets: An integrative theory and two empirical tests. American Socio-

logical Review, 74 (1): 150-169.

[37] Khaire, M., & Wadhwani, R. D. (2010). Changing landscapes: The construction of meaning and value in a new market category-Modern Indian art. Academy of Management Journal, 53 (6): 1281-1304.

[38] Laroche, M., Kim, C., & Matsui, T. (2003). Which decision heuristics are used in consideration set formation? Journal of Consumer Marketing, 20 (3): 192-209.

[39] Lamont, M., Adler, L., Park, B. Y., & Xiang, X. (2017). Bridging cultural sociology and cognitive psychology in three contemporary research programmes. Nature Human Behaviour, 1 (12): 866-872.

[40] Levinthal, D. A. (1997). Adaptation on rugged landscapes. Management Science, 43 (7): 934-950.

[41] Levinthal, D. A., & Warglien, M. (1999). Landscape design: Designing for local action in complex worlds. Organization Science, 10 (3): 342-357.

[42] Mudaliar, A., Bass, R., & Dithrich, H. (2019). Sizing the impact investing market. Nova York: GIIN.

[43] Mugaliar, A., Bass, R., and Dithrich, H. (2018). Annual impact investor survey. Global Impact Investing Network. https://thegiin.org/research/publication/annualsurvey2018.

[44] Navis, C., & Glynn, M. A. (2010). How new market categories emerge: Temporal dynamics of legitimacy, identity, and entrepreneurship in satellite radio, 1990-2005. Administrative Science Quarterly, 55 (3): 439-471.

[45] Negro, G., Hannan, M. T., & Rao, H. (2010). Categorical contrast and audience appeal: Niche width and critical success in winemaking. Industrial and Corporate Change, 19 (5): 1397-1425.

[46] Negro, G., & Leung, M. D. (2013). "Actual" and perceptual effects of category spanning. Organization Science, 24 (3): 684-696.

[47] Newell, A., & Simon, H. A. (1972). Human problem solving (Vol. 104, No. 9). Englewood Cliffs, NJ: Prentice-Hall.

[48] Pache, A. C., & Santos, F. (2013). Inside the hybrid organization: Selective coupling as a response to competing institutional logics. Academy of Management Journal, 56 (4): 972-1001.

[49] Paolella, L., & Durand, R. (2016). Category spanning, evaluation, and performance: Revised theory and test on the corporate law market. Academy of

Management Journal，59 (1)：330-351.

[50] Payne，J. W.，Bettman，J. R.，& Johnson，E. J. (1993). The adaptive decision maker. Cambridge：Cambridge University Press.

[51] Pontikes，E. G. (2012). Two sides of the same coin：How ambiguous classification affects multiple audiences' evaluations. Administrative Science Quarterly，57 (1)：81-118.

[52] Porac，J. F.，& Thomas，H. (1990). Taxonomic mental models in competitor definition. Academy of Management Review，15 (2)：224-240.

[53] Rao，H.，Monin，P.，& Durand，R. (2003). Institutional change in Toque Ville：Nouvelle cuisine as an identity movement in French gastronomy. American Journal of Sociology，108 (4)：795-843.

[54] Rieskamp，J.，& Hoffrage，U. (1999). When do people use simple heuristics，and how can we tell? Oxford：Oxford University Press.

[55] Rosch，E. (1999). Principles of categorization. In Concepts：Core readings (p. 189). Cambridge，Massachusetts：A Bradford Book，The MIT Press.

[56] Ruef，M.，& Patterson，K. (2009). Credit and classification：The impact of industry boundaries in nineteenth-century America. Administrative Science Quarterly，54 (3)：486-520.

[57] Shah，A. K.，& Oppenheimer，D. M. (2008). Heuristics made easy：An effort-reduction framework. Psychological Bulletin，134 (2)：207.

[58] Simon，H. A. (1955). A behavioral model of rational choice. The Quarterly Journal of Economics，69 (1)：99-118.

[59] Smith，W. K.，& Besharov，M. L. (2019). Bowing before dual gods：How structured flexibility sustains organizational hybridity. Administrative Science Quarterly，64 (1)：1-44.

[60] Smith，W. K.，& Tracey，P. (2016). Institutional complexity and paradox theory：Complementarities of competing demands. Strategic Organization，14 (4)：455-466.

[61] Tetlock，P. E.，& McGraw，A. P. (2005). Theoretically framing relational framing. Journal of Consumer Psychology，15 (1)：35-37.

[62] Thornton，P. H.，Ocasio，W.，& Lounsbury，M. (2012). The institutional logics perspective：Foundations，research，and theoretical elaboration. Oxford：Oxford University Press.

[63] Tversky，A. (1972). Elimination by aspects：A theory of choice. Psycho-

logical Review, 79 (4): 281.

[64] Varendh-Mansson, C., Wry, T., & Szafarz, A. (2020). Anchors aweigh? Then time to head upstream: Why we need to theorize "mission" before "drift". Academy of Management Review, 45: 230-233.

[65] Vergne, J. P. (2012). Stigmatized categories and public disapproval of organizations: A mixed-methods study of the global arms industry, 1996-2007. Academy of Management Journal, 55 (5): 1027-1052.

[66] Vergne, J. P., & Wry, T. (2014). Categorizing categorization research: Review, integration, and future directions. Journal of Management Studies, 51 (1): 56-94.

[67] Wry, T., Cobb, J. A., & Aldrich, H. E. (2013). More than a metaphor: Assessing the historical legacy of resource dependence and its contemporary promise as a theory of environmental complexity. The Academy of Management Annals, 7 (1): 441-488.

[68] Wry, T., & Lounsbury, M. (2013). Contextualizing the categorical imperative: Category linkages, technology focus, and resource acquisition in nanotechnology entrepreneurship. Journal of Business Venturing, 28 (1): 17-133.

[69] Wry, T., Lounsbury, M., & Glynn, M. A. (2011). Legitimating nascent collective identities: Coordinating cultural entrepreneurship. Organization Science, 22 (2): 449-463.

[70] Wry, T., Lounsbury, M., & Jennings, P. D. (2014). Hybrid vigor: Securing venture capital by spanning categories in nanotechnology. Academy of Management Journal, 57 (5): 1309-1333.

[71] Wry, T., & York, J. G. (2017). An identity-based approach to social enterprise. Academy of Management Review, 42 (3): 437-460.

[72] Wry, T., & Zhao, E. Y. (2018). Taking trade-offs seriously: Examining the contextually contingent relationship between social outreach intensity and financial sustainability in global microfinance. Organization Science, 29 (3): 507-528.

[73] Zhao, E. Y., Fisher, G., Lounsbury, M., & Miller, D. (2017). Optimal distinctiveness: Broadening the interface between institutional theory and strategic management. Strategic Management Journal, 38 (1): 93-113.

[74] Zhao, E. Y., Ishihara, M., Jennings, P. D., & Lounsbury, M. (2018). Optimal distinctiveness in the console video game industry: An exemplar-based model of proto-category evolution. Organization Science, 29 (4): 588-611.

[75] Zuckerman, E. W. (1999). The categorical imperative: Securities analysts and the illegitimacy discount. American Journal of Sociology, 104 (5): 1398-1438.

[76] Zuckerman, E. W. (2017). The categorical imperative revisited: Implications of categorization as a theoretical tool. In From categories to categorization: Studies in sociology, organizations and strategy at the crossroads (Vol. 51, pp. 31-68). New York: Emerald Publishing Limited.

第五章　混合的悖论研究方法：整合动态平衡与非平衡视角*

摘要：学者越来越多地将混合性描述为组织中无处不在的普遍现象。本章研究了如何将悖论理论扩展应用到混合型组织研究方法之中。为此，我们对悖论理论进行了更深入的研究，比较和对比了动态平衡法和永久辩证法。这两种方法的结合提供了悖论理论的研究视角，丰富了混合型组织研究。我们还提出了悖论理论如何有助于发展组织混合未来研究的建议。

关键词：悖论；辩证法；动态平衡；动态不平衡；混合

一、引言

组织混合化涉及在传统上不会结合在一起的逻辑、身份和形式的组合（Battilana et al.，2017）。传统的混合型组织研究强调组成元素之间的矛盾和不一致性（Battilana and Dorado，2010；Pache and Santos，2013）。然而，最近的学者将基本逻辑、身份和形式描述为相悖的——既相互矛盾又相互依存的元素（Smith and Lewis，2011；Cunha et al.，2019）。学者越来越多地通过悖论的视角对混合进行概念化，这扩展了我们对组织层面（Jay，2013；Ashorth and Reingen，2014）、个体层面（Smets et al.，2015）和领导层层面（Besharov，2014；Smith and Besharov，2019）的紧张关系的理解。特别是，这些学者描述了替代身份、形式和逻辑之间更为复杂、交互的关系，同时也注意到了紧张关系随时间的推移而变化（Gümüsay et al.，2019）。

虽然悖论的概念已经为混合型组织研究增添了丰富的见解，但是我们鼓励学

* Wendy K. Smith 和 Miguel Pina e Cunha。

者探索对混合的更细微的理解。要做到这一点，我们首先要对悖论理论进行更深入的研究。本章比较了两种悖论方法：①强调不平衡的永久辩证法（Clegg et al.，2002；Cunha et al.，2002；Clegg and Cunha，2017）；②动态平衡法（Smith and Lewis，2011；Smith，2014）。比较和对比这些方法的相同点和不同点，可以为悖论理论提供更丰富的方法。此外，本章将探讨这种矛盾的综合方法如何影响和扩展我们对混合型组织的理解。

二、混合的矛盾本质

学者早就认识到组织中嵌入了多种制度安排，对行动的规定相互冲突或相互矛盾。在早期的制度工作中，Selznick（1949）、March 和 Simon（1958）以及 Meyer 和 Rowan（1977）等学者描述了环境中巨大且经常相互冲突的需求，以及它们在组织内部的表现。同样地，Lawrence 和 Lorsch（1967）确定了不同的组织功能（如研发、财务等）中固有的不同压力、规则和期望，以及根据不同的制度压力需要不同的方法来管理不同的子单元，这是权变理论的基础。

从 20 世纪 80 年代开始，学者使用“混合”一词来探讨这些多重的、相互冲突的需求。Battilana 和 Lee（2014）、Battilana 等（2017）回顾了过去几十年中的混合身份分类研究（Albert and Whetten，1985）、混合组织形式（Williamson，1975；Podolny and Page，1998）以及混合理论或逻辑（Friedland and Alford，1991；Thornton et al.，2012）。虽然这些分类意味着“混合”一词的广泛使用，但是这些研究实际上表明该领域的范围正在缩小。早期的组织学将竞争性需求描述为所有组织中普遍存在和固有的，而混合型组织研究学者则描述了适用于有限组织群体的更为局限、独特的现象。此外，混合有时利用进化生物学的隐喻，指生物物种在一个有机体中的混合，导致一个新物种由于无法适应周围环境而死亡。与进化生物学一样，混合型组织研究学者传统上描述这些混合了不同身份、形式和逻辑的组织。

最近学者开始质疑这种关于独特性和不稳定性的假设，他们开始观察组织中多种需求的更普遍体验，这与早期的理论家产生了共鸣。例如，Battilana 等（2017）对混合是一种独特的组织形式还是组织内部的一个程度问题提出了疑问。他们注意到越来越大的环境压力促使组织需要跨越类别、法律结构和形式，并指出这种压力只会随着时间的推移而增加。因此，他们认为，将混合化概念化为一个程度问题而不是一种独特的类型，不仅更好地反映了许多组织的经验现实，还为混合型组织研究提供了机会，以深入了解与更广泛组织相关的挑战、机遇和管理战略。Besharov 和 Smith（2014）提供了一个模型来概念化组织中的混合程度，通过相互兼容的程度以及它们对组织运作的集体中心度来描述竞争需求。在具有多种需求的组织中，混合的挑战和机遇以更大的强度出现，这些需求高度不兼容，但都是功能的核心。

随着学者扩大混合的范围，他们转向依靠悖论理论来帮助阐明竞争需求的性质（Jay，2013；Ashorth and Reingen，2014；Smets et al.，2015；Smith and Besharov，2019）。悖论是矛盾但又相互依存的双重因素。这些元素孤立起来似乎合乎逻辑，但如果它们彼此并列在一起，就显得荒谬了（Lewis，2000）。组织内部悖论的例子包括探索和利用（Andriopoulos and Lewis，2009）、竞争和合作（Brandenburger and Nalebuff，1996）或股东需求和利益相关者需求（Freeman，1984）。悖论学者将这些紧张关系描述为组织和组织生活核心体验的一部分（Clegg et al.，2002）。虽然这些问题可能很难解决，但是这些学者认为这样做可以带来长期的可持续性（Smith and Lewis，2011）。

三、悖论理论的多种方法

在探索悖论理论和混合化之间的潜在联系之前，本章首先对悖论理论进行更深入的探讨。为了做到这一点，我们利用自己的背景阐述了不同但互补的方法来理解组织中的悖论。在本节中，我们比较和对比了这两种方法，并将其描述为动态平衡法（Lewis，2000；Smith and Lewis，2011；Smith，2014）和永久辩证法（Clegg et al.，2002）。本节强调了它们的相似性和差异，并利用这一对比阐明了一种更稳健的方法来解决组织悖论。表 5-1 突出了这些区别。

表 5-1 动态平衡法与永久辩证法的差异

	动态平衡法	永久辩证法
总体逻辑	平衡逻辑	对立逻辑
哲学基础	希腊哲学、道教	希腊哲学、辩证法
总体重点	管理启示； 引导悖论走向长期可持续性	描述性洞察力； 理解悖论以及与其相关的力量、冲突

续表

	动态平衡法	永久辩证法
紧张的根源	紧张是组织中固有的； 紧张局势随着情境（多元化、稀缺性、变化）和认知（个体差异对表面紧张局势的影响）的作用而变得突出	紧张是组织中固有的； 随着时间的推移，两极之间的持续互动扩大了紧张局势
过程	对立的两极之间的关系会形成恶性循环或良性循环； 这个过程随着时间的推移而变化，这取决于管理方法	冲突和权力等动态过程会影响对立的两极； 随着时间的推移，对立的两极会随着这一过程而变化
影响	紧张存在于持续的平衡中；对立两极的具体表现发生了变化，演变成新的具体表现，但潜在的内在张力（今天与明天、自我与其他、个人与集体、整合与差异化）是长期的、持续的	紧张局势随着矛盾和变革之间持续的关系而演化或者转变——各种力量相互支持
核心相似性	均存在矛盾又相互依存的两极； 两极之间均存在过程的、持续的、动态的相互作用	
对混合研究的共同启示	持续不断的矛盾需求； 矛盾既是有益的，也是有害的； 解决二元论的问题； 混合性在组织中普遍存在	

（一）动态平衡法

动态平衡法描述了一种悖论理论，该理论基于三个核心假设：一是悖论是组织生活的固有和持久特征，通过环境条件和社会结构得以凸显；二是悖论随着时间的推移而动态变化，助长了恶性循环或良性循环；三是个体行为可以影响周期的轨迹（Smith and Lewis，2011）。这一观点借鉴了古代西方和东方哲学的观点。古希腊思想家将悖论的观点表述为双重因素，这种双重因素普遍存在，但荒谬的是，悖论仍然被锁定在持续的关系中。一个经典的例子是著名的克里特悖论（或撒谎者悖论），最简洁的表述是“我在撒谎”。这句话涉及真理和谬误之间持续的、不可避免的循环。这一理论还借鉴了古代东方哲学，如道教，它们同样阐明了对立力量之间的持续连锁性，如阴阳符号所示（Lewis，2000；Schad，2017）。

第一，紧张的根源。基于这些丰富的历史哲学，动态平衡法表明，悖论既是组织生活的固有要素，也是社会建构特征。正如 Ford 和 Backoff（1988）所阐述的那样，组织的创建取决于组织与其环境之间以及组织内部的边界。这些边界表面上存在差异，并表达了不同的目标、战略、利益相关者、流程等。对立和整合的根源嵌入这些差异中，如表现紧张，客户、员工和股东等不同群体争夺存在分歧、矛盾的结果，而这一切都是成功所必需的（Freeman，1984；Gittell，2004）。类似地，组织面临着代理人定义的结果（由个人主张通知的行动）和结构定义的结果（由正式流程和规则通知的行动）之间的紧张关系。代理人和组织结构之间相互影响（Giddens，1984；Poole and Van de Ven，1989）。

Smith 和 Lewis（2011）认为，这些内在的紧张关系可能潜藏在组织生活中，并在多元主义定义的环境条件下变得突出。更多的分歧的观点表面矛盾的紧张关系、稀缺性以及更少的资源表面更大的冲突之间的替代需求、改革因为变化的步伐越来越快，强调了今天与明天或稳定与变化之间的区别。例如，在全球金融危机导致资源短缺的情况下，教育和医疗等部门的效率是明显可见的（Tuckermann，2018），这使得紧张局势比危机前更加明显，并暴露出改革的必要性（Cunha and Tsoukas，2018）。此外，组织受众的心态和社会结构可以使这些紧张关系更加突出（Knight and Paroutis，2017）。这些突出的紧张局势往往以需要立即做出反应的具体困境的形式出现。例如，Smith（2014）研究了一家高科技公司战略业务部门的高层管理团队如何将探索和开发过程同时进行，并发现探索和开发之间的紧张关系表现为两难境地，比如是否要将更稀缺的研发资源用于为现有客户更新产品或推进创新。

当个体利用自己的框架和思维模式更好地表达和强调潜在的紧张时，悖论就变得更加突出。例如，Lüscher 和 Lewis（2008）指出，在乐高提出变革倡议时，决策者面临着过去和现在之间矛盾的紧张关系。同样地，Vince 和 broussin（1996）强调了英国卫生系统的变化如何在卫生保健组织中产生重大的变化，这导致了卫生保健提供者在过去和现在之间持续的情绪紧张。

第二，过程。动态平衡模型强调一种持续的、周期性的、随时间推移而展开的模式。冲突的两极仍然被锁定在持续的关系中，并助长冲突，导致恶性循环或良性循环（Tsoukas and Cunha，2017）。即使对立矛盾点出现了新的紧张局势，核心矛盾（探索和利用、今天和明天、自我和其他等）也会随着时间的推移而持续一段时间。Smith 和 Lewis（2011）认为，有害循环和有益循环之间的区别在很大程度上取决于管理层对矛盾需求的反应。心理学和精神分析的洞见突出了对接受悖论的深刻认知和情感抵制（Smith and Berg，1987；Vince and Broussine，1996；Lewis，2000），强调了人类追求清晰、一致和稳定的愿望，而悖论表面上是模糊、不一致和动态的。抵制矛盾紧张的一种方法是采取非此即彼的策略，分裂矛盾点并在不同的替代方案之间进行选择（Van de Ven and Poole，1995）。这种明确的选择可能在短期内缓解冲突和不确定性，但紧张局势将重新出现，并导致恶性循环。接受竞争性需求的管理方法可以推动并解决这两个备选方案的问题，从而触发积极的良性循环（Sundaramurthy and Lewis，2003），因为它们采用反馈机制，有助于平衡，而不是在张力元素之一的方向上单向滑动。管理者可以决定集中一些要素，分散其他要素，而不是通过采用简单的规则等方式过度集中（Eisenhardt and Sull，2001）。

这些循环取决于区分和集成的过程。Andriopoulos 和 Lewis（2009）发现，一家产品设计公司在探索更新颖、独特的设计和开发更多现有和有用的方法之间面临着持续的紧张关系。为了适应这些自相矛盾的需求，他们采用了组织策略，既分隔了不同的备选方案以展示其独特的贡献，也将两者结合起来。类似地，Smith（2014）发现，实现良性循环取决于差异化和整合。区隔而不整合导致对立群体之间持续的有害冲突。整合而不区隔会导致错误的协同效应，这种协同效应要么强调探索，要么强调利用，但假设组织两者都在做。

第三，影响。动态平衡意味着竞争需求之间的持续关系保持稳定。组织的长期稳定性和可持续性取决于每个相互竞争的需求之间的频繁波动和两个需求之间的综合，以及随着时间的推移推进这一过程持续。组织理论通常是静态的，其特点是"对时间和时间相关问题初步关注"（Roe et al.，2009），将时间排除在组织分析之外。相比之下，动态均衡模型将组织行为和变化描述为是有时间敏感性和时间形成性的。时间对于理解组织的可持续性至关重要，因为成功可能很难延长，组织往往表现出重复尝试测试过的解决方案的倾向（Miller，1993）。随着时间的推移而产生的活力对于满足竞争需求可能比长期绩效更为关键，因为长期绩效被视为是阶段性的，而当前绩效可能是未来绩效的障碍。因此，由于跨期效应和事件链的影响，随着时间的推移动态维持绩效比实现一系列的瞬间成功更重要。

这种方法使得组织处于动态平衡中，而不是特定的静态平衡中（Smith，2014）。"走钢丝"就是这种动态平衡过程的隐喻。行走者通过聚焦在远处的一个点上，在左右之间做轻微的、持续的移动来向前移动。每隔一段时间，行走者可能会达到左右完全平衡的时刻，但这种平衡是短暂的。取而代之的是，行走者通过不断的平衡向前移动，即左右摆动。然而，如果步行者向一侧或另一侧倾斜太远太长，就会摔倒。Smith 和 Lewis（2011）认为，随着时间的推移，这种驾驭竞争需求之间微妙紧张关系的能力可以带来长期可持续性。Digital Divide Data（DDD）提供了一个例子（Smith and Besharov，2019）。作为一家社会企业，DDD 寻求通过商业目的推进社会使命。虽然大多数社会企业由于无法同时满足这些竞争性需求而失败（Battilana and Dorado，2010；Pache and Santos，2013），但是 Smith 和 Besharov（2019）发现 DDD 的成功得益于它们在关注社会使命和关注业务之间灵活转换的能力。这一灵活的转变又得益于领导者的集体心态，即追求相

悖的要求，以及他们创造边界或结构化边界以防止决策偏离一边或另一边太远的能力。如美国西南航空公司强调高质量和低成本（Gittell，2005）以及丰田的标准化和改进综合（Takeuchi et al.，2008）等标志性组织的轶事证据支持了这一论点。

（二）永久辩证法

永久辩证法进一步探讨了相互矛盾但又相互依存的需求之间的关系（Clegg et al.，2002；Cunha et al.，2002）。与动态平衡法类似，永久辩证法进一步假设对立的紧张关系是组织生活中固有的、不可消除的方面，随着时间的推移，它们会动态变化，管理者应该注意而不是忽视这些紧张关系以及管理中涉及的挑战。然而，一个核心区别在于永久辩证法强调动态和变化，以及权力和冲突在持续变化中的作用（Clegg and Cunha，2017）。这一观点在很大程度上借鉴了苏格拉底和其他希腊哲学家以及黑格尔的辩证思维根源。黑格尔认为，在一个不断发展的过程中，一种元素出现了它的对立面，它们共同创造了一种新的协同作用，而这种协同作用又再次出现了它的对立面。在马克思和恩格斯的著作中，这种“论题—反题—综合”的过程是显而易见的。Benson（1973，1977）等学者将其转化为组织理论家的方法，他们强调冲突在社会制度演化中的作用。

第一，紧张的根源。基于这些辩证思想的根源，永久辩证法模型强调一种持续变化的强有力的过程方法。与动态平衡法一样，学者将紧张描述为组织固有的。然而，这些紧张关系随着时间的推移而变化，改变了核心矛盾的潜在性质。冲突或其可能性不断地使社会力量处于紧张状态，由于过程的连续性，这些力量很难控制，因此组织是不断变化的。从这个角度来看，把过程放在中心两极就不存在了。它们是过程的分类，是组织形式的固定化，由于它们是无形的，必然会在某些点上积累太多的能量。这种能量只有在它变得强烈到将系统置于压力之下时才能被观察到。在稳定—变化二元性（Farjoun，2010）中，过度稳定的极点本身并没有出现。而当代理人揭露它时，它的存在变得显而易见：惯性、客户抱怨、相对缺乏创新能力、对现状的过度保护等。当这些信号显现出来时，扭转这一趋势可能为时已晚，这意味着辩证的观点解释了一些冲突和一个系统的健康状况，而不是它的衰弱。冲突的存在比冲突的不存在更为积极，因为冲突的存在可能意味着压制，而不是群体思维的和谐。冲突可以理解为意义复调（Kornberger et al.，2006；Gümüsay et al.，2019）和信任（Edmondson，2018），而不是功能失调。

正如Farjoun（2019）所指出的，辩证的“存量贸易”包含着矛盾、过程、不平衡、破坏和对立等指向不平衡方向的思想。换句话说，它假设冲突是一个强大的变革引擎（Van de Ven and Poole，1995），组织不一定会因为围绕目标达成一致和协同努力而变革，但是因为不同组织群体之间的相互作用产生了永无止境的紧张关系，从而抵消了惰性和僵化（Stacey，1991）。不同的组织团体有多种利益，这些利益必然是对立的来源。Smith 和 Lewis（2011）专注于动态管理以实现平衡，Clegg 等（2002）则专注于描述性地阐明冲突、权力和变化的动态，这些动态会加剧不平衡。

第二，过程。Clegg 等（2002）强调冲突在组织中的作用。冲突本身不是消极或积极的，而是多元组织参与者之间利益分歧的表现。矛盾的观点是，两极和平共处不一定是矛盾管理的目标，因此必须接受“对立统一可能产生更多内生的权衡而不是协同”的观点（Luo and Zheng，2016）。正如 Follett 所辩护的那样（Graham，1996），冲突可以被有效地利用，但也可能是毁灭性的。为了有效地利用冲突，相反的意见必须处于一种清晰的状态。对话和重构对于超越局部观点并将悖论转化为一种积极的生成力量至关重要（Jay and Grant，2017），但悖论是无法控制或遏制的。它具有爆炸性的潜力，如果每一种力量都产生自己的对手，那么试图控制悖论可能会使悖论无法控制。例如，在政治辩论中就表明了这一点：民主可以被视为积极冲突的制度化，而政治极化将使对话更加复杂和没有成效。

因此，悖论可以是积极的，但从长期的辩证观点来看，悖论的引擎是冲突的张力，而不是寻求某种可行的妥协。悖论失衡和冲突可能是由某些原因引起的。首先，矛盾和竞争性需求的存在可能导致冲突。组织让人们面对各种选择和困境，这些选择和困境的全部含义很难把握。因为这些问题可能很难去框定和解决，人们可能只是没有认识到他们所面临的悖论。其次，这些相互竞争的需求本身是动态的。随着系统的展开和组织的努力，极点（如稳定性、变化）可能随时间表现出不同程度的强度。最后，冲突的产生是因为紧张局势与其他紧张局势交织在一起（Sheep et al.，2017）。当行为人努力在一个极端中达到平衡时，他们可能会在另一个极端中失去平衡。因此，极性和悖论可能会休眠一段时间，直到它们再次显现（Tuckermann，2018），这使得平衡更加复杂。例如，过度稳定可能需要在某个时候进行重大变革，但即使认识到变革的必要性，缺乏经验也会降低变革的有效性。

第三，影响。对永久辩证法变化的持续期望导致了一种不平衡状态。Fairhurst 和 Sheep（2019）将平衡与非平衡之间的区别表述为：在动态平衡中，我们可以解释一种机制，通过这种机制，矛盾张力的两极可以无限期地管理，而无须解决。在不平衡中，我们不仅可以解释紧张局势的持续和无法解决，还可以解释两极之间的“多少”问题（Fairhurst and Sheep，2019）。从这个角度来看，

平衡“充其量只是暂时的、转瞬即逝的”（Kreiner et al.，2015）。由于采用了政治理论的视角，这里强调了不平衡，即组织被视为由利益分歧的群体组成，这些群体最终可能难以调和。这些对立的利益使不同的组织团体陷入政治对立，这可能会将组织拉向不同的方向。正因为如此，悖论是不稳定的、危险的，总是处于不平衡中。一些群体甚至可能更喜欢不平衡而不是动态平衡和协同，因为它最能满足他们的利益——至少在短期内如此。

（三）动态平衡法与永久辩证法

动态平衡法和永久辩证法都是从对悖论本质的相似理解开始的。这两种观点都将悖论描述为存在于持续不断的关系中的矛盾和相互依存的两极。例如，各组织面临着探索和开发与寻求稳定和变革（Farjoun，2002）之间的持续紧张关系。这种持续性意味着潜在的紧张局势无法解决。正如 Clegg 等（2002）所警告的那样，矛盾的要求不会消失，出于实际原因试图化解矛盾是不可取的。

类似地，Smith 和 Lewis（2011）认为，试图通过在选项之间进行非此即彼的选择来解决悖论的方法将助长其对立，并引发有害的恶性循环。此外，当潜在的竞争需求随着时间的推移而持续时，找到一个稳定的、综合的解决方案可能会适得其反。有时候，在相互竞争的需求背景下，尽管正题是对立的，但是它并不存在，正因为如此，辩证法中的每一个极点都暗示着另一个极点的存在，以维持自己的存在（Clegg et al.，2002）。

由于这种持久性，两种观点都采用纵向方法来探索这些极点如何随时间扩展、变化和变形。Smith 和 Lewis（2011）将悖论的竞争需求描述为参与持续的循环，而无论是恶性循环还是良性循环。Clegg 等（2002）则提供了更强大的过程方法探索是否存在任何稳定的极点，并强调冲突和权力的过程，为持续的动态提供信息。

此外，这两种观点都表明，为了应对矛盾的紧张局势，强调分裂竞争需求并在两者之间进行选择的任何一种方法都将有利于单边主义而忽视相互依存（Deye and Fairhurst，2019），从而限制了通过对话进行综合的能力。然而，这两种观点在对极点或过程的强调上有所不同，这与几个关键含义有关。动态平衡的观点强调替代极点的持久性。正如 Smith 和 Lewis（2011）所指出的，尽管不同矛盾紧张关系的实例可能会变形和改变，但是潜在的紧张关系依然存在。组织将始终面临持续的紧张局面，如探索与开发、自我与他人、个性与集体主义等之间的紧张局面。相比之下，Clegg 等（2002）将重点放在冲突与权力的过程上，这些过程会带来持续的变化，并随着时间的推移导致两极的转移。过分强调这些过程可能最终会抹杀真正的极点。例如，探索和开发可能是从未达到的状态，但始终处于相互之间不断变化的过程中。因此，动态平衡模型强调持续振荡的可能性，而永久辩证模型强调不平衡和转变的可能性。

这两种模式在代理的作用上进一步不同。前者强调由个体认知和能动性提供的规定的可能性，后者强调从揭示悖论的荒谬性中获得的解释性洞见（Berti and Simpson，2019）。因此，动态平衡模型探索了代理的作用，确定了一种管理方法来引导紧张的循环，并产生更多的积极的良性循环，而不是消极的恶性循环。相反地，永久辩证法模型提供了一个更具描述性的方法，注意到了在持续的过程动态中对立的两极相互碰撞和对抗的内在方式。个体的代理陷入了过程的动态中，不是作为告知过程的行动者，而是作为过程的一部分，其中交流模式、防御反应和情感反应共同创造了冲突的、有影响力的模式。

虽然方法不同，但是比较这些观点的价值在于整合的潜力。首先，这两种观点突出了平衡与非平衡之间更为复杂的关系。平衡隐含着不平衡，或者正如Wheatley（1999）所指出的："增长来自不平衡。"因此，秩序和无序之间的关系是复杂而矛盾的：秩序不是无序的缺失，而是趋同和分歧之间紧张关系的结果（Stacey，1991）。从这个角度来看，不平衡可能是平衡的分母，一定数量的不平衡对于保持组织系统的可行性至关重要（Fairhurst and Sheep，2019）。正如Freeman等（2018）所指出的："摩擦是有益的。"由于目标的多元性和冲突性，无摩擦的组织是不可行的。

此外，不平衡使平衡成为可能。不平衡创造了一种向更具弹性的系统发展的动力，这种系统促进了持续的转变和变化，并带来了动态平衡的潜力。正如"走钢丝"的例子所表明的那样，朝着不平衡方向的微妙动作出发和航向修正，从而达到平衡。虽然完美的平衡可能永远无法实现，但是努力做到这一点可能就是有价值的。因此，为了保持系统的完整性和动态性，可能需要对不平衡进行测量。可持续性反映了持续寻求不可能的平衡状态与积极拥抱不平衡（冲突、紧张、错误、暂时失败）之间富有成效的紧张关系，即使其表现必然是痛苦的。

通过接受不平衡和平衡是悖论过程中相互构成的维度可以实现动态平衡，过分强调其中一种力量将削弱悖论理论的解释力。因此，学者可以考虑悖论有助于提高组织的可持续性，但也有损组织的可持续性。例如，通过将困境（需要通过任何一种方法来解决）视为悖论（可以通过两种思维来解决），组织可能会承担不可能的目标。大众汽车公司决定制造一辆高效、清洁的汽车，这使得"非此即彼"的情况变成了一个技术上不可行的双选（Ewing，2017）。

综上所述，这些观点突出了一种悖论理论：①将相互竞争的需求描述为既矛盾又相互依存；②突出竞争需求的内在本质；③强调使用动态的、纵向的和过程的方法来解决这些紧张，因为它们通过持续的不平衡经历向虚幻的和不可达到的

平衡转变；④鼓励探索相互竞争的需求的两极，并调查和探究这些两极之间持续关系的过程。

四、从悖论视角探索混合化

本章对悖论理论的更深入和整合的阐释可以帮助我们理解混合化。表 5-2 解释了悖论视角如何加深我们对混合化的理解。

表 5-2　悖论视角下的混合化特征研究

	混合元素	悖论的贡献
对立的需求之间的关系	矛盾的	矛盾是内生的，其可能涉及要素之间的互相依赖
紧张的根源与持久性	不稳定的和暂时的	固有的和持久的，即混合意味着在持续的基础上接受紧张作为新颖性的来源。紧张是有价值的，而不是需要解决的麻烦
时间预期与过程焦点	强调解决问题的短期方法	强调变革和持续应对紧张局势的长期方法

如表 5-2 所示，悖论为研究混合现象提供了一种理论视角。从这个角度看，悖论视角可以让学者注意到其他视角可能忽略的混合性的特定方面。

第一，它关注的是相互依存，而不仅仅是元素之间的矛盾。混合型组织研究学者传统上强调双重因素的矛盾和竞争性质。正如本书所注意到的，学者围绕着一个混合性的定义达成了共识，该定义涉及“传统上不会结合在一起的核心组织要素的混合”（Battilana et al.，2017）。这一定义突出了相互竞争的需求的对立和冲突性质。例如，Glynn（2000）对亚特兰大交响乐团的研究描述了音乐家如何寻求提高他们的音乐质量和新颖性，这通常会导致寻求财务稳定的管理者产生不同且相互冲突的期望。在他们对小额信贷组织的研究中，Battilana 和 Dorado（2010）描述了强调贷款盈利能力及其对机构影响的银行逻辑与强调贷款对接受者影响的发展逻辑之间的冲突需求。相反地，悖论理论将这些双重因素描述为既矛盾又相互依存的。

第二，悖论阐明了紧张局势持续存在的可能性，而不仅仅是暂时的，帮助混合学者探索紧张局势的来源和持久性。通过强调竞争需求的矛盾性质，学者将混合状态描述为暂时的、独特的、最终不稳定的。从积极的方面看，混合可以催生新的整合形式，实现长期可持续性，但需要消除潜在的紧张关系实现协同选择。

例如，Bodrožić和Adler（2018）在宏观的社会层面上阐述了一个模型，新技术和新环境突出了现有模型的功能障碍和功能失调，并挑战该模型，然后与该模型一起变革以引入新的元素。然后，新的组织开始形成，接受这种新的、一体化的模式，假定旧模式和新现实之间的冲突导致了新的、一体化的模式。研究混合的学者认为，相互竞争的需求会在组织内部形成持续的、有害的冲突，要么导致难以解决的冲突状态，从而降低组织的进步性和可能性，要么最终导致组织失败（Fiol et al.，2009）。例如，Tracey等（2011）描述了英国社会企业Aspire中使命和市场之间的长期紧张关系如何最终导致持续冲突和组织消亡。相反地，悖论学者认为，紧张关系反映了组织中一种无法解决的持续状态（Benson，1977；Clegg et al.，2002；Schad et al.，2016）。例如，在Ashforth和Reingen（2014）研究的食品合作中，为了维持竞争逻辑之间至关重要的紧张关系，冲突得到了培育，而不是解决或被抑制。

第三，悖论强调了通过长期方法管理紧张关系的价值，这种方法不仅强调通过短期方法解决问题，还强调通过培养其积极潜力来引导变革。通过指出竞争需求的内在性和持久性，悖论学者强调了这些紧张关系的动态性质，并使用了一种纵向方法来研究它们。早期的混合性学者采取了更为静态的立场，要么探索一种简单的方法来解决单个问题（Glynn，2000），确定走向更稳定组织形式的前因（Battilana et al.，2015），要么强调不同混合方法的横截面比较（Pratt and Foreman，2000）。这些方法或多或少发现了解决潜在紧张关系的有效策略。例如，Glynn（2000）认为，虽然音乐家和管理人员找到了解决薪酬纠纷的临时方案，但是音乐家和管理人员之间的不信任和敌意仍然存在。然而，最近的研究学者采用了悖论方法来探索混合的性质如何随时间的推移而变化和转变的动态，认识到这些紧张关系的不可解决的本质。这种方法既让对立的两极永久存在，也强调了改变这些两极的过程的性质。例如，Gümüsay等（2019）强调在创建伊斯兰银行的过程中，随着时间的推移，银行与宗教逻辑之间的关系发生了变化。他们指出了多义的实践，即使用符号、概念、词语和图像来维持和激发多重含义，以及复调的实践，即个人使用时间、空间和语言来分离和整合元素。类似地，Jay（2013）通过解释剑桥能源联盟（Cambridge Energy Alliance）能够在改善环境影响的社会使命和盈利的财务需求之间“处理紧张”的过程，强调了这些正在进行的过程方法。他建议，这些做法需要高级领导者不断地进行有意义的思考，重新考虑他们对社会使命和商业使命的理解和意义。

第四，基于永久辩证法，悖论理论提供了一种观点，在这种观点中，任何稳定的极点都会通过持续不断的动态冲突而消解（Clegg et al.，2002）。这一观点对研究混合的学者提出了挑战，他们认为不同的极点是不断变化的，而不是表现出稳定的特性。学者开始采用这种持续的方法，他们注意到，虽然极点的标签可能保持稳定，但是其隐含的含义和关联在不断变化（Gioia et al.，2000）。例如，Gümüsay 等（2019）强调伊斯兰银行业中宗教和金融的含义及理解的转变。同样地，Jay（2013）强调矛盾的紧张关系如何引发持续的感官化，从而导致对剑桥能源联盟成功与失败本质的理解发生转变。永久辩证法模型可能会激发一种强有力的方法，探索正在进行的淡化标签的过程。对于混合理论来说，这样的观点对这些标签和区别是如何与场域层面的动态和社会逻辑紧密联系在一起的提出了挑战。在强有力的过程观点中，悖论更多的是关于永久的流动和变化，而不是关于定义明确的极性之间的稳定张力。极性是过程的物质表现点（Ford and Ford，1994），而不是物质上稳定的事物。

五、混合的未来研究议程

第一，权力。混合研究可以更仔细地观察替代需求之间的权力动态（Berti and Simpson，2019；Clegg et al.，2002）。例如，即使选择不涉及真正的悖论，这意味着不可能延伸二元目标，错误的悖论也可能导致灾难。大众公司过于强大的董事会使公司陷入两难境地，将公司推向无法调和的边缘（Ewing，2017）。混合研究已经开始采用这种方法，关注替代身份、逻辑和形式之间的权力差异。例如，Besharov 和 Smith（2014）注意混合型组织的异质性取决于每个竞争性需求的中心性。在一些混合型组织中，竞争性需求的单极化可能对组织产生更大的影响。Besharov 和 Smith（2014）表示这些条件减少了对立力量之间的一些冲突。采用更极端的立场，混合研究可以探索这些权力动态，不仅评估相对权力，还可以了解两极之间的权力如何影响它们之间的进程动态（Huq et al.，2017；Wenzel et al.，2019）。

第二，过程—极点动态。Smith 等（2017）指出，需要将极点作为动态进行研究。如上所述，本书对动态（非）平衡悖论的观点表明，重要的是将极点作为过程进行分析，以有助于解释极点动态和极点之间的相互依赖关系，如它们相互构成的张力。未来的混合性研究可以跟随 Mitzinneck 和 Besharov（2018）等的脚步，他们的研究揭示了极点随着时间的推移而转移和消解，因为维持平衡可能意味着一次只关注一个极点，这一方法必然意味着某种不平衡：维持总体平衡意味着接受并非所有极点都能在每一个特定时刻得到一致的解决和平衡。例如，组织采用循序渐进的方法，将重点放在变革上，然后在再次变革之前保持稳定。

第三，嵌套与打结。悖论理论强调了两种层次的紧张关系，一种层次的紧张关系影响另一种层次的紧张关系（Gilbert et al.，2018），以及一种类型的紧张关系影响和被其他紧张关系影响（Sheep et al.，2017）。混合性学者注意到竞争需求的嵌套性，强调社会层面的特征如何影响组织和个人层面（Besharov and Smith，2014；McPherson and Sauder，2013）。此外，更多的研究可以更深入地探索不同层次之间相互影响的方式。尽管研究混合的学者强调各种逻辑、形式和身份，但是研究可以从探索不同对立逻辑（如利润和进步）、形式（等级和非等级）和身份（公共和私人）的纠结性中获益，因为紧张关系是相互关联的。

六、结论

随着混合型组织变得更加一体化，研究它们的方法需要适应这一现象，悖论视角可以帮助我们做到这一点。最近对混合型组织演变趋势的分析（Litrico and Besharov，2018）建议人们逐渐关注更多的平衡和整合，而不是极点优势，这一过程可能得到悖论视角的支持。通过动态平衡模型和永久辩证法模型的整合而更加清晰的悖论理论，可以帮助推进这种混合化研究的发展，特别是在以逻辑的深度融合为特征的极端案例中（Litrico and Besharov，2018）以及突发性紧张（Perkmann et al.，2018）中。我们希望本章的观点能够帮助做到这一点。

参考文献

［1］Albert，S.，& Whetten，D. A.（1985）. Organizational identity. Research in Organizational Behavior，7：263-295.

［2］Andriopoulos，C.，& Lewis，M. W.（2009）. Exploitation-exploration tensions and organizational ambidexterity：Managing paradoxes of innovation. Organization Science，20（4）：696-717.

［3］Ashforth，B. E.，& Reingen，P. H.（2014）. Functions of dysfunction：Managing the dynamics of an organizational duality in a natural food cooperative. Administrative Science Quarterly，59（3）：474-516.

［4］Battilana，J.，Besharov，M.，& Mitzinneck，B.（2017）. On hybrids and hybrid organizing：A review and roadmap for future research. In The SAGE handbook of organizational institutionalism（Vol. 2，pp. 133-169）. Thousand Oaks，CA：SAGE Publications.

[5] Battilana, J., & Dorado, S. (2010). Building sustainable hybrid organizations: The case of commercial microfinance organizations. Academy of Management Journal, 53 (6): 1419-1440.

[6] Battilana, J., & Lee, M. (2014). Advancing research on hybrid organizing-Insights from the study of social enterprises. The Academy of Management Annals, 8 (1): 397-441.

[7] Battilana, J., Sengul, M., Pache, A. C., & Model, J. (2015). Harnessing productive tensions in hybrid organizations: The case of work integration social enterprises. Academy of Management Journal, 58 (6): 1658-1685.

[8] Benson, J. K. (1973). The analysis of bureaucratic-professional conflict: Functional versus dialectical approaches. The Sociological Quarterly, 14 (3): 376-394.

[9] Benson, J. K. (1977). Organizations: A dialectical view. Administrative Science Quarterly, 22 (1): 1-21.

[10] Berti, M., & Simpson, A. V. (2019). The dark side of organizational paradoxes: The dynamics of disempowerment. Academy of Management Review.

[11] Besharov, M. L. (2014). The relational ecology of identification: How organizational identification emerges when individuals hold divergent values. Academy of Management Journal, 57 (5): 1485-1512.

[12] Besharov, M. L., & Smith, W. K. (2014). Multiple institutional logics in organizations: Explaining their varied nature and implications. Academy of Management Review, 39 (3): 364-381.

[13] Bodrožić, Z., & Adler, P. S. (2018). The evolution of management models: A neo-Schumpeterian theory. Administrative Science Quarterly, 63 (1): 85-129.

[14] Brandenburger, A. M., & Nalebuff, B. J. (1996). Co-opetition. New York, NY: Doubleday.

[15] Clegg, S., & Cunha, M. P. (2017). Organizational dialectics. In M. W. Lewis, W. K. Smith, P. Jarzabkowski, & A. Langley (Eds.), The Oxford handbook of organizational paradox: Approaches to plurality, tensions, and contradictions. New York, NY: Oxford University Press.

[16] Clegg, S. R., Cunha, J. V., & Cunha, M. P. (2002). Management paradoxes: A relational view. Human Relations, 55 (5): 483-503.

[17] Cunha, M. P., Bednarek, R., & Smith, W. (2019). Integrative ambi-

dexterity：One paradoxical mode of learning. The Learning Organization，26（4）：425-437.

［18］Cunha，J. V.，Clegg，S. R.，& Cunha，M. P.（2002）. Management，paradox and permanent dialectics. In S. R. Clegg（Ed.），Management and organization paradoxes（pp. 11-40）. Amsterdam：John Benjamins.

［19］Cunha，M. P.，& Tsoukas，H.（2018）. Studying vicious circles to learn about state reforms. In S. Siebert（Ed.），Management research：European perspectives（pp. 157-169）. New York，NY：Routledge.

［20］Deye，J. M.，& Fairhurst，G. T.（2019）. Dialectical tensions in the narrative discourse of Donald J. Trump and Pope Francis. Leadership，15（2）：152-178.

［21］Edmondson，A.（2018）. The fearless organization. Hoboken，NJ：Wiley.

［22］Eisenhardt，K. M.，& Sull，D. N.（2001）. Strategy as simple rules. Harvard Business Review，79（1）：106-119.

［23］Ewing，J.（2017）. Faster，higher，farther：The inside story of the Volkswagen Scandal. New York，NY：Random House.

［24］Fairhurst，G.，& Sheep，M.（2019）. Rethinking order and disorder：Accounting for disequilibrium in knotted systems of paradoxical tensions. In C. Vásquez & T. Kuhn（Eds.），Dis/organization as communication：Studying tensions，ambiguities and disordering. London：Routledge.

［25］Farjoun，M.（2002）. The dialectics of institutional development in emergent and turbulent fields：The history of pricing conventions in the on-line database industry. Academy of Management Journal，45（5）：848-874.

［26］Farjoun，M.（2010）. Beyond dualism：Stability and change as duality. Academy of Management Review，35：202-225.

［27］Farjoun，M.（2019）. Strategy and dialectics：Rejuvenating a long-standing relationship. Strategic Organization，17（1）：133-144.

［28］Fiol，C. M.，Pratt，M. G.，& O'Connor，E. J.（2009）. Managing intractable identity conflict. Academy of Management Review，34（1）：32-55.

［29］Ford，J.，& Backoff，R.（1988）. Organizational change in and out of dualities and paradox. In R. Quinn & K. Cameron（Eds.），Paradox and transformation：Toward a theory of change in organization and management（pp. 81-121）. Cambridge，MA：Ballinger.

［30］Ford，J. D.，& Ford，L. W.（1994）. Logics of dualities，contradiction and attraction in change. Academy of Management Review, 19 (4): 756-795.

[31] Freeman, R. E. (1984). Strategic management: A stakeholder approach. Boston: Pitman.

[32] Freeman, R. E., Phillips, R., & Sisodia, R. (2018). Tensions in stakeholder theory. Business & Society. doi: 10.1177/0007650318773750.

[33] Friedland, R., & Alford, R. R. (1991). Bringing society back in: Symbols, practices, and institutional contradictions. In W. Powell & P. J. DiMaggio (Eds.), The new institutionalism in organizational analysis (pp. 232-266). Chicago, IL: University of Chicago Press.

[34] Giddens, A. (1984). The constitution of society. Outline of the theory of structuration. Berkeley, CA: University of California Press.

[35] Gilbert, F., Michaud, V., Bentien, K., Dubois, C. A., & Bedard, J. L. (2018). Unpacking the dynamics of paradoxes: Cascading tensions and struggling professionals. In M. Farjoun, W. K. Smith, A. Langley, & H. Tsoukas (Eds.), Dualities, dialectics, and paradoxes in organizational life (pp. 56-81). Oxford: Oxford Press.

[36] Gioia, D. A., Schultz, M., & Corley, K. G. (2000). Organizational identity, image, and adaptive instability. Academy of Management Review, 25 (1): 63-81.

[37] Gittell, J. H. (2004). Paradox of coordination and control. California Management Review, 42 (3): 101-117.

[38] Gittell, J. H. (2005). The Southwest Airlines way. New York, NY: McGraw Hill.

[39] Glynn, M. A. (2000). When cymbals become symbols: Conflict over organizational identity within a symphony orchestra. Organization Science, 11 (3): 285-298.

[40] Graham, P. (1996). Mary Parker Follett: Prophet of management. Boston, MA: Harvard Business School Press.

[41] Gümüsay, A. A., Smets, M., & Morris, T. (2019). "God at Work": Engaging central and incompatible institutional logics through elastic hybridity. Academy of Management Journal.

[42] Huq, J. L., Reay, T., & Chreim, S. (2017). Protecting the paradox of interprofessional collaboration. Organization Studies, 38 (3-4): 513-538.

[43] Jay, J. (2013). Navigating paradox as a mechanism of change and innova-

tion in hybrid organizations. Academy of Management Journal, 56 (1): 137-159.

[44] Jay, J., & Grant, G. (2017). Breaking through the gridlock. San Francisco, CA: Jossey Bass.

[45] Knight, E., & Paroutis, S. (2017). Becoming Salient: The TMT Leader's role in shaping the interpretive context of paradoxical tensions. Organization Studies, 38 (3-4): 403-432.

[46] Kornberger, M., Clegg, S. R., & Carter, C. (2006). Rethinking the polyphonic organization: Managing as discursive practice. Scandinavian Journal of Management, 22: 3-30.

[47] Kreiner, G. E., Hollensbee, E. C., Sheep, M. L., Smith, B. R., & Kataria, N. (2015). Elasticity and the dialectic tensions of organizational identity: How can we hold together while we're pulling apart? Academy of Management Journal, 58 (4): 981-101.

[48] Lawrence, P., & Lorsch, J. (1967). Organization and the environment: Managing differentiation and integration. Homewood, IL: Irwin.

[49] Lewis, M. W. (2000). Exploring paradox: Toward a more comprehensive guide. Academy of Management Review, 25 (4): 760-776.

[50] Litrico, J. B., & Besharov, M. L. (2018). Unpacking variation in hybrid organizational forms: Changing models of social enterprise among nonprofits, 2000-2013. Journal of Business Ethics, 159 (2): 343-360.

[51] Luo, Y., & Zheng, Q. (2016). Competing in complex cross-cultural world: Philosophical insights from Yin-Yang. Cross-Cultural and Strategic Management, 23 (2): 386-392.

[52] Lüscher, L., & Lewis, M. W. (2008). Organizational change and managerial sensemaking: Working through paradox. Academy of Management Journal, 51 (2): 221-240.

[53] March, J. G. (1991). Exploration and exploitation in organizational life. Organization Science, (2): 71-87.

[54] March, J. G., & Simon, H. (1958). Organizations. New York, NY: John Wiley & Sons.

[55] McPherson, C. M., & Sauder, M. (2013). Logics in action: Managing institutional complexity in a drug court. Administrative Science Quarterly, 58 (2): 165-196.

[56] Meyer, J. W., & Rowan, B. (1977). Institutionalized organizations:

Formal structure as myth and ceremony. American Journal of sociology, 83 (2): 340-363.

[57] Miller, D. (1993). The architecture of simplicity. Academy of Management Review, 18: 116-138.

[58] Mitzinneck, B. C., & Besharov, M. L. (2018). Managing value tensions in collective entrepreneurship: The role of temporal, structural and collaborative compromise. Journal of Business Ethics.

[59] Pache, A. C., & Santos, F. (2013). Inside the hybrid organization: Selective coupling as a response to conflicting institutional logics. Academy of Management Journal, 56 (4): 972-1001.

[60] Perkmann, M., McKelvey, M., & Phillips, N. (2018). Protecting scientists from Gordon Gekko: How organizations use hybrid spaces to engage with multiple institutional logics. Organization Science.

[61] Podolny, J. M., & Page, K. L. (1998). Network forms of organization. Annual Review of Sociology, 24 (1): 57-76.

[62] Poole, M. S., & Van de Ven, A. H. (1989). Using paradox to build management and organization theories. Academy of Management Review, 14 (4): 562-578.

[63] Pratt, M. G., & Foreman, P. O. (2000). Classifying managerial responses to multiple organizational identities. Academy of Management Review, 25 (1): 18-42.

[64] Roe, R. A., Clegg, S., & Waller, M. J. (2009). Introduction. In R. A. Roe, M. J. Waller, & S. Clegg (Eds.), Time in organizational research (pp. 1-19). London: Routledge.

[65] Schad, J. (2017). Ad Fontes: Philosophical foundations of paradox research. In W. K. L. Smith, M. W., Jarzabkowski, & P., Langley (Eds.), The Oxford handbook of organizational paradox (pp. 27 - 48). Oxford: Oxford University Press.

[66] Schad, J., Lewis, M. W., Raisch, S., & Smith, W. K. (2016). Paradox research in management science: Looking back to move forward. Academy of Management Annals, 10 (1): 5-64.

[67] Selznick, P. (1949). TVA and the Grass Roots. Berkeley, CA: University of California Press.

[68] Sheep, M., Fairhurst, G. T., & Khazanchi, S. (2017). Knots in the

discourse of innovation: Investigating multiple tensions in a reacquired spin-off. Organization Studies, 38 (3-4): 463-488.

[69] Smets, M., Jarzabkowski, P., Burke, G.T., & Spee, P. (2015). Reinsurance trading in Lloyd's of London: Balancing conflicting-yet-complementary logics in practice. Academy of Management Journal, 58 (3): 932-970.

[70] Smith, W.K. (2014). Dynamic decision making: A model of senior leaders managing strategic paradoxes. Academy of Management Journal, 57 (6): 1592-1623.

[71] Smith, K.K., & Berg, D.N. (1987). Paradoxes of group life: Understanding conflict, paralysis, and movement in group dynamics. San Francisco, CA: Jossey-Bass.

[72] Smith, W.K., & Besharov, M.L. (2019). Bowing before dual gods: How structured flexibility sustains organizational hybridity. Administrative Science Quarterly, 64 (1): 1-44.

[73] Smith, W.K., Erez, M., Jarvenpaa, S., Lewis, M., & Tracey, P. (2017). Adding complexity to theories of paradox, tensions, and dualities of innovation and change: Introduction to organization studies special issue on paradox, tensions, and dualities of innovation and change. Organization Studies, 38 (3-4): 303-317.

[74] Smith, W.K., & Lewis, M.W. (2011). Toward a theory of paradox: A dynamic equilibrium model of organizing. Academy of Management Review, 36 (2): 381-403.

[75] Stacey, R. (1991). The chaos fronteir: Creative strategic control for Business. London: Butterworth Heinmann.

[76] Sundaramurthy, C., & Lewis, M.W. (2003). Control and collaboration: Paradoxes of Governance. Academy of Management Review, 28 (3): 397-415.

[77] Takeuchi, H., Osono, E., & Shimizu, N. (2008, June). The contradictions that drive Toyota's success. Harvard Business Review, 86 (6): 96-104.

[78] Thornton, P.H., Ocasio, W., & Lounsbury, M. (2012). The institutional logics perspective: A new approach to culture, structure and process. Cambridge: Oxford University Press.

[79] Tracey, P., Phillips, N., & Jarvis, O. (2011). Bridging institutional entrepreneurship and the creation of new organizational forms: A multilevel model. [Article]. Organization Science, 22 (1): 60-80.

[80] Tsoukas, H., & Cunha, M. P. (2017). On organizational circularity: Vicious and virtuous circles in organizing. In M. W. Lewis, W. K. Smith, P. Jarzabkowski, & A. Langley (Eds.), The Oxford handbook of organizational paradox: Approaches to plurality, tensions, and contradictions. New York, NY: Oxford University Press.

[81] Tuckermann, H. (2018). Visibilizing and invisibilizing paradox: A process study of interactions in a hospital executive board. Organization Studies. https://doi.org/10.1177/0170840618800100.

[82] Van de Ven, A. H., & Poole, M. S. (1995). Explaining development and change in organizations. Academy of Management Review, 20 (3): 510-540.

[83] Vince, R., & Broussine, M. (1996). Paradox, defense and attachment: Accessing and working with emotions and relations underlying organizational change. Organization Studies, 17 (1): 1-21.

[84] Wenzel, M., Kocha, J., Cornelissen, J. P., Rothmanna, W., & Senfa, N. N. (2019). How organizational actors live out paradoxical tensions through power relations: The case of a youth prison. Organizational Behavior & Human Decision Processes, 155: 55-67.

[85] Wheatley, M. (1999). Leadership and the new science: Discovering order in a chaotic world (2nd ed.). San Francisco, CA: Berrett-Koehler.

[86] Williamson, O. E. (1975). Markets and hierarchies: Analysis and antitrust organization. New York, NY: The Free Press.

第二篇
混合型组织作为实证研究情景

第六章　商业可持续性：作为混合性研究的背景*

摘要：商业可持续性促使企业同时解决经济、生态和社会问题，它与生俱来地结合了不同的潜在竞争组织元素。因此，可持续性为研究和实践混合型组织提供了一个合适的背景。基于对混合作为一个连续统一体的理解，本章根据企业组织中可持续性举措的整合程度和自主性区分了四种不同形式的商业可持续性混合。通过混合，企业只会给人留下追求业务和可持续性目标的印象，且会将实践重点放在传统的业务优先事项上。偶发混合指生态和社会关注点仅在与业务目标一致的范围内进行。对于外围混合，企业自行追求可持续性计划，但不将其与核心业务活动相结合。完全混合将业务和可持续性放在组织的核心位置，而不是强调其中之一。这些不同形式的商业可持续性的混合通过各种商业组织的例子加以说明。通过描述商业可持续性中不同程度的混合，论点和例子突出了组织混合性和商业可持续性如何能够有效地相互影响。本章开发了这一研究视角，将商业可持续性作为研究不同混合程度以及混合型组织动态性的背景，利用不同程度的混合更好地理解企业为可持续发展做出的实质性贡献。

关键词：组织混合；商业可持续性；整合；自主性；动态视角；使命漂移

一、引言

关于组织混合的研究方兴未艾，特别对社会企业的关注（Battilana et al.，2017；Battilana and Lee，2014；Doherty et al.，2014）。与此同时，组织越来越需要将相互竞争的逻辑和必要性结合起来，这一观点并不局限于社会企业领域。

* Tobias Hahn。感谢 Marya Besharov 和 Bjoern Mitzinneck 对本章的指导和评论。

商业可持续性是这方面的一个重要例子，因为它要求企业关注相互竞争但又相互关联的商业、环境和社会问题（Hahn et al.，2015）。由于植根于系统观点，包含多种多样的目标以及长期定位，商业可持续性包括多种混合型组织来源。

基于将组织混合概念化为一个连续统一体（Battilana and Lee，2014），本章区分了四种不同形式的商业可持续性混合。这四种形式在可持续性举措与核心业务活动的整合程度（一体化）以及可持续性举措作为其自身目的（自主性）在程度上有所不同。商业可持续性的混合包括从仪式混合（弱整合和低自主）、偶发混合（强整合和低自主）、外围混合（弱整合和高自主）到完全混合（强整合和高自主），本章使用这四种形式来解释商业可持续性的不同程度混合，并用不同商业组织的例子加以说明。

这一研究表明了组织混合性和商业可持续性的研究是如何相互影响的。商业可持续性为研究不同程度的混合以及混合型组织动态提供了一个有希望的背景（Battilana et al.，2017）。此外，商业可持续性代表了一种超越理想的典型混合型社会企业的背景，在这种背景下，学者可以研究不同混合性来源的相互关系和相互作用，以及由组织结合不同的非商业关注点（如不同的社会和生态关注点）而产生的混合性挑战。混合性可以通过提供更多的途径来促进企业对可持续发展的贡献，激发对商业可持续性的研究，包括不同可持续性方面之间紧张关系的途径，从而超越主要的商业案例方法。

二、商业可持续性与组织混合

（一）定义

在过去的几十年中，组织混合已经通过不同的理论视角受到越来越多的学术关注（Battilana et al.，2017；Battilana and Lee，2014；Doherty et al.，2014）。Battilana 等（2017）在最近对越来越多的关于组织混合性的文献进行回顾时，确定了这一文献体系中的三种主要方法，分别强调混合型组织身份、混合型组织形式和不同制度逻辑的组合。根据对文献的回顾，他们给出了组织混合的一般定义，即“传统上不会结合在一起的核心组织要素的混合”（Battilana et al.，2017）。迄今为止，组织混合主要是在社会企业的背景下研究的，即企业追求财务可行性和社会目的及影响的双重使命（Doherty et al.，2014；Litrico and Besharov，2018）。因此，社会企业被认为是理想的混合型组织（Battilana and Lee，

2014）。与此同时，Battilana 和 Lee（2014）强调了混合组织在社会企业领域之外的重要性。在这种情况下，他们认为混合组织和组织结合对立元素的程度“遵循一个连续统一体，而不是二分法”。本章认为商业可持续性为研究组织中不同程度的混合提供了一个合适的背景。虽然可持续性要求企业将经常相互竞争的社会和生态问题与商业考虑结合起来，但是企业在不同程度上接受并整合了可持续性挑战。

虽然关于商业可持续性的定义仍然模棱两可（Bansal and Song，2017；Montiel and Delgado-Ceballos，2014；Valente，2012），但是常见的是，商业可持续性被概念化为企业组织对实现环境完整性、经济繁荣和社会公平的贡献（Bansal，2005；Montiel 和 Delgado-Ceballos，2014；Scherer et al.，2013）。此外，与许多以实践者为导向的定义相反，商业可持续性的学术定义倾向于同意商业可持续性并不指单个企业的可持续性或寿命（Bansal，2002；Hahn and Figge，2011）。相反地，商业可持续性植根于系统观点（Bansal and Song，2017），并强调了企业组织在更广泛的总体经济、社会和自然系统中的嵌入性及其依赖性（Valente，2012）。因此，虽然企业在实现可持续性方面发挥着关键作用，因为它们代表着经济的生产资源（Bansal，2002），但是商业可持续性是一个社会层面的概念，“单个组织无法实现可持续性，单个组织只是对可能实现或不实现可持续性的大型系统做出贡献”（Jennings and Zandbergen，1995）。

（二）商业可持续性中的混合性来源

基于这一定义核心，很明显商业可持续性是一个与生俱来的混合概念，因为它要求企业将传统上不一致的对立要素结合起来。更具体地说，商业可持续性将组织层面的实践和系统层面的影响结合在一起，它包含了多种相互关联但经常相互竞争的可持续性目标的集合，并将相互竞争的短期和长期时间导向并列在一起。关注和混合这些对立的元素可能转化为企业采用混合的组织形式、身份和逻辑，以促进可持续发展。

传统上，企业注重通过调动组织层面的资源和能力来实现组织层面的目标，如盈利能力。相比之下，可持续性将业务活动嵌入系统层面，并关注系统层面的成果（Valente，2012；Bansal and Song，2017）。从可持续性的角度来看，“企业有望改善社会的总体福利”（Schwartz and Carroll，2008），组织可持续性举措的动机是在系统层面应对可持续性挑战，以产生积极影响（Dyllick and Muff，2016）。因此，商业可持续要求企业将系统层面的挑战转化为组织层面的举措和战略。在克服竞争逻辑的挑战方面新创企业的可持续性被理论化为混合性（De Clercq and Voronov，2011）。反映社会和生态系统复杂动态的系统逻辑与传统营利性商业组织的主导线性逻辑形成鲜明对比（Valente，2010）。

商业可持续性的另一个混合来源是企业面临的可持续性目标的多样性。联合国可持续发展目标（Sustainable Development Goals，SDG）最能说明这种多样性，SDG越来越多地被用作企业对可持续性贡献的参考（George et al.，2016）。SDG包括17个不同目标，这些目标需要同时实现，以实现全球层面的可持续性。然而，尽管这些目标看起来都是孤立的，但是它们密不可分，相互依存（Bansal，2002）。同时追求这些可持续性目标会带来意外后果的风险，因为一个领域的进步很可能会对其他领域产生影响（Newton，2002）。从商业角度来看，这种对可持续发展的多重担忧引发了紧张（Vildåsen，2018），因为它们与商业惯例和战略背道而驰，导致主导商业模式与长期可持续性议程之间产生冲突”（Scheyvens et al.，2016）。将可持续性目标整合并嵌入核心实践和战略需要企业接受不同可持续性目标和商业目标之间的紧张关系（Hahn et al.，2018；Hahn et al.，2015）。研究认为，混合是解决商业组织可持续性问题的合适方法（Haigh and Hoffman，2012，2014；Jay，2013）。核心论点是，混合型组织形式可增强商业可持续性，因为它们限制了增长，不将利润最大化作为首要目标，使社会和生态系统内部化，并承认自然的内在价值（Haigh and Hoffman，2014）。这种以混合性为基础的商业可持续性概念强调不同组织形式的混合。

商业可持续性第三个导致混合显著特征是其长期的时间导向。时间被视为区分可持续性与其他相关概念的重要特征（Bansal and DesJardine，2014）。由于强烈关注代际公平，需要考虑后代的利益（WCED，1987），商业可持续性“强调企业预期为社会提供的利益的长期性”（Schwartz and Carroll，2008）。这种长期定位与商业组织（Hold，2001；Slawinski and Bansal）通常低估后代利益的短期关注形成鲜明对比（Padilla，2002）。正如Reinecke和Ansari（2015）指出的，通过市场机制解决可持续发展问题需要组织适应竞争的时间导向。当企业面临严重的资源限制时，整合可持续发展的长期考虑尤其具有挑战性，这增加了关注当前和未来时间导向的需要（Kim et al.，2019）。商业可持续性意味着企业同时关注短期约束和长期导向。因此，将短期和长期导向并列以实现可持续性（Slawinski and Bansal，2015）代表了可持续性混合组织的一个重要方面（Haigh and Hoffman，2012）。

商业可持续性概念的这些基本特征表明了为什么混合性是商业可持续性中固有的。与更传统的商业可持续性方法不同，后者强调商业和可持续性目标之间的一致性，并提出了可持续性的商业案例（Salzmann et al.，2005）。学者越来越认识到，充分参与商业可持续发展需要企业接受并悦纳竞争性的可持续发展需求以及随之而来的紧张局势（Hahn et al.，2015；Hahn et al.，2014；Van der Byl

and Slawinski，2015）。一些学者将混合型组织形式描述为商业可持续性的下一个层次（Haigh and Hoffman，2012，2014）。基于混合型组织作为连续统一体的概念（Battilana and Lee，2014），本章认为商业可持续性中的混合性不限于混合型组织形式（社会企业是一种理想类型）。相反地，由于固有的混合性质，商业可持续性提供了一个独特的背景，根据组织采用和整合可持续性挑战的方式来研究不同程度的混合。

三、混合型组织的商业可持续性

一些学者认为，社会企业和混合型企业特别容易对可持续性做出重大贡献（Haigh and Hoffman，2014；Dyllick and Muff，2016），商业可持续性不限于某些组织形式，而是适用于所有类型的商业组织。然而，企业在战略和实践中整合和应对可持续性挑战的程度不同（Hengst et al.，2019；Valente，2015）。这种对可持续性挑战的关注程度伴随着一系列的混合。一个极端是，可持续性代表了企业身份和使命的核心，因为可持续性渗透到了战略、实践和产品中。另一个极端是，企业只能在形式上关注可持续性挑战，并且最终创造出一种混合的印象。

在下文中，笔者通过区分商业可持续性中的仪式混合、偶发混合、外围混合和完全混合，简要讨论了商业可持续中的四种不同程度的混合。商业可持续中这四种程度的混合可以沿着整合和自主性两个方向进行组织。

类似于双元任务需要区分和整合开发与探索（Jansen et al.，2009），商业可持续性的混合性可以从整合和自主两个维度进行概念化。整合是指可持续性关注点在组织的身份、使命、战略和实践方面嵌入组织核心的程度（Valente，2015；Yuan et al.，2011）。混合型组织研究文献中也广泛讨论了将竞争要素整合到组织核心的概念。例如，Besharov 和 Smith（2014）提到竞争逻辑的中心性，以捕获这些要素被视为同等有效且与组织功能相关的程度。类似地，Pratt 和 Foreman（2000）提出，组织可以利用竞争组织身份之间的协同作用将其整合或聚合到组织中。整合的基本理念是，两个竞争要素都会渗透并注入核心组织实践（Besharov and Smith，2014），与有意分离竞争要素的脱钩相反（Bromley and Powell，2012；Pratt and Foreman，2000）。

商业可持续性的研究就核心业务实践中可持续性举措的整合与脱嵌展开了类似的讨论（Yuan et al.，2011）。可持续性举措可以与核心业务活动（Weaver et al.，1999）紧密耦合和整合，也可以解耦（Crilly et al.，2016；Crilly et al.，

2012)。在这种情况下，整合常常被概念化为商业案例，其中可持续性计划与商业目标相一致，导致商业目标的关注度超过可持续性问题（Gao and Bansal，2013；Hahn and Figge，2011）。与此同时，脱嵌通常伴随着可持续性只是象征性追求的假设（Lyon and Montgomery，2015）这两种观点都有一个共同的担忧，即可持续发展问题被削弱了，要么是因为它们被视为实现业务成果的工具，要么是因为它们只是象征性地实施。这与将可持续性作为企业组织根本目标的需要截然相反（Gladwin et al.，1995；Shrivastava，1994）。自主性标准抓住了这一问题，它指的是企业以自己的权利追求可持续发展倡议的程度，而不是作为实现商业目的的手段。企业可以将可持续发展倡议作为创造和获取商业利益的手段（McWilliams and Siegel，2011)，也可以将其本身作为应对可持续发展挑战的贡献(Hahn et al.，2016；Quinn and Jones，1995)。自治和关注价值与解决制度多元化的理念产生共鸣，也就是说，关注组织的目标，即那些值得拥有、值得做和存在的事情（Kraatz and Flores，2015；Kraatz and Block，2017）。

图 6-1 描述了这两个维度的组合如何产生不同形式的商业可持续性混合。商业可持续性仪式混合的特点是集成度和自主度都较低；偶发混合可持续性倡议是高度集成的，但不是自主的；外围混合特点是高度自主性的、松散集成的可持续性计划；完全混合结合了强集成和强自主性。

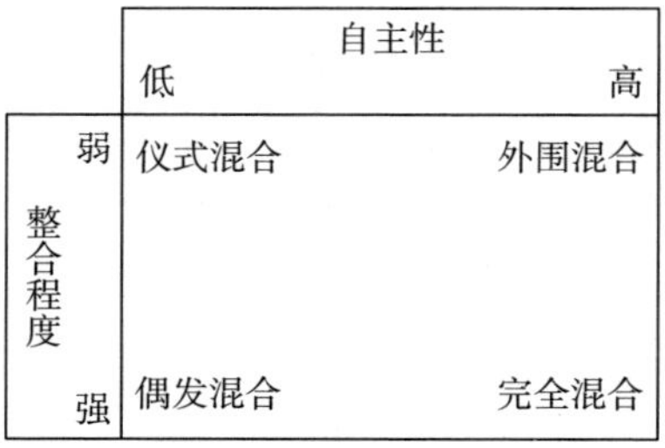

整合程度	自主性：低	自主性：高
弱	仪式混合	外围混合
强	偶发混合	完全混合

图 6-1　商业可持续性的不同形式混合

（一）仪式混合

企业组织面临着来自不同利益相关者日益增长的需求，以应对气候变化、脱贫或多样性等可持续性挑战。这些要求通常来自更广泛的组织背景，并通过非政府组织、政府或媒体表达（Bonardi and Keim，2005）。通过仪式混合，企业不会自行制定独特且专门的计划来应对可持续性挑战，也不会将任何可持续性方面纳入组织的核心身份或实践中。解决可持续性问题仍然具有象征意义，以创造一种

混合的外部印象。

学者广泛研究了企业对利益相关者压力的象征性反应，以寻求更可持续的商业实践（Bowen，2014；Delmas and Montes－Sancho，2010；Hyatt and Berente，2017）。通过象征性的回应，企业试图给人留下这样的印象：他们解决了可持续性问题，但却没有实质性地改变实际业务实践和战略。这种象征性的回应有助于制造公司的合法形象（Alvesson，1990），任何对可持续性挑战的承诺“通常发生在公司的表面”（Roberts，2003）。在这种情况下，对外部合法性的首要关注使任何可持续性计划变成“对公司的效率生产活动没有影响”的伪结构和伪行动，“只是为了影响受众的感知而进行的，没有被认为具有这种意图”（Alvesson，1990）。

对可持续性问题的象征性回应代表了仪式混合。在这种情况下，混合并不是在整个组织中实施和存在的。相反地，它仍然停留在表面上，因为企业试图在保持不可持续的核心实践和战略完好无损的同时，创造混合的外部印象。虽然仪式混合不符合混合的核心概念，但是实际上结合竞争的组织实践，它仍然可能创造混合的外部表现。由于企业对可持续性问题的反应存在强烈的信息不对称（Comyns et al.，2013），对于给予组织合法性判断的外部评估者来说，通常很难辨别对可持续发展问题的象征性回应和实质性回应（Bitektine and Haack，2015）。因此，在商业可持续发展的背景下，仪式混合很可能会被忽视，并被误认为是更深刻的混合形式。从事仪式混合的企业试图利用这种情况来获取代表性被视为混合型组织而不实际实施混合的各种好处。最终，商业可持续性的仪式混合遵循纯粹的商业理念。如 Durand 等（2019）认为的，即使对于突出的问题，只要企业认为实质性解决可持续性问题的成本大于潜在利益，它们也会做出象征性的回应。

与关于混合性的文献相比，来自商业可持续性研究的学者对仪式混合的影响有着略微不同的描述。许多关于混合性的研究发现，混合型组织在获得合法性方面处于不利地位，因为它们必须关注不同的制度场域（Pache and Santos，2013；Huybrechts and Haugh，2018）。在商业可持续发展的背景下，利益相关者面临着越来越大的压力，需要关注竞争性需求和逻辑，从而产生了对混合的需求。Crilly 等（2012）发现，当面临竞争性制度压力时，企业使用不同形式的脱嵌来产生混合的印象。因此，仪式混合可能代表在混合环境中获得合法性的战略，特别是在企业和利益相关者之间存在信息不对称的情况下（Crilly et al.，2012）。虽然这种关于仪式混合的观点为关于解耦和混合型组织获得合法性挑战的混合性文献提供了更为微妙的解释，但是从商业可持续性的角度来看，仪式混合代表了一种解决多重可持续性需求的损人利己的方法。一旦信息不对称性减少，仪式混合很可能被视为一种混合的粉饰（Bowen，2014）。

德国汽车制造商大众（Volkswagen）的案例就是一个很好的例子。大众在很大程度上依赖柴油技术来应对更严格的空气质量监管，并应对不断增加的压力以降低车的碳排放。特别是在美国，大众将其柴油车定位为“清洁柴油”，并以“快速、廉价、清洁”的方式将这些汽车推向市场。正如所谓的“柴油机门”丑闻所揭示的那样，大众在测试周期中使用了可减少空气排放的失效装置，而在日常道路行驶中，大众的柴油车排放量超过法定阈值的多个量级（Ewing，2017）。排放丑闻并不是大众仪式混合的唯一实例。即使在丑闻之后，2017 年大众仍声称其战略目标是“提供可持续的流动性”。然而，大众的实际做法根本没有反映这些。2017 年大众生产的所有车辆中只有 0.004% 是电动或混合动力车辆（Statista，2018）。大众的象征性定位与其实际实践之间的不匹配也通过研究得到了说明。研究表明，与汽油车相比，大众柴油车由于碳排放量较低而在气候变化方面的虚假优势由于失效装置的影响而丧失（Tanaka，et al.，2018）。在大众汽车的案例中，当丑闻被揭露时，人们对混合型组织的印象最终破灭了。这个例子表明，大众多年来有意进行仪式混合，以获取一家据称具有环保意识的汽车制造商的利益，而实际上是生产和销售污染性和欺骗性的技术（Gaim et al.，in press；Mujkic and Klingner，2019）。

（二）偶发混合

作为商业可持续性的主流方法，许多学者提倡所谓的可持续性商业案例法（Carroll and Shabana，2010；Epstein and Roy，2003；Salzmann et al.，2005；Schreck，2011）。在这里，可持续性是“围绕工具逻辑构建的，即企业如何从解决社会问题中获益”（Gao and Bansal，2013）。通过商业案例法，企业将一些可持续性举措整合到生产、营销、会计和产品开发等各个职能领域的核心业务实践中（Judge and Douglas，1998；Porter and Kramer，2006）。然而，商业案例法并没有考虑将可持续性考虑作为自己的自主目标，而是企业选择性地解决可持续性问题，并取决于它们是否符合业务目标（McWalm and Siegel，2011），最终导致偶发混合（见图 6-1 的左下角）。

商业可持续性的偶发混合植根于组织层面的业务成果比社会层面的可持续性成果更为重要（Gao and Bansal，2013；Hahn et al.，2018）。对于偶发混合来说，企业只有在这些计划与业务目标一致并为企业提供获取经济价值的可能性的情况下才能实施和整合可持续性计划（Carroll and Shabana，2010；McWilliams and Siegel，2011）。不容易与短期商业利益相一致的可持续性问题被丢弃（Hahn et al.，2014）。因此，对于偶发混合来说，商业可持续性完全是外在动机，可持

续性问题被视为不具有内在价值。

从商业角度来看，商业案例法通常被视为商业应对可持续性的黄金标准（Reinhardt，1999），因为它保留了主流企业的主导商业逻辑和短期利润导向不变。然而，在偶发混合的情况下，将可持续性整合到核心业务实践中是有选择性的，因此，从狭隘的商业利益角度来看，可持续性是适当的（Banerjee，2008；Welford，1997）。尽管不像仪式混合那样将可持续性与实际商业实践脱嵌，但是偶发混合采取了务实的立场，并专注于可行的解决方案，以应对一些基于对现有商业模式和技术产生干扰的实践的可持续性挑战（Prasad and Elmes，2005）。偶发混合不太可能导致破坏性变革和创新，以实现可持续性（Hahn et al.，2014），但保留现有的不可持续的制度化实践，阻碍更可持续的商业模式（Nijhof and Jeurisen，2010）。

在此背景下值得注意的是，偶发混合不同于混合文献中描述的整合策略。整合被视为不同竞争元素的混合体，以便将它们结合在一起，“创造统一的融合”（Battilana et al.，2017）。虽然商业可持续性文献最近才采用了这种整合方法，但是偶发混合的概念为混合文献中占主导地位的整合和差异化战略之间提供了一个中间位置（Battilana et al.，2017）。偶发混合建立了一个可持续性维度高于其他维度的层次结构，从而导致选择性和部分整合。这种部分整合可能会减少组织中完全整合对个人造成的认知压力（Hahn et al.，2014）。此外，在商业可持续性的背景下，偶发混合通常被认为是一种商业举措，其中环境和社会问题在层次上与商业目标保持一致。从概念上讲，偶发混合还包括社会或环境关注高于其他元素的情况，以创建一个选择性的组合（Dyllick and Hockerts，2002）。

商业可持续性文献中充满了将可持续性问题转化为商业实践的公司实例。例如，Reinhardt（1998）研究关于不同行业案例的报告，其中营利性公司成功地利用可持续性来区分其产品，并通过获取价格溢价获得经济价值。他还提出了成功的可持续产品差异化的要求。Orsato（2006）提供了不同产品和生产相关战略的示例，企业可通过解决可持续性问题来实现业务效益。大型可持续商业案例战略的著名示例之一是美国通用电气（GE）的所谓“生态想象”战略。通用电气于2005年启动了该战略，“投资于未来，为环境挑战创造创新解决方案，为客户提供有价值的产品和服务，同时为公司带来盈利增长”（General Electric，2005）。该战略基于“相信财务和环境绩效可以整合，以加速公司的盈利增长，同时应对一些世界上最大的挑战”（General Electric，2005）。十年后，通用电气在清洁技术的研发上投资了170亿美元，从更高效的产品中获得了2320亿美元的收入，增长速度是通用电气总销售额的两倍（General Electric，2016）。与此同时，通用电气的倡议也受到了批评，因为它投资于水力压裂等重污染技术的渐进式改进，而不是完全退出这些技术（Winston，2014）。

（三）外围混合

商业可持续性的外围混合特点是，企业自行追求可持续性计划，但不将这些计划与核心业务活动或战略相结合。Yuan 等（2011）将独立于核心业务开展可持续性计划称为定位。可持续性仍处于组织的外围，核心业务不受可持续性相关问题的影响。这种外围形式的混合赋予可持续性计划自主权，但这些计划只是与主要业务活动松散耦合（见图 6-1 的右上角）。

商业可持续性文献中关于外围可持续性倡议的观点有些混杂，主要观点是，外围形式的商业可持续性被视为粉饰（Laufer，2003）或装饰（Weaver et al.，1999）的标志。研究发现，在经济衰退时期，整合性较差和战略性较差的可持续发展计划更有可能被放弃（Bansal et al.，2015；Catalão-Lopes et al.，2016）。与核心业务活动的弱整合将外围的可持续性计划置于管理决策的自由决定之中，其优先级将转向确保在经济低迷时期生存能力的基本方面（Kemper and Martin，2010）。特别是在不利条件下，企业慈善和企业捐赠似乎不那么有力，因此它们在经济衰退时期更容易被抛弃（Catalão-Lopes et al.，2016；Muller and Kräussl，2011）。

另一种对松散耦合的可持续发展倡议的看法则不那么悲观。将可持续发展计划与核心商业惯例紧密结合，往往会削弱和边缘化这些计划的自主权（Shrivastava，1994），因为核心业务实践由商业逻辑主导（Yuan et al.，2011）。将可持续性举措与核心业务活动分开，很可能会在组织内部形成一个空间，使可持续性举措“独立于主流业务实践而蓬勃发展”（Yuan et al.，2011），以解决商业考虑之外的可持续性问题（Hahn et al.，2016）。这一观点与混合文献中广泛使用的差异化战略产生了更大的共鸣［有关概述请参见 Battilana 等（2017）］。通过差异化战略，混合组织在结构上或通过组织成员的专业化将竞争要素分开（Greenwood et al.，2011；Pratt and Foreman，2000）。有趣的是，与商业可持续性文献中的主流观点相反，一些研究学者认为差异化实际上可能具有合法性优势（Battilana et al.，2017），尤其是当混合型组织追求制度需求的新组合时（Pfeifer，2014）。因此，在混合型文献中，差异化的描述更具生动性，而商业可持续性文献很少考虑外围混合的积极影响。

外围混合最突出的例子是企业慈善事业，即“私人公司出于公共目的的自愿无条件转移现金或其他资产”（Gautier and Pache，2015）。2015 年，20 家慷慨的财富 500 强公司捐赠了 35 亿美元现金（Preston，2016）。企业慈善计划通常包括支持慈善事业或员工自愿的公司。慈善活动仍然不属于公司的核心业务（Halme

and Laurila，2009）。通常情况下，企业不会期望从慈善活动中获得直接回报，而是将自身的社会事业视为对共同利益的承诺（Gautier and Pache，2015；Godfrey，2005）。慈善活动与核心商业活动的分离转化为独立自主的治理结构，企业创建自己的非营利分支机构（如麦当劳儿童慈善机构或雅芳妇女基金会），与慈善机构建立长期伙伴关系（如雅芳对"治愈赛跑"的支持），或仅仅通过特别捐款支持选定的慈善机构（Peloza and Hassay，2008）。

商业可持续性的外围混合也可以在个体可持续性计划层面上观察到。企业可以创建所谓的"臭鼬工程"，即物理上分离的组织单位或团体，其具有高度自主性，并免受官僚主义的保护（Fosfuri and Rønde，2009）。此类单位代表了受保护的空间，组织成员可以在其中逃避组织常规和规范，以追求和试验创新的可持续性举措，即使这些举措超出或违背了组织的主流做法（Longhurst，2015）。例如，印度石油公司建立了一个"臭鼬工厂"，用于开发基于藻类的生物燃料，使工程师和科学家能够探索可持续燃料的替代轨迹（Gupta，2013）。在这种情况下，缺乏与核心业务活动的整合是为了应对可持续性挑战，因为它避免了可持续发展受到主导的短期商业逻辑的限制而被边缘化（Shrivastava，1994）。

（四）完全混合

商业可持续性与环境和社会问题充分融合是组织的核心。同时，可持续性问题代表自主目标，不从属于商业考虑（见图 6-1 的右下角）。理想情况下，对于完全混合而言，追求可持续性是盈利能力的源泉，而盈利能力又是可持续性的源泉。完全混合与先前混合研究中广泛确定的整合战略有着强烈的共鸣（Ashforth and Reingen，2014；Battilana and Dorado，2010），商业可持续性的完全混合也最类似于社会企业背景下讨论的混合组织形式。

商业可持续性的完全混合要求组织发展同时关注竞争但相互关联的业务和可持续性问题的能力。很明显，主要的可持续性业务案例方法不符合这一要求，因为它强调对可持续性业务的关注结果（Hahn and Figge，2011；Gao and Bansal，2013）。最近开发的商业可持续性悖论视角为商业可持续性提供了一种完全混合方法的概念化（Van der Byl and Slawinski，2015）。继商业可持续性悖论视角之后，企业"兼顾相互关联但相互冲突的经济、环境和社会问题，以实现卓越的商业对可持续发展的贡献"（Hahn et al.，2018）。企业生存在紧张之中，并在紧张中工作，以同时关注不同的相互冲突的业务和可持续性目标（Hahn et al.，2015）。

这种对紧张关系的接受使企业能够在业务利益尚不明确的早期（Rivoli and Waddock，2011）通过与几乎没有或根本没有直接业务关联的边缘利益相关者接触（Hart and Sharma，2004），为企业创造充分的混合空间，以应对多种可持续性挑战。它还允许在竞争备选方案之间进行有目的的迭代，以确保随着时间的推移同时关注它们（Smith and Lewis，2011），从而有目的地平衡和结合组织核心的业务和可持续发展方向（Hahn et al.，2016）。为此，企业通过横向结合业务和可持续性活动的跨职能接口和网络结构来协调紧密和松散耦合的结构（Griffiths and Petrick，2001；Gupta and Govindarajan，2000）。接受并克服紧张关系对于商业可持续性完全混合至关重要，因为它使企业能够设想更多的转型以应对可持续发展挑战（Hahn et al.，2014）。它还促进了可持续性战略的制定以及竞争性商业战略的实施（Hengst et al.，2019），强化了实现卓越可持续性成果的领导风格（Joseph et al.，2019），并提高企业—非政府组织伙伴关系在可持续发展方面的有效性（Sharma and Bansal，2017）。

虽然整合竞争方向是组织混合的核心（Battilana et al.，2017），但是商业可持续性文献主要关注偶发混合，直到最近才采用了一种更为综合的方法，承认需要解决经济、环境和社会问题，而不必事先强调一个问题（Gao and Bansal，2013；Hahn et al.，2015）。鉴于最近关于商业可持续性整合方法的许多研究都基于悖论理论（Hahn et al.，2018；Hahn et al.，2014；Van der Byl and Slawinski，2015），关于整合的大量混合性研究为商业可持续性的全面混合性提供了宝贵的理论基础。例如，混合型组织研究为高层管理人员的指导（Smith and Besharov，2019）以及组织成员的倡议（Gümüsay et al.，in press）如何在实现完全混合方面发挥重要作用提供了见解，这可能最终导致混合组织身份（Christiansen and Lounsbury，2013）或组织形式如共益企业（Grimes et al.，2018；Sharma et al.，2018）更充分地接受商业可持续性的完全混合概念。户外和运动服装公司 Patagonia 是追求可持续性完全混合方法的公司一个案例（Reinhardt et al.，2010）。Patagonia 的特点是，赚钱只是公司的目标之一，参与决策、为环境事业贡献利润和建立对妇女友好的企业文化同样重要（Reinhardt，1998）。关于混合的一个例子是 1996 年该公司决定对所有棉质运动服采用 100%有机棉，尽管这意味着故意降低利润率（Chouinard and Brown，1997）。另一个例子是 Patagonia 的共线合作伙伴关系（Patagonia Inc.，2013），该公司要求其客户仅在确实必要时购买新产品（“减少”），然后为其提供 Patagonia 服装维修服务（“维修”），并为客户提供转售 Patagonia 服装的平台（“再利用”），还提供服装回收服务以回收纤维（“再利用”）。2011 年，《纽约时报》上的一则整版广告宣传了这一举措，广告以黑体字标题“不要买这件夹克”，这是当时他们最畅销的夹克的图片，以及其生产对环境产生的影响的信息。该倡议反映了 Patagonia 努力平衡其商业增长和反对过度消费的宣传。作为 Patagonia 如何接受其缓解环境退化的使

命与保持盈利能力和产品质量需要之间多重紧张关系的另一个例子，O'Rourke和Strand（2017）描述了公司如何应对防水夹克产品质量、寿命和环境影响之间的紧张关系，提出创新和更可持续的解决方案。

四、研究讨论和未来的研究机会

商业可持续性在整个混合范围内有着不同的形式，它为研究组织中不同程度的混合性提供了合适的背景。最重要的是，它为学者提供了研究社会企业之外的混合性的机会，社会企业是理想的混合型组织，提供了对不同类型混合型组织洞察的机会。同时，根据组织混合的范围对商业可持续性进行概念化，有助于更好地理解商业可持续性及其在业务组织中的不同形式和实施程度。在下文中，笔者将简要讨论组织混合和商业可持续性的研究机会。

（一）组织混合的研究机会

如上所述，可持续性提供了一个沿连续统一体而非二分法研究混合性的背景（Battilana et al.，2017；Battilana and Lee，2014）。此外，它还促使学者将混合性作为研究社会企业以外组织的视角。通过构建混合组织的概念，即“组织通过活动、结构、过程和意义来理解和结合多种组织形式”（Battilana and Lee，2014），Battilana和Lee（2014）强调混合性提供了一个合适的视角来研究其他组织，而不是结合商业和非商业方面的社会企业。可持续性为这些提供了丰富的背景，因为它同时建立在可以构成混合的不同维度上。由于业务可持续性指的是具有长期视野的系统级别上的多个关注点，因此未来的研究可以将商业可持续性作为背景，研究不同混合来源的相互关系和相互作用及其对组织如何实施和实施混合性的影响。

现有组织混合研究的重点是组织中商业和非商业方面的结合（Battilana et al.，2017）。相对而言，很少有研究关注因组织需要结合两种相互竞争的非商业逻辑而产生混合性的案例。企业可持续性提供了研究案例的背景，在这些案例中，组织需要结合与平衡竞争但相互关联的生态和社会挑战，或不同竞争但相互依赖的生态危机。例如，Angus-Leppan等（2010）研究金融机构中的个人如何理解围绕可持续性的非金融、人类和生态因素的冲突。另一个相关研究领域是所谓的水—能源—食品关系，它解决了可持续发展背景下不同生态挑战的相互关系（Bieberet al.，2018；Kurian，2017）。通过应对难以同时应对的社会和环境的不同挑战，混合很可能是研究慈善机构和非政府组织所面临挑战的一个有希望的视角。例如，在联合国 SDG 的背景下，发展机构常常面临着将人道主义、发展与和平努力结合起来的挑战（Howe，2019）。

商业可持续性为从动态角度研究不同程度的混合提供了背景。虽然企业对气候变化等可持续性挑战采取不同的战略姿态，但是这种姿态可能会随着时间的推移而改变，企业可能会从观望反应转向更积极主动的战略（Boiral，2006）。同时，企业对可持续性的响应不是单一的，企业将不同的响应与不同程度的混合结合起来，以应对不同的可持续性挑战。例如，在“肥胖”这一公共健康问题上，Pinkse 等（2019）研究发现，食品和饮料公司普遍接受肥胖与其核心业务活动之间的紧张关系，但似乎不愿意采取将盈利商业模式与解决肥胖危机相结合的完全混合方式。相反地，食品和饮料公司通过接受这种紧张关系而不采取行动，试图赢得时间为变革做准备。因此，关于可持续性挑战的应对措施，让我们倾听 Battilana 等（2017）的呼吁，在“混合动态最明显的背景下”研究混合。

最有可能的是，这些动态不是线性的，可以采取不同的模式和途径。作为对外部利益相关者压力的回应，咖啡连锁店星巴克最初开始于 2000 年开始采购经公平贸易认证的咖啡。当时，销售公平贸易咖啡仍然是次要的，因为它本身是一项活动，但没有被纳入核心商业实践。然而，星巴克随后收购获得的采购和营销公平贸易咖啡的能力帮助该公司细分了其市场，使其服务于更有意识的消费者（Raynolds，2009）。因此，随着时间的推移，公平贸易咖啡的销售逐渐走向更为综合的商业实践，遵循更为商业化和工具化的原理，就像偶发混合一样。

轨迹也可以采取相反的方向，从偶发混合开始，发展到外围混合和完全混合。跨国公司参与撒哈拉以南非洲地区的艾滋病防治工作可以作为一个例子。艾滋病主要影响 18~45 岁的成年人，他们代表着活跃的经济活动群体和人口。2000 年左右，啤酒酿造商喜力的一半员工死亡与艾滋病毒有关（Van der Borght，2011）。2010 年，著名矿业公司英美资源集团的 12000 名员工 HIV 呈阳性，占其员工总数的 16%。公司开始意识到艾滋病导致员工预期寿命缩短的相关成本。2001 年，喜力开始为其员工及其家属提供高效抗逆转录病毒治疗法（HAART），将艾滋病从致命转变为慢性病。“HAART 最终可能以每天 5 美元的价格实现”的前景完全改变了喜力的前景（Van der Borght，2011），因为它使 HAART 计划在经济上可行。英美资源集团于 2002 年启动的向其员工提供 HAART 的计划为该公司带来了强大的净财务效益，员工身体健康，工作效率高，节省的成本远远超过了治疗成本。随着时间的推移，两家公司都超越了偶发混合，为员工以外的患者提供 HAART 治疗。喜力建立了艾滋病诊所，以改善公司运营所在更广泛社区的医疗服务（Van der Borght et al.，2009）。同样地，英美资源集团已将其 HAART

计划扩展到南非的几个地方社区（Brink and Pienaar，2007）。在这些情况下，可持续发展计划的最初工具性焦点（为公司直接受益的员工提供的 HAART 计划）发展成为更具自主性的倡议，这些倡议本身更多的是作为最终目标（针对更广泛社区的 HAART 计划）而提出的。

（二）商业可持续性的研究机会

对于商业可持续性而言，混合不只是下一步，其还可能有助于将传统理解抛在脑后（Haigh and Hoffman，2012）。不同程度的组织混合性，为商业可持续性研究提供了更丰富的视角，最重要的是，它提供了一个更细致的理解，通过不同的途径，企业可能能够实现双赢的结果，即企业实现商业和可持续发展目标。在商业可持续性文献中，双赢主要是通过可持续发展的商业案例来概念化的，其中可持续发展目标有选择地与财务结果相结合（Beckmann et al.，2014；Van der Byl and Slawinski，2015）。尽管业务和可持续性问题之间存在冲突，但是这种对可持续性目标与业务目标之间的层级调整和从属关系的关注排除了实现双赢局面的可能性。除仪式混合外，本书讨论的其他三种形式的商业可持续性混合都是双赢的结果，而其中只有一个偶发混合依赖于可持续性的商业案例以及可持续性目标与商业目标一致的假设。偏离可持续性的商业案例并不一定会导致权衡或零和情况（Beckmann et al.，2014；Haffar and Searcy，2017）。相反地，通过混合组织将相互竞争但又相互关联的可持续性和商业关注点结合起来，为商业可持续性提供了有前景的新途径（Hahn et al.，2018；Hahn et al.，2016）。

不同形式的混合实际上可能有助于克服对商业案例的偏见，从而克服商业可持续性中的偶发混合。有人认为，特别是对现有企业而言，专注于商业案例以解决可持续性问题只会在社会层面上为可持续性带来有限的好处，因为它最终与组织的财务绩效有关。因此，它保留了制度上的障碍，驱动着内在动机，并倾向于支持增量变化，以保持与现有商业实践的兼容性（Nijhof and Jeurisen，2010）。新的可持续创业可能会带来更具破坏性和根本性的变革。然而，可持续创业通常不仅依赖于自我实现和对经济利益的渴望，还依赖于多种目的（De Clercq and Voronov，2011），包括“改变世界”的愿望（Muñoz and Cohen，2018），将更多的自主权赋予可持续性目标，从而超越偶发混合。同时，摒弃商业案例和偶发混合将完全限制不同形式的混合对商业可持续性的全部潜力，因为商业案例有助于找到务实可行的解决方案，可以在相对较短的时间内进行大规模部署（Hahn et al.，2014）。

混合型组织的一个重要关注点是避免或平衡使命漂移，即“在创造收入的努力中忽视其社会使命的风险”（Ebrahim et al.，2014）。研究越来越关注使命漂移的来源以及社会企业如何避免或平衡使命漂移的问题（Doherty et al.，2014；Ebrahim et al.，2014；Grimes et al.，2019）。混合型组织的核心关注点为商业可持续性领域提供了有前景的研究机会。与社会企业的社会使命被破坏的风险类似，在商业可持续性方面，环境和社会关注不断面临被渗透到商业组织的主导商业逻辑边缘化的威胁（Shrivastava，1994；Yuan et al.，2011）。特别是，从程度而不是二分法的角度考虑混合性，可持续性背景下的使命漂移并不一定意味着企业完全放弃可持续性倡议。企业可能会从更混合的商业可持续性形式漂移到更不混合的商业可持续性形式，如图 6-1 所示。未来的研究可以从混合性研究文献中了解使命漂移，以更好地了解商业可持续性中使命漂移的程度，以及根据业务组织追求的四种商业可持续性混合类型中的一种，用于避免或平衡使命漂移的不同方法。

总的来说，组织混合性和商业可持续性是两个相关的研究领域，它们可以相互提供有益的信息和启发。商业可持续性为研究社会企业理想即典型混合组织之外的不同混合来源及其相互作用以及不同程度的混合提供了丰富的背景。未来可以继续识别商业可持续性中不同形式的混合性，进而提供有用的视角，超越主要的商业案例方法，以增强我们对不同路径的理解，以对可持续发展做出更实质性的商业贡献。

参考文献

[1] Alvesson, M. (1990). Organization: From substance to image? Organization Studies, 11 (3): 373-394.

[2] Angus-Leppan, T., Benn, S., & Young, L. (2010). A sensemaking approach to trade-offs and synergies between human and ecological elements of corporate sustainability. Business Strategy and the Environment, 19 (4): 230-244.

[3] Ashforth, B. E., & Reingen, P. H. (2014). Functions of dysfunction: Managing the dynamics of an organizational duality in a natural food cooperative. Administrative Science Quarterly, 59 (3): 474-516.

[4] Banerjee, S. B. (2008). Corporate social responsibility: The good, the bad and the ugly. Critical Sociology, 34 (1): 51-79.

[5] Bansal, P. (2002). The corporate challenges of sustainable development. Academy of Management Executive, 16 (2): 122-131.

[6] Bansal, P. (2005). Evolving sustainably: A longitudinal study of corporate sustainable development. Strategic Management Journal, 26 (3): 197-218.

[7] Bansal, P., & DesJardine, M. R. (2014). Business sustainability: It is

about time. Strategic Organization, 12 (1): 70-78.

[8] Bansal, P., Jiang, G. F., & Jung, J. C. (2015). Managing responsibly in tough economic times: Strategic and Tactical CSR During the 2008-2009 Global Recession. Long Range Planning, 48 (2): 69-79.

[9] Bansal, P., & Song, H. C. (2017). Similar but not the same: Differentiating corporate sustainability from corporate responsibility. Academy of Management Annals, 11 (1): 105-149.

[10] Battilana, J., Besharov, M., & Mitzinneck, B. C. (2017). On hybrids and hybrid organizing: A review and roadmap for future research. In R. Greenwood, C. Oliver, & T. B. Lawrence (Eds.), The SAGE handbook of organizational institutionalism (2nd ed., pp. 128-162). London: SAGE Publications.

[11] Battilana, J., & Dorado, S. (2010). Building sustainable hybrid organizations: The case of commercial microfinance organizations. Academy of Management Journal, 53 (6): 1419-1440.

[12] Battilana, J., & Lee, M. (2014). Advancing research on hybrid organizing-Insights from the study of social enterprises. Academy of Management Annals, 8 (1): 397-441.

[13] Beckmann, M., Hielscher, S., & Pies, I. (2014). Commitment strategies for sustainability: How business firms can transform trade-offs into Win-Win outcomes. Business Strategy and the Environment, 23 (1): 18-37.

[14] Besharov, M. L., & Smith, W. K. (2014). Multiple institutional logics in organizations: Explaining their varied nature and implications. Academy of Management Review, 39 (3): 364-381.

[15] Bieber, N., Ker, J. H., Wang, X., Triantafyllidis, C., van Dam, K. H., Koppelaar, R. H. E. M., & Shah, N. (2018). Sustainable planning of the energy-water-food nexus using decision making tools. Energy Policy, 113, 584-607. doi: 10.1016/J.enpol.2017.11.037.

[16] Bitektine, A., & Haack, P. (2015). The "Macro" and the "Micro" of legitimacy: Toward a multilevel theory of the legitimacy process. Academy of Management Review, 40 (1): 49-75.

[17] Boiral, O. (2006). Global warming: Should companies adopt a proactive strategy? Long Range Planning, 39 (3): 315-330.

[18] Bonardi, J.-P., & Keim, G. D. (2005). Corporate political strategies for widely salient issues. Academy of Management Review, 30 (3): 555-576.

[19] Bowen, F. (2014). After greenwashing: Symbolic corporate environmentalism and society. Cambridge: Cambridge University Press.

[20] Brink, B., & Pienaar, J. (2007). Business and HIV/AIDS: The case of Anglo American. AIDS, 21 (suppl 3): S79-S84.

[21] Bromley, P., & Powell, W. W. (2012). From smoke and mirrors to walking the talk: Decoupling in the contemporary world. Academy of Management Annals, 6 (1): 483-530.

[22] Carroll, A. B., & Shabana, K. M. (2010). The business case for corporate social responsibility: A review of concepts, research and practice. International Journal of Management Reviews, 12 (1): 85-105.

[23] Catalão-Lopes, M., Pina, J. P., & Branca, A. S. (2016). Social responsibility, corporate giving and the tide. Management Decision, 54 (9): 2294-2309.

[24] Chouinard, Y., & Brown, M. S. (1997). Going organic: Converting Patagonia's Cotton Product Line. Journal of Industrial Ecology, 1 (1): 117-129.

[25] Christiansen, L. H., & Lounsbury, M. (2013). Strange brew: Bridging logics via institutional bricolage and the reconstitution of organizational identity. In M. Lounsbury & E. Boxenbaum (Eds.), Institutional logics in action: Research in the sociology of organizations (Vol. 39B, pp. 199-232). Bingley: Emerald Publishing Group.

[26] Comyns, B., Figge, F., Hahn, T., & Barkemeyer, R. (2013). Sustainability reporting: The role of "Search", "Experience" and "Credence" information. Accounting Forum, 37 (3): 231-243.

[27] Crilly, D., Hansen, M., & Zollo, M. (2016). The grammar of decoupling: A cognitive-linguistic perspective on firms "sustainability claims and stakeholders" interpretation. Academy of Management Journal, 59 (2): 705-729.

[28] Crilly, D., Zollo, M., & Hansen, M. T. (2012). Faking it or muddling through? Understanding decoupling in response to stakeholder pressures. Academy of Management Journal, 55 (6): 1429-1448.

[29] De Clercq, D., & Voronov, M. (2011). Sustainability in entrepreneurship: A tale of two logics. International Small Business Journal, 29 (4): 322-344.

[30] Delmas, M. A., & Montes-Sancho, M. J. (2010). Voluntary agreements to improve environmental quality: Symbolic and substantive cooperation. Strategic Management Journal, 31 (6): 575-601.

[31] Doherty, B., Haugh, H., & Lyon, F. (2014). Social enterprises as hybrid organizations: A review and research agenda. International Journal of Management Reviews, 16 (4): 417-436.

[32] Durand, R., Hawn, O., & Ioannou, I. (2019). Willing and able: A general model of organizational responses to normative pressures. Academy of Management Review, 44 (2): 299-320.

[33] Dyllick, T., & Hockerts, K. (2002). Beyond the business case for corporate sustainability. Business Strategy and the Environment, 11 (2): 130-141.

[34] Dyllick, T., & Muff, K. (2016). Clarifying the meaning of sustainable business: Introducing a typology from business - as - usual to true business sustainability. Organization & Environment, 29 (2): 156-174.

[35] Ebrahim, A., Battilana, J., & Mair, J. (2014). The governance of social enterprises: Mission drift and accountability challenges in hybrid organizations. Research in Organizational Behavior, 34: 81-100.

[36] Epstein, M. J., & Roy, M. J. (2003). Making the business case for sustainability. Linking social and environmental actions to financial performance. Journal of Corporate Citizenship, 9 (Spring): 79-96.

[37] Ewing, J. (2017). Faster, higher, farther: The inside story of the Volkswagen Scandal. London: Random House.

[38] Fosfuri, A., & Rønde, T. (2009). Leveraging resistance to change and the skunk works model of innovation. Journal of Economic Behavior & Organization, 72 (1): 274-289.

[39] Gaim, M., Clegg, S., & Cunha, M. P. (in press). Managing impressions rather than emissions: Volkswagen and the false mastery of paradox. Organization Studies, Published Online ahead of Print.

[40] Gao, J., & Bansal, P. (2013). Instrumental and integrative logics in business sustainability. Journal of Business Ethics, 112 (2): 241-255.

[41] Gautier, A., & Pache, A. C. (2015). Research on corporate philanthropy: A review and assessment. Journal of Business Ethics, 126 (3): 343-369.

[42] General Electric. (2005). Taking on big challenges: GE 2005 ecomagination report. Boston, MA: General Electric.

[43] General Electric. (2006). Delivering on ecomagination: GE 2006 ecomagination report. Boston, MA: General Electric.

[44] General Electric. (2016). Sustainability highlights 2015. Boston, MA:

General Electric.

[45] George, G., Howard - Grenville, J., Joshi, A., & Tihanyi, L. (2016). Understanding and tackling societal grand challenges through management research. Academy of Management Journal, 59 (6): 1880-1895.

[46] Gladwin, T. N., Kennelly, J. J., & Krause, T. -S. (1995). Shifting paradigms for sustainable development: Implications for management theory and research. Academy of Management Review, 20 (4): 874-907.

[47] Godfrey, P. C. (2005). The relationship between corporate philanthropy and shareholder wealth: A risk management perspective. Academy of Management Review, 30 (4): 777-798.

[48] Greenwood, R., Raynard, M., Kodeih, F., Micelotta, E. R., & Lounsbury, M. (2011). Institutional complexity and organizational responses. Academy of Management Annals, 5 (1): 317-371.

[49] Griffiths, A., & Petrick, J. A. (2001). Corporate architectures for sustainability. International Journal of Operations & Production Management, 21 (12): 1573-1585.

[50] Grimes, M. G., Gehman, J., & Cao, K. (2018). Positively deviant: Identity work through B Corporation certification. Journal of Business Venturing, 33 (2): 130-148.

[51] Grimes, M. G., Williams, T. A., & Zhao, E. Y. (2019). Anchors aweigh: The sources, variety, and challenges of mission drift. Academy of Management Review, 44 (4): 819-845.

[52] Gümüsay, A. A., Smets, M., & Morris, T. (in press). "God at Work": Engaging central and incompatible institutional logics through elastic hybridity. Academy of Management Journal, Published Online Ahead of Print.

[53] Gupta, A. (2013, June 11). Indian Oil's skunk works: Inside the oil company's lab that's seeking an alternative fuel source. Fortune India. Retrieved from http://www.iocl.com/aboutus/NewsDetail.aspx? NewsID=26348&tID=7.

[54] Gupta, A. K., & Govindarajan, V. (2000). Knowledge flows within multinational corporations. Strategic Management Journal, 21 (4): 473-496.

[55] Haffar, M., & Searcy, C. (2017). Classification of trade-offs encountered in the practice of corporate sustainability. Journal of Business Ethics, 140 (3): 495-522.

[56] Hahn, T., & Figge, F. (2011). Beyond the bounded instrumentality in

current corporate sustainability research: Toward an inclusive notion of profitability. Journal of Business Ethics, 104 (3): 325-345.

[57] Hahn, T., Figge, F., Pinkse, J., & Preuss, L. (2018). A paradox perspective on corporate sustainability: Descriptive, instrumental, and normative aspects. Journal of Business Ethics, 148 (2): 235-248.

[58] Hahn, T., Pinkse, J., Preuss, L., & Figge, F. (2015). Tensions in corporate sustainability: Towards an integrative framework. Journal of Business Ethics, 127 (2): 297-316.

[59] Hahn, T., Pinkse, J., Preuss, L., & Figge, F. (2016). Ambidexterity for corporate social performance. Organization Studies, 37 (2): 213-235.

[60] Hahn, T., Preuss, L., Pinkse, J., & Figge, F. (2014). Cognitive frames in corporate sustainability: Managerial sensemaking with paradoxical and business case frames. Academy of Management Review, 39 (4): 463-487.

[61] Haigh, N., & Hoffman, A. J. (2012). Hybrid organizations: The next chapter of sustainable business. Organizational Dynamics, 41 (2): 126-134.

[62] Haigh, N., & Hoffman, A. J. (2014). The new heretics: Hybrid organizations and the challenges they present to corporate sustainability. Organization & Environment, 27 (3): 223-241.

[63] Halme, M., & Laurila, J. (2009). Philanthropy, integration or innovation? Exploring the financial and societal outcomes of different types of corporate responsibility. Journal of Business Ethics, 84 (3): 325-339.

[64] Hart, S. L., & Sharma, S. (2004). Engaging fringe stakeholders for competitive imagination. Academy of Management Executive, 18 (1): 7-18.

[65] Held, M. (2001). Sustainable development from a temporal perspective. Time & Society, 10 (2/3): 351-366.

[66] Hengst, I. A., Jarzabkowski, P., Hoegl, M., & Muethel, M. (2019). Toward a process theory of making sustainability strategies legitimate in action. Academy of Management Journal, Published Online ahead of Print.

[67] Howe, P. (2019). The triple nexus: A potential approach to supporting the achievement of the Sustainable Development Goals? World Development, 124.

[68] Huybrechts, B., & Haugh, H. (2018). The roles of networks in institutionalizing new hybrid organizational forms: Insights from the European Renewable Energy Cooperative Network. Organization Studies, 39 (8): 1085-1108.

[69] Hyatt, D. G., & Berente, N. (2017). Substantive or symbolic environ-

mental strategies? Effects of external and internal normative stakeholder pressures. Business Strategy and the Environment, 26 (8): 1212-1234.

[70] Jansen, J. J. P., Tempelaar, M. P., van den Bosch, F. A. J., & Volberda, H. W. (2009). Structural differentiation and ambidexterity: The mediating role of integration mechanisms. Organization Science, 20 (4): 797-811.

[71] Jay, J. (2013). Navigating paradox as a mechanism of change and innovation in hybrid organizations. Academy of Management Journal, 56 (1): 137-159.

[72] Jennings, P. D., & Zandbergen, P. A. (1995). Ecologically sustainable organizations: An institutional approach. Academy of Management Review, 20 (4): 1015-1052.

[73] Joseph, J., Orlitzky, M., Gurd, B., Borland, H., & Lindgreen, A. (2019). Can business-oriented managers be effective leaders for corporate sustainability? A study of integrative and instrumental logics. Business Strategy and the Environment, 28 (2): 339-352.

[74] Judge, W. Q., & Douglas, T. J. (1998). Performance implications of incorporating natural environmental issues into the strategic planning process: An empirical assessment. Journal of Management Studies, 35 (2): 241-262.

[75] Kemper, A., & Martin, R. L. (2010). After the fall: The global financial crisis as a test of corporate social responsibility theories. European Management Review, 7 (4): 229-239.

[76] Kim, A., Bansal, P., & Haugh, H. M. (2019). No time like the present: How a present time perspective can foster sustainable development. Academy of Management Journal, 62 (2): 607-634.

[77] Kraatz, M. S., & Block, E. S. (2017). Institutional pluralism revisited. In R. Greenwood, C. Oliver, T. B. Lawrence, & R. E. Meyer (Eds.), The SAGE handbook of organizational institutionalism (2nd ed., pp. 532-557). London: SAGE Publications Ltd.

[78] Kraatz, M. S., & Flores, R. (2015). Reinfusing values. In M. S. Kraatz (Ed.), Institutions and ideals: Philip Selznick's legacy for organizational studies (Vol. 44, pp. 353-381). Bingley: Emerald Group Publishing Limited.

[79] Kurian, M. (2017). The water-energy-food nexus: Trade-offs, thresholds and transdisciplinary approaches to sustainable development. Environmental Science & Policy, 68: 97-106.

[80] Laufer, W. S. (2003). Social accountability and corporate greenwashing.

Journal of Business Ethics, 43 (3): 253-261.

[81] Litrico, J. B., & Besharov, M. (2018). Unpacking variation in hybrid organizational forms: Changing models of social enterprise among nonprofits, 2000-2013. Journal of Business Ethics, Published Online Ahead of Print, 1-18.

[82] Longhurst, N. (2015). Towards an "alternative" geography of innovation: Alternative milieu, sociocognitive protection and sustainability experimentation. Environmental Innovation and Societal Transitions, (17): 183-198.

[83] Lyon, T. P., & Montgomery, A. W. (2015). The means and end of greenwash. Organization & Environment, 28 (2): 223-249.

[84] McWilliams, A., & Siegel, D. S. (2011). Creating and capturing value: Strategic corporate social responsibility, resource-based theory, and sustainable competitive advantage. Journal of Management, 37 (5): 1480-1495.

[85] Montiel, I., & Delgado-Ceballos, J. (2014). Defining and measuring corporate sustainability: Are we there yet? Organization & Environment, 27 (2): 113-139.

[86] Mujkic, E., & Klingner, D. (2019). Dieselgate: How hubris and bad leadership caused the biggest scandal in automotive history. Public Integrity, 21 (4): 365-377.

[87] Muller, A., & Kräussl, R. (2011). Doing good deeds in times of need: a strategic perspective on corporate disaster donations. Strategic Management Journal, 32 (9): 911-929.

[88] Muñoz, P., & Cohen, B. (2018). Sustainable entrepreneurship research: Taking stock and looking ahead. Business Strategy and the Environment, 27 (3): 300-322. doi: 10.1002/bse.2000.

[89] New York Times (2011, November 25). Don't Buy This Jacket. New York Times.

[90] Newton, T. J. (2002). Creating the new ecological order? Elias and Actor-Network Theory. Academy of Management Review, 27 (4): 523-540.

[91] Nijhof, A. H. J., & Jeurissen, R. J. M. (2010). The glass ceiling of corporate social responsibility: Consequences of a business case approach towards CSR. International Journal of Sociology and Social Policy, 30 (11/12): 618-631.

[92] O'Rourke, D., & Strand, R. (2017). Patagonia: Driving sustainable innovation by embracing tensions. California Management Review, 60 (1): 102-125.

[93] Orsato, R. J. (2006). Competitive environmental strategies: When does it

pay to be green? California Management Review, 48 (2): 127-143.

[94] Pache, A.-C., & Santos, F. (2013). Inside the hybrid organization: Selective coupling as a response to competing institutional logics. Academy of Management Journal, 56 (4): 972-1001.

[95] Padilla, E. (2002). Intergenerational equity and sustainability. Ecological Economics, 41 (1): 69-83.

[96] Patagonia Inc. (2013). Patagonia's common threads partnership to reduce our environmental footprint. Retrieved from http://www.patagonia.com/us/common-threads/? ln=452.

[97] Peloza, J., & Hassay, D. N. (2008). Make versus buy philanthropy: Managing firm-cause relationships for strategic and social benefit. Journal of Nonprofit & Public Sector Marketing, 19 (2): 69-90.

[98] Pfeifer, J. L. (2014). The institutional complexity of religious mutual funds: Appreciating the uniqueness of societal logics. In P. Tracey, N. Phillips, & M. Lounsbury (Eds.), Religion and organization theory: Research in the sociology of organizations (Vol. 41, pp. 339-368). Bingley: Emerald Group Publishing.

[99] Pinkse, J., Hahn, T., & Figge, F. (2019). Super-sized tensions and slim responses? The discursive construction of strategic tensions around social issues. Academy of Management Discoveries, 5 (3). doi: 10.5465/amd.2018.0150.

[100] Porter, M. E., & Kramer, M. R. (2006). Strategy and society: The link between competitive advantage and corporate social responsibility. Harvard Business Review, 84 (12): 78-92.

[101] Prasad, P., & Elmes, M. (2005). In the name of the practical: Unearthing the hegemony of pragmatics in the discourse of environmental management. Journal of Management Studies, 42 (4): 845-867.

[102] Pratt, M. G., & Foreman, P. O. (2000). Classifying managerial responses to multiple organizational identities. Academy of Management Review, 25 (1): 18-42.

[103] Preston, C. (2016). The 20 Most Generous Companies of the Fortune 500. Retrieved from https://fortune.com/2016/06/22/fortune-500-most-charitable-companies/.

[104] Quinn, D. P., & Jones, T. M. (1995). An agent morality view of business policy. Academy of Management Review, 20 (1): 22-42.

[105] Raynolds, L. T. (2009). Mainstreaming fair trade coffee: From partner-

ship to traceability. World Development, 37 (6): 1083-1093.

[106] Reinecke, J., & Ansari, S. (2015). When times collide: Temporal brokerage at the intersection of markets and developments. Academy of Management Journal, 58 (2): 618-648.

[107] Reinhardt, F. L. (1998). Environmental product differentiation: Implications for corporate strategy. California Management Review, 40 (4): 43-73.

[108] Reinhardt, F. L. (1999). Bringing the environment down to earth. Harvard Business Review, 77 (4): 149-157.

[109] Reinhardt, F. L., Casadesus-Masanell, R., & Kim, H. J. (2010). Patagonia. In Harvard Business School Case 9-711-020. Boston, MA: Harvard Business School.

[110] Rivoli, P., & Waddock, S. (2011). "First They Ignore You...": The time-context dynamic and corporate responsibility. California Management Review, 53 (2): 87-104.

[111] Roberts, J. (2003). The manufacture of corporate social responsibility: Constructing corporate sensibility. Organization, 10 (2): 249-265.

[112] Salzmann, O., Ionescu-Somers, A., & Steger, U. (2005). The business case for corporate sustainability: Literature review and research options. European Management Journal, 23 (1): 27-36.

[113] Scherer, A., Palazzo, G., & Seidl, D. (2013). Managing legitimacy in complex and heterogeneous environments: Sustainable development in a globalized world. Journal of Management Studies, 50 (2): 259-284.

[114] Scheyvens, R., Banks, G., & Hughes, E. (2016). The private sector and the SDGs: The need to move beyond "Business as Usual". Sustainable Development, 24 (6): 371-382.

[115] Schreck, P. (2011). Reviewing the business case for corporate social responsibility: New evidence and analysis. Journal of Business Ethics, 103 (2): 167-188.

[116] Schwartz, M. S., & Carroll, A. B. (2008). Integrating and unifying competing and complementary frameworks. The search for a common core in the business and society field. Business & Society, 47 (2): 148-186.

[117] Sharma, G., & Bansal, P. (2017). Partners for good: How business and NGOs engage the commercial-social paradox. Organization Studies, 38 (3-4): 341-364.

[118] Sharma, G., Beveridge, A. J., & Haigh, N. (2018). A configural framework of practice change for B corporations. Journal of Business Venturing, 33 (2): 207-224.

[119] Shrivastava, P. (1994). CASTRATED Environment: GREENING organizational studies. Organization Studies, 15 (5): 705-726.

[120] Slawinski, N., & Bansal, P. (2015). Short on time: Intertemporal tensions in business sustainability. Organization Science, 26 (2): 531-549.

[121] Smith, W. K., & Besharov, M. L. (2019). Bowing before dual gods: How structured flexibility sustains organizational hybridity. Administrative Science Quarterly, 64 (1): 1-44.

[122] Smith, W. K., & Lewis, M. W. (2011). Toward a theory of paradox: A dynamic equilibrium model of organizing. Academy of Management Review, 36 (2): 381-403.

[123] Statista. (2018). Number of electric vehicles delivered worldwide in 2017, by key manufacturer group. Statista. Retrieved from https://www.statista.com/statistics/666084/key-manufacturers-electricvehicle-sales/.

[124] Tanaka, K., Lund, M. T., Aamaas, B., & Berntsen, T. (2018). Climate effects of non-compliant Volkswagen diesel cars. Environmental Research Letters, 13 (4): 044020.

[125] Valente, M. (2010). Demystifying the struggles of private sector paradigmatic change: Business as an agent in a complex adaptive system. Business & Society, 49 (3): 439-476.

[126] Valente, M. (2012). Theorizing firm adoption of sustaincentrism. Organization Studies, 33 (4): 563-591.

[127] Valente, M. (2015). Business sustainability embeddedness as a strategic imperative: A process framework. Business & Society, 54 (1): 126-142.

[128] Van der Borght, S. F., Clevenbergh, P., Rijckborst, H., Nsalou, P., Onyia, N., Lange, J. M., ...van der Loeff, M. F. S. (2009). Mortality and morbidity among HIV type-1-infected patients during the first 5 years of a multicountry HIV workplace programme in Africa. Antiviral Therapy, 14 (1): 63-74.

[129] Van der Borght, S. F. (2011). Making HIV programmes work: The Heineken workplace programme to prevent and treat HIV infection 2001-2010. PhD thesis, University of Amsterdam. Retrieved from http://dare.uva.nl/document/2/90642.

[130] Van der Byl, C. A., & Slawinski, N. (2015). Embracing tensions in corporate sustainability: A review of research from win-wins and trade-offs to paradoxes and beyond. Organization & Environment, 28 (1): 54-79.

[131] Vildåsen, S. S. (2018). Corporate sustainability in practice: An exploratory study of the sustainable development goals (SDGs). Business Strategy & Development, 1 (4): 256-264.

[132] WCED. (1987). Our common future. Oxford: World Commission on Environment and Development and Oxford University Press.

[133] Weaver, G. R., Treviño, L. K., & Cochran, P. L. (1999). Integrated and decoupled corporate social performance: Management commitments, external pressures, and corporate ethics practices. Academy of Management Journal, 42 (5): 539-552.

[134] Welford, R. (1997). Hijacking environmentalism. Corporate responses to sustainable development. London: Earthscan.

[135] Winston, A. (2014). GE is avoiding hard choices about ecomagination. Retrieved from https://hbr.org/2014/08/ges-failure-of-ecomagination.

[136] Yuan, W., Bao, Y., & Verbeke, A. (2011). Integrating CSR initiatives in business: An organizing framework. Journal of Business Ethics, 101 (1): 75-92.

第七章　斑马是如何获得条纹的：个人创始人印记和混合型社会企业*

摘要：社会企业家的商业化可能是由于他们创始人的组织商业化的个人经验造成的。基于个人印记理论，本章认为社会企业的商业化受到两种商业经验的影响：创始人父母的商业工作经验产生的父母印记，以及创始人在营利组织内的专业经验产生的工作印记。通过对超过 2000 家新生社会企业及其创始人的数据集进行分析，我们找到了支持本章理论的证据。进一步研究发现，创始人商业经验的附加工作印记的边际效应随着其商业经验的持续时间而下降。

关键词：混合型组织；印记；社会企业家精神；制度理论；跨部门互动；混合的前因

社会企业的创始人越来越多地将典型慈善机构和企业的各个方面结合起来，创建混合型社会企业，通过生产和销售商品和服务来追求社会福利目标（Haigh and Hoffman，2012；Smith and Besharov，2019）。虽然基于市场的商业活动为社会企业提供了获取新的潜在更大资源的途径（Cobb et al.，2016），但是混合性也带来了单一组织中商业和社会使命导向活动组合固有的风险（Bode and Singh，2018；Kaul and Luo，2017），包括与不同社会和商业目标相关的内部冲突（Ashforth and Reingen，2014；Stevens et al.，2014）和使命漂移（Grimes et al.，2019）。混合型社会企业也可能面临评估处罚，因为它们违背了传统的组织类别（Galaskiewicz and Barringer，2012）和文化期望，即社会企业应该通过自愿活动

---

* Matthew Lee 和 Julie Battilana。感谢本书的联合编辑 Marya Besharov 和 Björn Mitzinneck 对本章提供的有益评论和指导，也感谢 Jesse Chu-Shore、Henrich Greve、Elizabeth Hansen、Monica Higgins、Christopher Marquis、Anne-Claire Pache、Lakshmi Ramarajan、Metin Sengul、András Tilcsik、Melissa Valentine、Jennie Weiner 以及哈佛商学院的工作、组织和市场研讨会、OMT-INSEAD-ASQ 组织理论和新企业创建研讨会、2012 年社会创新共同体研讨会和 2013 年欧洲组织研究小组第 44 轨道研讨会，为早期版本提供有帮助的评论。我们还感谢哈佛商学院研究部为收集这些数据提供的资金，感谢 Peter Bracken、Stefan Dimitriadis 和 Marissa Kimsey 提供的研究帮助。

组织起来，不受市场压力影响（DiMaggio and Anheier，1990；Minkoff and Powell，2006）。

先前试图解释社会企业商业化的研究集中于环境和外部原因的分析（Deforny and Nyssens，2006；Hiatt et al.，2009；King and Pearce，2010；Weber et al.，2008）。然而，这些研究往往没有承认新企业的战略决策反映了其创始人个人的特殊经历、身份和知识（Shane，2000；Shane，2003；Fauchart and Gruber，2011），一些人认为，相对于传统商业企业，社会企业的影响力尤其强大（Miller et al.，2012；Wry and York，2017），特别是在创业的早期阶段，个人创业者对关键战略决策行使有很大的自由裁量权。然而，在之前关于社会企业商业化的研究中，还没有考虑到这一点。因此，我们要问：社会企业创业者的个人经历如何影响他们的商业化决策，从而创建混合型社会企业？本章通过个人印记理论来解决这个问题。

个人在某个时间点接触的组织环境可能会影响个人以后的行为（Higgins，2005；Marquis and Tilcsik，2013）。随着时间的推移，个人可能通过印记成为组织经验的“载体”，并可能跨越组织环境（Scott，1995）。尽管新的社会企业传统上依赖于非商业活动来追求其社会目标，但是本书认为，一些社会企业创始人可能因其过去在商业组织中的接触和经验而留下商业印记。因此，我们认为，当商业印记个体进入社会企业领域时，他们的商业印记可能导致社会企业商业化。

为了探索商业印记对创建混合型社会企业的影响，本书构建了一个由2000多名新生社会企业创始人组成的数据库，该数据库将他们个人历史的各个方面与他们创建的社会企业数据相结合。我们对两种类型的印记进行了测量和假设：来自个人商业工作经验的直接工作印记（Bode et al.，2015；Dokko et al.，2009；Tilcsik，2014），以及来自创始人通过其父母商业工作留下的父母印记。通过这种方式，在现有的初级社会化和次级社会化之间存在区别（Berger and Luckmann，1967）的基础上，本章扩展了先前的印记研究，且主要集中在工作印记上。本章发现商业性父母印记和商业性工作印记都促进了社会企业商业化。研究结果进一步表明，商业工作印记对社会企业商业化的边际影响随着商业工作任期的延长而减弱，从而对印记经验及其影响在印记环境中如何随任期而变化提供了新的见解。

本章对多方面研究都做出了贡献。通过展示影响混合型组织出现的新的、个人层面的途径，推进了日益增长的混合型组织研究议程（Besharov and Smith，2014；Battilana et al.，2017），同时响应了对社会企业家及其创建的社会企业进行大样本实证研究的呼吁（Dacin et al.，2011；Lee et al.，2014；Short et al.，2009）。此外，尽管过去的印记研究主要局限于工作印记及其对商业部门内个体结果的影响（Dokko et al.，2009），但是本章以调查个人跨部门流动性的研究为基础（Hwang and Powell，2009），展示了从个体父母和个体自己在工作中获得的商业印记如何影响新的社会企业的创建。最后，本章在前人关于父母对职业结果影响的研究基础上，展示了父母如何传递资源（Jonsson et al.，2009）、规范取向（组织商业化），从而塑造创业选择。

一、社会企业的商业化

社会企业是为推进社会使命而创建的新的私人组织（Moss et al.，2011；Sharir and Lerner，2006；Zahra et al.，2009），因此区别于以自我利益为导向的传统商业企业（Van de Ven et al.，2007）。解决社会福利目标（如扶贫、促进艺术和教育）的社会企业传统上遵循慈善组织模式，并倾向于获得志愿劳动、政府补助金以及有利于其他动机的私人基金会和捐助者提供的慈善资金（Grønbjerg，2001）。

在追求社会目标的过程中，社会企业可能包含不同程度的商业化，从而利用经济交换来获取资源提供者的支持（Galaskiewicz and Barringer，2012）。然而，通过提供物质利益换取资源的商业活动有可能违反适用于社会企业的传统交换规范。先前的研究指出，在以前的非商业活动领域中，商业化可能“挑战、混淆或违反传统上基于非商业交换的特定社会关系定义”（Zelizer，1996）。与这些观点一致，研究发现传统慈善部门的许多资助者和领导者认为社会企业商业化是非法的（Eikenberry，2009；Weisbrod，1998）。尽管如此，近年来越来越多的社会企业已经脱离了慈善模式（Litrico and Besharov，2019），转而将商业活动（Grønbjerg，2001）纳入营利性商业组织传统占据的产品和服务市场（Young，2009）。

以下两个社会项目体现了商业化方面的差异：发展中世界视力中心（CVDW）和视觉春天公司（VisionSpring）这两个项目的共同目标是解决发展中国家的视力低下问题。CVDW 是一家遵循慈善模式的社会企业，它进行光学研究并生产创新眼镜，供佩戴者自行校准，从而避免了穷人往往无法获得的专业验光服务需求。与慈善企业模式一致，这些眼镜由慈善捐赠者补贴，并免费分发给发展中国家的贫困个人。CVDW 避免商业活动，而是通过志愿劳动和财政捐款支持其活动。

与 CVDW 一样，视觉春天公司试图解决发展中国家视力低下的问题，但却采用了商业企业的模式，它通过慈善事业和自愿提供的其他资源为其眼镜提供资

金和分销。视觉春天公司管理着一个当地企业家网络，在其家乡社区营销和销售低成本眼镜，为企业家提供生活工资，同时为眼镜的开发和生产提供资金，其中大部分来源于营利性传统业务（London and Christiansen，2008；Bhattacharyya et al.，2010）。在解决与 CVDW 相同的社会问题的同时，视觉春天公司依靠一种独特的商业企业模式来动员其资源提供商。

虽然商业化的选择可能会对社会企业投资的战略产生深远的影响，但是这种选择的原因尚未完全厘清。先前的研究主要将商业化解释为企业家和企业外部因素的结果（Maier et al.，2015）。例如，慈善资源收缩可能导致社会企业商业化，并将其作为获取替代资源的一种手段（Defourny and Nyssens，2006；Kerlin，2006）。其他研究发现，社会企业商业化源于制度因素的变化，如当地文化规范（Dimitriadis et al.，2017）和市场意识形态的日益普及（Eikenberry，2009；Litrico and Besharov，2019）。然而，试图解释新企业基本组织选择的创业研究始终回归到创始人的特定经历和偏好上（Burton，2001；Fauchart and Gruber，2011）。本章探索这条解释社会企业商业化的路径，试图对社会企业创始人的商业印记（通过之前的商业接触获得）如何影响其商业化决策进行探究。

二、创始人印记与商业化

组织理论中普遍存在这样一种观点，即社会行为人被其早期环境“印记”，并具有影响其后期行为的持续特征（Marquis and Tilcsik，2013）。印记最初的概念化是为了解释组织是如何被早期环境塑造的（Stinchcombe，1965），随后扩展到研究个体是如何被特定的工作和制度环境塑造的（Higgins，2005）。本文在后一种个体层面的印记概念基础上，扩展了创始人经验与社会企业商业化之间关系的理论。这种机制，我们称之为“个人印记”，在这个过程中，创始人和其他早期的组织成员是组织印记的来源（Boeker，1988；Burton and Beckman，2007）。以往关于个人印记的研究主要集中在工作经验对员工认知取向的影响，以及对他们以后的工作行为和成功的影响。例如，Tilcsik（2014）发现，在资源相对充裕的时期进入组织的员工更有可能在组织条件相似的后期茁壮成长，并带有潜在方向的印记。许多个人印记研究侧重于集中在个人作为员工在已建立的公司内部之间的轨迹（Dokko et al.，2009），而本章则考虑了印记对创建新公司的创始人的影响（Kacperczyk，2013；Shane，2003）。

本章假设两种形式的商业印记可能会影响创始人将社会企业商业化的决定。

我们首先考虑在童年时期获得的印记的影响，这与以下前提一致：社会学习不仅通过成人的次级社会化发生，通过童年时期的初级社会化发生（Berger and Lukman，1967）。因此，本章提出了父母商业印记的概念，这是由接触从事商业导向工作的父母而产生的。与对个人之前工作经验的印记效应的研究一致，我们接着考虑了工作商业印记的影响（DokKo et al.，2009；Higgins，2005），它随着创始人在商业组织中花费的时间而变化。

（一）父母印记：父母商业工作经历对社会企业商业化的影响

父母对个人工作轨迹的影响是社会分层机制更广泛研究议程的一部分（Blau and Duncan，1967；Bourdieu，1996；Schulenberg et al.，1984）。除了物质资源外，父母的影响还可能传递有利于进入精英职业的性格特征（Hartmann，2000），以及特定职业的人力、社会、经济和文化资本（Jonsson et al.，2009）。研究表明，由于技能和知识的传授以及规范偏好（Carroll and Mosakowski，1987），小企业主的子女更有可能成为小企业主（Mathias et al.，2015）。

在这项研究的基础上，我们认为确定个人商业取向的商业印记可能发生在儿童时期。发展心理学家注意到儿童认知的非凡可塑性，特别是在价值观的形成过程中（Bandura，1986）。儿童与社会的最初接触是通过家庭单元的体验和理解，或者是通过潜在影响，或者是通过明确的教学行为（Gioia and Manz，1985）。他们通过使用家庭成员的经验作为不同类型活动的行动模板，发展根深蒂固的一般行为和方向（Bandura，1977；Manz and Sims，1981；Kohn and Schooler，1983）。正如Jonsson等（2011）观察到的那样，工程师可能会带回家一些玩具，这些玩具涉及建筑、聚焦于对事物世界的对话和探究，并在理解事物如何工作方面给予特殊的兴趣。因此，这种互动提供了对社会和组织世界的初步诱导，它们逐渐影响了个人对“自然”的理解，从而影响了他们的偏好（Barling et al.，1998）。

本书认为，这种机制很可能导致商业导向从父母向子女传播到组织。孩子与从事商业导向工作的父母之间的关系可能涉及自身商业导向的互动，形成影响后续决策的印记。就像工程师的孩子从了解物理系统如何工作的角度看待挑战一样，商人的孩子可能倾向于将市场和经济利益视为调动资源和组织的手段。面对如何组织自己的社会企业决策，具有商业印记的创始人可能会将商业组织视为一种自然和适当的选择。尽管这是社会企业中的一种非传统方法，但是这些创始人将在更大程度上将他们的社会企业商业化。基于此，本章提出了以下假设：

H1：具有父母商业印记的社会企业创始人将比没有父母商业印记的人更大程度地将其社会企业商业化。

（二）工作印记：直接商业工作经验对商业化的影响

商业印记也可能源于直接的商业工作经验。先前关于工作经验和创业精神的研究强调知识和联系的转移，这会在个人创业时为他们带来特定的利益（Shane and Khurana，2003；Sørensen and Fassiotto，2011）。工作经验可能产生从具体的技术诀窍（Agarwal et al.，2004；Basu et al.，2015）到与高地位公司联系等实质性优势，从而在融资中获得收益（Burton et al.，2002）。我们认为，商业导向即对商业组织形式的特别关注和偏好同样可以从创始人自身的商业工作经验中获得，从而影响后续企业的商业化倾向。

商业工作印记很可能受到组织社会化过程的严重影响，有意识或偶然地通过这个过程制度化的导向和行为被传递给组织成员（Alvesson and Kärreman，2007；Van Maanen and Schein，1979）。通过直接的组织经验，个人获得了这些组织中所重视的知识、行为和性格（DiRenzo，1977；Bode et al.，2015），并“将一种文化观点内化，这种文化观点可以对工作场所发生的普通和不寻常的事情产生影响”（Van Maanen and Schein，1979）。然而，虽然组织社会化研究考虑了印记在工作期间对社会化个体的影响，但是在个体进入新的组织环境后，印记可能会持续存在（Dokko et al.，2009）。Higgins（2005）对生物技术行业印记的研究很好地说明了新的组织环境中印记的持久性，该研究关注的是在百特制药公司受训成为初级经理的管理者。这是一家快速发展的生物技术公司，其早期员工的规范是高度自主的。从百特跳槽到其他公司的员工复制了百特的管理风格，这在快速发展的新兴生物技术行业中被证明是有利的。

通过印记，个体因此成为他们所接触到的认知和行为规律的“载体”（Scott，1995）。基于这一思路，研究揭示了个人可能会在他们创建的企业中重现其工作印记的方式。例如，个人从工作经验中获得认知技术框架，将注意力集中在与这些框架和相应技术知识相一致的新的创业机会上（Eckhard and Shane，2003；Shane，2000）。不太常见的是对工作印记的研究，它将特定的制度化取向传递给组织。例如，Burton（2001）对新创企业不同雇佣模式的研究发现，拥有高级管理经验的公司创始人将这种经验作为管理员工的认知模板，这种机制导致了与行业规范的高度分歧。

基于这些观点，本章预测，在其他条件相同的情况下，社会企业创始人的商业工作经验将提高他们创建的社会企业的商业化程度。具体而言，本章假设在商业组织中具有第一手专业经验的社会企业创始人更有可能将其社会企业商业化。

H2a：有工作商业印记的社会企业创始人将比没有工作商业印记的创始人更大程度地将其社会企业商业化。

虽然个人工作印记的一般概念已经确立，但是一些证据表明，印记效应可能是非线性的。也就是说，在最初的工作印象体验之后，额外工作印象体验的边际效应可能并不一致。例如，Phillips（2002）认为，从法律经验中获得的额外印记效应随任期的不同而不同，且延长任期的印记效应可能不利于超过一定经验阈值的新企业的成功。在他的研究中，这些缺点是由于印记知识的错位和过时造成的，因为与外部竞争隔绝后，长期任职的个人的工作惯例和知识与新环境不一致。

基于这一观察结果，本节认为，较长的任期可能会对新社会企业的商业化产生边际效应。首先，个人对组织商业化的倾向可能达到饱和点，在这一点上，由于经验增加而产生的知识增量和社会化变得微不足道。早期经验可能对个人最初的组织倾向产生锚定效应（Marquis and Tilcsik，2013），而后期经验的影响可能较小。其次，印记经验的早期部分在某些方面是独特的，可能会抑制其从初始情景传递到不同的情景之中。Feldman（1981）区分了早期社会化（包括工作技能和能力的传播）和后期社会化（包括规范和价值观的传播）。在本书的背景下，与商业组织（如销售、营销、筹资）相关的技能和能力的初始获得可能会转移到社会企业中，而规范和价值的传递（如利润动机）不太容易转移到具有社会福利使命的新企业中。

基于上述论点，本章假设，企业家过去接触商业工作的经验将增加企业家社会企业商业化的可能性，但随着商业工作经验的延长，印记效应将减弱。

H2b：商业工作经验对社会企业商业化的边际影响将随着经验的延长而减弱。

三、研究设计与方法

（一）研究样本

为了检验上述假设，我们需要新创业者的数据、他们以前的工作经历、他们父母的工作经历以及创业本身。由于没有任何现有的数据集提供这样的信息，因此本节收集了关于新兴社会企业样本的新数据。我们将年度社会企业奖金竞赛的申请者作为抽样框架，该竞赛是为早期社会企业提供资金的知名机构之一。获奖者将获得资金，以支付创业者在创业期间的生活费用。社会企业必须处于创意阶段或早期阶段，运营期不得超过两年，追求“积极的社会变革”，并基于创始人

自己的原创想法。合资企业的商业化没有任何限制或指导原则，因此申请人包括主要从事社会使命的商业和非商业企业的创始人。与其他专注于资助非商业性社会企业投资的项目不同，本章抽取样本的奖金竞赛不受限制地接受非商业性和商业性社会企业投资的申请。以前的获奖者从完全非商业性到高度商业性都有。

本章样本中的社会企业投资处于萌芽阶段，旨在最终形成一个可行的初创企业（Reynolds and White，1997；Aldrich and Martinez，2001）。这代表了一种“早期捕获”（Davidson，2006），对应于可能做出商业化决策的初期阶段。数据的这一特点使本书能够规避创业样本中经常出现的缺点，这些缺点容易导致生存偏差（Nightingale and Coad，2013）。同样地，为了避免选择偏差，本章并没有关注奖金的获得者，而是将所有申请人都包括在本章的样本中。此外，我们手工编码了本章数据库的一个子样本，以确认它确实包含了一个专注于实现社会使命的社会企业样本。①

本书从奖金竞赛提供的记录和我们对企业家进行的调查中收集了关于每个社会企业及其创始人的数据。我们在五个连续的申请周期（2012~2016年）与所有奖金申请者进行电子邮件联系，并邀请他们参加调查。② 所有同意参加的申请者都收到了一份网络调研，其中包括关于他们的社会事业和个人背景的问题。在2012年进行初步调查之前，我们对之前申请奖金的其他社会企业创始人的问题进行了预测试，以测试其对基本结构的理解和对应性，并相应地修改了调查内容。为了避免企业家未能报告父母工作经历的可能性，我们放弃了6%的回答，因为他们没有报告父母的工作。在此步骤之后，总体调查结果为2164名企业家，约占申请者总数的20%。考虑到企业家直接、集中参与的需要以及收集的信息的个人性质，这个回归率与其他使用与本书类似方法的已发表研究的回归率是一致的，且满足了我们对该研究设计的预期（Alpar and Spitzer，1989；Coviello and Jones，2004）。我们还从奖金竞赛中获取了性别、年龄、地理位置等原始申请材料，并将这些数据与调查回复进行了匹配。

---

① 奖金竞赛专门向具有社会目的的企业创始人征集申请。为了验证通过该来源确定的创业者实际上都在追求社会目的（他们是社会创业者），本书对通过其应用程序收集的项目描述进行了编码。两名独立的编码员对第一个应用程序周期中40%的应用程序的随机样本进行了项目描述编码，以确定谁从合资企业的活动中受益。本书与编码团队一起制定并完善了一份基于编码员的判断的受益人名单。所有项目都由两名编码员分别为所服务的受益群体编码，允许给定的企业为多个受益群体服务，然后在出现分歧时进行比较和讨论。结果表明，每个企业至少为一个确定的受益群体服务，这表明本书的样本可以合理地假设为社会企业的样本。

② 对于这项奖金竞赛，申请者既可以是一位单独申请的创始人，也可以是两位联合创始人。为了确定创始人个人印记的影响，本书将样本限制为单独申请的创始人。

为了测试提议的项目类型中的调查响应偏差，本书根据申请人的自我分类，按照项目区域调查了企业的分布情况，并将其划入八个项目区域①，使其对应于他们打算解决的社会问题。我们发现，与完全抽样框架相比，受访者之间的分布没有显著差异。本节还比较了受访者样本和非受访者样本的年龄和性别，发现只有微不足道的差异，包括样本均值（年龄=36.5岁，男性占60%）、总体均值（年龄=36.3岁，男性占60%）等。

（二）因变量

本书对商业化的衡量标准是6个李克特5分量表的总分。为了实现组织本身的商业目标，第一个项目衡量的是每个企业“抓住机会赚钱”的程度，另外5个项目衡量的是其他业务资源提供者，即投资者、员工、合作伙伴、客户、企业家本人（见表7-1）。在研究过程的多个阶段，我们通过与本书样本中类似的社会企业家和其他专家在发布调查之前的讨论以及对数百名企业成熟的企业家进行单独样本的试点调查，来检查这些条目。

本书进行了因子分析，以验证这些项目对应于单一的商业化基础结构。我们利用6个商业因素以及为符合慈善模式而开发的一组类似项目对总共12个项目进行探索性因素分析，而探索性因素分析通过将商业化项目与符合慈善模式的匹配项目集混合进行。因此，对总共12个项目进行了探索性因素分析，其中6个与商业化相关，另外6个与慈善模式相关。对于慈善模型，探索性因素分析的特征值为2.31，$\alpha=0.72$。这一相对较低的α值是因为与慈善模式相对应的衡量标准差异较小，正如对所有追求社会使命的社会企业样本所预期的那样。该分析估计了每个项目对潜在因素的负荷，产生了一个特征值为4.26的商业化因素，超过了典型截至标准值1（Gorsuch，1997），以及一个高α（$\alpha=0.89$），表明了项目间相关性的可接受水平（Nunnally，1978）（见表7-1）。探索性因素分析是一种被普遍接受的方法，用于归纳建立多个量表与单个潜在因素之间的关系。然而，由于调查项目是通过上述过程事先制定的，因此我们进行了额外的验证性因素分析，以演绎测试六个商业化项目与潜在商业化因素的对应关系。该分析采用了Stata 14中使用SEM命令的结构方程模型（SEM），其结果是比较拟合指数（Bentler and Bonett，1980）为0.983，Tucker-Lewis指数（Tucker and Lewis，1973）为0.965。因此，我们有信心将本书的社会企业商业化指标计算为六个项目的未加权总和，然后将其线性调整为0~1的范围。该测量值具有大致均匀的分布（平均值=0.44；中位数=0.42），在0时具有较高的发生率，在接近1时

① 项目领域包括艺术和文化、公民和人权、经济发展、教育、环境、卫生和保健、扶贫和经济发展以及公共服务。

具有较低的发生率（见表7-1）。

表 7-1　商业化因子分析

问卷条目	因子1（商业化）	因子2
“我的企业提供了赚钱的机会”	0.753	0.329
“我为我的企业工作是为了赚钱”	0.791	0.305
“资助者和投资者为企业提供了金融资本来赚钱”	0.785	0.241
“员工和志愿者为企业工作是为了赚钱”	0.775	0.226
“企业创造的产品或服务的客户和受益人是根据市场力量选择的”	0.683	0.246
“供应商和其他合作伙伴组织（不包括资助者和投资者）与该企业合作是为了赚钱”	0.792	0.156
“我的企业提供了一个对社会产生积极影响的机会”	-0.176	0.542
“我个人的事业是为了对社会产生积极影响”	-0.283	0.658
“资助者和投资者为企业提供金融资本，以对社会产生积极影响”	-0.360	0.647
“员工和志愿者为企业工作是为了对社会产生积极影响”	-0.411	0.539
“企业创造的产品或服务的客户和受益人是根据可能产生的社会影响来选择的”	-0.390	0.450
“供应商和其他合作伙伴组织（不包括资助者和投资者）与该企业合作是为了对社会产生积极影响”	-0.445	0.524
注：使用Stata14中的factor命令进行探索性因子分析。所有题目均为李克特5分量表，量表标记如下：1=非常不同意，2=不同意，3=既不同意也不反对，4=同意，5=非常同意		
	特征值	显著性差异
因子1（商业化）	4.262	1.954
因子2	2.308	1.353

注：所示为特征值超过1的因子。

（三）自变量

为了衡量社会企业创始人的父母印记，本书衡量了父母在营利组织的工作经验。我们要求创业者报告其父母是否有在营利性组织工作的经验，之前的研究以二元术语描述了家长的工作经验（Jonsson et al.，2009）。[①] 而本书用虚拟变量测量父母的商业印记。对于至少有一位父母或主要监护人在商业部门工作的创业者赋值为1，否则将父母商业印记编码为0。为了完整起见，本书使用相同的程序

① 调查规定，如果亲生父母不是受访者的主要监护人，则受访者应回答有关其主要监护人的问题。

来衡量父母的非营利和政府印记。我们允许为父母选择多种组织类型的经验，因此父母可以成为多种类型印记的来源（见图 7-1）。

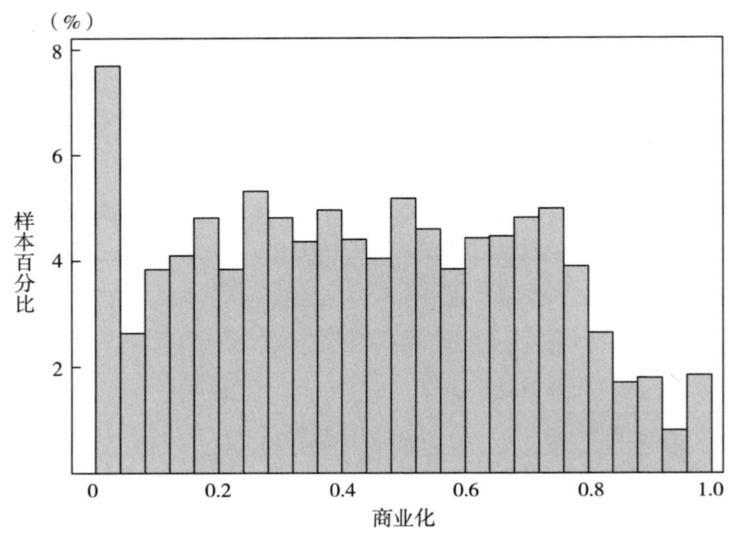

图 7-1　商业化分布（因变量）

为了衡量社会企业创始人通过其过去的工作经验所获得的工作印记，我们要求受访者在“在营利组织工作”类别中报告其自己的工作经验。本书的方法与既有的研究一致，这些研究成功地利用调查方法在分散的人群中收集关于过去就业时间长短的信息（Åstebro and Thompson，2011）。同样地，为了完整性，本书收集了非营利组织和政府工作经验的类似测量数据。

（四）控制变量

既有的研究发现，创始人的年龄是创业行为的有力预测因素，有人认为这是因为创始人对他们在创业中工作年限的期望不同（Parker，2004）。创始人年龄也可能与任何可能的代际效应相关，这些代际效应与具有社会目的的企业对商业化的文化接受有关，因为在本书的样本中，社会企业对商业化的接受在企业家的一生中发生了重大变化。研究还表明，创始人性别可能解释了社会企业商业化的一些差异（Dimitriadis et al.，2017）。因此，本书将性别作为控制变量，如果创始人是男性，则二元变量集赋值为 1，否则为 0。特别是，企业管理在文化上通常被视为男性活动，其独立于个人的客观能力（Schein，2001）。尽管研究发现，随着时间的推移性别规范在工作和家庭需求方面会逐渐重新定义，但是流行的模

式仍然认为男性更倾向于商业职业（Haveman and Beresford，2012）。此外，本书还控制了自我报告的家庭收入，该收入被记录为从 1 到 10 的有序分类变量，其中 1 对应于低于 1000 美元的家庭年收入，而 10 对应高于 150000 美元的家庭年收入。基于收入可能会影响企业家个人对其企业的财务依赖程度的推理，本书将其纳入控制变量。

教育水平与各种创业成果相关（Davidson and Honig，2003；Van der Sluis et al.，2008），因此本书的每个模型都包含对应于六个正规教育水平的虚拟变量。此外，根据先前的研究，控制社会企业的特定社会使命可能影响商业化被视为合法或可行的程度的变化（Desa and Basu，2013）。本书根据企业家的自我分类创建了指标变量，并将其划入前面描述的八个项目领域。本书还纳入了与每个企业母国相对应的指标变量，以说明可能解释商业化的地理差异范围，包括经济变化、文化差异和社会企业周围资源环境的相对宽裕度。最后，由于本书的样本是从多个年度奖金申请周期收集的数据中提取的，因此纳入了对应于每个企业申请年份的指标变量，以捕捉可能影响商业化的全球因素中的任何一般时间趋势。教育水平和项目领域的变量是从企业家最初的奖金申请中收集的。

（五）实证分析

由于因变量的连续性，本书使用商业化作为因变量的普通最小二乘（OLS）回归检验了本书的假设。为了解释自变量之间的相关性，本书在单独的方程中给出了每个主效应检验。除了商业印记的检验外，本书还对非营利和政府工作接触的类似印记的效果进行了检验，以确保完整性，并作为比较商业印记与其他印记经验效果的基础。此外，本书还进行了回归诊断，发现没有一个自变量的方差膨胀因子大于 5，远低于建议的阈值 10（Chatterjee and Price，1991），这表明多重共线性不应成为解释的重要因素。由于因变量显示了一些左侧截断的证据，本书还使用 Tobit 回归复制了本书的分析过程，并得出了与本书的假设相关的一致结果。

（六）研究结论

表 7-2 给出了本章变量的相关性和描述性统计。表 7-3 显示了本章的 OLS 回归结果，其中包含本章假设的印记和控制变量的主要影响。模型 1 省略了印记变量，以估计控制变量的基线系数。模型 2 包括父母在营利部门的工作经验的影响，即检验 H1。在这里，我们发现商业父母印记对社会企业的商业化程度有积极影响（$p=0.000$），支持 H1。模型 3 和模型 4 估计了父母在非营利部门（p=

0.760）和政府部门（p=0.318）工作经验正向但实质上并不显著的影响。因此，父母的商业印记与社会企业商业化正相关。

关于创始人自己的营利性工作经验，本书在模型 5（p=0.000）中验证了商业印记的正向效应，与 H2a 一致。本书还在模型 6（p=0.000）中验证了慈善印记的负面影响，这表明具有更多非营利工作经验的创始人的企业商业化程度较低。模型 7 估计政府工作经验对商业化的负面影响很小（p=0.516）。模型 8 验证了平方化的商业工作经验，与曲线效应一致，即与本书的 H2b 一致（p=0.004）。模型 9 验证了平方化的创始人非营利工作经验，也发现了这种曲线效应的证据（p=0.002）。也就是说，非营利工作经验的边际负面影响随着经验水平的提高而减小。模型 10 中没有证据表明创始人政府工作经验与商业化相关（p=0.334）。

模型 11 是一个包括所有印记措施完全指定的模型，先前模型提出的所有假设结果在此完整规范中保持一致。基于这个模型，如果一个社会企业的创始人有一个营利性的父母印记，那么它的商业化水平就会提高 11.6%。营利性机构的工作经验每增加一个标准差，商业化程度就增加 16.7%。

相对于使用因子分析来开发商业化度量，本书的度量作为多个项目的未加权平均值具有一个主要优势，即不依赖于因素分析中不相关项目的选择。然而，正如前面提到的，我们重复了本书的分析过程，使用了通过本书的探索性因素分析结果构建的另一种商业化度量，也线性地重新缩放到 0~1 的范围。表 7-4 中报告的这些结果与我们的主要分析非常相似。

总之，本书的结果为提出的假设提供了实质性的支持。本书发现商业印记，即父母印记和工作印记，对社会企业创业者选择的商业化程度产生正向影响。本书进一步发现慈善工作对商业化产生负面影响，一种解释可能是慈善工作经历取消了商业印记，因为一个人很难同时在两个部门工作。相反地，不同的父母工作类型可能会产生不同的印记。虽然本书无法确定地检验这一假设，但是它与商业化和工作慈善印记之间观察到的负相关一致（p=-0.18）如表 7-2 至表 7-4 所示。虽然商业化和父母慈善印记之间也存在负相关，但是这种关系不太强（p=-0.07）。

然而，即使在控制营利性工作经验的情况下，慈善工作经验的负面影响仍然存在，这表明这种影响至少部分独立于慈善和商业工作印记之间的依赖性。这表明非营利工作经历本身抑制了商业化的采用，可能是因为商业化被视为与这些创始人所铭记的主导慈善模式的意识形态基础背道而驰（Eikenberry，2009）。

表 7-2 描述性统计与相关性分析

	mean	sd	min	max	(1)	(2)	(3)	(4)	(5)	(6)	(7)	(8)	(9)	(10)
(1) 商业化	0.44	0.27	0	1	1.00									
(2) 父母在营利部门工作经验	0.60	0.49	0	1	0.10	1.00								
(3) 父母在非营利部门工作经验	0.27	0.44	0	1	0.00	-0.07	1.00							
(4) 父母在政府机关部门工作经验	0.48	0.50	0	1	0.00	-0.39	-0.08	1.00						
(5) 营利性工作经验（yrs）	5.45	6.67	0	47	0.15	0.11	-0.06	-0.07	1.00					
(6) 非营利性工作经验（yrs）	4.97	5.43	0	46	-0.15	-0.07	0.09	-0.02	-0.18	1.00				
(7) 政府机关工作经验（yrs）	1.77	4.01	0	40	0.00	-0.08	0.00	0.09	-0.09	-0.04	1.00			
(8) 年龄	36.49	9.69	19	85	0.00	-0.07	0.00	-0.02	0.52	0.39	0.34	1.00		
(9) 性别	0.60	0.49	0	1	0.06	-0.16	0.04	0.06	-0.07	-0.06	0.01	-0.06	1.00	
(10) 家庭收入	5.04	2.59	1	10	0.04	0.25	0.01	-0.08	0.16	0.08	0.01	0.10	-0.17	1.00
(11) 副学士学位	0.03	0.16	0	1	-0.02	-0.02	-0.02	0.00	0.07	-0.01	0.00	0.06	0.03	-0.04
(12) 学士学位	0.35	0.48	0	1	0.01	-0.06	-0.01	0.02	-0.04	-0.10	-0.08	-0.14	0.07	-0.15
(13) 硕士学位	0.53	0.50	0	1	-0.01	0.07	0.04	0.00	0.00	0.10	0.09	0.12	-0.12	0.23
(14) 中学毕业	0.02	0.13	0	1	0.00	0.00	0.02	-0.04	-0.04	0.00	-0.04	-0.06	0.03	-0.05
(15) 大学肄业	0.08	0.27	0	1	0.01	-0.02	-0.05	-0.01	0.06	-0.01	-0.01	0.02	0.06	-0.09
(16) 中小学肄业	0.00	0.06	0	1	-0.05	-0.01	0.01	0.00	-0.04	0.03	-0.02	0.02	0.05	-0.05
(17) 项目领域：艺术和文化	0.04	0.20	0	1	0.03	0.06	-0.03	-0.04	0.05	-0.01	-0.04	-0.03	-0.01	0.06
(18) 项目领域：民权和人权	0.06	0.24	0	1	-0.16	0.05	0.05	0.01	-0.06	0.07	-0.04	-0.01	-0.05	0.04
(19) 项目领域：教育和环境	0.25	0.43	0	1	-0.16	0.04	0.02	-0.04	0.01	0.03	0.03	0.01	-0.06	0.11
(20) 项目领域：环境	0.13	0.33	0	1	0.08	-0.06	0.03	0.01	0.01	-0.05	-0.03	0.01	0.08	-0.06
(21) 项目领域：食品和农业	0.08	0.27	0	1	0.14	-0.03	-0.01	0.02	-0.01	-0.06	0.02	0.00	0.05	-0.10

续表

	mean	sd	min	max	(1)	(2)	(3)	(4)	(5)	(6)	(7)	(8)	(9)	(10)
(22) 项目领域：健康和保健	0.09	0.28	0	1	-0.02	0.02	-0.02	-0.03	0.01	0.00	-0.02	-0.01	-0.04	0.00
(23) 项目领域：消除贫困和经济发展	0.27	0.44	0	1	0.13	-0.06	-0.02	0.02	-0.01	-0.01	0.03	0.00	0.04	-0.11
(24) 项目领域：公共服务和公民参与	0.08	0.28	0	1	-0.06	0.02	-0.01	0.04	0.01	0.03	0.00	0.00	-0.02	0.10
(25) 2012 年申请	0.19	0.39	0	1	-0.05	-0.03	-0.01	-0.01	0.04	0.00	0.04	0.07	0.00	0.04
(26) 2013 年申请	0.26	0.44	0	1	-0.01	-0.03	0.06	0.02	-0.01	0.04	0.02	0.01	-0.03	0.00
(27) 2014 年申请	0.28	0.45	0	1	-0.03	0.01	-0.02	-0.02	-0.03	-0.01	-0.03	-0.05	-0.01	0.00
(28) 2015 年申请	0.19	0.40	0	1	0.06	-0.01	-0.03	0.02	-0.01	-0.03	-0.03	-0.02	0.04	-0.03
(29) 2016 年申请	0.07	0.25	0	1	0.05	0.08	0.00	-0.03	0.01	-0.02	-0.02	0.00	-0.01	-0.02
	(11)	(12)	(13)	(14)	(15)	(16)	(17)	(18)	(19)	(20)	(21)	(22)	(23)	(24)
(11) 副学士学位	1.00													
(12) 学士学位	-0.12	1.00												
(13) 硕士学位	-0.18	-0.77	1.00											
(14) 中学毕业	-0.02	-0.09	-0.13	1.00										
(15) 大学肄业	-0.05	-0.22	-0.31	-0.04	1.00									
(16) 中小学肄业	-0.01	-0.04	-0.06	-0.01	-0.02	1.00								
(17) 项目领域：艺术和文化	0.03	0.00	-0.03	0.01	0.05	-0.01	1.00							
(18) 项目领域：民权和人权	-0.02	-0.06	0.08	-0.02	-0.02	0.02	-0.05	1.00						
(19) 项目领域：教育和环境	-0.04	-0.05	0.05	0.03	0.01	-0.02	-0.12	-0.15	1.00					

续表

	(11)	(12)	(13)	(14)	(15)	(16)	(17)	(18)	(19)	(20)	(21)	(22)	(23)	(24)
(20) 项目领域：环境	-0.02	0.00	0.01	0.01	-0.01	0.00	-0.08	-0.10	-0.22	1.00				
(21) 项目领域：食品和农业	0.02	0.05	-0.06	-0.02	0.02	0.01	-0.06	-0.08	-0.17	-0.11	1.00			
(22) 项目领域：健康和保健	0.00	-0.01	0.01	-0.01	-0.01	0.04	-0.07	-0.08	-0.18	-0.12	-0.09	1.00		
(23) 项目领域：消除贫困和经济发展	0.04	0.04	-0.05	0.02	0.00	0.00	-0.13	-0.15	-0.35	-0.23	-0.18	-0.18	1.00	
(24) 项目领域：公共服务和公民参与	-0.01	0.03	-0.01	-0.04	-0.01	-0.02	-0.06	-0.08	-0.18	-0.11	-0.09	-0.09	-0.18	1.00
(25) 2012 年申请	0.01	-0.04	0.02	0.01	0.01	0.03	-0.01	0.02	0.06	-0.03	-0.03	-0.03	0.00	-0.02
(26) 2013 年申请	0.01	-0.03	0.00	-0.01	0.06	0.00	0.03	0.02	-0.01	-0.04	-0.02	-0.02	0.04	0.00
(27) 2014 年申请	0.02	0.01	-0.01	-0.01	0.00	-0.04	0.00	-0.02	-0.01	0.05	0.01	0.02	-0.04	0.02
(28) 2015 年申请	-0.02	0.05	-0.02	0.00	-0.04	0.01	-0.01	-0.02	-0.03	-0.01	0.03	0.01	0.03	0.00
(29) 2016 年申请	-0.02	0.02	0.01	0.01	-0.05	0.01	-0.01	-0.01	-0.02	0.03	0.02	0.03	-0.03	0.00
	(25)	(26)	(27)	(28)	(29)									
(25) 2012 年申请	1.00													
(26) 2013 年申请	-0.29	1.00												
(27) 2014 年申请	-0.31	-0.38	1.00											
(28) 2015 年申请	-0.24	-0.29	-0.31	1.00										
(29) 2016 年申请	-0.13	-0.16	-0.17	-0.13	1.00									

表 7-3　社会企业商业化预测模型

	(1)	(2)	(3)	(4)	(5)	(6)	(7)	(8)	(9)	(10)	(11)
父母商业化印记		0.050*** (0.013)									0.051*** (0.013)
父母慈善印记			0.004 (0.013)								0.020 (0.013)
父母政府印记				0.012 (0.012)							0.029* (0.012)
工作商业化印记					0.008** (0.001)			0.013** (0.002)			0.011** (0.002)
工作慈善印记						-0.007** (0.001)			-0.013** (0.002)		-0.009** (0.002)
工作政府印记							-0.001 (0.002			0.002 (0.003)	0.004 (0.003)
工作商业化印记平方								-1.96×10^{-4}** (0.67×10^{-4})			-1.81×10^{-4}* (0.67×10^{-4})
工作慈善印记平方									3.09×10^{-4}** (1.01×10^{-4})		2.83×10^{-4}** (1.00×10^{-4})
工作政府印记平方										-1.49×10^{-4} (0.68×10^{-4})	-1.27×10^{-4} (1.36×10^{-4})
性别=男性	0.045*** (0.012)	0.049*** (0.012)	0.045*** (0.012)	0.044*** (0.012)	0.045*** (0.012)	0.042*** (0.012)	0.045** (0.012)	0.046** (0.012	0.040** (0.012)	0.045*** (0.012)	0.045** (0.012)

续表

	(1)	(2)	(3)	(4)	(5)	(6)	(7)	(8)	(9)	(10)	(11)
年龄	0.000 (0.001)	0.000 (0.001)	0.000 (0.001)	0.000 (0.001)	-0.003** (0.001)	0.001 (0.001)	0.000 (0.001)	-0.003** (0.001)	0.001 (0.001)	0.000 (0.001)	-0.002 (0.001)
家庭收入	0.004 (0.003)	0.003 (0.003)	0.004 (0.003)	0.004 (0.003)	0.003 (0.003)	0.005+ (0.003)	0.004 (0.003)	0.002 (0.003)	0.004 (0.003)	0.004 (0.003)	0.001 (0.003)
常数项	0.448* (0.190)	0.415* (0.189)	0.447* (0.190)	0.443* (0.190)	0.481* (0.187)	0.412* (0.188)	0.445* (0.190)	0.459* (0.187)	0.431* (0.188)	0.441* (0.190)	0.402* (0.187)
国家	YES	YES	YES	YES	YES	YES	YES	YES	YES	YES	YES
受教育水平	YES	YES	YES	YES	YES	YES	YES	YES	YES	YES	YES
项目领域	YES	YES	YES	YES	YES	YES	YES	YES	YES	YES	YES
申请年份	YES	YES	YES	YES	YES	YES	YES	YES	YES	YES	YES
N	2164	2164	2164	2164	2164	2164	2164	2164	2164	2164	2164
R^2	0.186	0.193	0.186	0.187	0.208	0.199	0.186	0.211	0.203	0.187	0.224

注：*表示 $p<0.05$，**表示 $p<0.01$，***表示 $p<0.001$（双尾）；括号内为标准误；所有模型都使用 OLS 进行估计；父母印记变量为二元变量，分别表明社会企业创始人的父母是否在“营利”“非营利”“政府”类型的组织中有工作经验；工作印记变量衡量的是社会企业创始人在相应类型的组织中工作的年数。

表 7-4 社会企业商业化预测模型（基于替代因子的商业化测量方法）

	(1)	(2)	(3)	(4)	(5)	(6)	(7)	(8)	(9)	(10)	(11)
父母商业化印记		0.044** (0.011)									0.045* (0.011)

续表

	(1)	(2)	(3)	(4)	(5)	(6)	(7)	(8)	(9)	(10)	(11)
父母慈善印记			0.006 (0.011)								0.019 (0.011)
父母政府印记				0.009 (0.010)							0.025* (0.011)
工作商业化印记					0.006* (0.001)			0.011** (0.002)			0.009** (0.002)
工作慈善印记						-0.005** (0.001)			-0.010** (0.002)		-0.007** (0.002)
工作政府印记							-0.001 (0.001)			0.002 (0.003)	0.003 (0.003)
工作商业化印记平方								-1.67×10^{-4}* (0.57×10^{-4})			-1.54×10^{-4}* (0.57×10^{-4})
工作慈善印记平方									2.58×10^{-4}** (0.86×10^{-4})		2.36×10^{-4}** (0.085×10^{-4})
工作政府印记平方										-1.18×10^{-4} ($1.1^{6}\times10^{-4}$)	-1.14×10^{-4} (1.14×10^{-4})
性别=男性	0.037** (0.010)	0.041*** (0.010)	0.037*** (0.010)	0.037*** (0.010)	0.038*** (0.010)	0.035*** (0.010)	0.038*** (0.010)	0.038** (0.010)	0.034* (0.010)	0.038** (0.010)	0.037*** (0.010)
年龄	-0.000 (0.001)	0.000 (0.001)	0.000 (0.001)	0.000 (0.001)	-0.003** (0.001)	0.001 (0.001)	0.000 (0.001)	-0.003** (0.001)	0.001 (0.001)	0.000 (0.001)	-0.002 (0.001)

续表

	(1)	(2)	(3)	(4)	(5)	(6)	(7)	(8)	(9)	(10)	(11)
家庭收入	0.003 (0.002)	0.002 (0.002)	0.003 (0.002)	0.003 (0.002)	0.002 (0.002)	0.004 (0.002)	0.003 (0.002)	0.001 (0.002)	0.003 (0.002)	0.003 (0.002)	0.001 (0.002)
常数项	0.498** (0.160)	0.469** (0.160)	0.496** (0.160)	0.493* (0.160)	0.525** (0.158)	0.468* (0.159)	0.495* (0.160)	0.507** (0.158)	0.484** (0.159)	0.492* (0.160)	0.458** (0.158)
国家	YES	YES	YES	YES	YES	YES	YES	YES	YES	YES	YES
受教育水平	YES	YES	YES	YES	YES	YES	YES	YES	YES	YES	YES
项目领域	YES	YES	YES	YES	YES	YES	YES	YES	YES	YES	YES
申请年份	YES	YES	YES	YES	YES	YES	YES	YES	YES	YES	YES
N	2164	2164	2164	2164	2164	2164	2164	2164	2164	2164	2164
R^2	0.183	0.190	0.183	0.184	0.204	0.195	0.183	0.208	0.199	0.184	0.221

注：* 表示 $p<0.05$，** 表示 $p<0.01$，*** 表示 $p<0.001$（双尾）；括号内为标准误；所有模型都使用 OLS 进行估计；父母印记变量为二元变量，分别表明社会企业创始人的父母是否在“营利”“非营利”“政府”类型的组织中有工作经验；工作印记变量衡量的是社会企业创始人在相应类型的组织中工作的年数。

四、讨论

近年来，社会企业越来越多地采用商业模式，打破了社会部门的主导规范。虽然研究记录了外部因素在这一趋势中的作用，包括可用慈善资源的减少（Deforny and Nyssens，2006；Kerlin and Pollak，2011），但是研究在很大程度上忽略了个体创始人在社会企业商业化中的作用，本书在本章中讨论了这一研究空缺。本书认为，由于父母和工作这两种类型商业印记的存在，个人成为商业创业模式的载体。当他们进入社会企业领域时，这些人更有可能将其社会企业商业化，从而与传统的社会企业慈善模式有所不同。此外，工作印记的影响可能会随着任期的延长而减少，因为印记的边际效应可能在个人商业生涯的早期更为强烈。当我们在早期社会企业投资的大样本上测试本书的理论时，本书的结果支持了我们的预测。

（一）研究贡献

本书的研究结果对混合型社会企业的研究做出了重要贡献，这些企业在从事商业活动以维持其运营的同时追求社会使命（Dees，1998；Mair and Marti，2006；Mair，2010；Dacin et al.，2011）。从业者、决策者和学者对这种混合型组织（通常被称为“社会企业”）研究的兴趣持续增长。最近的研究将混合型组织确定为一种新的组织形式（Battilana and Dorado，2010；Tracey et al.，2011；Pache and Santos，2013），但对导致其出现的因素却知之甚少。通过探索创始人印记对社会企业商业化的影响，本书阐明了个人跨部门流动（Powell and Sandholtz，2012）是一种新的组织形式产生的机制，以回应学者和从业者对多部门职业生涯的影响日益增长的研究兴趣（Tschirhart et al.，2008）。

本书的研究通过强调个体创始人及其以往经验对于理解混合型组织出现的重要性，对学术发展做出了重要贡献。之前的研究在很大程度上忽略了个体创始人在社会部门商业化中的作用，而是引用了外部条件，如慈善资源的减少、行业规范的变化和当地文化的变化。本书的研究涉及现有的理论，即个体参与者如何接受和延续他们所接触的社会结构（Bourdieu，1977；Douglas，1986），当与跨领域的流动性相结合时（Bidwell and Briscoe，2010），它们会导致不同的行为。本书的研究结果表明了个人和印记在结果中的潜在影响，如社会企业的商业化可能会导致更广泛的制度变革（Battilana and D’Aunno，2009；Powell and Colyvas，

2008）。本书的研究还扩展了先前的研究，将工作印记概念化为一个连续而非二元的结构。

本书的研究还补充了先前的工作印记对商业化的影响（Kacperczyk，2013）方面的学术成果，同时也包括父母印记，这是社会影响的一个子集，在管理和组织文献中受到的关注相对较少。父母对个人整体职业成就的影响（Blau and Duncan，1967；Schulenberg et al.，1984）和父母工作对个人创业倾向的影响（Davidsson and Honig，2003）都有充分的研究证据，虽然已经有人提出它们是通过一般人力或社会资本的传递与优势禀赋相关的机制（Davidsson，2004）而实现的，但是本书的研究提供了一个更微妙的解释，即父母通过与商业化相关的价值观、习惯和惯例的印记来传递对商业组织的特定取向。制度变迁的过程在本质上可能是代际的，这一观点为研究制度因素是如何在家庭内部、跨环境和随时间而产生的提供了一个有趣的研究方向。

（二）局限性与未来研究方向

本书的研究基于一个新的社会企业数据库，据我们所知，这是第一个此类数据库。我们希望所使用的方法为社会企业总体的更多定量研究铺平道路。与涉及成熟组织和一些知名社会企业选择的组织不同（存在选择和生存偏差），本书的样本包括申请社会企业投资的创业者，无论他们后来是否成功。然而，本书的数据不允许我们确定在所有潜在创业者中哪些人选择了社会企业投资，本书的研究仅限于那些已经选择开发社会企业投资的创业者。同样地，本书的样本是有意义的社会企业创始人子集，研究结果取决于本书研究的特定奖金项目的选择，这可能与新社会企业的人群及其创始人不同。因此，本书的研究结果应考虑到这些局限性，未来需要对社会企业进行进一步的数据收集和研究，以检验本书研究结果的普遍性。

在未来的研究中，个体创始人塑造新的社会企业的机会是巨大的。未来的研究工作应该进一步考虑印记内容的差异，特别是父母印记的内容可能与通过自己的工作经验直接学习的内容不同。此外，父母的印记经历可能在强度和内容上不同，这取决于父母自身的经历和这些孩子成长的时机。未来的研究也可能考虑印记经验对被标记的个体的异质影响，而使用本书的方法预测商业印记通常会导致更大程度的商业化，某些类型的经验还可能会导致“负面烙印”，从而降低商业化的可能性。调查这一现象需要详细的数据来说明创业者对自己之前工作的主观感受，这也为未来的研究提供了另一条有趣的路径。

总之，本书的研究丰富了对社会企业商业化影响因素的理解。未来的研究需要进一步探索这一趋势及其影响，这不仅是对从事商业化并因此采用混合组织形式的社会企业，而且是对整个社会。与那些不从事商业活动的同行相比，这些混合型社会企业创造的社会价值是多还是少？这个问题的答案在不同的活动部门和不同的机构环境中有何不同？在越来越多的企业家选择混合型组织形式之际，回答以上这些问题至关重要。有些人可能会说，这样的选择反映了市场逻辑的影响越来越大，现在已渗透到社会的各个方面。其他人可能会辩称，这些混合形式实际上是在为一种新的资本主义形式铺平道路，这种资本主义在重视财务表现的同时，也重视社会福利和环境可持续性。我们希望未来对混合型组织形式的研究能够提供有用的实证证据，帮助实践者和政策制定者就混合型组织形式在社会各个部门的使用和作用做出明智的决策。

参考文献

[1] Agarwal, R., Echambadi, R., Franco, A. M., Sarkar, M. B. (2004). Knowledge transfer through inheritance: Spin-out generation, development, and survival. Academy of Management Journal, 47 (4): 501-522.

[2] Aldrich, H. E., & Martinez, M. A. (2001). Many are called but few are chosen: An evolutionary perspective for the study of entrepreneurship. Entrepreneurship Theory and Practice, 24 (4): 41-56.

[3] Alpar, P., & Spitzer, D. (1989). Response behavior of entrepreneurs in a mail survey. Entrepreneurship Theory and Practice, 14 (2): 31-44.

[4] Alvesson, M., & Kärreman, D. (2007). Unraveling HRM: Identity, ceremony, and control in a management consulting firm. Organization Science, 18 (4): 711-723.

[5] Åstebro, T., & Thompson, P. (2011). Entrepreneurs, jacks of all trades or hobos? Research Policy, 40 (5): 637-649.

[6] Ashforth, B. E., & Reingen, P. H. (2014). Functions of dysfunction: Managing the dynamics of an organizational duality in a natural food cooperative. Administrative Science Quarterly, 59 (3): 474-516.

[7] Bandura, A. (1977). Social learning theory. Englewood Cliffs, NJ: Prentice Hall.

[8] Bandura, A. (1986). Social foundations of thought and action: A social cognitive theory. Englewood Cliffs, NJ: Prentice Hall.

[9] Barling, J., Dupre, K. E., & Hepburn, C. G. (1998). Effects of parents' job insecurity on children's work beliefs and attitudes. Journal of Applied Psychology, 83 (1): 112-118.

[10] Basu, S., Sahaym, A., Howard, M. D., & Boeker, W. (2015). Parent inheritance, founder expertise, and venture strategy: Determinants of new venture knowledge impact. Journal of Business Venturing, 30 (2): 322-337.

[11] Battilana, J., & D'Aunno, T. (2009). Institutional work and the paradox of embedded agency. In T. B. Lawrence, R. Suddaby, & B. Leca (Eds.), Institutional work: Actors and agency in institutional studies of organizations (pp. 31-58). Cambridge: Cambridge University Press.

[12] Battilana, J., & Dorado, S. (2010). Building sustainable hybrid organizations: The case of commercial microfinance organizations. Academy of Management Journal, 53 (6): 1419-1440.

[13] Battilana, J., Besharov, M., & Mitzinneck, B. (2017). On hybrids and hybrid organizing: A review and roadmap for future research. In R. Greenwood, C. Oliver, T. B. Lawrence, & R. E. Meyer (Eds.), The SAGE handbook of organizational institutionalism (pp. 133-169). London: Sage.

[14] Bentler, P. M., & Bonett, D. G. (1980). Significance tests and goodness of fit in the analysis of covariance structures. Psychological Bulletin, 88 (3): 588-606.

[15] Berger, P. L, & Luckmann, T. (1967). The social construction of reality: A treatise in the sociology of knowledge. Garden City, NY: Anchor Books.

[16] Besharov, M., & Smith, W. K. (2014). Multiple institutional logics in organizations: Explaining their varied nature and implications. Academy of Management Review, 39 (3): 364-381.

[17] Bhattacharyya, O., Khor, S., McGahan, A., Dunne, D., Daar, A., Singer, P. (2010). Innovative health service delivery models in low and middle income countries: What can we learn from the private sector? Health Research Policy and Systems, 8 (24): 1-11.

[18] Bidwell, M., & Briscoe, F. (2010). The dynamics of interorganizational careers. Organization Science, 21 (5): 1034-1053.

[19] Blau, P. M., & Duncan, O. D. (1967). The American occupational structure. New York, NY: Wiley.

[20] Bode, C., & Singh, J. (2018). Taking a hit to save the world? Employee participation in a corporate social initiative. Strategic Management Journal, 39: 1003-1030.

[21] Bode, C., Singh, J., & Rogan, M. (2015). Corporate social initia-

tives and employee retention. Organization Science, 26 (6): 1702-1720.

[22] Boeker, W. (1988). Organizational origins: Entrepreneurial and environmental imprinting of the time of founding. In B. Carroll (Ed.), Ecological models of organizations (pp. 33-51). Cambridge, MA: Ballinger Publishing Co.

[23] Bourdieu, P. (1977). Outline of a theory of practice. Cambridge: Cambridge University Press.

[24] Bourdieu, P. (1996). The state nobility (C. L. Clough, trans.). Cambridge: Polity Press.

[25] Burton, M. D. (2001). The company they keep: Founders' models for organizing new firms. In C. B. Schoonhoven & E. Romanelli (Eds.), The entrepreneurship dynamic (pp. 13-39). Stanford, CA: Stanford University Press.

[26] Burton, M. D., & Beckman, C. M. (2007). Leaving a legacy: Position imprints and successor turnover in young firms. American Sociological Review, 72 (2): 239-266.

[27] Burton, M. D., Sørensen, J. B., & Beckman, C. M. (2002). Coming from good stock: Career histories and new venture formation. In M. Lounsbury & M. J. Ventresca (Eds.), Research in the sociology of organizations (Vol. 19, pp. 229-262). Bingley: Emerald Group Publishing Ltd.

[28] Carroll, G. R., & Mosakowski, E. (1987). The career dynamics of self-employment. Administrative Science Quarterly, 32 (4): 570-589.

[29] Chatterjee, S., & Price, B. (1991). Regression diagnostics. New York: Wiley.

[30] Cobb, J. A., Wry, T., & Zhao, E. Y. (2016). Funding financial inclusion: Institutional logics and the contextual contingency of funding for microfinance organizations. Academy of Management Journal, 59 (6): 2103-2131.

[31] Coviello, N. E., & Jones, M. V. (2004). Methodological issues in international entrepreneurship research. Journal of Business Venturing, 19 (4): 485-508.

[32] Dacin, M. T., Dacin, P. A., & Tracey, P. (2011). Social entrepreneurship: A critique and future directions. Organization Science, 22 (5). 1203-1213.

[33] Davidsson, P. (2004). Researching entrepreneurship. New York, NY: Springer.

[34] Davidsson, P. (2006). Nascent entrepreneurship: Empirical studies and

developments. Foundations and Trends in Entrepreneurship, 2 (1): 1-76.

[35] Davidsson, P., & Honig, B. (2003). The role of social and human capital among nascent entrepreneurs. Journal of Business Venturing, 18 (3): 301-331.

[36] Dees, J. G. (1998). Enterprising nonprofits. Harvard Business Review, 76 (2): 54-69.

[37] Defourny, J., & Nyssens, M. (2006). Defining social enterprise. In M. Nyssens (Ed.), Social enterprise: At the crossroads of market, public policies and civil society (pp. 3-27). London: Routledge.

[38] Desa, G., & Basu, S. (2013). Optimization or bricolage? Overcoming resource constraints in global social entrepreneurship. Strategic Entrepreneurship Journal, 7 (1): 26-49.

[39] DiMaggio, P. J., & Anheier, H. K. (1990). The sociology of nonprofit organizations and sectors. Annual Review of Sociology, (16): 137-159.

[40] Dimitriadis, S., Lee, M., Ramarajan, L., & Battilana, J. (2017). Blurring the boundaries: The interplay of gender and local communities in the commercialization of social ventures. Organization Science, 28 (5): 8193-8839.

[41] DiRenzo, G. J. (1977). Socialization, personality, and social systems. Annual Review of Sociology, 3: 261-295.

[42] Dokko, G, Wilk, S. L., & Rothbard, N. P. (2009). Unpacking prior experience: How career history affects job performance. Organization Science, 20 (1): 51-68.

[43] Douglas, M. T. (1986). How institutions think. Syracuse, NY: Syracuse University Press.

[44] Eckhardt, J. T, & Shane, S. A. (2003). Opportunities and entrepreneurship. Journal of Management, 29 (3): 333-349.

[45] Eikenberry, A. M. (2009). Refusing the market: A democratic discourse for voluntary and nonprofit organizations. Nonprofit and Voluntary Sector Quarterly, 38 (4): 582-596.

[46] Fauchart, E., & Gruber, M. (2011). Darwinians, communitarians, and missionaries: The role of founder identity in entrepreneurship. Academy of Management Journal, 54 (5): 935-957.

[47] Feldman, D. C. (1981). The multiple socialization of organization members. Academy of Management Review, 6 (2): 309-318.

[48] Galaskiewicz, J., & Barringer, S. (2012). Social enterprises and social

categories. In J. Gidron & Y. Hasenfeld (Eds.), Social enterprises: An organizational perspective (pp. 47-70). New York: Palgrave Macmillan.

[49] Gioia, D. A, & Manz, C. C. (1985). Linking cognition and behavior: A script processing interpretation of vicarious learning. Academy of Management Review, 10 (3): 527-539.

[50] Gorsuch, R. L. (1997). Exploratory factor analysis: Its role in item analysis. Journal of Personality Assessment, 68 (3): 532-560.

[51] Grimes, M., Williams, T., & Zhao, E. Y. (2019). Anchors Aweigh: The sources, variety, and challenges of mission drift. Academy of Management Review, 44 (4): 819-845.

[52] Grønbjerg, K. A. (2001). The US nonprofit human service sector: A creeping revolution. Nonprofit and Voluntary Sector Quarterly, 30 (2): 276-297.

[53] Haigh, N., & Hoffman, A. J. (2012). Hybrid organizations: The next chapter of sustainable business. Organizational Dynamics, 41 (2): 126-134.

[54] Hartmann, M. (2000). Class-specific habitus and the social reproduction of the business elite in Germany and France. The Sociological Review, 48 (2): 241-261.

[55] Haveman, H. A, & Beresford, L. S. (2012). If you're so smart, why aren't you the boss? Explaining the persistent vertical gender gap in management. Annals of the American Academy of Political and Social Science, 639 (1): 114-130.

[56] Hiatt, S. R, Sine, W. D, & T olbert, P. S. (2009). From Pabst to Pepsi: The deinstitutionalization of social practices and the creation of entrepreneurial opportunities. Administrative Science Quarterly, 54 (4): 635-667.

[57] Higgins, M. C. (2005). Career imprints: Creating leaders across an industry. San Francisco, CA: Jossey-Bass.

[58] Hwang, H., & Powell, W. W. (2009). The rationalization of charity: The influences of professionalism in the nonprofit sector. Administrative Science Quarterly, 54 (2): 268-298.

[59] Jonsson, J. O., Grusky, D. B., Di Carlo, M., & Pollak, R. (2011). It's a decent bet that our children will be professors too. In D. B. Grusky & S. Szelényi (Eds.), The inequality reader (pp. 499-516). Boulder, CO: Westview Press.

[60] Jonsson, J. O., Grusky, D. B., Di Carlo, M., Pollak, R., & Brinton, M. C. (2009). Microclass mobility: Social reproduction in four countries. Ameri-

can Journal of Sociology，114（4）：977-1036.

[61] Kacperczyk，A. J.（2013）. Social influence and entrepreneurship：The effect of university peers on entrepreneurial entry. Organization Science，24（3）：664-683.

[62] Kaul，A，& Luo，J.（2017）. An economic case for CSR：The comparative efficiency of for-profit firms in meeting consumer demand for social goods. Strategic Management Journal，39（6）：1650-1677.

[63] Kerlin，J. A.（2006）. Social enterprise in the United States and Europe：Understanding and learning from the differences. Voluntas，17（3）：246-262.

[64] Kerlin，J. A.，& Pollak，T. H.（2011）. Nonprofit commercial revenue：A replacement for declining government grants and private contributions?. The American Review of Public Administration，41（6）：686-704.

[65] King，B. G.，& Pearce，N. A.（2010）. The contentiousness of markets：Politics，social movements，and institutional change in markets. Annual Review of Sociology，36：249-267.

[66] Kohn，M. L，& Schooler，C.（1983）. Work and personality：An inquiry into the impact of social stratification. Norwood，NJ：Ablex PubCorp.

[67] Lee，M.，Battilana，J.，& Wang，T.（2014）. Building an infrastructure for empirical research on social enterprise：Challenges and opportunities. In J. Short（Ed.），Social entrepreneurship and research methods（Vol. 9，pp. 241-264）. Bingley：Emerald Group Publishing Ltd.

[68] Litrico，J. B，& Besharov，M.（2019）. Unpacking variation in hybrid organizational forms：Changing models of social enterprise among nonprofits，2000-2013. Journal of Business Ethics，159（2）：343-360.

[69] London，T.，& Christiansen，M.（2008）. VisionSpring：A lens for growth at the base of the pyramid. Case 1-428-610. Ann Arbor，MI：William Davidson Institute.

[70] Maier，F.，Meyer，M.，& Steinbereithner，M.（2015）. Nonprofit organizations becoming business-like：A systematic review. Nonprofit and Voluntary Sector Quarterly，45（1）：64-86.

[71] Mair，J.（2010）. Social entrepreneurship：Taking stock and looking ahead. In A. Fayolle & H. Matlay（Eds.），Handbook of research on social entrepreneurship（pp. 16-33）. Cheltenham：Edward Elgar.

[72] Mair，J.，& Marti，I.（2006）. Social entrepreneurship research：A

source of explanation, prediction, and delight. Journal of World Business, 41: 36-44.

[73] Manz, C. C., & Sims, H. P. (1981). Vicarious learning: The influence of modeling on organizational behavior. Academy of Management Review, 6 (1): 105-113.

[74] Marquis, C., & Tilcsik, A. (2013). Imprinting: T oward a multilevel theory. Academy of Management Annals, 7 (1): 195-245.

[75] Mathias, B. D, Williams, D. W., & Smith, A. R. (2015). Entrepreneurial inception: The role of imprinting in entrepreneurial action. Journal of Business Venturing, 30 (1): 11-28.

[76] Miller, T. L., Grimes, M. G., McMullen, J. S., & V ogus, T. J. (2012). Venturing for others with heart and head: How compassion encourages social entrepreneurship. Academy of Management Review, 37 (4): 616-640.

[77] Minkoff, D. C, & Powell, W. W. (2006). Nonprofit mission: Constancy, responsiveness, or deflection? In W. W. Powell & R. Steinberg (Eds.), The nonprofit sector: A research handbook (pp. 591-611). New Haven, CT: Yale University Press.

[78] Moss, T. W., Short, J. C., Payne, G. T., & Lumpkin, T. (2011). Dual identities in social ventures: An exploratory study. Entrepreneurship Theory and Practice, 35 (4): 805-830.

[79] Nightingale, P., & Coad, A. (2013). Muppets and gazelles: Political and methodological biases in entre-preneurship research. Industrial and Corporate Change, 23 (1): 113-143.

[80] Nunnally, J. (1978). Psychometric theory. New York, NY: McGraw-Hill.

[81] Pache, A.-C., & Santos, F. (2013). Inside the hybrid organization: Selective coupling as a response to competing institutional logics. Academy of Management Journal, 56 (4): 972-1001.

[82] Parker, S. C. (2004). The economics of self-employment and entrepreneurship. Cambridge: Cambridge University Press.

[83] Phillips, D. J. (2002). A genealogical approach to organizational life chances: The parent-progeny transfer among Silicon Valley law firms, 1946-1996. Administrative Science Quarterly, 47 (3): 474-506.

[84] Powell, W. W., & Colyvas, J. A. (2008). Microfoundations of institu-

tional theory. In R. Greenwood, C. Oliver, K. Sahlin, & R. Suddaby (Eds.), The SAGE handbook of organizational institutionalism (pp. 276 - 298). London: SAGE Publications.

[85] Powell, W. W., & Sandholtz, K. W. (2012). Amphibious entrepreneurs and the emergence of organizational forms. Strategic Entrepreneurship Journal, 6 (2): 94-115.

[86] Reynolds, P. D., & White, S. B. (1997). The entrepreneurial process: Economic growth, men, women, and minorities. Westport, CT: Quorum Books.

[87] Schein, V. E. (2001). A global look at psychological barriers to women's progress in management. Journal of Social Issues, 57 (4): 675-688.

[88] Schulenberg, J. E., Vondracek, F. W., & Crouter, A. C. (1984). The influence of the family on vocational development. Journal of Marriage and the Family, 46 (1): 129-143.

[89] Scott, W. R. (1995). Institutions and organizations. Thousand Oaks, CA: SAGE Publications.

[90] Shane, S, & Khurana, R. (2003). Bringing individuals back in: The effects of career experience on new firm founding. Industrial and Corporate Change, 12 (3): 519-543.

[91] Shane, S. (2000). Prior knowledge and the discovery of entrepreneurial opportunities. Organization Science, 11 (4): 448-469.

[92] Shane, S. A. (2003). A general theory of entrepreneurship: The individual-opportunity nexus. Cheltenham: Edward Elgar.

[93] Sharir, M., & Lerner, M. (2006). Gauging the success of social ventures initiated by individual social entrepreneurs. Journal of World Business, 41 (1): 6-20.

[94] Short, J. C., Moss, T. W., & Lumpkin, G. T. (2009). Research in social entrepreneurship: Past contributions and future opportunities. Strategic Entrepreneurship Journal, 3 (2): 161-194.

[95] Smith, W. K., & Besharov, M. L. (2019). Bowing before dual gods: How structured flexibility sustains organizational hybridity. Administrative Science Quarterly, 64 (1): 1-44.

[96] Stevens, R., Moray, N., Bruneel, J., & Clarysse, B. (2014). Attention allocation to multiple goals: The case of for-profit social enterprises. Strategic Management Journal, 36 (7): 1006-1016.

[97] Stinchcombe, A. L. (1965). Social structure and organizations. In J. G. March (Ed.), Handbook of organizations (pp. 142-193). Chicago, IL: Rand McNally.

[98] Sørensen, J. B., & Fassiotto, M. A. (2011). Organizations as fonts of entrepreneurship. Organization Science, 22 (5): 1322-1331.

[99] Tilcsik, A. (2014). Imprint-environment fit and performance: How organizational munificence at the time of hire affects subsequent job performance. Administrative Science Quarterly, 59 (4): 639-668.

[100] Tracey, P., Phillips, N., & Jarvis, O. (2011). Bridging institutional entrepreneurship and the creation of new organizational forms: A multilevel model. Organization Science, 22 (1): 60-80.

[101] Tschirhart, M., Reed, K. K., Freeman, S. J., & Anker, A. L. (2008). Is the grass greener? Sector shifting and choice of sector by MPA and MBA Graduates. Nonprofit and Voluntary Sector Quarterly, 37 (4): 668-688.

[102] Tucker, L. R, & Lewis C. (1973). A reliability coefficient for maximum likelihood factor analysis. Psychometrika, 38 (1): 1-10.

[103] Van de Ven, A. H., Sapienza, H. J., & Villanueva, J. (2007). Entrepreneurial pursuits of self-and collective interests. Strategic Entrepreneurship Journal, 1 (3-4): 353-370.

[104] Van der Sluis, J., van Praag, M., & Vijverberg, W. (2008). Education and entrepreneurship selection and performance: A review of the empirical literature. Journal of Economic Surveys, 22 (5): 795-841.

[105] Van Maanen, J, & Schein, E. H. (1979). T owards a theory of organizational socialization. In B. M. Staw (Ed.), Research in organizational behavior (Vol. 1, pp. 209-264). Greenwich, CT: JAI Press.

[106] Weber, W., Heinze, K. L., & DeSoucey, M. (2008). Forage for thought: Mobilizing codes in the movement for grass-fed meat and dairy products. Administrative Science Quarterly, 53 (3): 529-567.

[107] Weisbrod, B. A. (1998). The nonprofit mission and its financing: Growing links between nonprofits and the rest of the economy. In B. A. Weisbrod (Ed.), To profit or not to profit: The commercial transformation of the nonprofit sector (pp. 1-24). Cambridge: Cambridge University Press.

[108] Wry, T., & York, J. G. (2017). An identity-based approach to social enterprise. Academy of Management Review, 42 (3): 437-460.

［109］ Young，D. R. （2009）. Alternative perspectives on social enterprise. In J. J. Cordes & C. E. Steuerle （Eds.），Nonprofits and business （pp. 21–46）. Washington，DC：Urban Institute.

［110］ Zahra，S. A.，Gedajlovic，E.，Neubaum，D. O.，& Shulman，J. M. （2009）. A typology of social entrepreneurs：Motives，search processes and ethical challenges. Journal of Business Venturing，24 （5）：519–532.

［111］ Zelizer，V. A. （1996）. Payments and social ties. Sociological Forum，11 （3）：481–495.

第八章　新的混合形式及其新颖性责任*

摘要：最近许多关于混合型组织的研究都集中在这些组织制定的战略和实践上，以管理与竞争逻辑相关的制度性矛盾，很少有人关注本章所述的新颖性责任，其被定义为新的混合形式在内部和外部都面临着复杂的制度挑战。本书认为，这些超出了通常与新企业形成相关的新责任。在本章中，我们使用了德国社会孵化器 Incubate 的案例。这一案例特别具有启发性，因为孵化器在实质和组织模式上都是一个混合体，其使命整合了宗教、市场和社区场域等，其组织模式跨越了数字模拟鸿沟。无论是 Incubate 的成员，还是其外部利益相关者，都不能依赖现有的制度模板来理解它。它不仅在组织上是新的，而且在制度上也是新的。因此，它经历了本章所区分的描述性和评估性挑战。它既不被理解也不被接受。本章概述了解决这些挑战的四种实践，即编写、构建、相符和配置，并按照内部与外部以及形成与转化维度对其进行分类。

关键词：数字技术；新颖性责任；组织形式；组织混合；宗教；社会企业家精神

一、引言

混合型组织通常接受不同的制度逻辑（Friedland and Alford，1991；Thornton et al.，2012）。例如，社会企业家利用市场和社区的制度逻辑（Doherty et al.，

* Ali Aslan Gümüsay 和 Michael Smets。感谢来自维也纳和汉堡大学的同事的早期研究，以及 2019 年德国科学委员会组织工作坊（WK Org Workshop，2019）和 2019 年欧洲组织研究协会会议（EGOS 2019）的参与者，特别是 Leonhard Dobusch 和 Emilio Marti。同时，要感谢 Marya Besharov 和 Bjoern Mitzinneck 提供的有益反馈和指导。

2014）追求商业价值和社会价值（Wry and York，2017；Gümüsay，2018），他们通过制定与相互竞争的制度逻辑进行建设性互动的战略和实践，并维持混合形式（Battilana and Lee，2014；Gümüsay et al.，2020；Kraatz and Block，2008；Mair et al.，2015；Smets et al.，2015；Smith and Besharov，2019），从而对抗由此产生的制度多元化（Kraatz and Block，2008）。

在本章中，我们将重点关注如何使一种新的混合型组织形式合法化（Huybrechts and Haugh，2017；Tracey et al.，2011）。我们在研究过程中回应了在制度理论和企业家精神（Bruton et al.，2010；Tolbert et al.，2010）以及社会企业家精神之间建立更深层次联系的呼吁（Smith et al.，2013）。基于强调新颖性如何加剧制度紧张体验的现有研究（Smets et al.，2012），本书认为，与现有的混合形式相比，新的混合形式因为缺乏既定的模板而面临更大的制度紧张和规制（Gümüsay et al.，2020）。本书探讨了在面对怀疑和逆境时，以新颖而连贯的方式整合制度要素的额外挑战。值得注意的是，缺乏固定范式可能涉及混合体新的使命和新的实质，以及它的创新交付成果和组织运行模式。相应地，建立连贯的新组织形式需要符合规范合法性与认知合法性，进而形成组织合法性下的“组织原型配置”（Greenwood and Suddaby，2006）。因此，本书研究的动机是以下研究问题：新的混合型组织形式如何与新颖性责任相联系？

为了回答这个问题，本书对德国的一个社会孵化器进行了深入的案例研究，我们称之为 Incubate。与文献中记录的大多数混合型组织不同，孵化器包含三种逻辑：市场、社区和宗教（Gümüsay，2015）。除了它的实质内容外，其组织模式也是混合的，主要依靠数字参与，辅以物理事件。由于这种多维度的混合，Incubate 同时应对新的社会宗教孵化器的制度复杂性，以及跨越数字模拟鸿沟的混合组织形式。

本章有两方面的理论贡献：首先，本章扩展了“新的责任”的概念（Stinchcombe，1965），即“年轻组织具有更强的消亡倾向”（Singh et al.，1986），并引入了“新颖性责任”的概念。这抓住了新的组织形式更高的“合法性阈值”（Zimmerman and Zeitz，2002），他们面临更高的阈值是因为他们开始提供当前制度逻辑怀疑且尚未确认为有效的利益。因此，有更大的倾向认为新形式是不合适的。换句话说，在制度上新颖的企业的合法性门槛要高于那些仅仅在组织上新颖的企业。这是因为它们同时面临着描述性和评估性的责任，即一种新的组织形式既可能不被理解，也可能不被接受。了解新的混合型组织如何通过这一更高的门槛很重要，因为它决定了现有社会问题的新解决方案在多大程度上是可用的。

其次，本章深入探讨了混合型组织如何处理其内部和外部的新颖性责任。新的责任通常集中于使新组织易于理解和接受外部受众的挑战上，同时需要引起和发展内部的凝聚力和协调性。相比之下，一种新的形式面临着向外部受众解释和证明新模式的双重挑战，而内部成员仍在寻找它们所代表的逻辑是如何相互关联的。本书认为，新的混合型组织以平衡新颖性和熟悉性的方式同时解决这些内部挑战和外部挑战：在内部，他们在努力保持凝聚力的同时融入新颖性；在外部，他们试图在不失去新颖性的情况下融入现有的制度环境。本书确定了他们的四种具体做法：编写新形式、构建新模板、符合既定形式和配置制度环境。这些实践同时具有形成性，即稳定组织的内部运作（编写），以及外部融合（相符）和变革性，即试验新的结构、实践和身份（构建），并建立一个便利获取各种形式资本的制度环境（配置）。

二、新型混合型组织形式

（一）组织形式的新颖性

组织形式是“在制度背景下被视为适当的基本价值观赋予连贯性的结构和实践的原型配置”（Greenwood and Suddaby，2006）。在这种背景下，制度背景下的“适当性”通常通过组织合法性进行评估，“一种广义的感知或假设，认为一个实体的行为在某种社会构建的规范、价值、信仰和定义体系中是可取的、合适的或适当的”（Suchman，1995）。对于一种新的组织形式来说，这尤其具有挑战性，因为它不是一种渐进式的演变，而是一种从根本上说是一种全新的特征配置，会带来外部和内部挑战。

从外部看，组织需要在制度领域内保持新颖性，因为其合法性无法根据现有原型进行评估。由于它连接了不同类别，场域参与者努力安置组织并使用既定的启发式方法对其进行评估，因此评估模板需要与待评估的新组织形式一起构建。这尤其令人费解，因为新组织形式的出现是制度环境中的现有替代方案不能（充分）满足重要的社会需求而导致的。

从内部看，组织还面临着额外的斗争。它不仅跨越了潜在的相互冲突的制度逻辑，还需要制定新的实践并编制新的模板来衔接它们。新的形式进入了未经授权的场域，但没有一套公认的价值观来提供新的结构配置，因此，新的组织形式违背了现有制度结构的编织。

通常，组织形式的新颖性是基于它们的新特征的，Puranam 等（2014）是根据四个组织问题是否以新颖的方式得到解决来确定的，即任务划分、任务分配、奖励提供和信息提供。虽然 Puranam 等（2014）本质上认为新颖性是普遍的，但是 Suchman（1995）对合法性的定义提出了一个更具有相对性的制度新颖性概念，因为其“在一些社会建构的规范、价值观、信仰和定义体系中”对行动进行了评估。行动在一个系统中是新颖的，而在另一个系统中是建立起来的。这种理解使新颖性成为一个主位的、特定领域的和相对的概念（Palmer et al.，2007）。

新颖性的相对概念受空间和时间的限制。组织模板在一种环境中可能是新颖的，但在另一种环境中可能不是。例如，社会企业家精神（Dacin et al.，2011；Mair and Martí，2006）已成为解决紧迫社会需求的广泛工具，并与中心节点的制度基础设施相结合。尽管如此，在其他环境中，社会企业仍然被视为一种新的组织形式。例如，社会需求主要通过慈善组织或公共服务来满足。事实上，在这些环境中，像社会企业这样新的组织形式可能会刺激理所当然的过程和实践，因为它突出了它们被忽视或服务不足的需求。从这个意义上说，既定性和新颖性的概念取决于现场条件，因此受到空间和时间的限制。

即使场域参与者认同某个特定的组织模板在特定的空间是新颖的，其被视为新颖的时间也可能是主观的。对一些人来说，它可能在较短的一段时间后就不会被概念化为新颖，而对另一些人来说，则需要较长一段时间。例如，在过去的几十年里，蜂窝、模块化和网络化组织被认为是新颖的后官僚组织模式（Palmer et al.，2007）。它们在某些领域（如软件开发）中越来越成为规范，而在其他领域，更多的传统组织模式仍然占主导地位。因此，后官僚主义的组织模式在后者看来是新颖的，但在前者则不是如此。当前，由于 Covid-19 的强化，数字化组织形式变得更加普遍（Hinings et al.，2018；Zammuto et al.，2007）。因此，形式的新颖性是暂时的。

此外，新颖性是一个程度问题，它既不是绝对的，也不是二元的。相反，某类组织形式与其他形式相比时，总会或多或少被认为是新颖的。在这种情况下，它被认为更类似于现有备选方案的新形式，或被认为更接近于已建立的分类范式下的组织新形式，与那些直接挑战存在组织合法性的组织原型相比，其被认为没有那么大的破坏性和新颖性，如通过向特定社会场域注入新的制度逻辑（Gümüsay，2020）。

（二）混合型组织作为一种新的组织形式

最近对新组织形式的研究主要集中在作为处理不同制度需求的组织即混合型组织上（Pache and Santos，2013；Battilana and Lee，2014；Battilana et al.，

2015）。以熊彼特的方式来看，制度逻辑的重组可以创新地构成一种新形式。社会企业被认为是这种创新的逻辑重组的特别有启发性的例子，因为它们“从营利和非营利机构中汲取逻辑，两者可能相互冲突”（Dacin et al.，2011）。较为典型的是，社会企业将商业和社区逻辑结合起来（Battilana and Dorado，2010；Gümüsay，2018），但也可能借鉴宗教等其他逻辑（Zhao and Lounsbury，2016；Greenwood et al.，2010；Mitzinneck and Besharov，2019）。

迄今为止，上述方面的研究工作较少关注组织形式的新颖性，而更多关注这些组织如何处理其跨领域竞争逻辑中固有的制度复杂性（Kraatz and Block，2008；Greenwood et al.，2011）。因此，需要重新发现制度环境与混合组织之间的联系。在某些情况下，制度环境可以为希望制定组织形式的组织提供模板并赋予其合法性，如共益企业认证（Gehman and Grimes，2016；Grimes et al.，2018）。一些混合银行可能是新颖的，但其制度背景无法提供模板，如欧元区第一家伊斯兰银行 KT 银行（Gümüsay et al.，2020）以及英国支持无家可归者的社会企业 Aspire（Tracey et al.，2011）。在这些情况下，一个新的组织混合体以一种在其领域从未有过的新方式结合了制度逻辑，它既面临着由于多样且经常相互冲突的制度需求而产生的制度多元化，也面临着由于其混合形式的新颖性而导致的制度挑战。

此外，新颖性不仅涉及新的组织形式的实质，即合并的制度逻辑，还涉及组织模式，即它们适应新结构、实践和流程的方式（Meyer and Höller，2014）。因此，使新的组织形式合法化的特殊挑战在于，它们在创造新颖性（实质）和解决创新性（模式）的方式上破坏了既定的制度模式。组织形式上的这种新颖性的例子包括优步、爱彼迎和其他颠覆性创新者，这些创新者不仅是新企业，而且从根本上挑战了现有的商业模式，因此面临着更严格的审查（Botsman and Rogers，2010；Srnicek，2017；Cennamo，2019）。值得注意的是，这可能是“什么”（what），即与现有模式不同，也有可能是“如何”（how），即组织模式，如上述示例或社会黑客团体 Anonymous（Dobusch and Schoeneborn，2015）、维基百科和 Linux 之类的在线社区（Garud et al.，2008）等新的组织形式。

总的来说，这些形式的新颖性取决于空间、时间和该领域参与者的理解。新形式的出现和发展要么是由于对现有组织特征的重组和重新配置，要么是感知到组织特征的新创造，或者两者兼而有之。它们的新颖性面临着外部制度环境以及内部制度，这些导致了制度稳定或变革。

三、研究对象和方法

（一）研究对象

为了了解新的组织形式如何应对其新颖性责任，本书研究了 Incubate，即一家成立于 2010 年的德国社会孵化器。Incubate 作为一个不同寻常的启示性案例（Eisenhardt and Graebner，2007），它将市场、社区和宗教问题结合起来，并通过模拟和数字手段实现其使命。它的使命是在德国部分社区促进和鼓励社会企业家精神。Incubate 通过各种形式实现这一目标，包括模拟数字会议、研讨会、网络晚宴、智囊团活动、资金和指导计划。Incubate 这些活动由多达 100 名工作人员组织，欢迎那些围绕自己的信仰和社会企业家精神自我认同的参与者。Incubate 有意保持包容性，支持有可能演变成社会企业的非营利性社会项目。

该组织自称为"社会创业的第一个平台"，而局外人则将其称为"新社区化的原型"（Mykytjuk-Hitz，2015）。简言之，孵化在德国尤其新颖，因为它利用社会企业家精神而不是慈善活动作为行善的工具，而在 2010 年之前这一概念在德国还并非广为人知。它将年轻人定位为社区服务的提供者，而不是接受者。在很多方面，它处在社会企业家兴起和技术进步的交汇处。

在多个文件中，Incubate 描述了它提供四种类型的资本，即人力资本、社会资本、金融资本和文化资本，分别转化为知识、网络、资金和动机。因此，获得 Incubate 支持的项目涉及广泛的事业，从社会到生态和文化。一些项目有明确的宗教重点，而另一些项目是"具有潜在价值的项目"。例如，HIMA 提供环境保护信息和咨询服务；Restart 支持难民艺术家；Refugee Open Ware 提供人道主义技术和创新方面的投资，并为难民提供计算机编写和机器人技术方面的培训；Frimeo 是一款连接消费者和当地农民的智能手机应用程序。Incubate 通过奖金、指导计划和宣传活动支持这些项目。

Incubate 最初挑战的是制度创新，但其日益增长的合法性也体现在合作网络和为表彰其使命而获得的一系列奖项上。例如，它的合作伙伴和赞助者包括来自社会企业界的家喻户晓的名字，如 Ashoka Changemakers、Engagement Global、social Impact Lab 以及其他著名组织，如英国文化协会，它们当时特别关注社会企业家精神。简言之，Incubate 与社会企业领域中的国际网络相关联，其寻求这些组织而不是当地的制度环境认可。2011 年，Incubate 被选为社会创业竞赛"Generation-D”的20个项目之一；2012年，Incubate获得影响社会创业学院观众奖；2013年，Incubate获得startsocial奖金。这些奖项均由德国著名公司和基金会赞助。通过展示Incubate作为公民参与的新模板，他们庆祝其方法的新颖性，并表明其日益被接受。

（二）数据来源

为了捕捉Incubate如何参与其新的混合组织形式的复杂性，本书使用了一种基于三种数据的案例研究方法（Eisenhardt，1989；Yin，1994）。首先，本书使用了Incubate从2010年3月成立到2018年10月的参与者观察数据，并在文本中将观察数据标记为“obs”。2010~2013年，作为Incubate的联合创始人和执行董事会成员，Gümüsay深入“本土”了解了该组织（Brannick and Coghlan，2007）。他作为会议和在线会议的参与者观察收集数据（Alvesson，2003）。他总共参加了8次会议、28次当地活动——从网络晚宴到全天战略静修，以及4次网络研讨会。他参加了220多场在线董事会和团队会议。此外，他还参加了与赞助商、合作伙伴、记者和咨询委员会成员的会议。2012年10月，Gümüsay开始了他的研究，并在这方面开始写研究笔记，记录了讨论、观察和经验。大多数活动都是在线的，他在电话会议和网络研讨会期间以及之后都做了笔记。在会议上，他将观察结果记录在笔记本电脑或纸上，然后在晚上或事件发生后将其记录输入研究笔记中。

其次，本书收集了文件材料，标记为“doc”，如会议手册、报告和Incubate制作的其他书面材料。这些包括最终版本和早期草案，这使我们能够追踪思想的演变，区分那些成为现实的思想和那些在这个过程中被抛弃或淡化的思想。本章第一作者Gümüsay还访问了Facebook群组、WhatsApp消息、电子邮件、时事通讯和转发的交流内容。他还可以不受限制地访问项目管理小组，因为Basecamp被用作在线工作、存储和共享文档及其他材料的工具。此外，本书还收集了外部文档，如报纸文章、网站材料、博客帖子、关于Incubate的书籍章节、视频材料和社交媒体帖子。对于外部文档，本书进行了三种搜索活动，在Factiva上搜索Incubate，使用谷歌搜索和筛选组织共享的帖子。本书还使用了“滚雪球”抽样，从某种意义上说，我们识别了文档中的链接并跟踪它们，以捕获关于组织的内容。我们的目的是收集大量详尽的文件，以捕获Incubate在其制度背景下的时间跨度。

最后，除各种非正式访谈外，Gümüsay还对孵化员工和参与孵化活动的项目成员进行了20次正式半结构化访谈（标记为“int”）。为了减少与混合型组织研究相关的角色双重性和冲突的挑战（Brannick and Coghlan，2007；Karra and

Phillips，2008），访谈安排在2018年夏季，即Incubate执行董事会成员资格结束五年后。采访持续了30~75分钟，内容被逐字记录和转录。我们围绕加入或参加Incubate的个人动机、Incubate的特点和新颖特征以及内部组织和外部组织挑战进行交流，数据描述性统计如表8-1所示。

表8-1　数据描述性统计

数据来源	观察	文件	访谈
时间段	2010年3月至2018年10月		2018年4~9月
数据描述	观察者参与了8场会议、28场本地活动、4场网络研讨会以及220多场Skype和谷歌聚会	内部和外部使用的过程、最终文档以及数字材料，如Basecamp便签、WhatsApp群组消息、图片、视频和电子邮件交流。报纸文章、网站文本、博客文章、书籍章节和社交媒体材料	20次半结构化访谈和非正式对话
分析见解	注意到围绕组织形式新颖性的内部斗争和外部感知，捕捉制度背景和发展		获得个人观点、叙述和组织斗争的具体案例

（三）数据分析

基于Gümüsay对本案例的深入了解，本书将Incubate作为一个结合了宗教、社区和市场等方面的混合型组织。根据既定的定性分析程序（Gioia et al.，2013），本书开始对这些不相容元素及其潜在逻辑进行分类。然而，我们很快注意到大量内容提到Incubate是“不同的东西”，这难以捕捉、理解和解释。因此，本书的兴趣从关注不相容的制度需求转向了混合形式的新颖性。在内部，人们努力将组织模板化；在外部，人们发现很难将Incubate纳入现有的制度模板中，通常将其称为“酷的东西”或“新奇的东西”。因此，数据分析的这一阶段包括确定笔记，受访者和文件涉及新颖性、陌生性和独特性等方面的内容，如表8-1所示。这一见解激发了下一轮的编写，即重点关注Incubate是如何与新颖性结合的。这产生了与组织如何重组实体相关的一级分类：商业、社区和信仰以及其混合交付模式，如模拟和数字。然后，本书将一级类别分组为二级主题，以更抽象地概念化组织如何处理新颖事物，区分内部和外部焦点。当我们意识到某些实践基本上稳定了现状，而另一些实践则在改变现状时，我们不仅根据内部和外部差异对其进行排序，而且还根据它们是否正在形成或改变实践进行排序。在最后一个阶段，我们将其分为四个总体维度，分别为编写新形式、构建新模板、符合既定形式和配置制度环境。前两种是以内部为中心的做法，而后者是以外部为中心的做法。此外，编写和相符是形成实践的过程，而构建和配置是改变实践的过程（见图 8-1）。

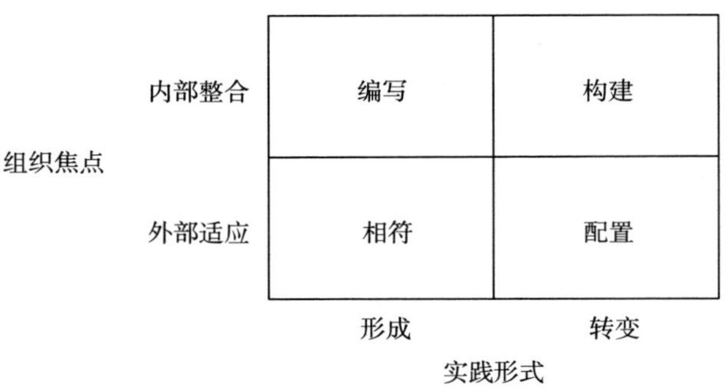

图 8-1　混合形式新颖性建立过程

四、调查结果

Incubate 自我描述为使用模拟和数字手段（doc）的“社会孵化器”。它声称是“社会创业的第一个平台”（doc）。7 位联合创始人中有 4 位不住在德国，从远处看德国社会让他们“渴望而又不安”（doc），并激发了他们回报社会的愿望。他们明确了三项关键任务：一是为参与社会活动的人们提供一个联系的平台；二是专业化并加强人们参与；三是让公众和社区以外的核心行动者更容易看到现有的新颖性建立情况（doc）。一位受访者解释说，在执行这些任务时，关注社会宗教问题（实质）是出于他们自己的愿望，但依赖数字交付（模式）是出于人才分散（int）的需要。

（一）新颖性的挑战

讨论和采访揭示了早期支持者在向他人解释孵化过程时面临的双重挑战。起初该组织只是一个默默无闻的组织，但人们对其越来越熟悉后也形成了不安。正如一位受访者报告的那样，他经常被问到什么是 Incubate，Incubate 做什么，它是穆斯林组织吗，它的目的是什么。即使在解释了 Incubate 做什么以及 Incubate 是如何做的之后，他也能从人们的眼睛里看出这种质疑的表情（int）。然而，另

一个人回忆说，“质疑的目光”只是问题的一部分。

Incubate 的定位引起了不安、误解甚至不适。当地规范是通过慈善组织或公共服务提供公民参与的途径，从而使年轻人成为社会支持的接受者而非提供者。因此，Incubate 违反了制度模板，不符合既定类别。这与当地“已知”和“接受”的情况背道而驰。更重要的是，这些新颖性挑战危及 Incubate 进入关键基础设施。Incubate 的第一个银行账户在开户后两周内未经通知就被关闭了，后来一名银行员工暗示这是因为 Incubate 的倾向。同样地，当询问某一活动的场地时，场地经理通过电子邮件回复：“我已经请一位了解这样协会的同事来调查你，他已经联系了社会融合和移民部，有趣的是，他们不认识你！我还注意到，你最近在海德堡举办了一次活动，但也没有人认识你！你不觉得这很奇怪吗?”

一位受访者总结的电子邮件内容是：“邮件只是说我不认识你，我不信任你，我不能把你归入我的参照系，所以你在这里没有容身之处，你在某种程度上很可疑。这很好地描绘了创新的斗争不同于常规的斗争。这很难，但令人兴奋。这是一项艰苦而激动人心的工作（int）。”

有趣的是，类别和参照系的问题并不局限于外部组成部分，它们也在内部共享。关键的争论出现在 Incubate 构成逻辑的平衡上，特别是宗教逻辑。毫不奇怪，更多宗教和更多世俗使命的支持者都对自己的信仰感受强烈。类似地，所选择的组织模式必须在建立新身份的狭窄渠道中穿行，同时充分符合既定类别，如获得与慈善使命相关的税收优惠。

下面本书将详细介绍 Incubate 如何在内部和外部解决这些挑战，即在物质和交付方式方面成为一种新型的混合型组织。

（二）新颖性和内部整合：编写和构建

孵化通过编写和构建实践进行内部整合。对新颖性进行编写有助于解释、实现和稳定具有凝聚力的新身份。相比之下，构建新颖性有助于推进新结构和实践的设计。

1. 编写新形式

在缺乏可遵循模板的情况下，Incubate 必须建立一个连贯的新组织。它必须以一种允许跨商业、社区、信念以及物理距离进行有意义参与的方式，将其愿景、战略和形式结合起来。为了创造这种一致性，领导层需要不断地解释 Incubate 是什么以及它是如何运作的。它通过大本营、网络研讨会、一对一会议、Skype 电话以及后来的谷歌群聊书面不断更新内容。这些书面和口头文本框定了 Incubate 及其活动，从而逐渐编写了其新的组织形式。例如，在一次介绍中，Incubate 强调并解释了自己的口号，以澄清其使命的宗教层面，指出 Incubate 的存在是为了进行更广泛的社会服务。同样地，在一次网络研讨会上，执行董事会将 Incubate 定位为“社会创业孵化器”，解释社会创业如何致力于创新的、通常以市场为导向的解决方案，并致力于生态和社会可持续性。社会企业是一种企业活动，旨在教育、贫困、环境和健康等问题上实现积极的社会变革（doc）。

为了在物理距离遥远的情况下仍可使组织聚合在一起，并确保新的组织形式不仅自上而下编写，而且通过横向传播进一步稳定，Incubate 设计了在线共享体验。Facebook 和 WhatsApp 小组主持了关于宗教和社会活动等话题的讨论，这些话题在网站上形成了共同的主题。同时，当成员在旅行中利用这些在线活动组织与当地同事自发会面时，这些在线活动也蔓延到了模拟领域。他们甚至制作了一个视频，其中有这样一次非正式会面的印象，然后可以反馈到数字领域。此外，Incubate 在活动前、活动中和活动后积极使用社交媒体技术，如“展开你的想法”和“大胆分享”等推特标签，以及“团队印在衬衫上”等其他标签。这些沟通原则不仅阐明和编写了组织的实质内容，还阐明了跨越数字模拟鸿沟的组织模式。

值得注意的是，由于成员创造了“孵化闪光”一词以捕捉成员们在不同领域和参与模式中共享的身份，因此产生的一致性意识本身也被编写出来。在 Incubate 的活动中，人们真的能感受到这种普遍的氛围，它被称为“Incubate 闪光”，人们被它所表现出来的热情和激情、成为社会一部分、关心社会和塑造社会的感觉所震撼。

2. 构建新颖的模板

虽然上述结构、实践和流程在整个组织中创造了凝聚力、认同感和稳定感，但是其他结构、实践和流程的目的是促进组织及其环境的构建。这一点在领导层继任中尤为明显。鉴于 Incubate 的混合身份，它正在寻找一位将商业、社会和宗教追求相结合的主席。它努力做到这一点，并选择了继任者团队。在前两次领导层继任中，这些团队保持等级制度，但被共同确定为孵化者身份的象征、代表和制定者。在第三届领导者接班时，两人被联合选举为联合主席，他们拥有平等的权利，共同填补商业、社区和信仰的混合身份。在这样做的过程中，Incubate 精心设计了一个新的模板，以确保其所有组成部分都能在最高的领导层中得到体现和整合。

更一般地说，Incubate 必须找到混合其身份的各个组成部分的方法，这尤其困难，因为没有一个整合宗教和世俗使命的模板，也无法规定适当的奉献水平。因此，Incubate 尝试制作自己的模板，并在这个过程中引起了来自不同成员的

抱怨。

该组织在其业务和社会承诺之间挣扎，并选择了开放和包容的方法。它为项目提供了机会，帮助组织作为一种社会企业有效地扩展规模，但对企业抱负或商业潜力的实现程度仍持宽松态度。通常，Incubate 支持的不是社会企业，而是社会项目。换句话说，它专注于社会企业家精神，但也承担了更广泛的社会使命。为了适应这种程度的灵活性，Incubate 精心设计了新的项目类别，以便社会性、非商业性项目能够明确申请参与，并获得资金和指导。

会员是另一个关注点，它围绕着谁实际上是 Incubate 的一部分的问题。作为一个数字组织，领导层决定优先考虑参与者，而不是合法会员。因此，Incubate 背离了既定的成员定义，精心设计了两种平行结构：法律结构和实用结构。一方面，它遵守管理慈善协会决策的规则，包括在年度模拟会议上对新成员资格和董事会职位进行正式投票。另一方面，成员通过全年持续的数字招聘流程加入 Incubate。正式成员资格既不必要也不受审查。在团队中，决策是参与式、分布式和敏捷的。

本书区分了法律上的投票权和事实上的投票权。所有成员在本书所述的会议上都有事实上的投票权。然而，法律上只有极少数人成为协会成员。这主要是因为他们一年只见一次面，但全年都有新的招聘人员和离职人员。为了保持低官僚水平，他们决定拥有事实上的成员和一个执行委员会并由其负责（int）。

在这样做的过程中，Incubate 精心打造了一个成员结构，利用其模拟存在来遵守当地的制度规范，并获得相关的福利，如税收折扣。同时，利用它的数字存在来最大限度地提高组织成员之外的参与度，以模板方式来最大限度地提高它的混合组织模式好处，跨越数字模拟鸿沟。

（三）新颖性和外部配合：相符和配置

Incubate 通过整合和配置实践从外部整合新颖性。相符是指要在新的组织形式和现有的制度模板之间建立更大的相似性，而配置是指建立一个更具知识性和积极倾向于新组织形式的制度环境。

1. 符合既定形式

当 Incubate 最初申请慈善定位时，其申请被拒绝。它不符合现有的模板，社会创业并不是一个被正式接受的慈善目的。只有当该组织修改了其使命声明并提出了教育、非营利、慈善目标即与现有模板更为相似时，其慈善地位和相关税收优惠才得以授予。

Incubate 的宗旨是促进教育和促进公民参与，以支持非营利慈善目标（doc）。

Incubate 还遵循法律要求定期举行线下实体会议和选举。董事会被解除，新的董事会被选出，章程被修订，并决定了与法律协会有关的进一步关注。虽然它的数字基础设施允许 Incubate 在线开展所有这些活动，并会有更多的成员出席，但是人们认为选择离线会议是明智的做法，通过创建与既定实践更为相似的方式可以减轻创新责任。

2. 配置制度环境

与此同时，Incubate 通过围绕其独有的特征构建强有力的叙事方式，积极构建其制度环境。在为自己编码什么是“社会孵化器”的同时，同样有必要解释和证明其在制度背景下的定位。

无论是在组织内部还是外部，许多人都希望他们处理有关的具体问题，他们强烈抵制，因为他们不想被打上从事社会融合或移民工作的组织的烙印。通常，人们认为拥有移民背景等同于成为移民，他们是社会创业领域的一个专业组织，以作为通向主流社会创业活动和协会的桥梁。他们希望以解决方案为导向，积极而不是被动，进步而不是倒退，因此必须形成一种反映这一观点的身份，无论是在内部还是外部（int）。

这一定位有意避免被贴上社会融合或移民组织的标签。换言之，Incubate 故意决定不适合制度环境自然为其提供的基础。相反地，它通过建立更多的理解和善意的受众，主动地配置了自己的制度环境。与其在当地环境下说服机构成员认识到其不合适的身份，还不如积极选择来自商业、社会和宗教领域的合作伙伴，这些合作伙伴直观地理解并支持 Incubate 所选择的立场。

在社会企业领域，它与社会影响实验室（social Impact Lab）和 Ashoka Changemakers 合作，后者为全球数字社区设计工具。它还获得了多项奖项，如社会创业学院颁发的“影响力法案”在线观众奖。此外，它选择通过在线投票和与社会创业相关的方式参与这场竞争，将 Incubate 定位在这一背景下，并有意将其从社会融合和移民的机构类别中移开。赢得这些奖项表明 Incubate 在这种环境下得到了共鸣和认可。

最初，它还与英国文化委员会合作。英国文化委员会专注于社会企业家精神，而 Ashoka Changemakers 和英国文化协会分别起源于美国和英国。这两个国家的社会企业比德国更为成熟，因此也就不那么新颖了。Incubate 还与积极参与社会变革的罗伯特博世基金会和沃达丰基金会合作，参与联合国 17 个可持续发展目标，以及与选定的宗教组织合作。Incubate 还积极与特定的媒体渠道建立联系，如与德国主要的社会创业杂志 *Enorm* 合作，在 *Enorm* 上发表了文章，介绍了 Incubate 及其一些会议的获奖者。换句话说，孵化器有目的地在现有组织中选择最接近自身（新颖）特征和价值观的合作者。

五、讨论

本书对 Incubate 的分析放大了新混合形式的新颖性责任。本章有两个理论贡献：首先，它引入了新颖性责任的概念，并将其概念化为一个主位语境特定的概念，这引发了描述性和评价性的挑战；其次，它确定了克服这一责任的四种实践，即编写、构建、相符和配置。

（一）新混合形式的新颖性责任

本章介绍了一个新的混合组织形式的实证案例，通过制度逻辑的重组以及模拟和数字平台的桥接来体现。组织成员和场域级的行为人都认为这是一种新奇的体验。与组织形式代表“核心组织特征的新颖重组”（Rao and Singh，2001）的观点一致，本书通过关注混合形式的新颖性，扩展了混合组合的研究工作（Battilana and Lee，2014）。我们区分了新颖性（新形式不被接受也不被理解，因为它们不符合制度模板）与新形式（组织在处于新形式时更普遍地面临挑战这一事实），还通过连接逻辑、组织形式和原型等多个理论视角研究了混合性（Battilana et al.，2017）。

与文献中记录的其他案例相比，Incubate 面临更高级别的审查和新颖性责任，因为其使命（实质）和组织模式都不符合现有的制度模板。通常，社会企业由那些能够获得关键资源的人支持，并将这些资源输送给边缘化和弱势群体（Tracey et al.，2011；Pache and Santos，2013）。然而，Incubate 是典型的边缘化群体的平台，也是那些典型的提供支持的群体自食其力的平台。这改变了现有的给予和接受帮助的模式。同时，社会企业的组织形式与公共服务或慈善工作的制度模式背道而驰。这些共同造成了更大的合法性障碍。以支持无家可归者的社会企业 Aspire 为例，社会支持无家可归者的使命已经被大部分社会理解和接受，提供这种支持的组织形式必须合法化。

与 Aspire（Tracey et al.，2011）不同，Incubate 没有建立混合逻辑，而是将市场、社区和宗教三种制度逻辑组合成一种新的混合组织形式。这些逻辑仍处于紧张状态，但维持了其独特的制度特征和组织生存模式。例如，Incubate 在关注社会企业方面遇到了困难，而且经常接受社会非企业项目。它允许多种声音共存（Gümüsay et al.，2020）。当地团体定期会面，以弥补 Incubate 的数字化性质缺陷，并建立线下关系。这些说明在缺乏组织模板的情况下，新颖性责任是如何由于内部缺乏既定程序而加剧的。在缺乏明确模板的情况下，新的混合型组织尝试用务实的方法解决新的复杂性（Smets et al.，2012），并可能主要依靠创造空间实现更广泛的方法多样性，以便组织成员能够在新的组织形式中确定自己的身份（Gümüsay et al.，2020）。这意味着新颖性责任的外部和内部挑战是递归关联的。

研究结果还更广泛地扩展了关于组织混合的工作，其中还探索了混合制度化可能对混合型组织的影响。虽然现有研究概述了混合型企业应对制度复杂性的制度挑战（Battilana and Lee，2014；Greenwood et al.，2011；Kraatz and Block，2008；Mair et al.，2015），但是新的混合型组织还面临着其他问题。鉴于任何社会企业都需要整合其社会和商业使命（Mair and Martí，2006；Dacin et al.，2011；Doherty et al.，2014；Gümüsay，2018；Smith et al.，2013），使用既定组织形式的新组织可以利用现有模板，如共益企业认证（Gehman and Grimes，2016；Grimes et al.，2018）。一个新颖的社会企业需要在内部设计新颖的模板和实践，而不能直接参考现有模板，并且由于其形式新颖，会产生额外的怀疑、不安、逆境和愤怒。外部判断和内部经验都显示出不同的制度挑战，因为新颖性会影响受众对组织的理解和接受。相比于已经建立的混合形式，新的混合形式在开发和实现其模板方面面临着额外的困难和障碍。

这种对已确立的混合性和背景的关注与本书中的相关论据产生了共鸣（Besharov and Mitzinneck；Casasnovas and Chliova；Mair and Rathert）。它还补充了Puranam等（2014）的工作，他们认为一种新的组织形式是一种“独特的解决方案集”，这是一种普遍现象。相比之下，本书认为新颖性可以在时间和地点上受到制度约束，而在其他时空内可能很常见。将新颖性概念化为主体概念而非抽象概念，解决方案集可以多次带来新奇性的重复体验和挑战。作为对创新责任（Singh et al.，1986；Stinchcombe，1965）和创新性责任（Hytinen et al.，2015）的补充，新颖性责任由此产生，因为个人和组织面临着在现有认知模板内对新组织形式进行分类的挑战，这意味着新形式面临更高的被视为不合法或不适当的倾向。因此，新颖性责任是一种额外的障碍。从内部来看，厘清组织身份和提高组织凝聚力要更为困难；从外部来看，与现有组织形式的新企业相比，组织面临更高的合法性门槛。因此，一种新的混合形式需要以新颖的方式整合和适应内部和外部的制度需求。

（二）整合和适应新颖性

在面临误解和负面评价的情况下，新的混合形式在不断演变，努力建立和维持新的制度结构，这是在接受和挑战制度规范之间的平衡行为。我们注意到四种应对既新颖又可接受挑战的实践。这些实践包括编写新形式、构建新模板、符合

既定形式以及配置制度环境。这四个确定的实践包括内部和外部动态。在内部，组织通过编写和精心设计来整合其新颖性，而在外部，它通过整合和配置实践将自身置于现有的制度环境中。在构建和配置过程中，编写规范的形式改变了混合型组织和它寻求建立其合法性的环境。

具体而言，编写通过解释和组织架构的共享经验来体现新形式。它需要稳定新颖性而不僵化。因此，新颖性是通过对已开发的结构和实践的“表述”和“言行一致”来实现的。构建和开发这些新的结构和实践，从而产生合适的模板，这通常是通过进化学习（Ferraro et al.，2015）和反复实验（Smets et al.，2012）等方式实现的。例如，作为对 Jaskiewicz 等（2016）关于领导层继任研究的补充，研究展示了如何通过改变领导结构即从一个领导者转变为一个团队来解决整合不同制度逻辑的斗争，从而使他们共同代表混合体。通过遵守实践，组织扩展其实践和结构，使其在外部必要且内部可防御的程度上类似于更为熟悉的制度模板。配置实践通过战略性地塑造和选择制度环境来影响组织的环境。虽然单个组织可能难以改变制度环境，但是一个组织可能有能力重新定位其所属的规范性网络（Smets et al.，2012），它不仅是让持怀疑态度的受众相信其优点，而且是让组织配置自己的环境以包括更多已经积极评价其结构和实践的外部成员。

新形式不断地形成新的模板和实践，并试图稳定成为一个已配置的原型。与此同时，它仔细选择要参与哪些行动来适应其制度环境。Huybrechts 和 Haugh（2017）研究了欧洲可再生能源合作网络，展示了网络如何受益于新的混合形式以获得合法性。作为对他们工作的补充，Incubate 仔细对合作伙伴和受众进行选择并围绕其新形式建立联盟，在必要时，它还符合场域内一些要求和期望。Huybrechts 和 Haugh（2017）将这些实践结合在一起，动态地扩展了模型，使组织能够在熟悉和稳定的情况下平衡内部和外部的新颖性和变化。

六、结论

混合形式在组织内部和整个环境中都面临着保持其混合性的制度压力，无论是混合物质资源还是组织模式。此外，当他们的混合被视为新颖性时，这增加了制度挑战和合法性阈值，特别是当这种新颖性不是递增的而是产生的新的原型配置时，其结果就是本书所说的新颖性责任。通过 Incubate 的案例，本书分析了新颖性责任和四种动态实践。

参考文献

[1] Alvesson, M. (2003). Methodology for close up studies: Struggling with closeness and closure. Higher Education, 46 (2): 167-193.

[2] Battilana, J., & Dorado, S. (2010). Building sustainable hybrid organizations: The case of commercial microfinance organizations. Academy of Management Journal, 53 (6): 1419-1440.

[3] Battilana, J., & Lee, M. (2014). Advancing research on hybrid organizing: Insights from the study of social enterprises. Academy of Management Annals, 8 (1): 397-441.

[4] Battilana, J., Besharov, M. L., & Mitzinneck, B. C. (2017). On hybrids and hybrid organizing: A review and roadmap for future research. In R. Greenwood, C. Oliver, T. B. Lawrence, & R. Meyer (Eds.), The Sage handbook of organizational institutionalism (2nd ed., pp. 128-162). Thousand Oaks, CA: Sage.

[5] Battilana, J., Sengul, M., Pache, A. C., & Model, J. (2015). Harnessing productive tensions in hybrid organizations: The case of work integration social enterprises. Academy of Management Journal, 58 (6): 1658-1685.

[6] Botsman, R., & Rogers, R. (2010). Beyond zipcar: Collaborative consumption. Harvard Business Review, 88 (10): 30.

[7] Brannick, T., & Coghlan, D. (2007). In defense of being "native": The case for insider academic research. Organizational Research Methods, 10 (1): 59-74.

[8] Bruton, G. D., Ahlstrom, D., & Li, H.-L. (2010). Institutional theory and entrepreneurship: Where are we now and where do we need to move in the future? Entrepreneurship Theory and Practice, 34 (3): 421-440.

[9] Cennamo, C. (2019). Competing in digital markets: A platform-based perspective. Academy of Management Perspectives, 1-50. https://doi: org/10. 1111/j. 1540-6520. 2010. 00390. X.

[10] Dacin, M. T., Dacin, P. A., & Tracey, P. (2011). Social entrepreneurship: A critique and future directions. Organization Science, 22 (5): 1203-1213.

[11] Dobusch, L., & Schoeneborn, D. (2015). Fluidity, identity, and organizationality: The communicative constitution of anonymous. Journal of Management Studies, 52 (8): 1005-1035.

[12] Doherty, B., Haugh, H., & Lyon, F. (2014). Social enterprises as hybrid organizations: A review and research agenda. International Journal of Management Reviews, 16 (4): 417-436.

[13] Eisenhardt, K. M. (1989). Building theories from case study research. Academy of Management Review, 14 (4): 532-550.

[14] Eisenhardt, K. M., & Graebner, M. E. (2007). Theory building from cases: Opportunities and challenges. Academy of Management Journal, 50 (1): 25-32.

[15] Ferraro, F., Etzion, D., & Gehman, J. (2015). Tackling grand challenges pragmatically: Robust action revisited. Organization Studies, 36 (3): 363-390.

[16] Friedland, R., & Alford, R. R. (1991). Bringing society back in: Symbols, practices and institutional contradictions. In W. W. Powell & P. J. DiMaggio (Eds.), The new institutionalism in organizational analysis (pp. 232-263). Chicago, IL: University of Chicago Press.

[17] Garud, R., Jain, S., & Tuertscher, P. (2008). Incomplete by design and designing for incompleteness. Organization Studies, 29 (3): 351-371.

[18] Gehman, J., & Grimes, M. (2016). Hidden badge of honor: How contextual distinctiveness affects category promotion among certified B Corporations. Academy of Management Journal, 60 (6): 2294-2320.

[19] Gioia, D. A., Corley, K. G., & Hamilton, A. L. (2013). Seeking qualitative rigor in inductive research: Notes on the Gioia methodology. Organizational Research Methods, 16 (1): 15-31.

[20] Greenwood, R., & Suddaby, R. (2006). Institutional entrepreneurship in mature fields: The big five accounting firms. Academy of Management Journal, 49 (1): 27-48.

[21] Greenwood, R., Díaz, A. M., Li, S. X., & Lorente, J. C. (2010). The multiplicity of institutional logics and the heterogeneity of organizational responses. Organization Science, 21 (2): 521-539.

[22] Greenwood, R., Raynard, M., Kodeih, F., Micelotta, E. R., & Lounsbury, M. (2011). Institutional complexity and organizational responses. Academy of Management Annals, 5 (1): 317-371.

[23] Grimes, M. G., Gehman, J., & Cao, K. (2018). Positively deviant: Identity work through B Corporation certification. Journal of Business Venturing,

33 (2): 130-148.

[24] Gümüsay, A. A. (2015). Entrepreneurship from an Islamic perspective. Journal of Business Ethics, 130 (1): 199-208.

[25] Gümüsay, A. A. (2018). Unpacking entrepreneurial opportunities: An institutional logics perspective. Innovation: Organization & Management, 20 (3): 209-222.

[26] Gümüsay, A. A. (2020). The potential for plurality and prevalence of the religious institutional logic. Business & Society, 59 (5): 855-880.

[27] Gümüsay, A. A., Smets, M., & Morris, T. (2020). "God at work": Engaging central and incompatible institutional logics through elastic hybridity. Academy of Management Journal, 63 (1): 124-154.

[28] Hinings, B., Gegenhuber, T., & Greenwood, R. (2018). Digital innovation and transformation: An institutional perspective. Information and Organization, 28 (1): 52-61.

[29] Huybrechts, B., & Haugh, H. (2017). The roles of networks in institutionalizing new hybrid organizational forms: Insights from the European Renewable Energy Cooperative Network. Organization Studies, 39 (8): 1085-1108.

[30] Hyytinen, A., Pajarinen, M., & Rouvinen, P. (2015). Does innovativeness reduce startup survival rates? Journal of Business Venturing, 30 (4): 564-581.

[31] Jaskiewicz, P., Heinrichs, K., Rau, S. B., & Reay, T. (2016). To be or not to be: How family firms manage family and commercial logics in succession. Entrepreneurship Theory and Practice, 40 (4): 781-813.

[32] Karra, N., & Phillips, N. (2008). Researching "back home": International management research as autoethnography. Organizational Research Methods, 11 (3): 541-561.

[33] Kraatz, M. S., & Block, E. S. (2008). Organizational implications of institutional pluralism. In R. Greenwood, C. Oliver, R. Suddaby, & K. Sahlin-Andersson (Eds.), The Sage handbook of organizational institutionalism (pp. 243-275). Thousand Oaks, CA: Sage.

[34] Mair, J., & Martí, I. (2006). Social entrepreneurship research: A source of explanation, prediction, and delight. Journal of World Business, 41 (1): 36-44.

[35] Mair, J., Mayer, J., & Lutz, E. (2015). Navigating institutional plu-

rality: Organizational governance in hybrid organizations. Organization Studies, 36 (6): 713-739.

[36] Meyer, R. E. , & Höllerer, M. A. (2014). Does institutional theory need redirecting? Journal of Management Studies, 51 (7): 1221-1233.

[37] Mitzinneck, B. C. , & Besharov, M. L. (2019). Managing value tensions in collective social entrepreneurship: The role of temporal, structural, and collaborative compromise. Journal of Business Ethics, 159 (2): 381-400.

[38] Mykytjuk - Hitz, K. (2015). Die zivilgesellschaftlichen Potentiale von neo - muslimischen Akteuren. In A. - K. Nagel (Ed.), Religiöse Netzwerke: Die zivilgesellschaftlichen Potentiale religiöser Migrantengemeinden. Retrieved from https: //external. dandelon. com/download/attachments/dandelon/ids/AT0014362FBC21539DF11C1257DF80031195E. pdf.

[39] Pache, A. -C. , & Santos, F. (2013). Inside the hybrid organization: Selective coupling as a response to competing institutional logics. Academy of Management Journal, 56 (4): 972-1001.

[40] Palmer, I. , Benveniste, J. , & Dunford, R. (2007). New organizational forms: Towards a generative dialogue. Organization Studies, 28 (12): 1829-1847.

[41] Puranam, P. , Alexy, O. , & Reitzig, M. (2014). What's "new" about new forms of organizing? Academy of Management Review, 39 (2): 162-180.

[42] Rao, H. , & Singh, J. V. (2001). The construction of new paths: Institution building activity in the early automobile and biotechnology industries. In R. Garud & P. Karnoe (Eds.), Path dependence and creation (pp. 243-267). Mahwah, NJ: Erlbaum.

[43] Singh, J. V. , Tucker, D. J. , & House, R. J. (1986). Organizational legitimacy and the liability of newness. Administrative Science Quarterly, 31 (2): 171-193.

[44] Smets, M. , Jarzabkowski, P. , Burke, G. , & Spee, P. (2015). Reinsurance trading in Lloyd's of London: Balancing conflicting-yet-complementary logics in practice. Academy of Management Journal, 58 (3): 932-970.

[45] Smets, M. , Morris, T. , & Greenwood, R. (2012). From practice to field: A multilevel model of practicedriven institutional change. Academy of Management Journal, 55 (4): 877-904.

[46] Smith, W. K. , & Besharov, M. L. (2019). Bowing before dual Gods:

How structured flexibility sustains organizational hybridity. Administrative Science Quarterly, 64 (1): 1-44.

[47] Smith, W. K., Gonin, M., & Besharov, M. L. (2013). Managing social-business tensions: A review and research agenda for social enterprise. Business Ethics Quarterly, 23 (3): 407-442.

[48] Srnicek, N. (2017). Platform capitalism. Polity. Retrieved from http://www.gbv.de/dms/zbw/876319460.pdf.

[49] Stinchcombe, A. L. (1965). Social structure and organizations. In J. G. March (Ed.), Handbook of organizations (pp. 142-193). New York, NY: Routledge.

[50] Suchman, M. C. (1995). Managing legitimacy: Strategic and institutional approaches. Academy of Management Review, 20 (3): 571-610.

[51] Thornton, P. H., Ocasio, W., & Lounsbury, M. (2012). The institutional logics perspective: A new approach to culture, structure, and process. Oxford: Oxford University Press.

[52] Tolbert, P. S., David, R. J., & Sine, W. D. (2010). Studying choice and change: The intersection of institutional theory and entrepreneurship research. Organization Science, 22 (5): 1332-1344.

[53] Tracey, P., Phillips, N., & Jarvis, O. (2011). Bridging institutional entrepreneurship and the creation of new organizational forms: A multilevel model. Organization Science, 22 (1): 60-80.

[54] Wry, T., & York, J. G. (2017). An identity-based approach to social enterprise. Academy of Management Review, 42 (3): 437-460.

[55] Yin, R. K. (1994). Case study research: Design and methods. Thousand Oaks, CA: Sage.

[56] Zammuto, R. F., Griffith, T. L., Majchrzak, A., Dougherty, D. J., & Faraj, S. (2007). Information technology and the changing fabric of organization. Organization Science, 18 (5): 749-762.

[57] Zhao, E. Y., & Lounsbury, M. (2016). An institutional logics approach to social entrepreneurship: Market logic, religious diversity, and resource acquisition by microfinance organizations. Journal of Business Venturing, 31 (6): 643-662.

[58] Zimmerman, M. A., & Zeitz, G. J. (2002). Beyond survival: Achieving new venture growth by building legitimacy. Academy of Management Review, 27 (3): 414-431.

第九章　聚焦问题：推进混合型组织、社会企业和制度环境研究[①]

摘要：长期以来，社会企业一直被认为是研究混合型组织的理想场所，因为它们将社会和经济目标与活动结合在一起。我们认为，当前对混合型组织的研究重点突出了与追求多个目标相关的悖论、冲突逻辑和多重身份，但低估了混合型组织与其制度环境之间的关系。学术界认识到社会企业的主要目标是解决社会问题，本章将社会问题领域作为一个分析上章有用且理论上有趣的中观层面引入，以检验背景在混合型组织中的作用，并推进组织理论中关于混合性的对话。社会问题领域提供了对不同社会如何处理社会问题的政治、文化和物质差异的洞察，这反过来又会影响混合型组织。本章通过对三个国家的社会企业和社会问题领域的分析，提供了经验性见解。我们展示了社会企业的制度安排在不同背景下的差异，以及这些安排如何影响社会企业与这些问题领域中的传统组织方式的相似性。基于这些发现，我们概述了关于社会企业的研究议程，该议程侧重于检验多层次分析中围绕社会问题的混合型组织的性质、前因和结果。在本章中，我们将组织理论中社会企业研究的重点从研究这些组织如何应对多重逻辑和目标，转向研究它们如何为公共目的而参与市场。

关键词：社会企业；混合型组织；制度背景；社会问题；同构；情境依赖

① Johanna Mair 和 Nikolas Rathert。本章是作为“社会企业家精神作为更具包容性和创新性社会力量”（SEFORÏS）项目的一部分编写的，并根据第 613500 号赠款协议，从“欧盟第七个框架计划”获得资助。该项目涉及 Hertie 学院和 CIVICA-欧洲社会科学大学成员之间的研究合作。感谢编辑 Marya Besharov 和 Bjoern Mitzinneck 的有益评论和建议。

一、引言

在过去多年中，社会企业激励学者研究混合型组织形式，即“传统上不会结合在一起的元素的混合”（Battilana et al.，2017）。随着社会企业通过市场手段解决社会问题，从而将社会和商业目标与活动结合起来（Mair and Martí，2006），组织混合研究学者将社会企业描述为混合型组织的典型形式（Battilana and Lee，2014）。最近的实证分析证实，商业和社会目标的存在确实是全球社会企业普遍的特征（Huysentruy et al.，2016）。这项研究覆盖了9个国家的1000多家社会企业，提供的实证证据表明销售商品和服务是迄今为止社会企业最重要的资金来源，同时他们也在追求社会使命（Mair，2020）。混合型组织研究学者通常将商业和社会活动及目标描述为不相容或组织内部冲突的根源（Pache and Santos，2013）。这种对紧张和冲突的普遍关注符合当代流行的理论视角，如制度逻辑、身份或悖论。尽管运用这些视角有助于将混合型组织引导向一种充满活力和富有成效的组织研究方向，但是这样做往往会绕过社会企业实质性目标，而在社会问题上取得进展（Child，2020）。此外，它低估了在不同背景下围绕社会问题组织存在的多样性（Mair，2020）。

因此，我们对社会企业在不同制度背景下的嵌入性如何影响社会企业以及如何通过混合型组织解决社会问题知之甚少（Stephan et al.，2016）。在本章中，我们将制度背景定位为一个有希望的分析焦点，以扩展混合型组织的理论框架。更具体地说，我们认为，对制度背景的分析性关注有助于定位现实中感知到的悖论和冲突，阐明混合型组织的不同表现形式，并理解混合和混合型组织是如何构成社会工具的（Mair et al.，2012）。因此，我们主张更深入、更彻底地了解社会企业在各种制度背景下的工作和环境。我们相信，跨不同制度背景的比较研究将是至关重要的：第一，加强混合型组织研究，将其作为采用制度视角的组织理论研究的重要方向；第二，积极搭建与公共行政、政治经济学和比较福利研究等相邻学科领域的桥梁。

我们倾向于认同推进混合型组织的研究需要从悖论和身份认同的角度更深入地进行理论洞察，并超越组织作为分析的重点层面（Smith and Cunha，2021；Glynn et al.，2021）。当前学者的研究受益于认真对待组织多个目标，并将制度逻辑的元理论与其他理论相结合的历史研究（Pache and Thornton，2021）。许多人还主张超越社会企业作为研究混合型组织的理想环境。我们同意关于混合型组

织的理论不应该局限于社会企业这一观点，但是我们也认为，研究社会企业是一个重要的背景，有助于保持对混合型组织和社会挑战之间联系的兴趣并增进对它们的了解。本书认为，对社会企业为何存在的理论和解决新出现的、持续存在的、棘手的社会问题实证的关注，提供了一个独特的机会来重塑混合型组织，并将其放在一个更大的对组织如何应对社会挑战感兴趣的学科研究之中。社会企业作为实现变革和在解决全球一些持久的社会问题方面取得进展的潜在途径（Mair and Rathert，2019a），包括减少各种形式的不平等（Mair et al.，2016）或使劳动力市场更具包容性（Battilana et al.，2015；Mair，2018）方面，已经产生了相当大的作用。然而，组织学者很少研究问题与混合型组织之间的关系。换言之，我们可能忽略了这样一个事实：社会企业创造了对社会问题的认识，寻找社会问题的解决方案，围绕社会问题设计干预措施，以及实施、扩大和传播这些互动注意事项（Mair et al.，2012；Seelos and Mair，2017）。混合型组织是开展以问题为中心工作的关键。

本章的目的是将分析注意力引向社会问题产生的制度背景，并沿着两条路线推进混合型组织的研究。首先，了解社会企业如何在社会问题上取得进展，需要深入研究围绕社会问题的治理安排。我们认为这很重要，因为这为作为混合型组织形式的社会企业创造了机会和挑战，潜在地影响着社会企业围绕社会问题组织的方式和效果。本章所使用的术语“治理”指的是如何处理社会条件的想法和实践，这是由与特定问题有关的有组织的行为者制定的。研究围绕社会问题治理安排的不同方面揭示了社会企业不是在制度和组织上的空白空间中运作，而是在解决这些问题时与其他组织相互作用。[①] 其次，更多地关注社会问题背后的制度背景也有助于以新的方式（Mair and Rathert，2019a）在关于整合和同构组织的制度研究中提出规范性问题（DiMaggio and Powell，1983）。具体而言，它使我们能够更好地了解社会企业在现有治理安排下的组织方式。本书将社会问题领域作为一个中观层次的分析引入，使我们能够进行这两种调查研究。为此，我们借鉴了相关学科的见解，包括公共管理、政治经济学和比较福利研究。然后，我们从多个国家社会企业的独特数据集中收集描述性证据，以解决一系列社会问题，并充实了在多个层面研究混合型组织的研究议程。

① 在这种情况下，治理与Stinchcombe（1965）所称的社会“组织能力”有关，社会“组织能力”指的是一个社会产生的组织类型的范围。

二、重新发现制度背景与混合型组织两者之间的联系

几十年来，组织成为学术研究对象的有趣之处在于，它们追求多重且往往相互冲突的目标（March and Simon，1958；Blau and Scott，1962）。最近，关于追求多个目标的前因、过程和后果的研究将社会企业作为实证背景。与当代组织的制度视角相结合，许多研究人员利用制度逻辑视角，假设在社会企业中发现的不同想法、假设、目标、实践可以追溯到不同的社会信仰系统，这些体系规定并塑造了这些组织中的行为（Thornton and Ocasio，2008；Besharov and Smith，2014）。因此，社会企业被视为混合型组织的典型形式，其中社会和商业目标的两种制度逻辑结合在一起（Pache and Santos，2013；Battilana and Lee，2014）。现有研究揭示了组织追求与不同制度逻辑相关的目标和活动的多样性、内在冲突和悖论，或被描述为“传统上不会结合在一起”的组合元素（Battilana et al.，2017）和“矛盾的竞技场”（Pache and Santos，2013）。指导本书研究的一个关键假设是，多重逻辑可能会导致组织身份或一组目标的优先顺序冲突而牺牲另一组目标（Pache and Santos，2010；Besharov and Smith，2014）。在这一假设的指导下，本书考察了一系列内部战略和结构，通过这些战略和结构，社会企业可以在迫在眉睫的紧张局势和冲突中保持混合性，包括正式设计、治理和雇佣等方面（Battilana and Dorado，2010；Battilana and Lee，2014；Ebrahim et al.，2014；Smith and Besharov，2019）。①

虽然紧张和冲突激发了围绕社会企业处理不同制度逻辑的内部过程的理论化，但是它们也限制了社会企业与其制度背景之间关系的探索。现有的研究已经对这种关系进行了检验，它在很大程度上是在这样的假设下进行的，即在不同社会领域的交叉点上运作，由于未能满足源自各种逻辑的多种不相容需求，社会企业面临着合法性的挑战（Pache and Santos，2010）。这种假设在很大程度上没有受到质疑，即使社会制度逻辑的多样性在当时场景下可能会有不同的感知或实施（Greenwood et al.，2010；Mair and Reischauer，2017；Mair and Rathert，2019a）。批评的声音指出，很少有人关注多重逻辑的本地制定，同时忽视了组织的政治和监管基础，这可能使多元逻辑具有灵活性和可接受性（Jackson et al.，2019）。换言之，将制度逻辑用作制度背景的元理论（Thornton and Ocasio，2008），要求

① 本书有意将制度逻辑作为研究混合型组织最突出的理论视角，同时借鉴其他研究的观点，如悖论或类别研究。

进一步说明额外的规范逻辑如何在不同的社会领域体现，这可能有助于探索社会问题的物质、政治和文化基础，以及它们如何影响混合型组织（Mair and Rathert，2019a）。

三、以公共目的连接社会企业、社会问题和市场

社会企业在人类发展、社会服务和教育等领域开展活动，以不同的受益人群体为目标，采用多种方式解决问题（Di Domenico et al.，2010；Mair，Battilana et al.，2012）。在这样的过程中，这些组织寻求实施社会变革，扭转社会弱势群体的状况，并改变制度环境，包括小规模社会以及发展中国家和发展经济体（Defourny and Nysens，2017；Mair et al.，2016；Seelos and Mair，2007）。一项新兴的研究已经开始揭示制度环境如何影响社会企业将市场机制应用于社会目标的能力以及它们为公共目的市场参与者的角色。

制度环境中有各种各样的参与者，他们的利益和利害关系各不相同。公共目的市场的概念"包括私人和公共双方共同努力解决涉及公共利益的社会问题的社会空间和交流领域"（Mair，2020），这有助于将这些参与者纳入分析和理论工作。例如，最近对发展中国家小额信贷组织的研究表明，宗教和文化规范的国家级差异影响社会企业追求社会和商业目标的能力（Zhao and Wry，2016；Wry and Zhao，2018）。在社区层面，研究强调，社会问题的地方表现和解释会影响社会企业为解决这些问题而设计的方法，以及这些方法被认为是适当和合法的方式和程度。有时社会问题可能会被掩盖，或者仍然被认为是合理的。因此，旨在赋予某些社会群体权利的规章和制度可能得不到执行或被忽视（Mair and Martí，2009；Mair et al.，2012），或者社会企业引入新方法的努力可能会面临既定参与者的抵制。尽管这些问题很突出，但是仍然缺乏有效的解决方案（Lawrence，2017）。在认知层面，Kibler 等（2018）研究发现，专家对社会企业作为能够合法提供公共产品的行为主体所做的积极评价，并没有明确区分协调型和自由型经济，而是出现在这两种经济中。

现有研究的一个更新的观点表明，尽管社会企业是私人组织，但是它们积极参与公共目的市场（Mair，2020）。这些组织不仅在解决社会问题的方式上存在相当大的异质性（因此需要更好地理解社会问题的本质），而且在他们参与这些市场的公共和私人组织互动的程度上也存在相当大的异质性。这两个方面都意味着基于制度背景的特征和特色存在偶然性。

本书认为，这些偶然事件表现在特定的社会问题领域。因此，社会问题领域的分析构成了一个未被充分认识但有用的中观层次的分析，这有助于将社会企业与在同一问题领域运作的其他参与者进行比较，并评估目标、活动和实践的（非）传统的具体组合。作为一种分析视角，社会问题领域允许我们捕捉市场的重要特征用于公共目的，并检验其与社会企业的关系。本书定义的领域包括社会问题本身的制度特征，以及与治理领域相关的行动者和方法。所谓社会问题的制度特征，本书指的是受益者的类型、围绕问题进行的公共讨论的突出程度以及对问题作为关注条件的接受程度（Blumer，1971；Hilgartner and Bosk，1988；Mair and Rathert，2019a）。关于参与者和方法，本书指的是负责解决问题的组织类型（如其他社会企业、公共行政和民间社会组织）、治理机制的差异（如竞争和等级制度；Seibel，2015）以及不同层面（如国家、地区和地方）与该问题相关的监管和信仰体系。

这一新兴的以问题为中心的混合型组织视角的实证和理论发现表明了不同制度背景下的一些显著差异。最近的研究表明，社会企业在如何参与提供商品和服务以解决公共部门的社会问题上存在差异（Mair，2020）。这些研究结果揭示了社会企业所解决的社会问题的异质性，包括跨背景的问题（如无家可归和家庭暴力）和仍然局限于当地的问题（如土著人口的社会和经济边缘化）。这项研究还表明，作为公共目的市场参与者，社会企业可以与不同的公共和私营部门组织进行不同程度的竞争、合作或以其他方式互动。在大多数国家，包括英国、西班牙和中国等国家，社会企业的竞争、合作和互动程度各不相同。社会企业主要向私营部门销售其商品和服务，但在瑞典等国家，由于国家大力参与福利服务组织，政府是最重要的买家（Salamon and Anheier，1998；Mair，2020）。这些对比表明，公共目的市场具有不同的制度条件，包括获得资金的方式和竞争的性质，如在私人行为者之间或国家与私人行为者之间（Grohs，2014）。

四、来自跨社会问题领域的比较研究的实证见解

本书的分析基于在几个欧洲国家收集的社会企业调查数据，这些数据是在“社会企业家精神作为更具包容性和创新性的社会力量”的项目背景下收集的。在这个项目中，使用了受访者驱动抽样（Heckathorn，1997）来揭示社会企业中经常隐藏的人群。这种方法使我们能够克服各国社会企业缺乏可用注册机构的问题，并涵盖广泛的法律形式（Huysentruyt et al.，2017）。上述数据库包括 1000

多家社会企业的详细数据，包括正式形式（如法律形式）、实践、受益人以及其他组织和环境层面的特征。我们使用训练有素的面试官来评估组织的社会使命。将社会企业纳入样本的标准是：至少有占总收入5%的商业创收活动，以及至少有一名相当于全职的雇员。我们使用电话采访和补充性在线调查来收集数据，并利用先前研究中确定的量表以及开放式问题，同时用当地语言进行了所有采访。[①]

在本章中，我们分析了三个国家的不同福利制度（Espin - Andersen，1990）的数据：德国、英国和瑞典。在这些国家，我们进一步关注卫生、社会服务和教育三个社会问题领域。我们对国家和领域的选择确保了制度环境中国家内部和国家之间的差异，这可能会影响社会企业围绕社会问题组织的方式。现有的学术研究表明，这些国家和领域在一系列相关的制度特征上有所不同，其中包括私营部门行动者参与公益条款（商品化的程度）、社会政策的目标（如有条件或无条件的再分配）、这些领域的绝对和相对支出水平以及公共话语的突出程度（Arts and Gelissen，2002；Wendt，2009；Capano，2011；Grohs，2014）。

本书的社会企业样本反映了社会企业所使用组织形式的多样性，并在之前的研究中有所提及（Deforny and Nysens，2017；Mair，2020）。非营利、营利和双重法律形式的代表性社会企业几乎相同，英国另有6%的组织采用社会企业可使用的专门的社区利益公司法律形式。这些社会企业在瑞典平均雇佣17名全职员工，而在德国和英国这个数字要大得多，分别为73名和78名。在每个国家，我们都发现有数百甚至数千名员工的异常值。社会企业平均成立时间分别为17年（德国）、14年（瑞典）和21年（英国），反映出英国社会企业制度化已经到达相对较高级阶段（Nichols，2010）。在分析中，我们使用非营利组织的国际分类（Salamon and Anheier，1996）将社会企业划分为广泛的社会问题领域。

五、不同社会问题领域的治理安排差异

我们首先考察了三个社会问题领域和国家的社会企业的当地现实情况，以更好地理解潜在治理安排可能存在的差异。社会问题领域的一个重要区别是社会话语中特定条件的突出性和责任归属。Gusfield（1989）认为，公众对问题的不同关注导致一些社会条件“被解释为需要公共政策的事项”，而其他人则不符合这一标准。高度显著性意味着监管机构、出资人、受益人和其他群体对某个问题高

① 有关项目范围和目的的更多详情，请参见 www.seforis.eu 以及 Huysentruyt 等（2016）、Mair（2020）的研究。

度关注，但这可能会为社会企业带来更多新的社会问题的方法或扩大其规模的机会。如果受益人未意识到某个问题或者公众对社会企业的支持很少（通过资金、监管、紧急情况等；Mair and Rathert，2019a），通过参与社会问题并推广新的解决方案维持组织的财务可能会非常困难。例如，Mair 等（2012）探究了孟加拉国农村制度如何使妇女和穷人被排斥在经济活动之外，从而影响社会企业解决这一问题的方式。此外，正如突出程度不同，声称对某一问题负责或被委托解决某一问题的行为人也可能不同（Gusfield，1989）。例如，解决问题的责任可能在于家庭、社区或公共部门。

总之，什么算是社会问题以及哪些组织行为体能够或将合法地参与某个问题，在不同的背景下会有所不同（Blumer，1971；Alexander，2018）。社会问题领域治理方面的差异可能会影响社会企业实施和扩大其方法以惠及更多受益人的程度。我们首先询问社会企业是否同意将其制度环境描述为有“显著增加的增长机会”。本书在图 9-1 中说明了三个国家在社会服务领域中的反应差异。该图显示，与瑞典和德国相比，英国在社会服务领域运营的社会企业对机会的感知度更高。虽然我们不能最终确定这些差异的来源，但是它们表明，尽管这些领域长期面临旨在鼓励私营部门组织提供一系列福利服务的改革，但是在社会和经济目标方面的增长机会存在很大差异（Pierson，2002）。研究还表明，社会企业的经营环境既有低增长机会，也有高增长机会。

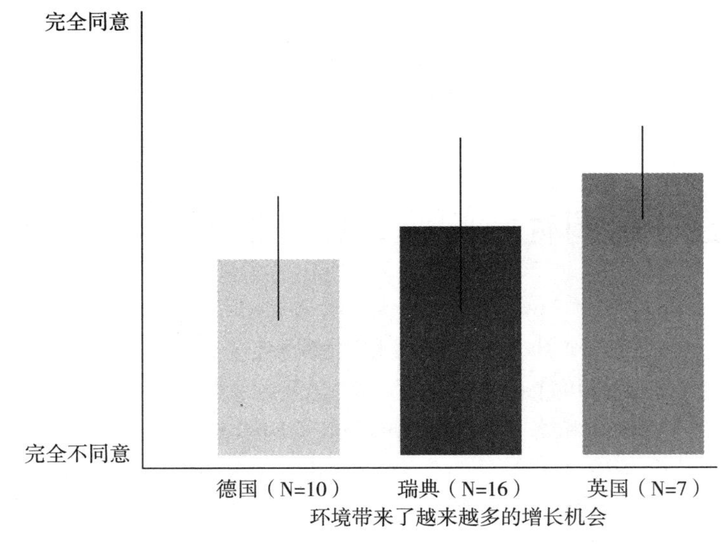

图 9-1　对三个国家社会服务领域增长机会的看法（置信区间为 95%）

如图 9-2 所示，我们考察了德国对增长机会的看法。与教育和社会服务领域的社会企业相比，健康领域的社会企业感知到了更多的增长机会。因此，本书对社会问题领域的研究表明，异质性的存在不仅限于跨国差异，而且在比较给定国家的不同领域时也很明显。在图 9-3 中，我们则检验了对增长机会的看法是否反映在制度环境对混合型组织的敌意中。为此，我们探询了社会企业制度环境是否威胁到组织的生存。有趣的是，结果表明，威胁似乎并不影响对增长机会的感知。尽管英国社会服务领域的社会企业拥有最高水平的机会感知，但是他们也感受到了最高水平的威胁。这些差异表明，要把握住社会企业或一些更普遍的混合型组织的增长机会，可能需要首先克服制度障碍。

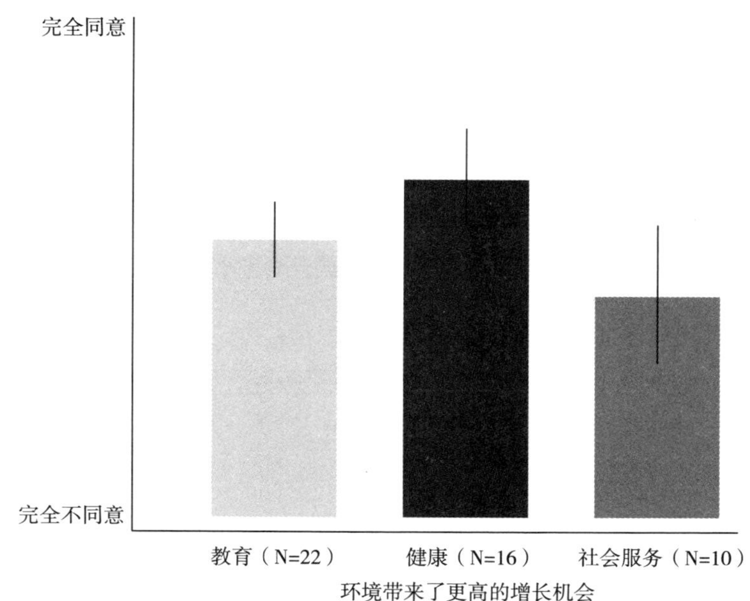

图 9-2　德国三个领域对增长机会的感知（置信区间为 95%）

收集的数据使我们能够更详细地检验问题领域的制度构成可能带来的挑战的性质。具体而言，我们要求社会企业确定过去一年阻碍他们开发新的或改进产品、服务、流程的障碍。在图 9-4 中，我们检验了三个国家在社会服务领域报告的障碍的异质性，并揭示出一些显著的差异。德国和英国的社会企业主要缺乏融资，这当然可能是更深层次的监管或混合组织的其他问题造成的如营利性社会企业没有资格获得某些资金。在德国，大约 20%的社会企业也存在监管障碍，包括不需要遵守监管的需求、缺乏制度支持和不明确的政策环境等挑战。在瑞典，

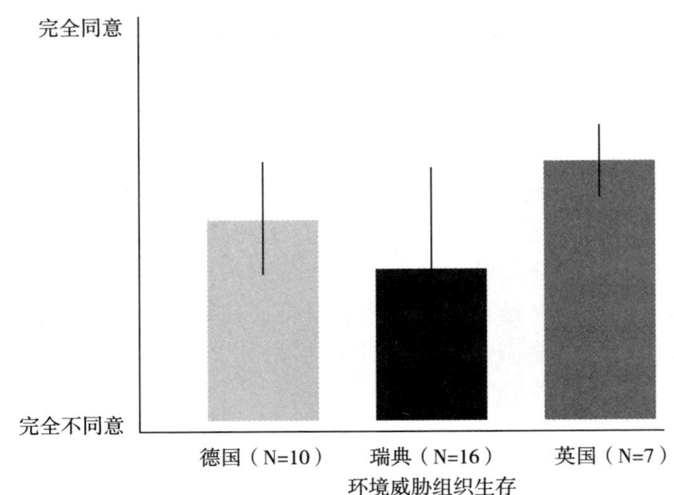

图 9-3　三个国家的社会服务领域的制度挑战感知（置信区间为 95%）

从事社会服务的社会企业主要存在市场障碍，其中包括已建立的组织对某一领域的支配、对社会企业的需求低以及组织类别缺乏合法性等挑战。

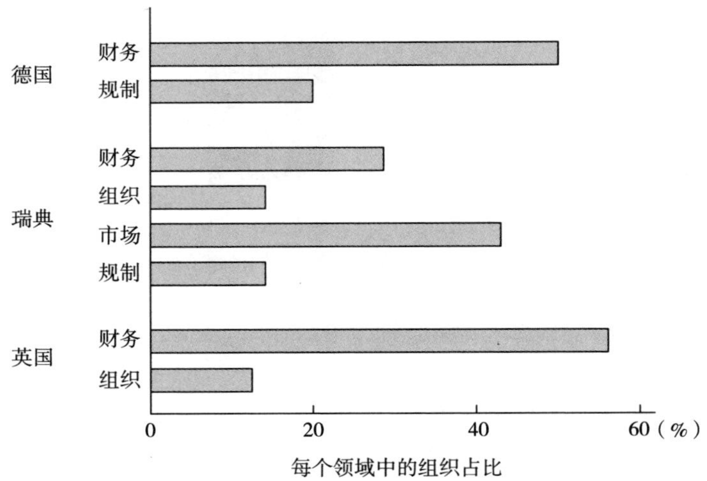

图 9-4　三个国家社会服务领域的增长和创新障碍

为了关注社会问题领域中有组织的行为人的责任分配问题，我们询问了社会企业与之竞争的组织类型。表 9-1 记录了按照国家分类的对此问题最常见的回答。这些发现再次强调了国家内部和国家之间治理安排存在巨大差异。例如，在教育领域，大多数德国社会企业没有直接竞争，瑞典社会企业存在营利性竞争对手，英国社会企业主要与其他社会企业竞争。在社会服务领域，这三个国家最常见的均是来自非营利组织的竞争。社会企业竞争对手方面存在差异的背后是治理机制或如何解决社会问题的组织方式存在潜在重要差异。治理机制不仅提供了一个法律形式示范，还可以提供"文化模式，为组织及其努力提供合理的解释"（Suchman，1995）。例如，各国社会服务领域普遍存在的非营利治理机制倡导参与价值观，并注重实现共同利益，而不是竞争和私人利润（Seibel，2015）。在这个社会问题领域，实现社会目标的商业手段和作为协调市场机制的竞争概念可能被视为与非营利治理安排背道而驰的行为。

表 9-1 三个国家在三个社会问题领域最常见的竞争组织类型

	健康领域	社会服务领域	教育领域
德国	无直接竞争	非营利性组织	无直接竞争
瑞典	非营利性组织	非营利性组织	营利性组织
英国	无直接竞争	非营利性组织	其他社会企业

六、社会问题领域的同构与分化

在阐述了社会问题领域治理安排的一些差异之后，本书探讨了这些差异如何影响社会企业的一些组织选择。我们特别感兴趣的是，社会企业是否以及如何在其组织选择中反映或背离这些现有的治理安排。在这一探索中，我们试图批判性地考察通常与混合型组织本身相关的非常规性因素（Battilana and Lee，2014），并考察社会企业在多大程度上可能受到社会问题领域中竞争组织及其组织方式的影响（DiMaggio and Powell，1983）。

如何在社会企业进行组织安排的一个关键问题与法律形式的选择有关（Reiser，2013；Mair et al.，forthcoming）。虽然法律形式可能与社会企业如何看待自己不太相关，但是它们构成了一个组织的外部可见标志，也在一系列问题上限制了该组织，如责任和盈利。混合型组织实践能力可能受到赋予某些法律形式特权的治理安排的限制。我们认为，如果该领域是由一种可能增加同构趋势的特定治理机制主导的，那么这种情况尤为严重（Besharov and Smith，2014）。

因此，本书比较了社会问题领域的竞争在多大程度上聚集在一种特定的法律形式（社会企业认定为竞争对手的组织的法律形式）上，通过计算赫尔芬达尔-赫希曼（HHI）指数①直观地比较了两个社会企业在回应竞争对手的法律形式时会趋同的可能性。

如表 9-2 所示，关于这一问题，国家内部和国家之间的领域差异很大。在英国，三个领域都表现出相对较低的集中度，而瑞典的社会服务领域和德国的教育领域分别表现出相对较高的集中度。在这些领域中，治理安排似乎以特定的法律形式为中心。因此，这些领域可能具有支持和合理化特定组织选择的特定组织精神，这些选择可能与社会企业的组织方式不一致。例如，通过比较德国国内的各个领域我们发现，教育领域的集中度几乎是健康领域的 3 倍。鉴于各国在社会服务领域的集中程度相对较高，我们研究了这种集中程度是否反映在社会企业本身对法律形式的选择上。在每一种情况下，非营利组织都是这些领域中社会企业最常见的竞争对手。因此，非营利性法律形式也是该领域社会企业最常见的法律形式，但通常有相当大的差距（德国 80%、瑞典 71%、英国 37%）。这些研究结果表明，直接竞争可能与社会企业如何选择更正式和可见的组织属性有关，如法律形式（国家层面的证据；Mair，2020）。这种选择可能会影响一系列其他结果，包括法律义务和外部感知（Mair et al.，forthcoming）。

表 9-2　三国社会企业与同领域竞争组织的法律形式集中度

	健康领域	社会服务领域	教育领域
德国	0.18	0.38	0.50
瑞典	0.45	0.72	0.32
英国	0.25	0.33	0.31

竞争对手之间法律形式集中及社会企业法律形式趋同，在不同领域和国家之间表现出强劲的势头。在高度同质竞争领域经营的社会企业比在异质竞争领域经营的社会企业更有可能在法律形式的选择上趋同。在图 9-5 中，我们绘制了在给定领域内社会企业的法律形式集中度与社会企业竞争的组织的法律形式集中度。在不同国家和领域中，一种形式的集中度与另一种形式的集中度的增加相关。英国关联强度为 0.48，瑞典为 0.65，德国关联较弱，为 0.25。在德国，教育领域在竞争对手之间的法律形式集中程度相对较高，而在社会企业本身之间的集中程

① 指数计算公式为 $HHI=\sum_{i=1}^{n}S_i^2$，这里 I 是任何给定的竞争性法律形式。

度较低。这些发现再次证明了在国家内部社会企业制度安排的重要性。

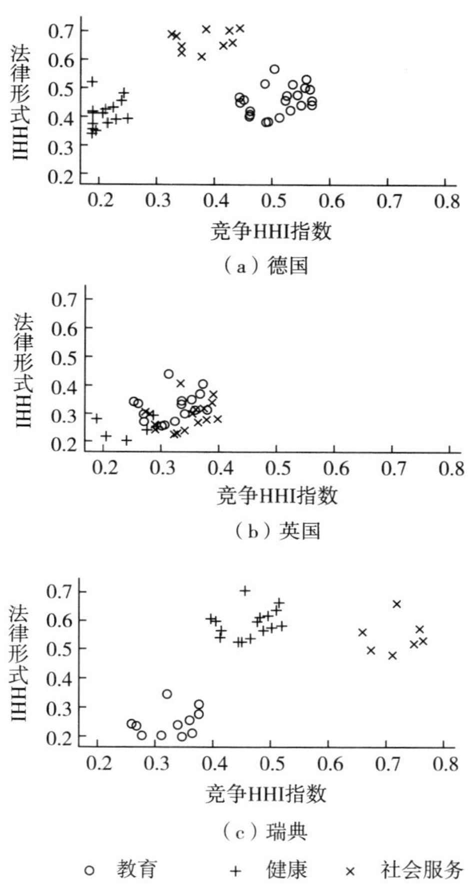

图 9-5 三个国家社会问题领域社会企业与竞争组织法律形式集中度散点图

虽然我们观察到了法律形式的同构趋势，但是不清楚这些趋势是否也延伸到社会企业的其他组织选择上。例如，社会企业核心的重要组织选择涉及创造社会和经济价值的不同活动，这包括产品的基本销售，但也包括向受益人提供就业或其他形式的支持（Deforny and Nyssens，2017；Mair et al.，2012）。在本书对社会企业的研究中，我们区分了五种不同的广泛价值创造活动：向受益人销售产品、提供能力支持、提供就业、销售产品以交叉资助社会项目以及合作模式。通常可能需要多种此类性质的活动来解决一个复杂的社会问题。例如，受益人既没有经济能力购买产品，也没有意识到缺陷，相应的治理安排可能会通过缩小被认为适当的活动范围来影响混合组织活动的范围。为了研究治理安排对社会企业为创造社会和经济价值而开展的不同活动多样性的影响，本书绘制了竞争组织法律形式集中度的测量值与活动多样性的计数测量值。如图 9-6 所示，我们发现这两个测量值之间没有相关性。事实上，根据 HHI 指数的测量，企业在所有竞争集中度上都表现出不同的活动范围。这一发现提供了一些初步证据表明组织选择受到社会问题领域治理安排的不平等影响，并且旨在创造经济和社会价值的混合活动的经济体似乎不受某一领域法律形式主导地位的影响。

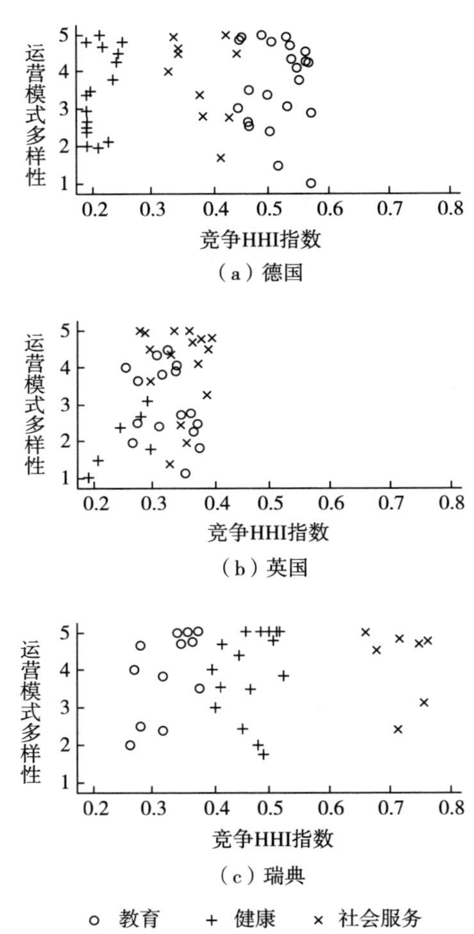

图 9-6　三个国家某领域竞争组织法律形式集中度散点图

七、混合型组织研究进展

在本章中，我们将社会问题领域作为社会企业与其他社会问题有利害关系的参与者之间互动的重要场所。我们仍然把组织放在中心位置，但认识到这些组织并不是在制度真空中运作的（Mair and Rathert，2019a；Seelos et al.，2011）。一些研究进行中观层面的分析，并采用领域层面的观点来理解社会创业领域的演变和动态（Casasnovas and Chliova，2021；Chliova et al.，2020）。本章扩展了制度分析所考虑的中观层面的类型，关注问题领域有助于我们将问题的社会和文化基础（或治理安排）纳入社会企业组织工作的分析中。这一分析范围的拓展推进了混合型组织的研究，因为它有助于从比较视角检验混合型组织的前因和结果。对问题的理论和实证关注也加强了混合型组织研究与重大挑战研究之间的联系。更具体地说，它有助于解决混合型组织形式如何应对社会挑战以及会产生怎样的后果的问题（Ferraro et al.，2015；Mair et al.，2016）。最后，本章的研究观点也支持研究社会问题相关方面的相邻学科在传统的基础上发展。在理想情况下，这将使组织学者能够更深入地参与研究公共政策问题，并将其作为一个重要且未被充分认识的领域评估混合型组织的实际相关性和影响。

正如本书的研究结果所表明的那样，社会企业在多大程度上看待问题领域中的机遇和挑战存在很大差异。我们认为，这些差异反映了社会问题领域不同的治理安排。例如，某些环境似乎支持多种组织形式，没有单一形式占主导地位（Besharov and Smith，2014）。这些安排如何影响（或不影响）法律形式和社会企业的组织模式体现了研究混合型组织形式的实证和理论潜力。首先，在不同的背景下，混合型组织形式可能会被视为不同程度的非传统组织形式，深入参与社会问题领域的治理安排可能会揭示出对混合型组织的历史接受（Anheier and Krlev，2014），在其他情况下，监管改革可能激励了其他组织形式（Grohs，2014；Teasdale，2011），或者外部危机可能会导致对新组织方法的倡导（Mair and Rathert，2019a；Stinchcombe，1965）。其次，社会企业可以使用一系列策略，通过选择或采用与现有安排一致或不同的组织属性，以混合方式围绕社会问题进行组织安排。

总之，本章提出的以问题为中心的社会企业和混合型组织视角为治理提供了新视角。更具体地说，我们看到了在多个层面讨论治理的机会，治理被理解为由与问题有利害关系的一系列有组织的行动者制定的，用于处理社会问题的想法和实践。在组织层面，治理涉及决定组织方向、控制和责任的活动和实践（Wolf and Mair，2019）。对治理的关注可以将组织构建模块的选择、组合、协调和控制的选择与决策者个人层面的属性如价值观和背景等联系起来。在问题领域层面，治理涉及组织应该如何解决社会问题的安排，如等级或竞争等普遍存在的治理机制类型，这些机制反过来体现了围绕社会问题组织的不同规范基础（Seibel，2015）。未来的研究可以检验这些安排的趋同或背离与不同的社会和经济结果之间的关系，以及两者发生的条件。在宏观层面（政治经济层面），形成福利规定的高阶治理原则，如国家和有组织行为者之间的辅助性或类似关系方案（Anheier，2004），可能不仅影响混合型组织的出现，而且影响其具体的组织表现。正是在领域和宏观背景层面上，社会学、公共管理和有关福利制度比较的政治经济学的学术研究为进一步发展这种治理视角提供了肥沃的土壤。本书已经讨论社会学对于解决社会问题的贡献（Mair and Rathert，2019a，2019b）。此外，公共行政学者长期以来一直在思考与不同行为者类型相关的不同治理模式，如植根于等级制度的公共机构或优先考虑参与要素的民间社会组织（Seibel，2015）。他们调查了新引入的治理要素（如竞争）对这些安排的影响，以及领域层面的混合性如何潜在响应出现的需求（Anheier and Krlev，2014；Seibel，2015）。关于福利制度的政治经济学的学术研究可以为公共、私营和第三部门广泛参与的制度安排如何影响混合型组织提供借鉴（Anheier，2004）。本书将这些悬而未决的问题视为未来混合型组织提升分析水平和丰富学科传统研究的一系列卓有成效的领域的证据。

参考文献

[1] Alexander，J. C. （2018）. The societalization of social problems：Church Pedophilia，phone hacking，and the financial crisis. American Sociological Review，83（6）：1049-1078.

[2] Anheier，H. K. （2004）. The third sector in Europe：Five theses. In A. Zimmer & C. Stecker（Eds.），Strategy mix for nonprofit organisations：Vehicles for social and labour market integrations（pp. 285-299）. Boston，MA：Springer.

[3] Anheier，H. K. ，& Krlev，G. （2014）. Welfare regimes，policy reforms，and hybridity. American Behavioral Scientist，58（11）：1395-1411.

[4] Arts，W. I. L. ，& Gelissen，J. （2002）. Three worlds of welfare capitalism or more？ A state-of-the-art report. Journal of European Social Policy，12（2）：137-158.

[5] Battilana，J. ，& Dorado，S. （2010）. Building sustainable hybrid organi-

zations: The case of commercial microfinance organizations. Academy of Management Journal, 53 (6): 1419-1440.

[6] Battilana, J., & Lee, M. (2014). Advancing research on hybrid organizing: Insights from the study of social enterprises. Academy of Management Annals, 8 (1): 397-441.

[7] Battilana, J., Besharov, M. L., & Mitzinneck, B. (2017). On hybrids and hybrid organizing: A review and roadmap for future research. In R. Greenwood, C. Oliver, T. B. Lawrence, & R. Meyer (Eds.), The Sage handbook of organizational institutionalism (2nd ed., pp. 128-162). Thousand Oaks, CA: Sage.

[8] Battilana, J., Sengul, M., Pache, A.-C., & Model, J. (2015). Harnessing productive tensions in hybrid organizations: The case of work integration social enterprises. Academy of Management Journal, 58 (6): 1658-1685.

[9] Besharov, M. L., & Smith, W. K. (2014). Multiple institutional logics in organizations: Explaining their varied nature and implications. Academy of Management Review, 39 (3): 364-381.

[10] Blau, P., & Scott, W. R. (1962). Formal organizations: A comparative approach. Stanford, CA: Stanford University Press.

[11] Blumer, H. (1971). Social problems as collective behavior. Social Problems, 18 (3): 298-306.

[12] Capano, G. (2011). Government continues to do its job. A comparative study of governance shifts in the higher education sector. Public Administration, 89 (4): 1622-1642.

[13] Casasnovas, G., & Chliova, M. (2021). Legitimacy trade-offs in hybrid fields: An illustration through microfinance, Impact Investing and Social Entrepreneurship. Research in the Sociology of Organizations, 69: 291-312.

[14] Child, C. (2020). Whence paradox? Framing away the potential challenges of doing well by doing good in social enterprise organizations. Organization Studies, 41 (8): 1147-1167.

[15] Chliova, M., Mair, J., & Vernis, A. (2020). Persistent category ambiguity: The case of social entrepreneurship. Organization Studies, 41 (7): 1019-1042.

[16] D'Aunno, T., Sutton, R. I., & Price, R. H. (1991). Isomorphism and external support in conflicting institutional environments: A study of drug abuse treatment units. Academy of Management Journal, 34 (3): 636-661.

[17] Defourny, J., & Nyssens, M. (2017). Fundamentals for an international typology of social enterprise models. VOLUNTAS: International Journal of Voluntary and Nonprofit Organizations, 28 (6): 2469-2497.

[18] Di Domenico, M., Haugh, H., & Tracey, P. (2010). Social Bricolage: Theorizing social value creation in social enterprises. Entrepreneurship Theory and Practice, 34 (4): 681-703.

[19] DiMaggio, P.J., & Powell, W.W. (1983). The iron cage revisited: Institutional isomorphism and collective rationality in organizational fields. American Sociological Review, 48 (2): 147-160.

[20] Ebrahim, A., Battilana, J., & Mair, J. (2014). The governance of social enterprises: Mission drift and accountability challenges in hybrid organizations. Research in Organizational Behavior, 34: 81-100.

[21] Esping-Andersen, G. (1990). The three worlds of welfare capitalism. Oxford: Polity Press.

[22] Ferraro, F., Etzion, D., & Gehman, J. (2015). Tackling grand challenges pragmatically: Robust action revisited. Organization Studies, 36 (3): 363-390.

[23] Glynn, M. A., Hood, E., & Innis, B. (2021). Taking hybridity for granted: Institutionalization and hybrid identification. Research in the Sociology of Organizations, 69: 53-72.

[24] Greenwood, R., Díaz, A.M., Li, S.X., & Lorente, J.C. (2010). The multiplicity of institutional logics and the heterogeneity of organizational responses. Organization Science, 21 (2): 521-539.

[25] Grohs, S. (2014). Hybrid organizations in social service delivery in quasi-markets: The case of Germany. American Behavioral Scientist, 58 (11): 1425-1445.

[26] Gusfield, J. R. (1989). Constructing the ownership of social problems: Fun and profit in the welfare state. Social Problems, 36 (5): 431-441.

[27] Heckathorn, D. D. (1997). Respondent-driven sampling: A new approach to the study of hidden populations. Social Problems, 44 (2): 174-199.

[28] Hilgartner, S., & Bosk, C. L. (1988). The rise and fall of social problems: A public arenas model. American Journal of Sociology, 94 (1): 53-78.

[29] Huysentruyt, M., Mair, J., & Stephan, U. (2016, October 19). Market-oriented and mission-focused: Social enterprises around the globe. Stanford Social

Innovation Review.

[30] Huysentruyt, M., Rimac, T., Stephan, U., & Vujic, S. (2017). Sampling in management research: A critique and approach for hard-to-reach populations. Academy of Management Proceedings, 2017 (1): 11774.

[31] Jackson, G., Helfen, M., Kaplan, R., Kirsch, A., & Lohmeyer, N. (2019). The problem of de-contextualization in organization and management research. Research in the Sociology of Organizations, 59: 21-42.

[32] Kibler, E., Salmivaara, V., Stenholm, P., & Terjesen, S. (2018). The evaluative legitimacy of social entrepreneurship in capitalist welfare systems. Journal of World Business, 53 (6): 944-957.

[33] Lawrence, T. B. (2017). High stakes institutional translation: Establishing North America's first government-sanctioned supervised injection site. Academy of Management Journal, 60 (5): 1771-1800.

[34] Mair, J. (2018). Scaling innovative ideas to create inclusive labour markets. Nature Human Behaviour, 2 (12): 884.

[35] Mair, J. (2020). Research on social entrepreneurship as disciplined exploration. In W. W. Powell & P. Bromley (Eds.), The nonprofit sector: A research handbook (3rd ed., pp. 333-357). Redwood City, CA: Stanford University Press.

[36] Mair, J., & Martí, I. (2006). Social entrepreneurship research: A source of explanation, prediction, and delight. Journal of World Business, 41 (1): 36-44.

[37] Mair, J., & Martí, I. (2009). Entrepreneurship in and around institutional voids: A case study from Bangladesh. Journal of Business Venturing, 24 (5): 419-435.

[38] Mair, J., & Rathert, N. (2019a). Alternative organizing with social purpose: Revisiting institutional analysis of market-based activity. Socio-Economic Review, 1-20. https://doi.org/10.1093/ser/mwz031.

[39] Mair, J., & Rathert, N. (2019b). Social entrepreneurship: Prospects for the study of market-based activity and social change. In A. McWilliams, D. E. Rupp, D. S. Siegel, G. K. Stahl, & D. A. Waldman (Eds.), The Oxford handbook of corporate social responsibility: Psychological and organizational perspectives (2nd ed., pp. 359-373). Oxford: Oxford University Press.

[40] Mair, J., & Reischauer, G. (2017). Capturing the dynamics of the sharing economy: Institutional research on the plural forms and practices of sharing econo-

my organizations. Technological Forecasting and Social Change, 125: 11-20.

[41] Mair, J., Battilana, J., & Cardenas, J. (2012). Organizing for society: A typology of social entrepreneuring models. Journal of Business Ethics, 111 (3): 353-373.

[42] Mair, J., Martí, I., & Ventresca, M. J. (2012). Building inclusive markets in rural Bangladesh: How intermediaries work institutional voids. Academy of Management Journal, 55 (4): 819-850.

[43] Mair, J., Wolf, M., & Ioan, A. (forthcoming). Governance in social enterprises. In H. K. Anheier & T. Baums (Eds.), Handbook on advances in corporate governance: Comparative perspectives. Oxford: Oxford University Press.

[44] Mair, J., Wolf, M., & Seelos, C. (2016). Scaffolding: A process of transforming patterns of inequality in small-scale societies. Academy of Management Journal, 59 (6): 2021-2044.

[45] March, J. G., & Simon, H. A. (1958). Organizations. New York, NY: John Wiley and Sons, Inc.

[46] Nicholls, A. (2010). Institutionalizing social entrepreneurship in regulatory space: Reporting and disclosure by community interest companies. Accounting, Organizations and Society, 35 (4): 394-415.

[47] Pache, A. C., & Santos, F. (2010). When worlds collide: The internal dynamics of organizational responses to conflicting institutional demands. Academy of Management Review, 35 (3): 455-476.

[48] Pache, A. C., & Santos, F. (2013). Inside the hybrid organization: Selective coupling as a response to competing institutional logics. Academy of Management Journal, 56 (4): 972-1001.

[49] Pache, A. C., & Thornton, P. H. (2021). Hybridity and institutional logics. Research in the Sociology of Organizations, 69: 29-52.

[50] Pierson, P. (2002). Coping with permanent austerity: Welfare state restructuring in affluent democracies. Revue Française de Sociologie, 43 (2): 369-406.

[51] Reiser, D. B. (2013). Theorizing forms for social enterprise. Emory Law Journal, 62 (4): 681-740.

[52] Salamon, L. M., & Anheier, H. K. (1996). The International Classification of Nonprofit Organizations: ICNPO-Revision 1. Working Papers of the Johns Hopkins Comparative Nonprofit Sector Project. The Johns Hopkins Institute for Policy Studies, Baltimore, MD.

[53] Salamon, L. M., & Anheier, H. K. (1998). Social origins of civil society: Explaining the nonprofit sector cross-nationally. VOLUNTAS: International Journal of Voluntary and Nonprofit Organizations, 9 (3): 213-248.

[54] Seelos, C., & Mair, J. (2007). Profitable business models and market creation in the context of deep poverty: A strategic view. Academy of Management Perspectives, 21 (4): 49-63.

[55] Seelos, C., & Mair, J. (2017). Innovation and scaling for impact: How effective social enterprises do it. Stanford, CA: Stanford University Press.

[56] Seelos, C., Mair, J., Battilana, J., & Dacin, M. T. (2011). The embeddedness of social entrepreneurship: Understanding variation across local communities. Research in the Sociology of Organizations, 33: 333-363.

[57] Seibel, W. (2015). Studying hybrids: Sectors and mechanisms. Organization Studies, 36 (6): 697-712.

[58] Smith, W. K., & Besharov, M. L. (2019). Bowing before dual Gods: How structured flexibility sustains organizational hybridity. Administrative Science Quarterly, 64 (1): 1-44.

[59] Smith, W. K., & Pina e Cunha, M. (2021). A paradoxical approach to hybridity: integrating dynamic equilibrium and disequilibrium perspectives. Research in the Sociology of Organizations, (69): 93-114.

[60] Stephan, U., Patterson, M., Kelly, C., & Mair, J. (2016). Organizations driving positive social change: A review and an integrative framework of change processes. Journal of Management, 42 (5): 1250-1281.

[61] Stinchcombe, A. L. (1965). Social structure and organizations. In J. G. March (Ed.), Handbook of organizations (pp. 142-193). Chicago, IL: Rand McNally & Co.

[62] Suchman, M. C. (1995). Managing legitimacy: Strategic and institutional approaches. Academy of Management Review, 20 (3): 571-610.

[63] Teasdale, S. (2011). What's in a name? Making sense of social enterprise discourses. Public Policy and Administration, 27 (2): 99-119.

[64] Thornton, P. H., & Ocasio, W. (2008). Institutional logics. In R. Greenwood, C. Oliver, R. Suddaby, & K. Sahlin-Andersson (Eds.), The SAGE handbook of organizational institutionalism (pp. 99-129). Thousand Oaks, CA: SAGE.

[65] Wendt, C. (2009). Mapping European healthcare systems: A comparative

analysis of financing, service provision and access to healthcare. Journal of European Social Policy, 19 (5): 432-445.

[66] Wolf, M., & Mair, J. (2019). Purpose, commitment and coordination around small wins: A proactive approach to governance in integrated hybrid organizations. Voluntas: International Journal of Voluntary and Nonprofit Organizations, 30 (3): 535-548.

[67] Wry, T., & Zhao, E. Y. (2018). Taking trade-offs seriously: Examining the contextually contingent relationship between social outreach intensity and financial sustainability in global microfinance. Organization Science, 29 (3): 507-528.

[68] Zhao, E. Y., & Wry, T. (2016). Not all inequality is equal: Decomposing the societal logic of patriarchy to understand microfinance lending to women. Academy of Management Journal, 59 (6): 1994-2020.

第三篇
混合型组织研究的多层次和动态方法

第十章　环境复杂性引发的混合型组织转变：意大利财政警察机构的转型①

摘要：混合型组织面临的一个关键挑战是，在面对复杂、快速变化的环境时，如何重新组合它们所融入的不同制度逻辑。为了研究混合型组织如何解决这个问题，我们分析了意大利财政警察机构从1862年成立至今的演变。基于这一独特的财政执法机构合并公共财政逻辑和军事逻辑的案例，我们提出混合型组织可以在四种机制的基础上整合它们合并的不同逻辑。向上和向下垂直整合的机制触发了整个组织中不同逻辑的整合。综合横向任务扩展和综合横向能力扩展使组织能够管理范围更广的任务，同时开发环境复杂性所需的能力。这四种机制相互作用，如果管理得当，就会相互加强。本章的研究成果有助于更多学者研究组织混合过程的性质，并有助于更广泛地研究结构和能力在处理环境复杂性方面的作用。

关键词：环境复杂性；综合横向能力扩展；综合横向任务扩展；逻辑集成；组织结构；上下垂直整合

一、引言

众所周知，组织需要发展能力并调整其结构，以应对复杂环境，并应对快速变化的技术、新兴文化压力和新的监管约束所带来的挑战（Lawrence and Lorsch，1967；Mintzberg，1979；Dosi et al.，2000）。

越来越多的研究开始研究混合型组织，即将多种制度逻辑纳入其运作核心的

① Tommaso Ramus、Antonino Vaccaro、Pietro Versari 和 Stefano Brusoni。我们衷心感谢整个 GdF 组织，特别是所有将军、军官和下级军官等在该项目中的合作。特别感谢 Nino di Paolo 将军（退休）、Flavio Zanini 中将（退休）和 Gerardo Severino 少校的不懈支持。

组织（Battilana and Dorado，2010；Pache and Santos，2013），其能够发展多元化能力，并以创新的方式应对环境复杂性带来的挑战和障碍（Besharov et al.，2019）。例如，Battilana 和 Dorado（2010）展示了小额信贷组织中对比鲜明的银行业务和发展逻辑如何开发创新解决方案来解决金融排斥问题。Dalpiaz 等（2016）认为，工业制造和文化生产逻辑的重组使家居用品制造商 Alessi 创新其产品设计并在制造业取得成功。

尽管监管、技术、机构和市场压力带来了挑战和复杂性，但是组织结构仍能实现其目标（Greenwood et al.，2011），广泛的研究已经研究了结构在维持混合和应对环境复杂性方面的作用。大部分研究表明，混合型组织可以发展其所需的能力（Ramus et al.，2017），通过分隔或整合结构驾驭环境复杂性（Santos et al.，2015；Raynard，2016）。在第一种情况下，不同的逻辑被划分成不同的子单元（Pache and Santos，2013）；在第二种情况下，他们代表整个组织（Ashforth and Reingen，2014；Besharov，2014）。然而，现有的研究在很大程度上过于简化了对混合型组织的描述，将它们描述为相对静态和扁平的组织，因此忽略了这样一个事实，即整合和分隔可以在组织内部和跨组织层次上发生变化，随着时间的推移，导致混合逻辑的分布更加复杂（Besharov et al.，2019）。

基于以上认识，以及对结构变化可能有助于培养新的能力以应对新的外部挑战的认识，最近的研究已经开始承认混合型组织适应（Smith and Besharov，2019）和转换（Ramus et al.，2017）它们的结构，从而对外部环境的变化做出响应。然而，我们对混合型组织结构变化的具体动态以及这种动态对混合型组织发展必要能力以应对环境复杂性的影响知之甚少。在本章，我们将讨论这一点并回应 Smith 和 Besharov（2019）的呼吁，即不要将分隔与整合的区别视为静态的，应探索这些特征是如何产生并在战略上改变的。因此，本章研究的是，一个混合型组织如何改变其结构以应对环境复杂性。

为了解决上述问题，我们分析了意大利财政警察机构（Guardia di Finanza，GdF）的历史。GdF 成立于 1862 年，是意大利经济和财政部的一个分支机构，负责执行标准行政控制和调查潜在的逃税行为。因此，GdF 一直包含并受到公共财政逻辑的影响。这一逻辑是基于社会建构的一套物质实践、原则和目标，这些实践、原则和目标使得负责财政活动的公共实体，如经济和财政部及其分支机构，打击财政违法行为，尊重民法和官僚权威。GdF 实践的一个例子是由检查员调查偷税漏税行为。自成立以来，GdF 也依赖军队参与了军事活动。因此，GdF 还包含了军事逻辑、等级纪律、军事法律以及通过军事活动保护国家和公民的目标。

本书的研究表明，GdF 管理其不同逻辑的重组，并通过结构变化过程解决增加的环境复杂性。它涉及两种垂直整合机制和两种水平任务及能力扩展机制，以发展支持扩大其责任范围的技能，同时使其获得更大的自主权和认可。这一过程使我们能够研究一些重要的问题，即随着时间的推移，混合型组织如何管理不同专业化之间的关系及其影响（Greenwood et al.，2011）。

二、混合结构与混合型组织

（一）结构在应对环境复杂性中的作用

在 Lawrence 和 Lorsch（1967）的经典定义中，一个组织被描述为执行任务的人相互关联的行为系统，该系统分为几个不同的子系统，每个子系统执行任务的一部分，每个子系统的努力被整合以实现系统的有效性能（Lawrence and Lorsch，1967）。在这种观点下，结构是组织内任务划分和协调以维持绩效的方式（Mintzberg，1979）。结构安排制约着组织如何在成员之间分配责任和权力，也影响着组织如何分配任务和活动以应对外部环境带来的挑战（Barley，1986）。

组织设计研究的早期学者认为，组织可以有目的地在分隔和整合结构之间进行组合和转换，以便在成员之间分配责任的方式与外部环境提出的要求和挑战之间找到最佳匹配（Lawrence and Lorsch，1967）。在这些学者看来，结构的出现和转变是组织领导人根据对外部环境及其复杂性的理解而制定的战略的结果（Miles and Snow，1978）。尽管监管、技术、体制和市场压力带来了挑战和复杂性，但是结构的战略性设计使组织能够实现其目标并有效实施其战略（Dobbin and Sutton，1998）。

最近结构研究学者提出了一种不那么理性、更具突发性和政治性的结构观点（Orlikowski，1996）。他们将结构及其转换描述为取决于自下而上的、非线性的组织意义形成和适应环境复杂性的过程（Kellogg，2009）。这一过程往往是计划外的，它涉及不同联盟之间的权力和资源分配的政治动态（Weber and Waeger，2017）。

总言之，尽管存在差异，但是设计和结构化视角都认为组织结构与环境复杂性交织在一起，组织形成并调整其结构以应对外部复杂性。结构受组织成员如何理解环境复杂性以及他们如何塑造这一过程的影响（Greenwood et al.，2011）。

（二）结构与混合型组织

研究通过借鉴组织设计方法和结构化方法解释了结构在维持组织混合中的作

用（Battilana et al.，2015；Smith and Besharov，2019）。在一个整合结构中，所有逻辑都在整个组织中表示出来。这样一个整合结构可能有利于在全息组织身份中显示所有不同的逻辑（Pratt，2016）、新的综合能力的发展以及对环境挑战的共同理解（Battilana and Dorado，2010）。这种整合反过来可能会产生更多创新性（Jay，2013）和创造性（Smets et al.，2015）的解决方案，以解决环境复杂性带来的问题（Raynard，2016）。然而，全面整合可能会导致紧张，特别是当组织最初持有表意符号身份时（Ashorth and Reingen，2014），其中不同的子群体受到不同优先级和价值观的驱动（Mitzinneck and Besharov，2019）。此外，由于完全整合，混合型组织可能无法识别和利用每种逻辑的价值，最终丢弃部分逻辑或将其与其他逻辑分离，从而失去了混合在组织应对环境复杂性时所带来的优势（Battilana and Dorado，2010）。这些缺陷可以通过一种分隔结构来解决，在这种结构中，不同的逻辑被划分为不同的子单元（Battilana et al.，2015）。这种类型的结构保证了每个逻辑的价值将得到充分认可（Santos et al.，2015），并且有利于发展应对环境复杂性所需的能力（Ramus et al.，2017）。然而，分隔结构可能强调不同群体及其成员之间的区别（Glynn，2000），管理它需要代价较大的协调机制（Battilana et al.，2015）。

基于组织设计传统的原则（Miles and Snow，1978），早期的混合型组织研究表明，分隔和整合之间的选择在很大程度上取决于组织创始人和早期领导者的决定（Battilana and Dorado，2010；Pache and Santos，2013；Santos et al.，2015）。近年来的研究促进了对混合结构的复杂性和结构化的深入理解。具体而言，一些学者提出，混合型组织可以在整合和分隔之间转换；反之亦然（Ramus et al.，2017），也可以在不同的组织层面上结合这些方法（Battilana et al.，2015；Besharov et al.，2019）。结构变化不是由计划内的决策引起的；相反地，它是非计划的和偶然的（Ziber，2002），并随着混合型组织试图适应不断变化的环境条件而出现的（Smith and Besharov，2019）。结构的变化通常源于组织联盟之间的谈判和权力斗争，这些联盟在理解和应对环境压力变化方面存在差异（Kim et al.，2016）。

尽管研究已经承认结构在处理环境复杂性方面的作用，但是我们仍然缺乏对导致结构整合和分化中变化和组合过程的详细理解（Besharov et al.，2019）。我们对结构整合和分隔以及它们的各种组合如何影响混合企业应对复杂环境的能力知之甚少。通过本章对GdF如何转变的研究，我们旨在丰富这些研究，并阐明混合组织通过转变组织结构来管理日益增加的环境复杂性的多层次机制。

三、研究方法

本章的研究遵循了制度学者进行历史研究的传统，探索制度逻辑（Quattrone，2015）和结构（Bartunek，1984）如何随时间演变并塑造组织功能。

（一）研究背景

本章的案例研究主要集中在意大利财政警察机构 GdF，它一直是打击意大利偷税漏税和防止财政犯罪及走私的主要行动者。仅在 2016 年 GdF 就干预了逾 63.3 万项财政控制，发现了 16017 起不当行为，并查封了价值 781387725 欧元的资产（GdF，2016）。如今，GdF 是负责调查逃税、非法进出口、挪用公款等金融、经济欺诈行为的军事化警察部队。GdF 还负责公共安全，特别是在它拥有专属管辖权的海域。GdF 的主要使命是保护经济发展，确保公司依法运营，并确保欧盟、意大利国家及地方当局能够依靠定期的资金流入适当使用资源（GdF，2016）。

在历史上，由于意大利政治、经济、财政和军事体系的变革，GdF 不得不应对日益复杂的环境问题。它在解决这些问题方面的成功得到了许多国家和国际机构（如联合国）的承认，并获得了奖项（见表 10-1）。

表 10-1　GdF 成立以来的获奖情况及绩效

GdF 成立以来的获奖情况	
旗帜奖	
联合国维和奖章	1
阿尔巴尼亚共和国鹰队金牌	1
红十字会功勋金牌	2
公共财政金奖	2
平民英勇金牌	8
平民功勋金牌	9
军事英勇金牌	3
军事十字勋章	2

续表

个人奖项	
其他国家颁发的平民英勇奖	39
平民英勇金牌	14
平民功勋金牌	22
外国军事勋章	32
军事英勇金牌	10
军事英勇十字勋章	704
其他国家颁发的军事英勇奖	43
打击逃税、欺诈和漏税行为取得的成果（2016）	
行动类型	
司法警察调查和开展的行动	14115
税务审计和检查	94016
区域经济管制干预	525567
经检查查获的案件	
增值税欺诈数量	1955
国际税务案件数目	1663
未申报的房地产逃税案件数量（逃税者总数）	4056
未申报的公司案件数量（逃税者总数）	8343
扣押资产的价值	€ 78138772

为了解决本书研究的问题并研究混合型组织如何调整其结构以应对环境复杂性，我们基于两个原因选择了 GdF。首先，GdF 是一个混合组织，它受到经济和财政部的影响并融入了公共财政逻辑同样也依赖于军队，又体现了军事逻辑的要素。其次，在它漫长的历史中，GdF 经历了结构调整的多个阶段，以重新组合这些逻辑并发展解决意大利一些日益复杂的问题所需的能力。

GdF 是一个混合型组织，因为它是一支军事化的警察部队，融合了公共财政和军事逻辑。作为经济和财政部的一部分，GdF 在其财政执法职责中追求以下三个目标：一是打击逃税和骗税行为；二是打击与公共支出和公共腐败有关的犯罪；三是打击经济和金融犯罪（GdF，2016）。因此，GdF 纳入了公共财政逻辑。这一逻辑将保护法制经济作为其主要目标，尊重民法和政府官僚机构是其监管权威的主要来源。它的实践和行动以行政权力、民法、技术和专业能力为基础，以防止和打击财政违法行为。它的合法性和地位取决于专业技能和能力。权力是等级分明的，并由官僚机构强化。

然而，GdF 也依赖军队。它具有军事地位，有助于意大利边境的政治和军事防御，并在战争和海外军事行动中参与军事行动（GdF，2016）。在这方面，GdF 还融入了军事逻辑。这一逻辑将保卫国家及其公民作为主要目标。尊重军事法律和纪律是其监管权威的主要来源。它的实践和行动来源基于军事力量，旨在保护边境。它的合法性和地位取决于军衔。权力是分级的，并通过军事纪律得到加强。

GdF 经历了结构转型的多个阶段以发展必要的能力，并在其必须管理的任务和日益增加的环境复杂性之间找到最佳匹配。1862 年 GdF 成立时，其结构在上层采取分隔策略，在底层推进整合。在高层，高级职位由负责管理与公共财政逻辑相关的战略任务的公务员和负责管理与军事逻辑相关的任务的陆军人员担任。这两个小组的职责、任务和身份被严格划分。然而，GdF 的结构是完全整合的，运作任务由财政官员或执法官员管理，他们将公共财政和军事逻辑纳入并整合到他们的身份、责任和活动中。

多年来，金融机构逐渐获得了组织内的自主权和地位，它们获得了新的能力，扩展了现有的能力和责任领域，从而能够在整个 GdF 结构中对公共财政和军事逻辑进行综合管理。立法的变化赋予了财务人员对以前由公务员或军官管理的任务的权力。财政官员还接管了之前 GdF 管辖范围以外的任务，逐步发展有效管理这些任务的能力。这一漫长的结构整合过程于 2010 年完成。当时，国防军历史上第一次任命一名财政部长为总司令，达到了国防军等级的顶峰。GdF 将军事和公共财政逻辑完全整合到其层级的每一级以及整个组织的每个部分。

（二）数据收集

为了解决本章研究的问题并调查 GdF 如何随着时间的推移调整其结构以应对外部复杂性，我们从多个来源收集了数据。数据收集由其中两位笔者完成，他们可以完全且不受限制地访问 GdF 和意大利议会的档案，这使他们有机会收集 7000 多页的法律信息、GdF 内部文件和意大利议会活动备忘录。

数据收集过程包括三个步骤：首先，我们访问了 GdF 历史博物馆的内部档案。该博物馆成立于 1937 年，包含所有与 GdF 历史和活动直接或间接相关的文件。我们使用这些数据作为本章的主要信息来源，对 GdF 的演变和结构变化进行了按时间顺序的描述，并了解其背后的原因。这些数据还帮助我们了解意大利的政治、经济和财政体系是如何随着时间的推移发生变化的，以及这些变化是如何影响 GdF 的活动和结构的。

其次，我们从众议院图书馆收集了未能通过的与 GdF 相关的立法草案，以及记录意大利议会有关 GdF 立法活动的备忘录。我们使用这些数据来补充在 GdF

博物馆收集的信息。

最后，我们还采访了 GdF 的高级官员以及历史上的专家们。这有助于我们澄清 GdF 随时间的推移而变化的结构的技术细节、背后的原因以及它们对其解决日益增加的环境复杂性能力的影响。表 10-2 总结了我们收集的数据。

表 10-2　收集的数据

数据来源	细节
档案数据	
关于 GdF 的法律和法律草案 45 项，共 461 页	1861~2010 年由意大利管理机构制定的关于 GdF 结构的法律
意大利议会活动备忘录 27 项，共 769 页	1862~2010 年议会讨论的涉及 GdF 相关法律的发展和批准
内部会议记录和沟通备忘录 64 项，共 2864 页	1966~2000 年 GdF 上级理事会会议记录和备忘录，1943~2018 年内部沟通备忘录
年度报告共 11 项，916 页	描述 GdF 从 2005 年到 2016 年的活动和表现的年度报告
书籍和会议记录 17 项，共 2604 页	涵盖 GdF 从 1861 年至 2018 年的历史的已出版和未出版的作品
半结构化访谈	
3 次采访 GdF 将军	旨在澄清技术细节的采访
3 次采访 GdF 上校 2 次采访 GdF 少校	与 GdF 功能相关，并加深我们对 GdF 档案历史中确定的结构变化的理解

（三）数据分析

与以往采用历史方法研究组织如何转变和整合不同制度逻辑的研究［如 Quattrone（2015）］一致，我们基于扎根理论（Strauss and Corbin，1990）的原则，采用归纳、纵向方法（Langley，1999）分析了本章的数据。虽然数据分析过程不是线性的，但是为了清晰起见，我们将各个阶段分为三个主要步骤。

首先，我们分析了档案数据，对 GdF 的演变进行了详细的实证描述（Langley，1999）。本书介绍了在意大利日益复杂的政治、经济和军事体系背景下，GdF 在历史上发生的主要事件和变化。在这一步骤中我们意识到，多年来，GdF 通过四种不同的结构变化进行了转变。第一，将公共财政逻辑和军事逻辑结合在一起的财政官员被某些法律赋予了晋升的权利，取代了担任要职的公务员或军官。第二，其他法律将以前由军官或公务员管理的任务分配给了财政官员，而不改变其等级。这两种机制都赋予了财政官员对以前由公务员或军官执行的任务的

权力和自主权。第三，其他法律扩大了 GdF 的职责，使其有权管理其管辖范围以外的财政或军事任务。第四，多年来，GdF 引入了一些结构，使财务官员具备有效管理新任务所需的能力。

一旦确定了 GdF 结构中的各种变化，我们就沿着一条时间线绘制了它们，该时间线还跟踪了意大利政治、经济和军事体系的主要转变。通过这种方式，我们开始将 GdF 结构的变化与整个意大利更广泛的变化联系起来。为了从理论上理解这些变化，我们查阅了关于混合型组织的现有文献（Battilana et al.，2015），尤其依赖于调查混合型如何调整其结构以应对制度复杂性的研究方向（Smith and Besharov，2019）。本书进行的比较使我们能够将上述 GdF 结构中的四个变化编码为向上垂直整合、向下垂直整合、横向综合任务扩展和横向综合能力扩展。

第一类是向上垂直整合，包括旨在促进 GdF 层级中的金融制度逻辑，以取代处于顶端位置的公务员或军官。这些变化通过提升财政和军事逻辑的地位实现了公共财政和军事逻辑的整合，即整合这两种逻辑的个人的地位，而牺牲了体现单一逻辑的公务员和军官。

第二类是向下垂直整合，包括旨在将先前由高级公务员或陆军军官担任的任务分配给财政官员。这些变化将特定任务的责任和权力由公务员或军官组成的更高层级重新分配到由财政官员组成的较低层级。通过分析 GdF 的内部备忘录和说明以及意大利议会的备忘录，我们发现，向上和向下的纵向整合都旨在使 GdF 更加具有自主性，使其独立于经济和财政部以及军队。

第三类是横向综合任务扩展，其目的是扩大 GdF 的责任范围，使其涵盖以前不在其管辖范围内的任务，并将这些任务置于经济和财政部的责任之下。

第四类是横向综合能力扩展，包括旨在创建新结构的变化，并使内部金融财政机构能够获得有效管理新任务所需的能力，整合财政和军事目标。将这些变化与意大利经济、财政和政治制度的转型联系起来，我们意识到这些变化背后的主要目的是扩大 GdF 的责任范围，以包括新的公共财政和军事任务。

在分析的最后阶段，我们还应用了时间包络策略，从意大利的政治、经济和军事体系的角度来理解 GdF 的转型。我们可以将 GdF 的历史分为四个阶段。在第一阶段（1862~1906 年），GdF 试图调整其结构，以应对其所面临的挑战。在第二阶段（1907~1947 年），GdF 进行了转型，以适应意大利参与两次世界大战后产生的军事和财政需求。第三阶段（1948~1990 年）与该国的现代化有关，而第四阶段是正在进行的阶段（1991 年至今），与欧盟的建立带来的复杂性相关，这加深了经济、军事以及欧盟成员国之间的财政一体化。表 10-3 总结了 GdF 经历的主要变化。

表 10-3　GdF 的结构变化

阶段	动态	描述
第一阶段（1861~1906 年）	1862 年 5 月 13 日第 616 号法律 • 横向综合任务扩展	GdF 是一个将海关税务管制职责与军事因素结合起来的组织（典型的财政政府机构），有严格的军事纪律以及武装保护边境、在发生冲突时在意大利战争部服务的义务
	1881 年 4 月 8 日第 149 号法律 • 向上垂直整合 • 向下垂直整合 • 横向综合任务扩展	陆军军官的军衔分为中尉、少尉、上尉和少校。意大利财政当局以前在人力资源管理和业务活动方面承担的若干职责转移给了意大利财政官员。GdF 在军事和财政两方面都承担了新的责任，如打击违禁品、确保财务管理的执行、监督消费税的征收、参与维护公共秩序和安全、在战争中被动员为军队的一部分
	1881 年 6 月 12 日第 261 号敕令 • 横向综合能力扩展	国防军新兵将在不同于陆军新兵的特定地点接受训练，以便向他们提供特殊的海关管制训练以及适当的军事训练
	1895 年 12 月 22 日第 721 号法律 • 横向综合能力扩展	建立一所新学校，专门用于财政和军事实践方面训练英国国防军军官
	1901 年 6 月 6 日第 268 号敕令 • 横向综合任务扩展	在财政和金融警察的活动方面加入了新的责任，具体来说，引入了旨在承认违反意大利财政法律的调查权
	1906 年 7 月 9 日第 367 号法律 • 向上垂直整合 • 向下垂直整合 • 横向综合任务扩展	陆军军官的军衔是中校。GdF 获得了独立于意大利财政当局的自治法。因此，该组织成立了一个独立的总指挥部。这个新的 GdF 管理机构负责确定总体战略和活动，并承担更多的责任，包括控制海关边界（以前由意大利财政当局控制），以及为可能的动员和冲突做准备
第二阶段（1906~1947 年）	1907 年 7 月 14 日第 556 号敕令 • 向下垂直整合	GdF 被允许在其制服上使用军事明星，从而获得了更多的责任
	1911 年 6 月 2 日第 325 号敕令 • 向下垂直整合	GdF 被授予使用独立团旗和控制以前由军队官员控制的相关任务，从而在军事和民事活动中获得更大的操作和战略自主权
	1919 年 9 月 4 日第 1600 号敕令 • 横向综合任务扩展	GdF 被赋予了额外的责任，涉及组织在战争时期的准备工作。此外，GdF 还肩负着保卫沿海边界的更强大的任务
	1919 年 11 月 9 日第 2073 号敕令 • 向上垂直整合	陆军军官的军衔是准将和少将
	1923 年 1 月 18 日第 95 号敕令 • 横向综合任务扩展	与财政警察活动有关的新职责被纳入该组织，设立了一个具有税控警察具体职能的新办公室
	1926 年 1 月 3 日第 63 号敕令 • 横向综合任务扩展	GdF 的财政监管职责得到了扩展，因为它获得并控制了公民的财政相关信息

续表

阶段	动态	描述
第三阶段（1947~1990 年）	1959 年 4 月 23 日第 189 号法律 • 横向综合任务扩展	GdF 的财政和军事责任是通过加强海事警察活动的扩展，提供更多的维护国家军事防御边界的活动，建立空军单位，在维护公共秩序和安全上加强权力的一般规定
	1959 年 8 月 1 日第 31 号内部命令 • 向下垂直整合	GdF 主要将领的数量增加，他们有责任保持军事的指挥权，如非凡的检查，纪律调查，独立研究和评价各种领域，主持研究委员会的权力
	1964 年重建附属警察学校 • 横向综合能力扩展	附属警察学校发展成为一个研究 GdF 作战理论发展的中心。此外，学校还为政府后勤人员开办新的高级课程
	1966 年 7 月 1 日内部沟通 • 向下垂直整合	成立了一个新的 GdF 管理机构，以管理以前由军事人物总指挥所承担的职责
	1968 年 10 月 13 日 GdF 高级理事会 • 横向综合能力扩展	财政警察学校开设了财政警察高级课程，目的是培养经济和金融问题的政府财政专家
	1975 年 GdF 总指挥的部署 • 向下垂直整合	以前由将军（陆军军官）的军事人物所承担的一些职责被移交给 GdF（GdF 军官）的第二指挥官
	1976 年 4 月 30 日第 159 号法律 • 横向综合任务扩展	通过设立一个专门关注货币欺诈的内部办公室，并对货币事务拥有全面调查权，GdF 的财政监管职责得到了扩展
第四阶段（1990 年至今）	1999 年 7 月 30 日第 300 号法令 • 横向综合任务扩展	GdF 被明确承认具有警察部队的职责，向经济和财政部报告，同时仍然是武装部队的一个组成部分
	1999 年 12 月 21 日第 526 号法律 • 横向综合任务扩展	为了维护市场机构和公平的商业竞争，通过增加对所得税和增值税的控制，GdF 在财政监管方面的调查权得到了加强
	1926 年 1 月 3 日第 63 号敕令 • 横向综合任务扩展	英国陆军军官的军衔是中将
	2000 年 3 月 31 日第 78 号法律 • 向上垂直整合	GdF 的财政和军事责任是通过加强海事警察活动的扩展，提供更多的维护国家的军事防御边界的活动，建立空军单位，在维护公共秩序和安全上加强权力的一般规定
	2001 年 3 月 26 日第 68 号法令 • 横向综合任务扩展	该法律承认 GdF 在欧洲层面上保护经济主体的必要性，并赋予该兵团预防、控制和压制违反欧盟预算的任务
	2010 年 7 月 3 日第 79 号法律 • 向上垂直整合	国防军高级军官被允许竞选为将军。不久之后，尼诺·迪·保罗中将被选为 GdF 的领导人

四、研究结果：GdF 的混合转变

（一）第一阶段（1861~1906 年）：意大利王国和 GdF 的诞生

意大利王国在 1861 建立时面对的是一个复杂挑战财政和军事活动的管理，同时必须对全国的税收进行监管、标准化和整合。这不仅需要引入若干法律和财政改革（如房地产法和谷物加工税），还需要开发可靠的评估和调查工具（Di Gaetano，1997）。它还必须开发新的复杂情报、协调和军事系统。国家的边界必须要防御军事袭击，还必须打击犯罪集团和走私者的活动（Meccariello，2003）。

为了应对这些挑战，意大利王国于 1862 年成立了 GdF，赋予其财政和军事责任。最初命名它为“Corpo delle Guardie Doganali”（海关卫队），主要负责财政政策的制定，并将海关和财产权总局作为经济和财政部的一个分支机构成立。GdF 的高级成员是该局的一部分，而下级成员（当时被称为“海关警卫”）则是 GdF 的正式成员。

海关卫队（此后被称为财政官员）通过海关和财产权总局向经济和财政部长报告工作。它致力于保护和监督陆上和海上的海关区域，并打击走私关税货物，也有义务应主管当局的要求参与保护秩序和公共安全（第 616/1862 号法律；第 1~3 条）。

在发生战争情况下，陆上和海上作战的 GdF 成员可通过皇家法案动员，但要在战争部长或海军的授权之下。在动员期间，他们将遵守军事法律法规（第 616/1862 号法律，第 2 条）。

军事纪律和等级制度只适用于财政官员，而不适用于首长级的高级成员，他们是文职人员。财政官员必须遵守严格的军事制度，他们必须住在军营里，必须得到批准才能结婚，并且拥有军衔，尽管他们的军衔不能高于中尉。此外，他们必须遵守军事法律，并受由军队成员组成的军事法庭管辖。违抗命令和擅离职守将受到军事监禁的惩罚。财政官员在工作时间内犯下的武装虐待罪将根据军事法进行判决和惩罚（第 616/1862 号法律，第 10~11 条）。

从成立起，GDF 就依赖军队及经济和财政部，并把它们各自的军事和公共财政逻辑作为其运作的核心。这些逻辑在上层进行了分隔，但在下层是整合的。高层官员分为两类：代表公共财政逻辑并负责 GdF 财政活动的首长级公务员和对 GdF 军事活动拥有完全自主管辖权的陆军官员。在较低一级，这两种逻辑被整合并体现在财务官员身上。财政官员在董事会公务员和军队官员的共同权力下负责财政和军事行动。这是为了保证军队及经济和财政部的自主权，同时避免它们之间的矛盾而采取的双重结构。然而，这种结构与 GdF 必须处理的环境复杂性不符。特别是，财政官员发现，由于在可能影响其综合目标的任务方面缺乏决策自主权，他们很难在行动层面将财政和军事目标结合起来。高层公务员和军队官员缺乏能够让他们了解金融机构综合需求并为他们提供指导的技能和心态。与此同时，鉴于财政官员在 GdF 层级中处于底层，他们在这些官员群体中缺乏地位，并认为这种情况造成他们的待遇是低效和不公平的。

除了财政官员在实施财政法方面每天遇到的客观困难外，还出现了与其他政府机构的新冲突，因为它们不清楚 GdF 官员的职责。这种情况在金融界造成了许多不平等、不公平待遇和怨恨（Severino，2015）。

为了解决这种情况，1881~1906 年 GdF 在其结构上经历了几次渐进的转变，这些转变通过四种不同的法律形式化。其中，一些变化增加了金融机构对综合任务的自主权和权威，使其能够更有效地管理活动，并获得更大的认可和地位。其他变化扩大了财政官员拥有的能力，支持他们在 GdF 内增加自主性和权威性。

第一个变化是第 149/1881 号法律，该法律在三个重要方面修改了 GdF 的结构。首先，它赋予财政官员中尉晋升两个军衔的权利（第 2 条）。本书将这一变化描述为向上的垂直整合，因为整合财政和军事逻辑的 GdF 成员通过在正式组织层级内将其推进，从董事会和军队获得了自主权。获得这一资历后，这些成员可以做出以前陆军军官或首长级公务员才能够做出的决定。这一变化提高了金融机构的地位，增加了它们的自主权，使它们能够管理复杂的任务。第二个变化是由第 149/1881 号法律引发的，涉及经济和财政部职责的扩大。本书将这一变化描述为横向综合任务扩展，以表明它涉及新任务的获取（以前不在 GdF 的责任范围内），以及经济和财务部以综合方式对其进行管理。这些新任务包括：①防止、制止或起诉走私以及任何其他违反法律和金融法规的行为；②保护 GdF 的财务执行办公室；③代表国家和提出要求的市政府监督消费税的征收；④维持公共秩序（第 149/1881 号法律，第 1 条）。

最后，第 149/1881 号法律通过授予财政官员对以前由高级公务员或军官担任的任务的权力增加了 GdF 的自主权。本书将这一过程描述为向下垂直整合，因为它涉及降低 GdF 层级中某些任务的决策权，而不改变金融机构的层级。这一变化增加了金融机构的自主权，使它们能够更有效地管理新的和更复杂的任务，而不影响它们的等级。例如，在第 149/1881 号法律出台后，经济和财政部获得了开展财政活动的自主权，这些活动以前是由 GdF 指挥部高级公务员管理的。在第 149/1881 号法律之后不久又颁布了另外两项重要法律：第 261/1881 号皇家法令和第721/1895号法律。这些规定正式确立了培训金融机构的机构。这些机构的目的是使经济和财政部能够发展它们所需的能力，以便更有效地完成它们现在负责的综合军事和财政任务。本书将这种变化称为横向综合能力扩展。例如，第721/1895号法律提出了以下要求：建立训练中心，新招募的GdF新兵在服役前可以接受军事和GdF特定训练。已接受基本军事训练的陆军新兵训练期为三个月，其他新兵的训练期为六个月。

第367/1906号法律标志着第一个时期的结束。这项法律通过向上纵向整合大大提高了GdF从董事会获得的自主权。事实上，它引入了一个新的顶端机构，即GdF的总指挥部，并赋予其定义GdF总体战略和活动的权力。在该指挥部内，总司令的领导职位由一名陆军军官担任，但参谋人员中也包括财政官员，他因此在层级中晋升，在经济和财政部以及武装部队的成员中获得更高的地位。然而，高层仍然完全区隔分化，并在军方和高级公务员的控制下。

（二）第二阶段（1906~1947年）：巩固阶段和两次世界大战

在发展的第二阶段，GdF经历了新的环境复杂性，这是由日益加剧的军事和财政动荡造成的。在军事方面，GdF除了被广泛用于意大利南部和山区针对武装抢劫的领土防御活动外，还在意大利的其他军事行动中发挥了重要作用（Di Gaetano，1997）。具体而言，20世纪初，军队在非洲国家的殖民运动中以及在两次世界大战中广泛使用了GdF。在意大利殖民地，GdF在征服新吞并的领土方面发挥了关键作用。在两次世界大战中，GdF做出了重要的军事贡献：在第一次世界大战期间，其40%的兵力被动员并用于军事行动；在第二次世界大战期间，整个GdF被动员起来，并在多条战线上参与战斗（Meccariello，1992）。

在财政方面，参与两场战争的巨大财政成本意味着意大利王国必须应对迅速失控的公共赤字，其早在1917年就达到了GDP的60%（Romano and Volpi，1979）。为了摆脱危机，王国引入了一个又一个税收，在此过程中建立了拜占庭式的财政和税收体系。例如，在这一时期，火柴、扑克牌、咖啡、糖、油、炸药和电灯泡逐渐被新的国家垄断。劳动力和资本收入的差别税制也开始出现（Meccariello，2003）。财政复杂性的不断增加不可避免地扩大了GdF必须干预的领域，也要求GdF开发新的能力、资产和技术。

鉴于GdF在第一次世界大战后的结构，它需要将GdF的结构和能力与意大利财政体系的要求保持一致。换句话说，需要增加财政警察机构可以干预的领域（Meccariello，2003）。

与前一阶段一样，GdF通过调整其结构来应对日益增加的财政和军事复杂性。所做的改变包括垂直向上和向下整合，目的是增加GdF相对于军队和指挥部

的独立性。它们还涉及横向综合任务扩展，以及 GdF 负责的领域。

这些变化通过几种不同的法律形式化（见表 10-3）。这一阶段批准的第一批法律（第 556/1907 号、第 325/1911 号和第 2073/1919 号皇家法令）促进了向下和向上的纵向整合，以增加 GdF 的自治权。在第一阶段，GdF 的主要目标变得更加独立于理事会。现在的首要任务是从军队中实现战略和作战独立，以便 GdF 能够在两次世界大战中开展军事行动，同时实现其财政执行目标。

1908 年，奥匈帝国吞并波斯尼亚和黑塞哥维那加速了欧洲危机，导致 GdF 被纳入军事机构（Meccariello，2003）。在这种情况下，GdF 需要更多的自主权，不仅要更有效地将财政和军事活动结合起来，而且要加强金融机构在军队中的地位。财政官员认为自己是一个与军队截然不同的团体。这使得他们在参加军事任务时很难直接由一名非财政部长的官员指挥。此外，GdF 寻求在国家层面获得知名度和认可度，从而确保官方和可见的军事责任，这将使其区别于意大利军队（Fioravanzo，1955）。这种自主性是通过向下和向上的垂直整合获得的。第 556/1907 号和第 325/1911 号皇家法令是朝着向下垂直整合方向迈出的重要一步，因为它们赋予了财政官员在军事活动中更大的作战和战略自主权，使其有权执行以前由陆军官员执行的任务。这些法律还授权 GdF 在其制服上使用军星，并负责意大利战旗。

这些修改具有重要的象征意义，因为它们肯定了 GdF 的军事地位，并使财政官员获得了更大的知名度和认可度。此外，它们对获得新的实质性责任和能力具有重要影响：拥有战斗旗使一个兵团有权在军事行动中做出自主的战略和军事决策。

这些变化很快被第 1600/1919 号皇家法令所承认，该法令在 GdF 官员的最高级别上增加了两个级别，即从上校到准将和少将。这是向上整合的关键一步。这些新的职位赋予了经济和财政部以综合和自主的方式管理军事和财政警察活动相结合的任务的权力。此外，他们还提高了金融机构的地位和认可度（Severino，2018）。

在 GdF 努力提高其独立于军队的能力的同时，它还通过两项法律提升了职责范围，并将新任务置于其控制之下，即第 95/1923 号和第 63/1926 号皇家法令。第一条是通过设立一个新的技术办公室专门负责执行税收法规，从而提升了 GdF 的财政能力。第二条澄清并扩大了 GdF 作为军事财政警察部队的责任范围，使其能够查阅任何有关潜在财政侵权的文件。

这一过程也使 GdF 更加独立于董事会。扩大 GdF 责任的广度有助于财政官员在一个财政立法日益完善的快速增长国家中发展更广泛的能力来识别财政不当行为（Di Gaetano，1997）。它还为财政官员提供了技术和管理工具，帮助他们在

GdF 层级中晋升，并使他们在与其他政府机构的互动中获得信誉（Severino，2015）。

这是第二次世界大战结束前 GdF 结构的最后一次重大变化。在法西斯时代，它的转型道路受阻。1922 年意大利国家法西斯党执政后，其发展了自己的政治导向民兵，成为政权相关责任和任务的主要接受者。墨索里尼就任总理后，就致力于重组警察和武装部队，使之与新的意识形态保持一致（Meccariello，2003）。

因此，在第二次世界大战结束和《意大利共和国宪法》颁布之前，GdF 的职责范围几乎没有改变。

（三）第三阶段（1947~1990）：现代化的挑战

法西斯时代结束及第二次世界大战结束后，GdF 必须适应意大利经济、政治和技术体系的快速变化（Meccariello，2003）。

从经济角度看，从第二次世界大战结束到 20 世纪 80 年代末，意大利的繁荣得益于欧洲层面共同经济市场的逐步发展，这也促进了意大利出口的发展。这些转变引发了财政复杂性的增加，因此需要对税收制度进行各种改革。这给 GdF 带来了新的挑战，并要求它开发新的活动和干预领域。从地缘政治角度讲，第二次世界大战和法西斯统治结束后，意大利立即成为一个共和国，必须迎接重建民主制度的挑战。20 世纪 60 年代末至 80 年代末，意大利还经历了冷战造成的大动荡时期，引发了极右和极左极端分子的恐怖袭击。此外，GdF 还必须适应意大利的技术现代化（Di Gaetano，1997；Meccariello，2003）。

在这一阶段，GdF 结构的变化主要是由于需要跟上环境复杂性带来的新挑战。GdF 需要从经济和财政部以及军队中获得更大的独立性，以跟上与意大利社会快速变化相关的、新的、更复杂的作战和战略需求（Meccariello，1992）。多年来，GdF 进一步扩大了其职责范围，将新任务纳入其职责范围。例如，第 189/1959 号法律引入了空军部队，该部队支持调查和作战工作，允许 GdF 进行以前由空军进行的监视活动。1977 年，GdF 成立了特别货币警察部队，其任务是防止货币兑换上的投机和非法活动（Meccariello，2003）。

多年来，GdF 还致力于横向综合能力扩展，以获得以综合方式管理新财政和军事任务所需的技能。例如，1968 年，它推出了一门有关财政问题硕士课程，将财政警察调查的技术细节与 GdF 的军事职能结合起来。更具体地说，该课程有以下目标：①高级专业资格提供学习如何通过现代有效系统组织、管理和跟踪各部门最复杂的服务行动，以及以较强能力行使军事指挥职能的机会；②提供关于重大经济和金融问题及其对国际层面影响的专家培训（1968 年 10 月 13 日 GdF 高级理事会会议记录）。

GdF 在扩大其职责的同时，还努力通过纵向整合获得自治权。在这一阶段，大多数变化旨在增加向下的纵向整合。其中，三个变化特别值得注意。第一个变化是由 1959 年第 31 号内部部署正式确定，将 GdF 中的少将人数从一名增加到三名，并授予他们执行以前由总司令（没有具体的经济和财政能力的陆军将军）执行的任务的权力。第二个变化是 1966 年成立了高级委员会，该委员会仅由 GdF 少将组成。这一新机构自成立之日起就发挥了关键作用，因为其主要任务之一是向总司令通报 GdF 面临的重要战略、组织和作战问题。1975 年发生的第三个变化是修改了总司令办公室成员之间的职责分配：副总司令协助总司令履行职责，并在总司令缺席或受阻时替换总司令；少将有权处理与人员培训和专业化有关的问题，有权在被认为特别微妙和紧急的情况下进行主动干预，并立即通知总指挥官（GdF 高级理事会备忘录，1975 年 5 月）。这是向下垂直整合的一个重要变化，因为它赋予了金融机构更多的责任，同时也减少了处于最高军事地位的人即将军的活动。

（四）第四阶段（1990 年至今）：全球化世界中的 GdF

当前阶段的特点是 GdF 参与的财政、军事和经济活动日益全球化，它解释了公共财政和军事逻辑在整个层级结构中的最终整合。从 20 世纪 90 年代初开始，GdF 必须驾驭日益全球化以及虚拟化的经济和军事系统。在这些体系中，税收监控和军事活动需要复杂的组织结构、跨境合作以及与国际机构的伙伴关系，正如《马斯特里赫特条约》和第一个欧盟警察合作财团所规定的那样（Klosek，1999）。

为了解决这一个日益复杂的问题，GdF 再次扩大了其职责范围和自主权，努力获得其应对挑战所需的技能和地位。具体而言，GdF 修改了其结构，以扩大其职责范围并纳入新任务，从而推动了横向综合任务扩展的进程。例如，1993 年，它成立了一个新的特别单位，称为有组织犯罪干预小组，该小组有权在国家和国际两级开展打击有组织犯罪和恐怖主义的特别行动，这些领域在以前仅由国家警察控制。这一变化不仅扩大了 GdF 的职责范围，而且使其更具可见性和认可度。从 1999 年起，GdF 开始纳入新的财政警察任务——同样是在国家和国际层面。第 68/2001 号法律就是一个例子：GdF 被授予经济和财政执法职能，以保护国家、地区和欧盟的财富。为此，GdF 的任务是防止、控制和制止违反关税、边境权利和欧盟预算以及任何其他国家或欧洲金融和经济主体的行为。

在当前阶段，GdF 已经努力从军队中完全独立出来，因为其意识到这种依赖是有问题的：军队官员缺乏专门的能力来处理 GdF 的复杂活动，且对军队的依赖也影响了财政官员的地位。

在此阶段，GdF 通过向上垂直整合获得了这种独立性。这里有两条法律很重要。第一，第 78/2000 号法律允许国防军官员获得中将军衔（比以前少将军衔上限高一个军衔）。这条法律使 GdF 官员能够获得更多的自主权和权力，并负责以前由总司令负责的任务。第二，第 79/2010 号法律最终授权财政官员担任总司令，这是 GdF 历史上的第一次。金融警卫队的总指挥官是从 GdF 将军中选举产生的，其经部长会议审议、经济和财政部长提议，并经国防部长同意，根据总统令任命。

这项法律的颁布至关重要，因为它使公共财政和军事逻辑完全融入了 GdF 的等级体系。

五、讨论和研究贡献

在现有关于组织混杂性的文献背景下研究 GdF 的转型（Besharov et al.，2019；Ramus et al.，2017），本书认为，如图 10-1 所示的总体过程模型，混合型组织可以逐步整合不同的逻辑。

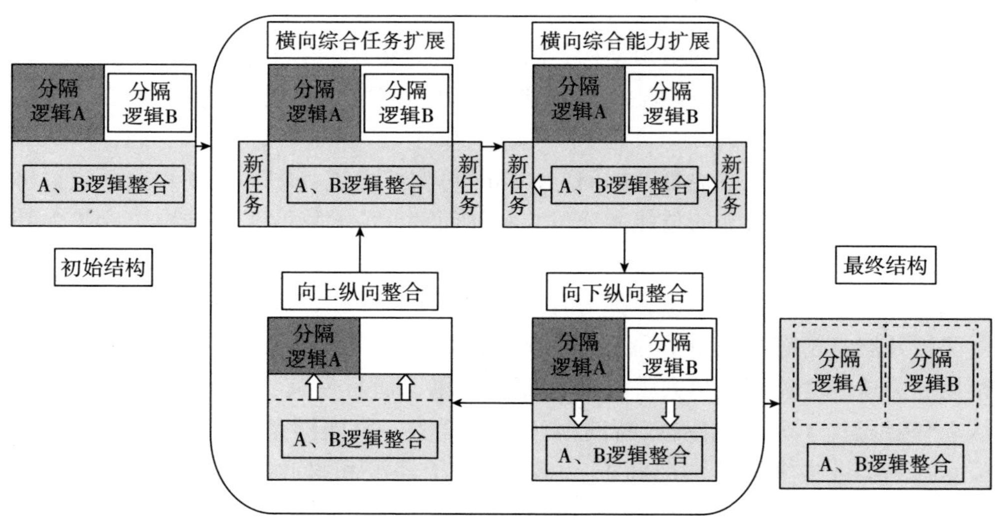

图 10-1　混合组织中逻辑集成的过程模型

既有的研究使我们无法解释本书所揭示的等级制度过程可能造成的紧张和阻力，本书的研究结果表明，所描述的四种不同机制之间的相互作用如何有助于发

展综合能力和结构，使混合型组织能够驾驭日益复杂的环境。

前两种机制是整合型横向能力扩展和横向任务扩展。这两种机制都使混合型组织能够通过获得应对新的环境挑战所需的综合能力，并纳入以前不在其管辖范围内但仍然影响其运作的任务，来降低复杂性。这两种横向机制在理论上很重要，因为它们将能力添加到混合型组织可以处理环境复杂性的变量中，以及结构（Smith and Besharov，2019）、战略（Dalpiaz et al.，2016）、身份（Jay，2013）和实践（Smets et al.，2015）中。需要进行进一步研究，以阐明逐步发展综合能力的具体机制，以及它们在解决日益复杂的环境问题方面的具体作用。

本书确定的其他两种结构整合机制是向上和向下的垂直整合。这些机制使参与者能够整合不同的逻辑，并在系统中获得自治权和权威组织结构。通过这些机制，参与者可以逐步替换层次结构中表示或正式连接到单个逻辑的个人。因此，以前区分的任务将被以集成的方式进行管理，最终降低协调成本并使任务管理更加有效。虽然本书的研究结果并不意味着整合结构总是处理环境复杂性的最佳方式，但是它们似乎表明，当混合型组织遇到日益增加的环境复杂性时，增加整合可以提高其绩效。未来的研究应该调查整合逻辑的正确时机，以及在何种条件下结构整合可能比结构差异更有效。

通过研究跨多个组织层级的整合机制，本书补充了以往关于混合的研究，主要研究了仅在一个组织层级发挥作用的逻辑整合机制，如谈判空间（Battilana et al.，2015）、时间工作（Gümüsay et al.，2020）和时间分化（Mitzinneck and Besharov，2019）。通过这种方式，本书提出了对混合型组织结构进行更细致理解的要求（Besharov et al.，2019），从而揭示了这些组织中仍然未得到充分研究的纵向动态。

本书的研究结果也证实了在不同水平上分化和整合结构的结合可以用来维持混合性。与之前的研究相比，这一观点对结构整合和分化有了更细致的理解，之前的研究这些研究要么明确地（Battilana and Dorado，2010；Santos et al.，2015），要么隐含地（Ashforth and Reingen，2014；Smetset al.，2015）将这些结构安排描述为由高层管理者或者创始人设定的一些相反且固定的替代方案。虽然结构安排最初可能由高层管理者根据其对环境复杂性的理解及其可能产生的紧张关系来选择（Battilana and Dorado，2010；Smith and Besharov，2019），但是随后的变化可能会由较低层级的参与者来推动。在这种情况下，推动结构变革的驱动因素既有战略意义（需要使结构适应新的、更复杂的环境条件），也有政治意义（组织亚群体渴望获得与具有单一逻辑身份的群体相关的认可和权力）。

本书在研究中讨论的四种机制构成了一个综合模型，通过该模型，混合型组织可以逐步整合不同的逻辑，同时最小化与此过程相关的缺点。我们建议，通过扩展职责范围，将影响组织目标的任务管理包括在内，混合任务可以适应外部复杂性（综合横向任务扩展）。这种变化必须与能够促进整合新引入任务所需能力发展的结构相关联（综合横向能力扩展）。通过获得这些能力，融合不同逻辑的混合型组织成员可以自主管理新任务（向下垂直整合），并最终获得正式权力，在组织层级中崛起，取代体现单一逻辑的参与者（向上垂直整合）。当整合不同逻辑的参与者获得权威和权力时，他们可以触发整合横向任务扩展的过程，从而进一步推进这些逻辑的结构整合。

尽管本书的见解需要在其他环境和较短时间内进行纵向测试，但是它们有可能扩展最近的研究，这些研究提出了对混合型组织的动态理解（Jay，2013；Ashforth and Reingen，2014）。本书的研究表明，维持混合是一个持续的适应过程，涉及混合结构随时间的推移不断变化和转变。结构整合的纵向进程是摆脱体制制约、获得适应外部环境中出现的挑战所需的战略和业务灵活性的关键。此外，结构整合的横向过程允许组织扩大其权限，并获得对任务的控制，以帮助其保持绩效。

六、结论

在经济全球化的世界中，组织必须改变以应对环境的复杂性，同时保持其业绩。在本书的研究中，我们提出了一个结构整合的过程模型，并展示了四种机制，当它们结合在一起时，可以帮助组织适应和驾驭日益复杂的环境。本书的发现可以作为更广泛讨论结构如何使组织实现其目标的起点。

参考文献

[1] Ashforth，B. E.，& Reingen，P. H. （2014）. Functions of dysfunction：Managing the dynamics of an organizational duality in a natural food cooperative. Administrative Science Quarterly，59（3）：474-516.

[2] Barley，S. R. （1986）. Technology as an occasion for structuring：Evidence from observations of CT scanners and the social order of radiology departments. Administrative Science Quarterly，31（1）：78-108.

[3] Bartunek，J. M. （1984）. Changing interpretive schemes and organizational restructuring：The example of a religious order. Administrative Science Quarterly，29（3）：355-372.

[4] Battilana, J., & Dorado, S. (2010). Building sustainable hybrid organizations: The case of commercial microfinance organizations. Academy of Management Journal, 53 (6): 1419–1440.

[5] Battilana, J., Sengul, M., Pache, A. C., & Model, J. (2015). Harnessing productive tensions in hybrid organizations: The case of work integration social enterprises. Academy of Management Journal, 58 (6): 1658–1685.

[6] Besharov, M., Smith, W., & Darabi, T. (2019). A framework for sustaining hybridity in social enterprises: Combining differentiating and integrating. In G. George, T. Baker, P. Tracey, & H. Joshi (Eds.): Handbook of inclusive innovation: The role of organizations, markets and communities in social innovation (pp. 394–413). Cheltenham: Edward Elgar Publishing.

[7] Besharov, M. L. (2014). The relational ecology of identification: How organizational identification emerges when individuals hold divergent values. Academy of Management Journal, 57 (5): 1485–1512.

[8] Dalpiaz, E., Rindova, V., & Ravasi, D. (2016). Combining logics to transform organizational agency: Blending industry and art at Alessi. Administrative Science Quarterly, 61 (3): 347–392.

[9] Di Gaetano, G. (1997). Storia della Guardia di Finanza dal 1774–1974. Rome: Archivio Storico della Guardia di Finanza.

[10] Dobbin, F., & Sutton, J. R. (1998). The strength of a weak state: The rights revolution and the rise of human resources management divisions. American Journal of Sociology, 104 (2): 441–476.

[11] Dosi, G., Nelson, R. R., & Winter, S. G. (2000). The nature and dynamics of organizational capabilities. Oxford: Oxford University Press.

[12] Fioravanzo, G. (1955). Fiamme Gialle Sul Mare: Storia del Naviglio della Guardia di Finanza durante il Conflitto 1940–1945. Rome: Ufficio Storico Della Marina Militare.

[13] Glynn, M. A. (2000). When cymbals become symbols: Conflict over organizational identity within a symphony orchestra. Organization Science, 11 (3): 285–298.

[14] Greenwood, R., Raynard, M., Kodeih, F., Micelotta, E. R., & Lounsbury, M. (2011). Institutional complexity and organizational responses. Academy of Management Annals, 5 (1): 317–371.

[15] Guardia di Finanza (2016). Rapporto Annuale 2016. http://www.gdf.

gov. it/ente–editoriale–per–la–guardiadi–finanza/pubblicazioni/il–rapporto–annuale/anno–2016/rapporto–annuale–2016/rapportoannuale–2016. pdf.

[16] Gümüsay, A. A., Smets, M., & Morris, T. (2020). "God at work": Engaging central and incompatible institutional logics through elastic hybridity. Academy of Management Journal, 63 (1): 124–154.

[17] Jay, J. (2013). Navigating paradox as a mechanism of change and innovation in hybrid organizations. Academy of Management Journal, 56 (1): 137–159.

[18] Kellogg, K. C. (2009). Operating room: Relational spaces and microinstitutional change in surgery. American Journal of Sociology, 115 (3): 657–711.

[19] Kim, T. Y., Shin, D., & Jeong, Y. C. (2016). Inside the "hybrid" iron cage: Political origins of hybridization. Organization Science, 27 (2): 428–445.

[20] Klosek, J. (1999). The development of International Police Cooperation within the EU and between the EU and Third Party States: A discussion of the legal bases of such cooperation and the problems and promises resulting there. American University International Law Review, 14 (3): 599–656.

[21] Langley, A. (1999). Strategies for theorizing from process data. Academy of Management Review, 24 (4): 691–710.

[22] Lawrence, P. R., & Lorsch, J. W. (1967). Differentiation and integration in complex organizations. Administrative Science Quarterly, 12 (1): 1–47.

[23] Meccariello, P. (1992). La guardia di finanza nella seconda guerra mondiale. Rome: Museo Storico della Guardia di Finanza.

[24] Meccariello, P. (2003). Storia della Guardia di Finanza. Italy: Le Monnier.

[25] Miles, R., & Snow, C. (1978). Organizational strategy, structure, and process. New York: McGrawHill.

[26] Mintzberg, H. (1979). The structuring of organizations. Englewood Cliffs, NJ: Prentice–Hall.

[27] Mitzinneck, B. C., & Besharov, M. L. (2019). Managing value tensions in collective social entrepreneurship: The role of temporal, structural, and collaborative compromise. Journal of Business Ethics, 159 (2): 381–400.

[28] Orlikowski, W. J. (1996). Improvising organizational transformation over time: A situated change perspective. Information Systems Research, 7 (1): 63–92.

[29] Pache, A. C., & Santos, F. (2013). Inside the hybrid organization: Selective coupling as a response to competing institutional logics. Academy of Management Journal, 56 (4): 972–1001.

[30] Pratt, M. G. (2016). Hybrid and multiple organizational identities. In M. Pratt, M. Schultz, B. Ashforth, & D. Ravasi's (Eds.): The Oxford handbook of organizational identity. (pp. 106-120) Oxford: Oxford University Press.

[31] Quattrone, P. (2015). Governing social orders, unfolding rationality, and Jesuit accounting practices: A procedural approach to institutional logics. Administrative Science Quarterly, 60 (3): 411-445.

[32] Ramus, T., Vaccaro, A., & Brusoni, S. (2017). Institutional complexity in turbulent times: Formalization, collaboration, and the emergence of blended logics. Academy of Management Journal, 60 (4): 1253-1284.

[33] Raynard, M. (2016). Deconstructing complexity: Configurations of institutional complexity and structural hybridity. Strategic Organization, 14 (4): 310-335.

[34] Romano, S., & Volpi, G. (1979). Industria e finanza fra Giolitti e Mussolini. Milano: Bompiani.

[35] Santos, F., Pache, A. C., & Birkholz, C. (2015). Making hybrids work: Aligning business models and organizational design for social enterprises. California Management Review, 57 (3): 36-58.

[36] Severino, G. (2015). Il comitato del Corpo della Guardia di Finanza. Rome: Museo Storico Guardia di Finanza.

[37] Severino, G. (2018). La Guardia di Finanza al suo primo generale. Rome: Akkuaria.

[38] Smets, M., Jarzabkowski, P., Burke, G. T., & Spee, P. (2015). Reinsurance trading in Lloyd's of London: Balancing conflicting-yet-complementary logics in practice. Academy of Management Journal, 58 (3): 932-970.

[39] Smith, W. K., & Besharov, M. L. (2019). Bowing before dual Gods: How structured flexibility sustains organizational hybridity. Administrative Science Quarterly, 64 (1): 1-44.

[40] Strauss, A., & Corbin, J. (1990). Basics of grounded theory methods. Beverly Hills, CA: Sage.

[41] Weber, K., & Waeger, D. (2017). Organizations as polities: An open systems perspective. Academy of Management Annals, 11 (2): 886-918.

[42] Zilber, T. B. (2002). Institutionalization as an interplay between actions, meanings, and actors: The case of a rape crisis center in Israel. Academy of Management Journal, 45 (1): 234-254.

第十一章　混合型组织：庇护工场（1941~2019年）*

摘要：本章探讨混合型组织如何应对与推进非传统逻辑组合相关的挑战和机遇。它借鉴了对美国庇护工场180年历史的研究。庇护工场是社会和商业逻辑的混合型组织，为残疾人提供有报酬的就业机会。本章从理论上阐述了治理体系即基于国家的社会规范和监管解决方案与混合代理模式（允许混合型组织拥有推进非常规组合所需的自由裁量权）之间的联系。它引入了术语混合代理模式来描述这种联系，并确定了四种类型：上游、中游、下游和逆流。上游代理模式借鉴了有魅力的创始人的创业愿景。它允许混合型组织在不受支持的时代自由推进非传统逻辑组合，但也要求它们遵守某些主导文化规范。中游代理模式在历史变革时期借鉴了混合型组织的宣传技能、资源以及适应性。它允许非传统组合获得资源和合法性。下游代理模式从支持时期可能出现的组织松弛中获益。松弛缓解了冲突逻辑之间的紧张和权衡压力，但也可能产生使命漂移。最后，逆流代理模式还利用了混合型组织的宣传技能和资源以及适应性。它为混合型组织提供了在竞争期间应对挑战的机会。

关键词：混合型组织；混合代理；治理体系；庇护工场；隔离就业；康复

一、引言

庇护工场是社会和商业逻辑的结合体，旨在推进其为残疾人提供有酬就业的社会使命。如果不是相互排斥的话，这些组织将明显不相容的职能和目的混合在一起（tenBroek，1962）。庇护工场需要巧妙地将业务部门和康复部门结合成一个和谐的整体，当任何一个因素占主导地位时，车间都可能陷入麻烦（Nelson，1964）。

---

* Silvia Dorado.

当前关于混合型组织的研究议程集中于组织如何应对其逻辑和目标之间的紧张关系和权衡所带来的挑战（Battilana et al.，2017；Wry and Zhao，2018；Smith and Besharov，2019）。然而，有必要在此之前探讨一个问题，即混合型组织如何获得所需的自由以推进偏离主流的逻辑混合。庇护工场有着180年的悠久历史，可以对这一个问题进行长期的探索（Braudel，1958）。

开创性的庇护工场创建于19世纪中期，当时的历史时期也通过了所谓的“丑陋法律”，市政法规将残疾人定为难看的人，并禁止他们进入公共场所。到20世纪20年代，美国大约有100个工场，此后数量成倍增加。它们的成长得到了历史事件的支持，其中最显著的是第一次世界大战，这引发了人们对政府帮助残疾人角色的态度的变化。这一时期通过的法规有助于工场数量的持续增长，到20世纪50年代大约有400个工场。在那之后，它们的人数增加到了数千人，因为额外的监管改革将发育障碍残疾人纳入其中，而这一群体此前被排除在外。从20世纪90年代末开始，庇护工场的数量开始下降，许多人开始认为庇护工场已经过时，因为这让人觉得资助残疾人有时甚至是剥削残疾人的方式。尽管如此，现在仍有一些倡导者为此进行辩护，认为这是降低残疾人失业率（70%或更高，取决于残疾程度）的又一选择，因为其比任何其他社会群体的失业率高出一个数量级（Winsor et al.，2018）。

本章利用这段历史推进我们对混合型组织如何应对与推进非传统逻辑混合相关的挑战的理解。研究建立在遵循历史方法开发和分析独特档案之上（Kiping et al.，2014）。丰富的历史记录的提供和获取促进了该方法的应用，包括：①以第一人称记录事件的资料、组织年度报告和相关期刊，这些资料可追溯到19世纪末，储备充足，可公开使用；②公开获取的档案，其中载有促使相关立法通过的证词和讨论；③从多个团体的角度对相关事件提供证词的文件，其中一些团体的议程是反对的，如康复专业人员、工场经理、残疾人家长和残疾人组织。本章还受益于三项经过充分研究的历史记录，即盲人工场（Koestler，1976）、康复专业人士（Nelson，1971）和残疾人（Rose，2017），其提供了关键的视角。

本章从理论上阐述了治理体系即基于国家的社会规范和监管解决方案与混合代理模式（允许混合型组织拥有推进非常规组合所需的自由裁量权）之间的联系。它引入了术语混合代理模式来描述这种联系，并确定了四种类型：上游、中游、下游和逆流。上游代理模式借鉴了有魅力的创始人的创业愿景。它允许混合型组织在不受支持的时代自由推进非传统逻辑组合，但也要求他们遵守某些主导文化规范。中游代理模式在历史变革时期借鉴了混合型组织的宣传技能、资源以及适应性。它允许非传统组合获得资源和合法性。下游代理模式从支持时期可能出现的组织松弛中获益。松弛缓解了冲突逻辑之间的紧张和权衡压力，但也可能产生使命漂移。最后，逆流代理模式还利用了混合型组织的宣传技能、资源以及适应性。它为混合型组织提供了在竞争期间应对挑战的机会。

二、混合型组织：偏离主流

大多数组织在日常运营中管理多种逻辑（Greenwood et al.，2011；Pratt，2016），应对相关的紧张局势始终需要提高注意力并保持小心谨慎（Ocasio，1997、2011）。然而，混合型组织面临着不同的挑战，因为它们的逻辑组合“违反了关于什么是适当的或兼容的制度化规则”（Battilana et al.，2017；Smith and Besharov，2019）。这些不同的挑战源于整合受众冲突需求的困难，“这会给组织决策者带来困惑”（Hsu et al.，2009）。它们产生于内部混乱和模糊性，这已被证明影响了混合型组织有效应对市场变化的能力（Battilana and Dorado，2010）。由于相互冲击的目标下产生了不同的评价指标、时间范围和不同立场的赞助者，混合型组织也可能会面临问责挑战。

关于混合型组织如何应对与其非常规逻辑组合相关的特定挑战的学术研究表明，制度环境的差异会带来不同的挑战。因此，在一种情况下有用的策略和实践在另一种情况不一定适用（Ramus et al.，2017；Smith and Besharov，2019）。具体而言，学者已经确定了与混合相关的不同挑战，这些挑战源于支持非常规逻辑组合的规制的缺失或存在（Rawhouser et al.，2015）。

Aguilera 等（2018）认为，治理体系（构成国家治理体系的文化规范和监管解决方案）的差异决定了组织必须推进不一致的逻辑组合的自由裁量权。因此，有必要研究混合型组织如何获得推进偏离主流的逻辑组合所需的自由裁量权。从长期的角度来看，庇护工场的历史提供了一个富有成效的舞台，以促进我们对这一问题的理解（Braudel，1958）。它提供了一个观察治理体系历史变化中出现的差异的机会。

三、研究方法

（一）案例

第一批庇护工场简称为工场（Hubbard，1907），它们与盲人教育机构有联系，并直接向公众出售扫帚或篮子等制成品。它们提供的工作是临时培训，为毕

业生提供获得有酬工作所需的技能。“庇护”的标签在第一次世界大战后被添加到工场。这一变化反映出工场现在被视为受保护的场所，个人在这里接受多种康复服务。在 1926 年的田野调查中，有一处提道：“庇护就业是指为残疾人群体开办一个机构，确保他们的收入并为他们创造有利条件。它可以在严格的生产基础上运行，与商业工厂不同的是，它只限制残疾人就业，并为他们调整环境和法规。另一方面，它可能不可避免地偏离盈利路线，转而由一些补贴担保人弥补经常性赤字。每一个层次都由现在所在这个领域的人代表”（Sullivan，1926）。正如这段引文所述，20 世纪 20 年代，所有的工场都提供受保护的就业机会，但它们在如何将盈利和社会目标结合起来的方式上有所不同。

从 20 世纪 60 年代开始，关于庇护工场社会价值的争论日益激烈，一些人开始将其称为“隔离工作中心”。“隔离”一词表达了一种认识，即很少有人毕业并在工场之外找到工作。

从工场（开创性年份）到庇护工场（20 世纪初），再到隔离工作中心（自 20 世纪 60 年代以来）的转变反映了构成这些混合型组织运作框架的治理体系的巨大变化。我们建议庇护工场应对挑战和确定的机遇，利用不同类型的混合机构推进其非传统逻辑组合。驱动因素、资源和技能赋予混合型组织在不同历史时期推进非常规组合的自由裁量权。

（二）实证分析

本章从丰富的文献档案中探索庇护工场的历史，发现了在分析中起核心作用的三位作家的著作：Koestler（1976）、Nelson（1971）以及 Rose（2017）的。他们的著作从三个关键群体（盲人专业人士、康复专业人士和残疾人）的角度对庇护工场进行了历史性的回顾。本章还得益于对许多数字存储库的访问，这些存储库中的文档用于交叉检验事件的解释等，并查找相关细节。

文本分析遵循 Kipping 等（2014）提供的指南。这些指导原则要求研究人员确定每一篇文章的外部和内部有效性，三角验证数据来源以克服偏差，以及确保文本的解释与其他文本相关，并考虑到文本产生的历史时期。

文本的相关性和有效性是根据来源、预期读者、陈述目的以及写作的历史背景确定的（Donnelly and Norton，2011）。反过来，一些文本有助于三角验证信息并提供研究背景。例如，有描述加拿大庇护工场演变的文件，这些工场曾一度与美国的工场有关，但在不同的监管背景下运作。另一个例子是监狱工厂 85 周年纪念报告。与庇护工场一样，监狱工厂也有权获得政府合同。其他用于三角验证和了解背景的相关文本包括关于国家收容所的历史报告，多年来，国家收容所是为发育性残疾个人进行服务的唯一机构。

文本提供了具有不同观点的、独立的、有潜在利益冲突的参与人的观点（Howell and Prevenier，2001）。与庇护工场有关的专业人员团体，特别是宗教和慈善组织，如亲善工业，以及康复专业人员，还考虑了捕捉残疾人观点和表达立法者观点的文本。

本书在研究中也考虑了他们写的时代背景。这一点尤其重要，因为从 19 世纪中期第一次庇护工场出现到 90 年代后期工场成为争论的话题，人们对残疾人的态度也发生了巨大变化。

四、美国庇护工场的演变

在工业革命之前，残疾人可以为当地社区的利益而工作（Aul，1965；Maybee，2019；Patterson）。例如，Patterson（2011）提供了一项研究调查，描述了美国原住民社区中残疾人参与多种工作的情况。反过来，Ault（1965）、Metzler（2006）和 Maybee（2019）提供了中世纪时期残疾人为社区工作做出贡献的例子。

到了 19 世纪，技术和专业化的出现带来了对生产力的重视，残疾人被挤出了劳动力大军。这种转变产生了社会对帮助残疾人找到有酬工作的倡议，庇护工场应运而生，以应对这一挑战。

图 11-1 显示了自 19 世纪中期首次开始运营以来，庇护车间的数量变化情况。它还确定了标记的上游、中游、下游和逆流四个不同的历史时刻。在下文，本章将详细讨论每个时期。表 11-1 展现了庇护工场的演变。

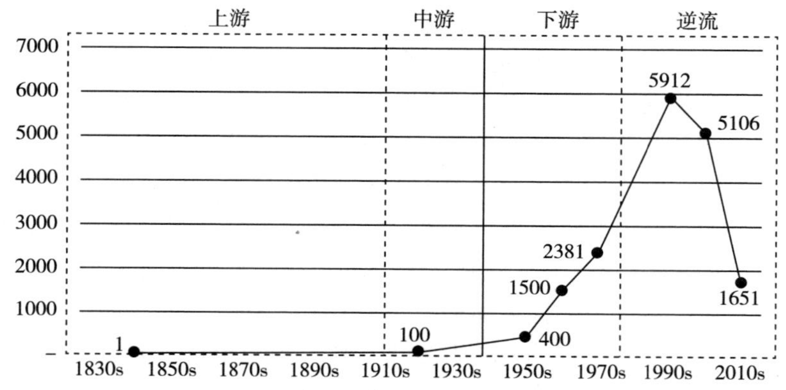

图 11-1　庇护工场的演变过程

资料来源：笔者根据 Koestler（1976）、Nelson（1971）、United States General Accounting（1981）以及 1998 年美国劳动和就业标准管理局的数据进行估计。

表11-1　庇护车间的共同演变

代理模式	1841年至第一次世界大战	第一次世界大战至20世纪40年代	20世纪40年代至70年代	20世纪70年代至今
构成残疾人就业能力的社会规范	失业 丑陋法案 为慈善而工作	分隔就业 丑陋法案 为慈善而工作	分隔就业 使发育障碍者脱离机构	整合就业（包括有发育障碍的个人）
关键法规和司法决定	1693年残疾退伍军人支持法案（佩科特战争）； 1776年养老金法（军人、独立战争）	1911年国家工人赔偿法； 1920年平民康复法案； 1935年社会保障法案； 1938年公平劳动标准法案 1938年瓦格纳—奥戴法案为雇佣盲人的车间提供政府合约	1943年职业康复法案（首先包括有发育障碍的个人）	1973年康复法案（首先是为了促进社会融合）； 1990年美国残疾人法案； 1999年奥姆斯特德诉L. C. 案； 2013年劳工部撤销支付低于最低工资的许可证； 自2013年起，多项司法决定和法规消除与支付低于最低工资的许可证有关的滥用行为
成长性	初创	成长	快速增长	持续增长后减少
代理模式	上游。来自创始人的愿景；需要坚持占主导地位的规范	中流。适应性和宣传技能/资源；从历史事件中获益	下游。受益于组织松弛；增加使命漂移的风险	逆流。从适应性和宣传技能中获得的经验；失败的风险

五、上游混合代理模式（1841年至第一次世界大战）

19世纪中期，残疾人承受着沉重的社会规范负担，他们是无助和依赖于他人的。盲人背负着如此沉重的负担，其中一个痛苦但并非必要的负担来自一个共同的观念，即他们现在是而且必须永远是无助和依赖于他人的。盲人的历史地位和乞丐相同。最残酷的是，在这段时间里，唯一可以接受的谋生途径是乞讨，而禁止乞讨的“丑陋法律”开始颁布。这些都是要求禁止残疾人进入公众视线的市政法规。旧金山在1867通过了第一个丑陋法律，许多其他的地区，包括芝加哥和洛杉矶等城市以及整个宾夕法尼亚州，均有此类法律。这些法律是优生学运动的早期先驱，并确定“任何人无论以何种方式患病、致残、残废或变形，以致成为难看或令人厌恶的对象，将自己暴露在公众面前都是非法的”（Albrecht et al.，2006；Schweik，2009）。[①]

本章提供了“上游”一词，以描述混合型组织的努力，这些努力使庇护车间的先驱者有必要酌情决定在这种文化环境中开展工作。该词还表明，Aguilera 等（2018）所述这里的代理来源是他们富有魅力的创始人注入的企业家身份。正如 Navis 和 Glynn（2011）所述，围绕创始人、组织和市场机会提出的一系列主张赋予了“我们是谁”和“我们做什么”的问题以意义，因此能够确定偏离主导标准的实践和决策。

帕金斯盲人学校是历史记录中的第一个庇护工场。庇护工场源于塞缪尔·格里德利·豪（Samuel Gridley Howe）的愿景，他被慈善家委托创办了这所学校。Howe 模仿了英国盲人学校创建的珀金斯学校和庇护工场。学者认为，这些英国学校的灵感可以追溯到历史记载中的第一个庇护工场，即 1784 年 Valentin Haüy 在巴黎开办时的一次失败的冒险，当时其目的是训练盲人谋生的技能（Nelson，1971）。

Howe 是一位领先的改革派，他的倡议和著作对残疾人的福祉产生了重大影响（Rose，2017）。他还是一位医生，也是一位多产的作家和演说家，他在许多演讲和发表的文章中表达了毫无根据的观点，认为残疾是父母罪恶的遗传证据。然而，他也雄辩地写下了他的信仰，即人类本质上是善良和完美的（Rose，2017）。帕金斯学院工场的成立正是基于这种信念。它还植根于人道主义的告诫，呼吁任何类型的慈善受惠者“从事有用的工作，作为对其支持的贡献”（Nelson，1971）。

与其他所有盲人工场一样，帕金斯学校的工场扩大了学校的使命，为学生提供教育或技能，在毕业时为他们服务。学生如果表现出求知欲，或其亲属有能力供养他们，则其将大部分时间用于学习。在第三阶级，他们应该把全部精力投入谋生手段的培养上，把时间完全花在学习手工艺品和音乐上。音乐似乎是一个领域，它提供了最公平的机会。教堂风琴师的职位是盲人和有视力的人都能胜任的。其他引进的行业包括门垫制造、篮子工程，还有床垫的制造等。

正如上文所述，这所学校通过提供坚实的教育为富有的学生服务。它为其他不太幸运的学生提供了他们希望能够获得谋生的技能。他们认为音乐培训为盲人提供了“最公平的机会”，并希望对其他人进行行业培训（如编织篮子），从而生产出“以实际价值控制市场”的产品。

其他盲人教育机构紧随其后。其中包括马里兰盲人学校（1853 年）、宾夕法

① 始于 19 世纪 80 年代英国的优生思想助长了纳粹灭绝集中营的发展。在美国，优生思想是 1927 年美国最高法院裁决的带后推平，该裁决取消了优生学家的最后一项限制，主张禁止残疾人生育。到 20 世纪 70 年代，约有 60000 名残疾人未经同意接受了绝育手术。

尼亚盲人工作之家（1878年）和纽约盲人工业之家（1893年）。到1908年，美国总共有16个庇护工场在运作（Outlook for the Blind，1908）。所有庇护工场都从其业务中获得收入，但它们也得到补贴和捐款，或部分由主办它们的教育机构提供资金。这16个工场总共雇用了约583名盲人，包括男性和女性。他们的工资很低，而且是计件工资，但工场很快开始提供其他福利，包括住房。

19世纪与20世纪之交，宗教和慈善组织也开始创办工场。这些先驱包括圣文森特·德保协会（1845年）、救世军（1891年）、美洲志愿者协会（1899年救世军的一个分支）和美国亲善产业协会（1902年）。

与帕金斯学校一样，这些开创性的工场反驳了残疾人不可避免地依赖于他人的主流观点。他们发现该机构是在他们的欧洲先驱者或创业者的强烈愿景的驱使下这样做的。圣文森特·德保协会遵循其在欧洲建立的道路。反过来，救世军是由巴灵顿·布斯（Ballington Booth）根据他父亲威廉·布斯（William Booth）的理想建立的，威廉·布斯是当时著名的改革家之一。美国志愿者协会由巴林顿·布斯和他的妻子莫德共同创建，莫德因与囚犯打交道而闻名。[①] 最后，商誉行业遵循埃德加·詹姆斯·赫尔姆斯牧师的独特愿景。[②] Howe的使命与他认为人类是"完美的"的观点相联系，而Booth一家和Helms的使命本质上是宗教性质的，他们呼吁改善"失业者和贫困者"的精神状况。下面这段话阐述了救世军成立时的使命：这些工场是为救济失业者和贫困者而开设的，目的是使无家可归者或无工作的人不必被迫去济贫院或临时病房，为他们提供食物和住所，以换取他们所做的工作，直到他们能够为自己找到工作为止（Booth，1890）。[③]

每个宗教和慈善工场都有自己的愿景。它们围绕残疾人就业的商业模式达成一致，以替代盲人庇护工场提出的商业模式。这种商业模式涉及二手服装的回收、修复和转售。Nelson（1971）认为，基于创始人的最初描述，创始人是在相当偶然的情况下发现了机会。他们可以随时获得二手商品的捐赠，也可以把它们分发出去。他们发现，只要稍加努力，就可以把这些商品变成有市场的产品，吸引没有其他选择的购物者，所需要的工作是低技能和劳动密集型的，因此是为支持他们的就业任务而量身定做的。

历史证据表明，救助和恢复捐赠从一开始就是有利可图的。有趣的是，在以后的数年中，许多工场都会受到批评，因为它们愿意节俭支付受益人的工资，并将销售收入用于资助它们的精神活动（Rose，2017）。当时，引领他们经营的企业家分享着以仁换功的人文主义训诫。从这个角度来看，削减工资并没有削弱这

① 参见Welty（1970）。

② 参见Plumb（1965）的传记和Rose（2017）的评论观点。

③ 救世军工作室与伊丽莎白时期的英国济贫院不同，它们是自愿的。

些工场旨在实现的社会目标。

简言之，为盲人以及由宗教和慈善组织创办的工场促进了社会和商业目标的非传统结合。他们的成立是由富有魅力的创始人的愿景推动的，因而也会面临许多挑战。例如，海伦·凯勒发表在杂志上标题为 *Outlook for the Blind* 的演讲。[①]

多年来，善良的人们购买了一些无用和幼稚的东西，它们是盲人制造的。大量的珠饰，人们并不喜欢，但其已经成为盲人作品的样本。如果珠工在盲人学校里学习，并由有能力的正常人监督，它可能会成为一个有利可图的行业（Keller，1907）。

上述描述指出了采用商业方法的困难。有趣的是，尽管为盲人设计的工场努力实现商业目标，但是历史记录表明，开拓回收工场的情况正好相反（Rose，2017）。这些工场从一开始就盈利，部分原因是它们愿意从为之服务的人们的工资中省钱。

尽管有这些内部斗争，这些开创性的工场还是成功地对抗了主流形式。然而，他们并没有完全脱离惯例。最重要的是，他们都信奉关于工作提升价值的人文主义理想。他们也无法完全实现这些工场作为临时培训中心提供临时安置的创始愿景。

19 世纪与 20 世纪之交，这些庇护工场的许多毕业生显然没有找到工作。盲人研讨会调整了创始人的愿景，以应对这一现实。在某些情况下，进入这些机构的人认识到，他们在学习自己的行业技能时，只会在此待上两三年。当培训期结束时，他们的家庭联系经常中断，除了县里的贫困农场，他们没有地方可去。通常，他们被允许在该机构待很多年，因此最终很难确定该机构是培训学校、工作场所还是老年盲人的庇护所（Irwin，1955）。

为了实现上述目标，还有其他努力。值得注意的是，Campbell F. F. 是为盲人工作的专业人士中的一位领导者，他被认为是第一个试图让残疾人从事主流工作的工场的发起者。他还被认为是"第一个由美国盲人组织实施工业安置的例子"，1904 年，他"促使纸制品生产商丹尼森制造公司雇佣一名盲人切割箱子的角"（Irwin，1955；Koestler，1976）。Campbell 认为，在其他工场中应该包括一名安置专家，他可以像他所做的那样在工场里走动，并确定盲人可以做的任何工作（Campbell，1908）。正如下文所讨论的，当许多人去欧洲参战时，国内需要工人，这为检验他的想法提供了机会。

① 海伦·凯勒生于 1880 年，是一位有影响力的活动家和讲师。她是第一个获得文学学士学位的聋哑人。

六、中游混合代理模式时期（第一次世界大战至 20 世纪 40 年代）

第一次世界大战对庇护工场产生了重大影响，最直接的是，战争增强了对从那时起制定其行动框架的法规的支持。这些法规还为康复方法提供了资金，庇护工场最终把这些方法作为其社会使命的核心。

残疾退伍军人过去曾得到政府的支持。第一批得到支持的是 1693 年从与佩克特人战争中退伍的军人（Patterson，2011；Baker，2012），以及从独立战争中归来的退伍军人（Baker，2012）。根据这些历史先例，国会通过了《战争风险保险法》修正案，以支持“肢骨、视力、听力和其他永久性残疾的老兵”从第一次世界大战中返回（Department of Veterans Affairs，2006）。此外，这项法案要求为退伍军人建立康复和职业培训方案。

随着这项立法的通过，出现了一个组织良好的康复专业人员社区，它们积极参与进一步推进康复立法执行。富兰克林·德拉诺·罗斯福（美国前总统）因小儿麻痹症致残而成为康复服务的早期受益者。这一专业团体在 1920 年帮助通过了《平民康复法》。该法案将政府对康复和职业培训的支持扩大到退伍军人以外，包括平民。到 1955 年，在国家康复协会的保护下，康复专业人员获得了相当大的影响力（Pitter，1979；Campbell，1984）。他们利用它来影响《社会保障法》修正案的通过，该法案是美国职业康复的第一个永久性法律（Bitter，1979）。

正如 Harris（1919）所讨论的，这项法案所提倡的康复方法是模仿欧洲国家先进的方法。在医学突破（如确定可预防的致盲原因）和科学进步（如假肢的发展）的推动下，出现了新的社会规范，这些社会规范对预防残疾和为残疾人创造更好的生活条件产生了明显的影响，这对他们是有利的。这些规范支持治疗与康复计划相关的残疾的治疗方法。

此外，与战争相关的劳动力短缺使许多残疾人有机会从事正规工作。当时雇用大量残疾工人的公司包括新泽西州纽瓦克的克罗克·惠勒公司，该公司曾一度有 100 名盲人员工（Irwin，1955）。其他一些公司包括福特公司、国家收银机公司、美国无线电公司和俄亥俄州克利夫兰的厄普森·努特公司。福特公司尤其引人注目，不仅因为它雇佣的盲人数量较多（1914~1944 年为 41 人），还因为它向盲人支付了与视力正常人相同的常规最低工资（Irwin，1955；Koestler，1976；

Rose，2017）。

与 Campbell 和其他倡导者的期望相反，停战后只有少数残疾人保住了工作（Koestler，1976）。战后大批残疾人被解雇，凸显了社会规范的持续主导地位。在 20 世纪，社会规范剥夺了残疾人的就业能力。这些规范现在出人意料地得到了工人赔偿法的支持，这产生了意想不到的影响，即雇主越来越不愿意雇佣残疾人。

在 20 世纪 10 年代和 20 年代，成千上万的独眼、单臂、癫痫、结核、残废、衰老、听力障碍、失明、四指、疝气、高血压和其他残疾工人因赔偿法规而失业。

Mock（1919）在历史记录中发现了一个例证，说明了工人补偿法对雇主不愿雇佣残疾人的意外影响。在公司的一次定期体检中，一名公司医生发现机械师左眼失明。虽然这并没有妨碍他的工作，但是他良好的眼睛受到伤害将导致公司支付高达 3000 美元的赔偿金，以补偿立法者所称的“完全永久残疾”（Rose，2017）。

此外，战后对残疾人的大规模解雇也揭示了不同残疾人群体之间的利益冲突。正如 Koestler（1976）指出的那样，在战争期间，在盲人工场工作的最有生产力的员工被雇走了，而工场是由雇佣低技能、残疾的人经营的。一旦战时的工业工人回到工场，领导层就解雇了这些生产率较低的个人。

术语“中游”指的是庇护工场从支持康复方法的法规中获益，以及在这一时期影响有利于他们的新法规的通过。该混合模式的来源不同于先驱者的创业愿景。它利用庇护工场的管理能力，采用康复方法，就盲人庇护工场而言，利用新开发的宣传技能和资源影响监管过程。

在此期间成长和发展的所有工场都采用了康复方法，随着时间的推移，康复成为大多数工场的主要运作逻辑。Nelson（1971）举例说明了俄亥俄州克利夫兰的职业指导和康复服务。这个庇护工场始于 19 世纪 90 年代，一群妇女在集市上出售自己的手工作品，以帮助残疾儿童。1910 年，这些妇女为残疾儿童开办了威尔逊学校，五年后，学校有了一个工作和销售室，雇用了年龄较大的毕业生。1918 年，该庇护工场更名为残疾人协会，并开始接受成年人。1922 年，它又增加了一个整形中心。到 1965 年，该机构有四个从事分包和制造产品的工场。他们的主要目的是提供工作评估和工作调整（根据康复标准）。他们还提供与康复相关的其他服务，包括医疗评估、职业和心理测试、职业咨询、物理治疗和职业培训。

开拓性的庇护工场还包括康复。到 1934 年，商誉行业已经完全接受了修复方法。就盲人庇护工场而言，这种转变并非立竿见影，而是涉及对庇护工场是否

应作为“工作治疗环境中的直接社会服务”（Koestler，1976）的思考和考虑，这与新的康复哲学的主导地位相一致。另一种选择是继续关注培训和将工场理解为“一个自给自足的生产单位，能够在公开市场上与商业公司竞争”（Koestler，1976）。一些庇护工场包括三项职能（培训、作为社会服务机构和制作单位）（Koestler，1976）。大多数人最终会放弃他们的训练目标（Nelson，1971）。

值得注意的是，1921 年，两个与盲人合作的专业人士协会成立了美国盲人基金会（AFB）。该组织的领导层才华横溢、人脉广泛。在这些人的领导下，AFB 为盲人工场提供了一个新的代理来源：影响监管过程的技能和关系对他们有利。

AFB 领导层的第一次成功是在经过多次斗争后 1936 年通过了伦道夫·谢泼德法案。该法案制订了一项联邦计划，在联邦办公楼大厅的展台上雇佣供应商。然而，影响最持久的法规有两项：一是 1938 年《公平劳动标准法》的豁免，该法规允许所有工场支付低于法律规定的最低工资；二是瓦格纳—奥迪法案，该法案创建了联邦赞助的采购计划，要求联邦政府购买由雇佣盲人的工场生产的特定产品。

Koestler（1976）详细描述了导致瓦格纳—奥德法案通过的事件。她将其起源追溯到 1928 年，当时 Peter J. Salmon 向国会作证，敦促议员通过立法限制出售监狱制造的商品。监狱制造的商品，通常是根据与外部公司的合同生产的，充斥在许多市场内（Koestler，1976）。20 世纪 20 年代末，监狱的年销售额高达 5000 万美元，其中包括扫帚，扫帚是工场生产的产品之一。囚犯们每天的收入只有 14 美分，这使得监狱工场可以收取大幅折扣。对监狱在公开市场销售商品能力的限制得到了制造商、工会和公民团体的支持。

盲人工场与东部扫帚制造商和供应经销商协会并肩工作。这些制造商认为联盟是有利的，并愿意通过“宣布自己赞成将国民使用的扫帚保留给盲人工场制造”来吸引车间发展生产。Koestler（1976）评论说：“如果扫帚制造商对这项业务的规模有任何概念，他们可能就不会这么轻易地实现”（Koestler，1976）。

瓦格纳—奥迪法案中有关监管的变化允许盲人工场获得政府合同，但并未消除这些合同中对监狱行业的偏好。尽管如此，这些变化确实允许工场对合同进行投标，并通过新成立的美国国家盲人工业协会（NIB）在联邦政府采购清单中引入新的投标项目。工场收到的第一批扫帚和拖把订单日期为 1939 年 1 月 1 日。那一年，联邦部门的销售额达到 22 万美元，有 36 个工场参与其中。第二年，销售额增长到大约 100 万美元。

七、下游混合代理模式时期（20 世纪 40 年代至 70 年代）

20 世纪 40 年代的新法规进一步加快了工场数量的增长（见图 11-1），它们通过将康复管理主体的应用扩展到发育性残疾的个体来做到这一点。1943 年的《职业康复法》是第一个将发育残疾个人纳入受益人的法律（Atkins，2006）。随后又出台了其他几项规定，将福利扩大到这个群体。

庇护工场与这一变化没有什么关系。相反地，由于残疾儿童家长的宣传工作，这些法律法规得以通过。从 1953 年开始，他们在全国智障儿童协会的支持下非常有效地组织起来。1973 年，该组织将其使命扩大到包括成年人。它在 1992 年被命名为 ARC。

庇护工场的发展还得到了另一个历史事件的支持：关闭了许多为发育障碍者提供住所的收容所。东州立医院（弗吉尼亚州威廉斯堡市）于 1771 年开始收治病人，是美国有史以来第一家收容所。自 1854 年国会通过了一项由 Dorothea Dix 倡导的法案，授权“向各州授予土地，为精神残障人士的国营住院治疗机构提供资金”后，精神病院的数量大幅增加（Braddock，2007）。到 20 世纪 50 年代，国家收容所严重拥挤（Appel and Bartemeier，1961）。它们收容了精神分裂症、双向情感障碍和抑郁症等患者，但也收容了患有严重学习障碍和孤独症等发育障碍的个人。

Kramer（1977）报告说，居住在国家精神病院的人数从 1955 年的 558922 人下降到 1973 年的 248518 人。庇护工场与这一下降没有什么关系，这是因为公众情绪发生了变化，支持对生活在精神卫生机构的个人进行去机构化的计划。这种情绪的变化是各种力量的产物。这是因为在 20 世纪 50 年代和 60 年代开发了多种抗精神病药物后，人们越来越相信一些人有可能过上正常的生活。这进一步植根于社会对这些机构看法的转变。最后的推动力来自揭露过度拥挤状况以及可怕虐待情况的新闻报道。通过专业研究，去机构化计划进一步合法化。

这些去机构化计划要求建立更小、更人性化的社区中心。遗憾的是，实际建成的社区中心数量与所需数量不符。公共政策学者指出，这种投资的缺乏解释了监狱人口和无家可归者中有心理健康问题的人数的增长。这些去机构化计划也是庇护工场快速增长的背后原因，因为家长们正在寻找一个地方来安置在这些机构中的子女（Dague，2012）。

“下游”一词表达了这些历史事件的意外结果为庇护工场的领导提供了机会：先前资金紧张的工场的财务松弛度增加。正如 Koestler（1976）和 Nelson（1971）所报告的那样，从历史上看，工场一直存在管理问题，许多工场的运作效率相当低。新出现的财务松弛为工场提供了宝贵的管理自由裁量权，以应对其社会和商业目标之间的冲突。然而，这种懈怠也使管理不善的工场得以继续运作。

潜在的问题并没有被忽视，越来越多的国家协会组织了庇护工场，旨在通过制定标准和认证来解决效率低下的问题，这些标准和认证将提供某种程度的问责机制。根据 Nelson（1971）的研究，早在 1944 年就开始讨论标准的必要性。然而，直到 20 世纪 60 年代才出现了第一批标准。个别国家以供给资格要求的形式制定了标准，但多个国家庇护工场协会提出了自己的标准。这些协会包括国家庇护工场和标准研究所（与国家康复协会和国家庇护工场和家庭计划协会有关联）、美国亲善工业协会以及盲人服务标准和认证委员会。

这些标准提供了“在工资和工作条件、健康和安全保护以及高效组织带来的间接优势方面的一些保护”（Nelson，1971）。然而，它们开发的系统是分散的，几乎没有证据表明它们对改进庇护工场的运作产生了很大影响。1973 年通过的哈维茨—瓦格纳—奥德法案又进一步将瓦格纳—奥德法案为盲人庇护工场提供的合同特权延伸到所有车间。

这些将合同扩展到所有庇护工场的法案得到了广泛的组织联盟的支持，包括国际康复设施协会、全国工作中心协会、残疾人联合会、美国亲善工业协会、全国智障儿童协会以及全国康复协会。事实是，为盲人开设的工作间是分开的。包括美国盲人工作者协会和 AFB 在内的盲人专业人士代表支持该法案，认为拒绝分享特权是糟糕的公共政策。然而，那些直接代表盲人利益的人反对这项新立法，因为他们担心这项改变会对盲人工人有害。有趣的是，反对通过哈维茨—瓦格纳—奥戴法案的组织之一，即全国盲人联合会，是由雅各布斯·滕布罗克（Jacobus tenBroek）创立的，他被公认为结束下游时期辩论运动的先驱。

八、逆流混合代理模式时期（20 世纪 70 年代至今）

Jacobus TenBroek 14 岁时失明，但这并没有阻止他从加利福尼亚大学获得法学博士学位。他在改变人们对盲人的态度方面发挥了关键作用，使残疾人对改善工作条件的要求开始得到重视。以前，这些要求被视为傲慢的蔑视。

Koestler（1976）描述了1937年匹兹堡静坐罢工报告与1961年类似罢工报告之间的对比。在对1937年罢工的报道中，媒体似乎“对这种奇怪的情况比形势的严重性印象更深刻”（Koestler，1976）。相反地，在1961年罢工的新闻报道中，盲人工人的要求得到了认真对待。

Jacobus TenBroek在为工场工人带来监管方面的变化发挥了核心作用。值得注意的是，1966年，他帮助引入了《公平劳动标准法》修正案，其纳入了工场员工的强制性最低工资标准。尽管受到许多庇护工场的反对，但是该立法还是通过了，这是历史上第一次为庇护工场的雇员制定法定最低工资（Koestler，1976；Whittaker，2005）。遗憾的是，这一开创性的修正案在1986年的一项监管决定中被撤销，该决定取消了残疾人的任何法定工资下限（Whittaker，2005）。

TenBroek的其他成就包括他对制定支持残疾人权利的开创性反歧视立法的贡献，特别是1973年的《康复法案》和1990年的《美国残疾人法案》。1973年的《康复法》在第504条中规定：美国境内其他残疾人仅因某方面残疾，不得参与接受联邦财政援助的任何计划或活动，不得享受任何福利，或受到任何歧视。

在各种法案中，《残疾人法》在提高残疾人地位的立法范围内是“最具深远意义的”（Atkins，2006）。尽管它通过增加无障碍性改善了残疾人的生活，但是对改善他们的就业条件却几乎没有影响。

总之，工场工人权利倡导者和反歧视条例的努力培育了一种针对工场的竞争气氛。政府机构对车间进行的一系列评估证实了他们的担忧（U. S. Department of Labor，1977；U. S. Department of Labor和Employment Standards Administration，1998；United States General Accounting，1981）。这些研究将其社会目标和商业目标之间的权衡（Wry和York，2017）视为一个严肃的问题，因为许多由管理智慧有限的管理者举办的研讨会效率极低，并向工人支付剥削性工资。Whittaker（2005）指出，可能是因为它们的慈善和福利导向，这些庇护工场的结构往往不利于盈利和生产。有人认为，这类机构的管理实践往往是软弱的，管理者无法管理。

这些研究提出的论点是，问题的核心是缺乏有效的监督。然而，强调不可原谅的虐待行为的报道和曝光掩盖了改革的呼声。值得注意的是，1979年，《华尔街日报》发表了两篇关于盲人就业的调查文章，批评了工场领导的高工资，并指出由于与工场签订了新的分包协议，商业企业从支付给残疾人的低工资中获益。随后举行了法律听证会。在听证会上，代表帕特里夏·施罗德用“精神分裂症”一词指出了相互矛盾的逻辑，领导人将残疾人描述为“客户”和“雇员”，并由此推断，他们自己和其他监管人员既是“慈善社会工作者”又是“雇主”（Whittaker，2005）。

从20世纪90年代开始，越来越多的司法判决和监管改革旨在解决滥用和管理不善的问题。一些案例支持与工场隔离就业模式相冲突的就业综合观点。其中包括关于奥姆斯特德诉L. C案的一项最高法院的裁决（1999年），该裁决规定必须在综合的环境中为残障人士提供服务，以适应残障人士的需要。该规定还包括康复服务管理局2001年的一项决定，隔离和庇护工作只能在导致融合就业的临时情况下由公共资助。根据这些规定，有庇护的就业不再被认为是一种理想的社会结果。

在出台这些决定和规定之后，许多州结束了对庇护工场的财政支持。2014年通过《劳动力创新和机会法案》规定，除少数例子外，工场不得支付低于《公平劳动标准法》规定的最低工资。

术语"逆流"指的是为应对这些挑战而提供一些庇护工场的机构。该机构来源于管理技能和资源，使组织能够适应这些变化（Dutton and Dukerich，1991；Hrbiniak and Joyce，1985）。庇护立场的历史提供了这两个方面的例子。在改变其业务的组织中，FedCap是古老的庇护立场之一，它已将自己重塑为一个伞式组织。另一个遵循变革道路的组织是德保尔工业集团（DPI）。该组织重新定义了其业务，成为一家职业介绍机构，重现了一个多世纪前Campbell开创的就业模式。

还有一些庇护工场试图保留允许庇护工场运作180年的特权的例子。值得注意的是，商誉行业参与了宣传项目，指出了应允许其成员继续支付最低工资的原因。这些庇护工场从各种呼声中汲取能量，尤其是从发育残障人士父母的呼声中，这些声音表明需要一系列方法，包括庇护研讨会，为残障人士提供就业机会。

九、推动非传统逻辑整合的混合代理模式

本章对庇护车间历史的探索促进了我们对混合型组织如何应对与推进非传统逻辑组合相关的挑战的理解。它通过提出混合代理的概念进一步推进了这一研究，该概念被定义为混合型组织在应对挑战和机遇的过程中所需的自由裁量权。它还确定了四种类型的混合代理模式：上游、中游、下游和逆流。接下来，我们将讨论这四种类型，并考虑它们如何与其他相关研究联系起来。

（一）上游模式

上游代理提供自由裁量权，根据创始人的创业愿景推进非传统逻辑混合。该

模式允许混合型组织偏离主流实践。尽管如此，这种权力不是无限的，组织仍然受制于主导规范。

在其最初的 80 年历史中，庇护工场从早期有魅力的创始人那里获得了代理权。他们的创业身份（Navis and Glynn，2010；Fauchart and Gruber，2011）证实了他们组织的使命。著名的创始人包括：①Samuel Gridley Howe，一位著名的改革家，他不仅创立了帕金斯盲人学校，还对残疾人的生活产生了广泛的影响；②Ballington 和 Maud Booth，他们通过创建两个组织，即救世军和美国志愿者协会，实现了 William Booth 在其著作中提出的观点；③Edgar James Helms，亲善工业（Goodwill Industries）的创始人。这些创始人的愿景是非传统的。有趣的是，他们仍然植根于根深蒂固的人道主义理想，这些理想至今仍在美国的公共政策中留有烙印。

此外，他们创建的组织无法充分实现其愿景中最前卫的方面。他们也无法实现将工场作为临时空间运作的目标。将残疾人描绘为无法就业甚至丑陋的社会规范阻碍了这些先进目标的实现。

混合型企业利用上游模式推进其非常规组合的想法与小额信贷组织的例子产生了共鸣。与庇护工场一样，小额信贷组织也提出了一种非常规的逻辑组合，试图使用商业定价的贷款来实现缓解贫困的目标。小额信贷的早期历史表明，这些组织能够推进 Muhammad Yunus 等富有魅力的创业创始人的愿景（Roodman，2012）。此外，这种结合与主流规范是一致的。就庇护车间而言，主流规范是人道主义观点，要求人们必须工作才能获得福利。就小额信贷而言，是新自由主义要求以市场为基础的解决方案来支持穷人。这表明，有必要通过探索与制度复杂性相关的问题来进一步理解创始人的愿景（Greenwood et al.，2011）。我们的目标是考虑到虽然有可能推进偏离主流的组合，但是这些组合很可能仍然遵循其操作领域中占主导地位的某些总体逻辑。

（二）中游模式

中游模式利用环境冲击产生的制度变迁时刻提供自由裁量权（Meyer，1982；Greenwood and Suddaby，2006），如世界大战造成的变化。庇护工场在 20 世纪上半叶获得了这一模式。如前所述，与庇护工场相关的专业人员利用这一时刻，利用管理技能、宣传技能和资源，使他们能够调整其社会目标以涵盖康复，以及影响支持其逻辑组合的法规的通过。

小额信贷的证据进一步支持了这一发现。玻利维亚是小额信贷的先驱之一。研究人员解释了这一历史事实，指出了开创性小额信贷组织出现时该国所处的特定历史时刻（Dorado，2001；Rhyne，2001）。正如经济发展相关研究（Sachs，

2007）中所指出的，因为玻利维亚政府对接受新方法持开放态度，特别是那些与当时占主导地位的新自由主义政策同步的方法。在这个独特的时刻，与开创性小额信贷组织相关的专业人士能够倡导和游说监管改革，支持小额信贷组织从非营利组织向受监管金融机构过渡（Dorado，2001）。

简言之，正如制度创业文献（Greenwood and Suddaby，2006）所指出的，历史变迁时刻为混合型组织提供了为其逻辑组合开拓社会空间的机会。为此，混合型组织需要中游混合代理模式。该模式源于它们的框架技能和资源（Aldrich and Fiol，1994；Dorado，2005），它们的成功取决于它们与新兴规范和实践同步的能力和意愿。未来需要进一步检查这些发现的价值，以探索混合逻辑组合的可持续性和可扩展性。

（三）下游模式

下游机构利用组织松弛度为推进非常规逻辑组合提供自由裁量权。从庇护工场的历史来看，治理系统的出现可能导致组织懈怠的增加，如为混合型组织提供支持但缺乏监控的监管。

还有证据表明，在小额信贷（Dorado，2015）和公平贸易（Blowfield and Dolan，2010）文献中，松弛的出现是混合金融机构的一个来源。与庇护车间的情况一样，在这些领域，机构利用松弛似乎加剧了目标权衡和使命漂移（Wry and Zhao，2018）。例如，监管在促进小额信贷市场的盈利能力方面发挥了关键作用，这有可能侵蚀原始逻辑组合。引人注目的是，利率自由化，加上对小额信贷组织实践缺乏监督，是导致安得拉邦著名小额信贷组织 SKS 借款人自杀的原因（Roodman，2012）。

研究结果表明，将机构从组织松弛中获得发展与使命漂移风险存在关联。这一发现得到了研究的进一步支持，确定了熟练管理、组织效率和使命漂移风险降低之间的显著相关性（Wry and Zhao，2018）。相关问题可能会探讨是否存在有效的系统，使利益相关者能够监控混合型组织对其既定任务的遵守情况（Ebrahim et al.，2014）。

（四）逆流模式

逆流模式为混合型组织提供了应对竞争的自由裁量权。在庇护车间的案例中，由于社会观点的改变而引起争论，因为社会不愿意抛弃涉及隔离残障人的努力。证据表明，混合型组织可能缺乏一种模式来应对与竞争相关的挑战，而且就像许多庇护工场一样，他们可能会步履蹒跚并消失。然而，其他人可能会从他们的领导技能中获得代理权，从而带来组织变革，使混合型组织能够适应（Dutton and Dukerich, 1991; Hrbiniak and Joyce, 1985)。还有一些人可能会从资源和利益相关者的支持中获得帮助，使他们能够参与辩护他们的逻辑组合模型的倡导工作（Zietsma and Lawrence, 2010）。

调查结果表明，需要进一步研究，从而将产生于组织松弛的代理和使命漂移的风险结合起来。创业导向的概念，探索表明，使组织保持创新和冒险以及抵制官僚倾向的因素可能特别相关（Covin and Wales, 2012; Lumpkin and Dess, 1996; Miller, 1983, 2011; Morris et al., 2011; Stevenson and Jarillo, 2007; Wiklund, 1999)。研究者也可以考虑将逻辑的变化与社会运动联系起来(ZieSmia and Lawrence, 2010)。

十、研究意义

混合代理模式的概念和类别代理在许多方面有助于混合型组织的研究。首先，他们将重点从考虑组织的品质（这可能帮助他们驾驭紧张和冲突），转向考虑他们如何应对与他们逻辑组合的非传统相关的挑战和潜在的机会（Aguilera et al., 2018）。正如制度创业研究（Greenwood and Suddaby, 2006）所确立的那样，推动非传统逻辑组合的机构可能会得到制度条件的支持。例如，发生具有颠覆既定规范力量的历史事件（Meyer, 1982）的发生。然而，历史事件也可以施加根本性的限制。例如，它们可能会受到将混合逻辑组合描述为不可取的惯例的阻碍，因为在 19 世纪中期，残障人的就业被认为是不可取的。

承认历史偶然性创造了机会或限制了逻辑组合，推动了探索混合的研究，同时考虑到它们存在于国家和跨国领域（Fiss and Zajac, 2004; Djelic and Quack, 2010; Aguilera et al., 2018)，因此，有必要进行进一步的研究，探索混合性，考虑构建其非常规逻辑组合的治理结构。

其次，类型学的进步表明，需要探索支持混合组织扩散的法规对混合组织自由裁量权的影响（Rawhouser et al., 2015）。本章呼吁研究组织松弛的作用，这可能来自支持扩散的治理结构。松弛可能有利于混合型组织，但也可能增加使命漂移的风险（Wry and Zhao, 2018）。类别学说还指出了研究混合组织联盟和协会在支持制定能够控制使命漂移风险的问责标准和认证方面的作用的相关性。

对于扩散，重要的是探索任务漂移的时刻和过程之间的联系，这带来了对特定类型的逻辑组合的大规模争论。在庇护工场中，令人震惊的使命漂移情况可能会导致社会规范的变化，从而使混合型组织的生存处于危险之中。在这种情况

下，可能会有人呼吁进行监管改革，消除一种逻辑组合，即使如发育障碍儿童的父母所指出的那样，该模式在某些情况下和某些社会群体中仍然有用。

最后，本章还要求重新考虑混合型组织领导者所需的技能（Besharov，2014）。学者探讨了这个问题，认为混合型领导者可能需要支持逻辑平衡的技能。研究已经确定了悖论思维这一技能的重要性（Gao and Bansal，2013；Smith and Besharov，2019）。此外，学者认为，结合社会和商业目标的混合型企业的可持续性既可以受益（Wry and Zhao，2018），也可以受到具有提高这些企业效率能力的熟练管理人员的挑战（Hwang and Powell，2009）。

有趣的是，这里确定的四种形式的混合模式需要额外的技能。上游模式需要创业技能；中游模式需要宣传技巧和资源；下游模式需要管理敏锐性，以避免使命漂移；逆流模式需要管理和宣传技能，以适应不断变化的环境和应对竞争。底线是，处理特定逻辑组合的非常规性所需的技能和资源不仅是应对逻辑紧张和平衡目标之间的权衡所需的技能和资源，还是允许混合型组织偏离主流规范的技能和资源。

十一、结论

本章在漫长的历史探索中对混合进行了分析。本章借鉴了一种特殊的组织形式即庇护工场的案例，这种组织形式在其历史上一直以一种非传统的方式将社会目标和商业目标结合在一起。这项研究的长期性使我们能够观察到庇护工场所经历的各种挑战和机遇。本章能够捕捉到隐藏在较短时间跨度的研究中的混合代理模式。本章指出了历史方法的价值，以进一步推进对组织混合的理解。

参考文献

[1] Aguilera, R. V., Judge, W. Q., & Terjesen, S. A. (2018). Corporate governance deviance. Academy of Management Review, 43 (1): 87-109.

[2] Albrecht, G. L., Snyder, S. L., Bickenbach, J., Mitchell, D. T., & Schalick, W. O., III. (2006). Encyclopedia of disability (Vol. 1). Thousand Oaks, CA: Sage.

[3] Aldrich, H. E., & Fiol, C. M. (1994). Fools rush in? The institutional context of industry creation. The Academy of Management Review, 19 (4): 645-670.

[4] Appel, K., & Bartemeier, J. (1961). Action for mental health: Final re-

port of the Joint Commission on Mental Illness and Health. Joint Commission on Mental Illness and Health.

[5] Atkins, C. (2006). A cripple at a rich man's gate: A comparison of disability, employment and antidiscrimination law in the United States and Canada. Canadian Journal of Law and Society, 21, 87 - 111. https://doi. org/10. 1353/jls. 2007. 0000.

[6] Ault, W. O. (1965). Open-field husbandry and the village community: A study of agrarian by-laws in medieval England. Transactions of the American Philosophical Society, 55 (7): 1-102.

[7] Bagenstos, S. R. (2016). From integrationism to equal protection: TenBroek and the next 25 years of disability rights. U. St. Thomas LJ, 13: 13.

[8] Baker, R. R. 2012. "Historical Contributions to Veterans' Healthcare." In The Praeger Handbook of Veterans' Health: History, Challenges, Issues, and Developments., ed. Thomas W Miller. Santa Barbara, CA: ABC-CLIO: 3-24.

[9] Baker, R. R. (2012). Historical contributions to veterans' healthcare. In Thomas W. Miller (Ed.): The Praeger handbook of veterans' health: History, challenges, issues, and developments (4 Volumes, Issue 1, pp. 3-24). Santa Barbara, CA: ABC-CLIO.

[10] Barry, D. (2014). The "Boys" in the Bunkhouse. The New York Times. Retrieved from https://www. nytimes. com/interactive/2014/03/09/us/the-boys-in-the-bunkhouse. html.

[11] Battilana, J., Besharov, M., & Mitzinneck, B. (2017). On hybrids and hybrid organizing: A review and roadmap for future research. The SAGE Handbook of Organizational Institutionalism, 2: 133-169.

[12] Battilana, J., & Dorado, S. (2010). Building sustainable hybrid organizations: The case of commercial microfinance organizations. The Academy of Management Journal, 53 (6): 1419-1440.

[13] Besharov, M. L. (2014). The relational ecology of identification: How organizational identification emerges when individuals hold divergent values. Academy of Management Journal, 57 (5): 1485-1512.

[14] Bitter, J. E. (1979). Introduction to rehabilitation. St. Louis, CA: Mosby Co.

[15] Blowfield, M. E., & Dolan, C. (2010). Outsourcing governance: Fairtrade's message for C21 global governance. Corporate Governance, 10 (4): 484-499.

［16］ Booth，W. （1890）. In darkest England and the way out. London：The Salvation Army.

［17］ Bowe，F. （1980）. Rehabilitating America：Toward independence for disabled and elderly people. New York，NY：HarperCollins Publishers.

［18］ Braddock，D. （2007）. Washington rises：Public financial support for intellectual disability in the United States，1955-2004. Mental Retardation and Developmental Disabilities Research Reviews，13 （2）：169-177.

［19］ Braudel，F. （1958）. Histoire et sciences sociales：La longue durée. Annales. Histoire，Sciences Sociales，13：725-753.

［20］ Campbell，C. F. F. （1908）. Work among the seeing. Outlook for the Blind，2 （1）：23-26.

［21］ Campbell，J. F. （1984）. 1896-February 2014 An industrially integrated model versus the sheltered workshop in the vocational rehabilitation of mentally-disable persons. University of Massachusetts. Amherst：ScholarWorks@ UMass Amherst.

［22］ Covin，J. G.，& Wales，W. J. （2012）. The measurement of entrepreneurial orientation. Entrepreneurship Theory and Practice，36 （4）：677-702.

［23］ Dague，B. （2012）. Sheltered employment，sheltered lives：Family perspectives of conversion to community-based employment. Journal of Vocational Rehabilitation，37：1-11.

［24］ Department of Veterans Affairs. （2006）. Veterans Administration history in brief. Washington，DC：Department of Veterans Affairs.

［25］ Djelic，M. L.，& Quack，S. （2010）. Transnational communities：Shaping global economic governance. Cambridge：Cambridge University Press.

［26］ Donnelly，M.，& Norton，C. （2011）. Doing history. London，UK：Routledge.

［27］ Dorado，S. （2001）. Social entrepreneurship：The process of creation of microfinance organizations in Bolivia. Ph. D. thesis，McGill，Montreal.

［28］ Dorado，S. （2005）. Institutional entrepreneurship，partaking，and convening. Organization Studies，26 （3）：385-414.

［29］ Dorado，S. （2015）. Microfinance re-imagined：Personal banking for the poor. In T. Baker & F. Welter （Eds.）：Routledge companion to entrepreneurship （pp. 179-192）. New York：Routledge.

［30］ Dutton，J. E.，& Dukerich，J. M. （1991）. Keeping an eye on the mirror：Image and identity in organizational adaptation. Academy of Management Journal，

34 (3): 517-554.

[31] Ebrahim, A., Battilana, J., & Mair, J. (2014). The governance of social enterprises: Mission drift and accountability challenges in hybrid organizations. Research in Organizational Behavior, 34: 81-100.

[32] Fauchart, E., & Gruber, M. (2011). Darwinians, communitarians, and missionaries: The role of founder identity in entrepreneurship. Academy of Management Journal, 54 (5): 935-957.

[33] Fiss, P. C., & Zajac, E. J. (2004). The diffusion of ideas over contested terrain: The (non) adoption of a shareholder value orientation among German firms. Administrative Science Quarterly, 49 (4): 501-534.

[34] Gao, J., & Bansal, P. (2013). Instrumental and integrative logics in business sustainability. Journal of Business Ethics, 112: 241-255.

[35] Greenwood, R., Raynard, M., Kodeih, F., Micelotta, E. R., & Lounsbury, M. (2011). Institutional complexity and organizational responses. The Academy of Management Annals, 5 (1): 317-371.

[36] Greenwood, R., & Suddaby, R. (2006). Institutional entrepreneurship in mature fields: The big five accounting firms. The Academy of Management Journal Archive, 49 (1): 27-48.

[37] Harris, G. (1919). The redemption of the disabled: A study of programmes of rehabilitation for the disabled of war and of industry. Boston, MA: D. Appleton.

[38] Howard-Grenville, J. A., & Carlile, P. R. (2006). The incompatibility of knowledge regimes: Consequences of the material world for cross-domain work. European Journal of Information Systems, 15 (5): 473-485.

[39] Howell, M. C., & Prevenier, W. (2001). From reliable sources: An introduction to historical methods. Ithaca, NY: Cornell University Press.

[40] Hrebiniak, L. G., & Joyce, W. F. (1985). Organizational adaptation: Strategic choice and environmental determinism. Administrative Science Quarterly, 30 (3): 336-349.

[41] Hsu, G., Hannan, M. T., & Koçak, Ö. (2009). Multiple category memberships in markets: An integrative theory and two empirical tests. American Sociological Review, 74 (1): 150-169.

[42] Hubbard, S. F. (1907). Massachusetts Association and commission for the blind. Outlook for the Blind, 1 (1): 4-6.

[43] Hwang, H., & Powell, W. W. (2009). The rationalization of charity: The influences of professionalism in the nonprofit sector. Administrative Science Quarterly, 54 (2): 268-298.

[44] Irwin, R. B. (1955). As I saw it. Arlington County, VA: American Foundation for the Blind.

[45] Keller, H. (1907). The heaviest burden on the blind. Outlook for the Blind, 1 (1): 10-12.

[46] Kipping, M., Wadhwani, R. D., & Bucheli, M. (2014). Analyzing and interpreting historical sources: A basic methodology. In M. Bucheli & R. D. Wadwahni (Eds.): Organizations in time: History, theory, methods (pp. 305-329). Oxford: Oxford University Press.

[47] Koestler, F. A. (1976). The unseen minority: A social history of blindness in the United States. American Foundation for the Blind. Retrieved from https://www.afb.org/unseen-minority.

[48] Kramer, M. (1977). Psychiatric services and the changing institutional scene: 1950-1985. Washington, DC: Department of Health, Education, and Welfare, Public Health Service, Alcohol.

[49] Lumpkin, G. T., & Dess, G. G. (1996). Clarifying the entrepreneurial orientation construct and linking it to performance. Academy of Management Review, 21 (1): 135-172.

[50] Maybee, J. E. (2019). Making and unmaking disability: The three-body approach. Lanham, MD: Rowman & Littlefield.

[51] Metzler, I. (2006). Disability in Medieval Europe: Thinking about physical impairment in the high middle ages, c. 1100-C. 1400. New York: Routledge.

[52] Meyer, A. D. (1982). Adapting to environmental jolts. Administrative Science Quarterly, 27 (4): 515-537.

[53] Miller, D. (1983). The correlates of entrepreneurship in three types of firms. Management Science, 29 (7): 770-791.

[54] Miller, D. (2011). Miller (1983) revisited: A reflection on EO research and some suggestions for the future. Entrepreneurship Theory and Practice, 35 (5): 873-894.

[55] Mock, H. E. (1919). Industrial medicine and surgery. Philadelphia, PA: WB Saunders.

[56] Morris, M. H., Webb, J. W., & Franklin, R. J. (2011). Understand-

ing the manifestation of entrepreneurial orientation in the nonprofit context. Entrepreneurship Theory and Practice, 35 (5): 947-971.

[57] Navis, C., & Glynn, M. A. (2010). How new market categories emerge: Temporal dynamics of legitimacy, identity, and entrepreneurship in satellite radio, 1990-2005. Administrative Science Quarterly, 55 (3): 439-471.

[58] Navis, C., & Glynn, M. A. (2011). Legitimate distinctiveness and the entrepreneurial identity: Influence on investor judgments of new venture plausibility. Academy of Management Review, 36 (3): 479-499.

[59] Nelson, N. (1964). Economics of a subcontract and manufacturing workshop. Journal of Rehabilitation, 30 (4): 18.

[60] Nelson, N. (1971). Workshops for the handicapped in the United States: An historical and developmental perspective. Springield, IL: Charles C. Thomas.

[61] Ocasio, W. (1997). Towards an attention-based view of the firm. Strategic Management Journal, 18 (S1): 187-206.

[62] Ocasio, W. (2011). Attention to attention. Organization Science, 22 (5): 1286-1296.

[63] Outlook for the Blind. (1908). Tables regarding the workshops for the blind. Outlook for the Blind, 2 (2): 102.

[64] Patterson, S. (2011). A historical overview of disability and employment in the United States (1600 to 1950). Review of Disability Studies, 7: 7-17.

[65] Plumb, B. (1965). "The Goodwill Man" Edgar James Helms, Minneapolis: T. S. Denison.

[66] Pratt, M. G. (2016). Hybrid and multiple organizational identities. In M. G. Pratt, M. Schultz, B. E. Ashforth, & D. Ravasi (Eds.): The Oxford handbook of organizational identity (pp. 106-120). New York: Oxford University Press.

[67] Ramus, T., Vaccaro, A., & Brusoni, S. (2017). Institutional complexity in turbulent times: Formalization, collaboration, and the emergence of blended logics. Academy of Management Journal, 60 (4): 1253-1284.

[68] Rawhouser, H., Cummings, M., & Crane, A. (2015). Benefit corporation legislation and the emergence of a social hybrid category. California Management Review, 57 (3): 13-35.

[69] Rhyne, E. (2001). Mainstreaming microfinance: How lending to the poor began, grew, and came of age in Bolivia. Sterling: Kumarian Press.

[70] Roodman, D. (2012). Due diligence: An impertinent inquiry into micro-

finance. Washington, DC: Brookings Institution.

[71] Rose, S. F. (2017). No right to be idle: The invention of disability, 1840s-1930s. Chapel Hill: UNC Press Books.

[72] Sachs, J. D. (2007). Developing country debt and economic performance, Volume 2: Country studies-Argentina, Bolivia, Brazil, Mexico. Chicago, IL: University of Chicago Press.

[73] Schweik, S. M. (2009). The ugly laws: Disability in public. New York: NYU Press.

[74] Smith, W. K., & Besharov, M. L. (2019). Bowing before dual Gods: How structured flexibility sustains organizational hybridity. Administrative Science Quarterly, 64 (1): 1-44.

[75] Stevenson, H. H., & Jarillo, J. C. (2007). A paradigm of entrepreneurship: Entrepreneurial management. Berlin, Heidelberg: Springer.

[76] Sullivan, O. M. (1926). Disabled persons, their education and rehabilitation. New York: Century Company.

[77] tenBroek, J. (1962). The character and function of sheltered workshops. The Blind American, II (5). Retrieved from https://www.nfb.org/images/nfb/publications/bm/bm62/blindamerican-may1962.html.

[78] The Goodwill Industries. (2020, February 20). About the special minimum wage certificate. About the Special Minimum Wage Certificate. Retrieved from https://www.goodwill.org/about-thespecial-minimum-wage-certificate/.

[79] The Trustees of the Perkins Institution and Massachusetts Asylum for the Blind. (1843). Eleventh Annual Report to the Corporation. Retrieved from https://archive.org/details/annualreportoftr1120perk.

[80] U.S. Department of Labor. (1977). Sheltered workshop study. A nationalwide report of sheltered workshops and their employment of handicapped individuals. Washington, DC: U.S. Department of Labor.

[81] U.S. Department of Labor, Employment Standards Administration. (1998). Minimum wage and overtime hours under the fair labor standards act: 1998 report to the Congress required by section 4 (d) (1) of the Fair Labor Standards Act. Washington, DC: U.S. Department of Labor.

[82] United States General Accounting. (1981). Stronger Federal Efforts Needed for Providing Employment Opportunities and Enforcing Labor Standards in Sheltered Workshops: Summary: Report to the Honorable Barry M. Goldwater, Jr., House of

Representatives. Washington, DC: US General Accounting Office.

[83] Vives, J. L. (1526). De Subvention Pauperum sive De Humanis Necessitatibus. Spain: Commissioned by Catherine of Aragon.

[84] Welty, S. F. (1970). Maud Ballington Booth of the volunteers of America. Books at Iowa, 13 (1): 13-16.

[85] Whittaker, W. G. (2005). Treatment of workers with disabilities under section 14 (c) of the Fair Labor Standards Act. Cornell University ILR School.

[86] Wiklund, J. (1999). The sustainability of the entrepreneurial orientation-performance relationship. Entrepreneurship Theory and Practice, 24 (1): 37-48.

[87] Winsor, J., Timmons, J. C., Butterworth, J., Migliore, A., Domin, D., Zalewska, A., & Shepard, J. (2018). StateData: The National Report on employment services and outcomes through 2016. Boston, MA: University of Massachusetts Boston, Institute for Community Inclusion.

[88] Wry, T., & York, J. G. (2017). An identity-based approach to social enterprise. Academy of Management Review, 42 (3): 437-460.

[89] Wry, T., & Zhao, E. Y. (2018). Taking trade-offs seriously: Examining the contextually contingent relationship between social outreach intensity and financial sustainability in global microfinance. Organization Science, 29 (3): 507-528.

[90] Zietsma, C., & Lawrence, T. B. (2010). Institutional work in the transformation of an organizational field: The interplay of boundary work and practice work. Administrative Science Quarterly, 55 (2): 189-221.

第十二章　制度安排与组织混合：受监管消费场所的兴衰*

摘要：本章考虑了在组织层面上的制度性和解与组织层面的逻辑实例化之间的关系，我们介绍了加拿大阿尔伯塔省受监管消费场所（也称为安全注射点）的案例。在加拿大，一个政府支持的逻辑解决方案在2015年的新省政府选举中被打乱，然后在4年后的另一个省政府选举后再次被打乱。我们使用这个案例来展示不同的制度解决方案如何支持或威胁特定类型的组织，还展示了组织中不同解决方案的实例化（组织混合化）如何影响组织呈现自己的方式。通过分析受监管消费场所主要成员提供的一些公开辩护理由，发现需要关注场域层面的制度安排与组织层面的多重逻辑管理之间的联系。

关键词：制度安排；制度逻辑；制度复杂性；上瘾；权力动态；安全注射点

一、引言

2017年10月，加拿大阿尔伯塔省批准开设五家受监管的消费场所。受监管的消费场所（也称为安全注射点）的既定目标是在训练有素的工作人员的监督下，为人们提供一个安全卫生的场所，以减少与阿片类使用有关的伤害和死亡。这是为了应对人们对药物过量致死人数的持续关注，因为阿尔伯塔省过去是，现在仍然是世界上与阿片类药物相关的死亡率较高的地区之一（Canadian Institute for Health Information，2017；Special Advisory Committee on the Epidemic of Opioid Overdoses，2019）。

受监管的消费场所一直存在争议。它们的运作方式如下：人们将药物带到现

---

* Trish Reay、Elizabeth Goodrick 和 Chang Lu。感谢加拿大社会科学和人文研究委员会（SSHRC）对这项研究的资助。

场，在那里可以免费获得干净的针头和其他设备，接受过专门培训的卫生专业人员会观察病人，观察其是否服药过量，并在必要时采取行动。与此同时，人们可以随时离开。这一过程的运行需要特别的法律安排，因为在其他方面使用麻醉品是非法的，在其他任何地方吸毒者也都可能被逮捕和监禁。消费场所的支持者认为，安全必须压倒其他担忧；除了通过防止过量使用药物来挽救生命外，清洁针头的可用性还直接导致艾滋病毒、丙型肝炎、细菌感染和其他公共卫生问题的减少。消费场所的反对者辩称，这使得邻近社区吸毒人数增加。他们还认为，允许吸毒者自由吸毒只会使问题更加严重，因为这会鼓励不良行为。他们倾向于认为惩罚和治疗相结合是减少吸毒的唯一有效途径。

2015 年之前，阿尔伯塔省不允许存在受监管的消费场所。当选的省政府和联邦政府成员相对保守，在哲学上反对任何允许非法药物消费的举措。尽管卫生专业人员（特别是在人口边缘化的内陆城市工作的公共卫生护士）和团体提出了许多建议，试图减少与持续的类阿片流行病有关的死亡人数，但是这一问题仍然存在。然而，随着自由党政府在联邦选举中获胜，而左倾政府在省级选举中获胜，情况发生了巨大变化。这一理念的转变开启了成立受监管消费场所的可能性。活动家团体和卫生专业人士推动了此前被拒绝的提案获得了各级政府的支持和批准（Kerr et al.，2017）。有趣的是，警方一直支持这些消费场所。正如一位警察局长评论的那样，这座城市“多年前就需要安全注射点，我们正在积极努力”实现这一目标（Klingbeil，2017）。由卫生专业人员、警察、律师和社区公民组成的联盟的共同努力获得了批准，前两个注射点于 2017 年 11 月开业。这个数字迅速增加到 7 个，分布在全省的中心城市。到 2019 年春季，这 7 个站点开始运营，另有 5 个站点正在等待最终批准。然而，2019 年 5 月，省级选举产生了新的保守党政府。执政两周后，政府冻结了新批准的消费场所的资金，并启动了对现有场所的审查，以确定是否有足够的证据支持这些场所继续存在。

受监管的消费场所的案例提供了一个极好的机会，使我们可以调查制度社区的形成和重新形成的方式，即这些方式是否基于强大的场域级行动者的行动，以及这种动态安排如何影响场域内组织。这些消费场所的存在是建立在特定时间点的聚落所允许的一套逻辑之上的。本书认为，在 2015 年之前，制度解决包括治疗、惩罚和预防的逻辑。随着 2015 年新政府的成立，减少伤害的逻辑被添加到解决方案中，2019 年，又有了一个新的省级政府，伤害逻辑有可能被从解决方案中撤回，同时增加惩罚逻辑的重要性。在下文，我们将解释现有的关于制度安排和组织对安排中多重逻辑反应的文献，将解释本章的案例如何揭示新的理论观点。

二、制度安排

当一个场域存在多个制度逻辑时，就如何管理“逻辑星盘”（Goodrick and Reay，2011）而言，安排可以演变为提供解决方案（Rao and Kenney，2008；Fligstein and McAdam，2012），即解答如何管理、由谁管理、在什么情况下以及为谁的利益的问题。制度逻辑被描述为“排序现实的方式”（Friedland and Alford，1991），即社会建构的文化符号和物质实践、假设、价值观和信仰的历史模式，通过这些模式，个人开展生产和再现其物质生活，组织时间和空间，并为其日常活动提供意义（Thornto et al.，2012）。

特定场域中逻辑的多样性意味着，关于提供组织异质性的制度来源的信念和相关实践存在多种规定（Thornton et al.，2012）。

制度安排（Fligstein and McAdam，2012）或 knots（Nicolini et al.，2016）是结合多种制度逻辑的制度妥协的临时形式。此类场域层面安排包括正式规则、对场域实践和关系网络的隐含理解，以及负责制定和维护制度安排的组织参与者（Fligstein and McAdam，2012；Helms et al.，2012；Lu and Reay，2016）。虽然制度安排会受到破坏和改变，但它们会对挑战者产生高度抵抗力（Fligstein and McAdam，2012）。制度安排在组织间结构和实践中根深蒂固，反映了关键的强大行动者的利益（Rao and Kenney，2008；Greenwood et al.，2011）。此外，制度安排由职业和专业协会、认证制度、教育制度组成的场域基础设施进行监测和实施，并经常纳入国家正式条例。

学者们已经开始确定制度安排的性质，并探索它们如何使多种逻辑持续共存（Helms et al.，2012；Thornton et al.，2012）。虽然制度安排可以在很长一段时间内维持，但是替代逻辑及其相关参与者之间的内在紧张关系可能导致场域是动态的，而不是静态的。Fligstein 和 McAdam（2012）认为，对制度安排的挑战通常会导致保留在任者的权力和特权。Lu 和 Reay（2016）发现，即使任何参与者都不完全满意制度安排，当利益相关者平衡彼此修改制度安排的能力时，也可以维持制度安排。

研究人员还考虑了什么可以预测制度安排的耐久性。一些人认为，制度安排中所体现的根深蒂固的权力和行动者的文化嵌入意味着外部冲击可能是变化的根源（Fligstein and McAdam，2012）。其他人则关注逻辑之间的兼容性和相关参与者之间的权力差异。Rao 和 Kenney（2008）认为，逻辑兼容性低（其方案中的意识形态）和权力高度对称的制度安排往往不太持久。Nicolini 等（2016）对四个国家的社区药剂学进行了长期研究，发现制度安排的持久性与不相容逻辑在社会中的平衡程度有关。他们提出，当存在占主导地位的相关社会逻辑时，制度安排更持久。

三、组织对多种逻辑的反应

试图理解组织如何应对共存的多种逻辑的研究提出了四种不同类型的解释。

第一，大量研究表明，组织可能包含多种逻辑，这些逻辑是不同的，但通过采用特定的实践或结构进行管理。例如，Reay 和 Hinings（2009）表明，参与者可以参与允许竞争逻辑共存的长期战略。Kraatz 和 Block（2008）认为，在制度多元化的条件下，组织可以在结构上体现多种制度逻辑，也可以将它们松散地结合起来，以避免直接冲突。这种策略可能会降低多个逻辑对组织功能的核心影响程度。正如 Besharov 和 Smith（2014）所提出的那样，组织可以强烈地优先考虑与一个逻辑相关的工作任务，同时继续以混合型组织的形式存在。在有些时候，并不是特定逻辑的所有组件都体现在一个组织中，反映了逻辑各方面的拼接或重组的形式。Binder（2007）认为，人们利用制度逻辑并将其与其他场域的逻辑结合起来，使其符合自己的需要。Christiansen 和 Lounsbury（2013）专注于将不同逻辑元素组合成酿酒行业企业层面的新产品。Tracey 等（2011）认为，参与者将不同制度逻辑的各个方面融合在一起，创造新的组织形式。Goodrick 和 Reay（2011）研究表明，在组织内部，专业工作的某些部分可以分离以管理竞争逻辑，而其他工作任务可以基于共存逻辑的互补组合。类似地，Pache 和 Santos（2013）展示了社会企业组织如何选择性地耦合竞争制度逻辑规定的完整要素。

第二，随着时间的推移，逻辑之间的竞争逐渐减弱，甚至可能出现混合。Glynn 和 Lounsbury（2005）、Thornton 等（2005）研究表明，随着时间的推移，以前的竞争逻辑可以融合在一起，成为一种新的混合逻辑。Battilana 和 Dorado（2010）解释了强大的参与者如何有目的地将相互竞争的逻辑混合起来，以促进小额信贷组织的发展。Jay（2013）还重点介绍了在一个组织类别下多种逻辑的组合，并展示了不同的制度逻辑是如何组合起来的，以生成新的混合组织层面的逻辑。

第三，学者把重点放在对逻辑及其组成部分的解释上，这是理解组织如何维持多种逻辑的关键。Friedland 和 Alford（1991）在提出逻辑“可供组织和个人详

细阐述”的观点时，暗示了解释逻辑的重要性。正如 Ziber（2013）所指出的，这一研究路线因此强调制度逻辑的意义不是固定和给定的，而是产生和协商的。与其把重点放在结构和实践上，不如说是参与人对逻辑的解释能最好地帮助我们理解行为和变化。McPherson 和 Sauder（2013）展示了专业人士在毒品法庭上辩论、裁决时如何将不同的可用逻辑转化为行动。类似地，Murray（2010）解释了当与商业逻辑相关的实践被认同学术逻辑的学术科学家采用时，它们是如何被重新解释的。Reay 等（2017）展示了初级保健实践逻辑的变化如何影响医生的职业角色认同。Smets 和 Jarzabkowski（2013）对英国和德国律师事务所的研究更具体地关注逻辑之间的关系，该研究记录了随着针对工作问题的新混合实践的发展，对逻辑之间关系的看法如何从竞争性转为互补性。Smets 等（2015）展示了个人如何通过平衡机制（分段、桥接和标定）管理日常工作中的竞争逻辑，这些机制有助于将冲突逻辑重新解释为互补逻辑。

第四，学者开始利用悖论理论来解释多重逻辑如何在组织中增加灵活性。悖论理论将竞争性需求定位为组织系统的特征，因此需要采取策略来参与和调节紧张关系，而不是解决紧张关系（Smith and Tracey，2016）。从这个角度来看，多重逻辑产生了矛盾的张力，不必通过特定的结构或混合来纠正。相反地，组织可以通过既固定又灵活的方式动态地参与竞争逻辑及其矛盾需求，这样可能使个人能够流畅地分离和整合逻辑（Gümüsay et al.，forthcoming；Smith and Besharov，2019）。结构化的灵活性可以通过稳定的组织特征和适应性的制定过程（Smith and Besharov，2019）实现组织的双重性。在这种观点下，多重制度逻辑之间的紧张关系是组织的固有部分。

尽管文献表明组织所处的场域可能对组织产生重大影响，但是迄今为止很少有人关注指定场域安排对组织对多种逻辑反应的影响。Haveman 和 Rao（2006）提出，结合不同组织形式的强制性、规范性和模仿性的力量可能推进混合型组织的发展，这些力量可以同时导致形成分隔型和混合型组织形式。然而，他们没有解释哪些渠道场域层面的力量可以施加于组织，特别是关于组织对多种逻辑的反应。事实上，Haveman 和 Rao（2006）呼吁对社会条件如何促进或阻碍组织架构师使用混合形式进行更多研究。Waldorff 等（2013）参与了场域层面的逻辑组合研究，结果表明丹麦和加拿大关于医疗保健适当方式的不同逻辑组合解释了应对类似危机的组织实践的差异。此外，Malhotra 和 Reay（2019）提出，专业组织中的混合依赖于将微观层面的权力作为日常工作中的一部分。然而，学者还没有明确关注制度解决方案的变化，以及控制它们的强大行动者的变化如何影响组织对逻辑多样性的反应。

总的来说，以前的研究表明，组织可以根据其目的自由地组合和解释多种逻辑，而不受限制。虽然组织很少在体现制度复杂性的方式上拥有完全的自主权，但是许多关于混合性的文献表明它们拥有完全自主权。很少有人明确考虑反映强大行动者利益的场域层级制度安排如何影响组织层级的各种可能性。这一点很重要，因为要更全面地理解组织的混合性，就需要关注关键的场域层级参与者的作用以及组织级逻辑实例化的机制。通过更多地关注强大的场域级参与者控制组织选择的方式，我们可以深入了解逻辑实例化的多层次过程。

四、研究方法

本章采用了案例研究的方法来调查关于场域层面的制度安排和组织混合之间的关系。我们从构建案例叙述开始，作为获得理论见解的基础（Stake，2005）。本书遵循解释性传统，根据理论兴趣探索事件和行为的含义，重点关注具有重要实证和理论意义的数据（Creswell，2007）。本章收集了历史文献，如出版的书籍、研究文章和报告、政府文件、报纸文章以及受监管的消费场所和相关制度维护的网站材料。

为了构建和分析叙事案例，我们首先让两位作者阅读历史记录和网站内容，以形成对艾伯塔省成瘾场域基本结构以及它如何随时间变化的描述性理解。我们特别注意提到的关键行动者、他们提供服务的方法以及他们的观点和行动如何在现有材料中得到描述。所有作者都讨论了叙事案例的发展，同意关键事件的陈述和重大变化发生的时间点的确定。通过借鉴有关制度逻辑的既定理论，我们都认同制度解决方案和逻辑群的特征（Goodrick and Reay，2011；Thornton et al.，2012）在变化的时间点上指导该领域。基于几轮讨论以及与该领域专家的进一步对话，我们确定了四个关键的场域级逻辑：惩罚逻辑、治疗逻辑、预防逻辑和减少伤害逻辑。这些逻辑与提供吸毒服务的专业人士指出的一般方法一致，其在 20 世纪 90 年代被欧洲决策者称为成瘾服务的四大支柱，并应用于加拿大温哥华的第一个安全注射点。

我们参与评估了不同逻辑在现场和组织层面上被参与者描绘和运用的方式。这一过程包括阅读和重读数据，特别注意有关实践的陈述、开展这些实践的标准以及提出有关受监管消费场所的论点时所采用的原则。本书谨慎地发展对数据的解释，尊重对当地倡议最了解的作者的知识库，并纳入地理位置较远的作者的理解。这一分析过程使我们能够就场域制度安排如何影响组织层面的混合形成共同的见解。

（一）基于组织制度响应的视角解释案例

本章确定了四种不同的逻辑，可以指导阿尔伯塔省成瘾服务领域的组织和实践（MacPherson，2001；Zilkowsky，2001；Cohen and Csete，2006；James，2007）。以《欧洲吸毒成瘾问题处理办法》中的规定以及加拿大（温哥华市）采用的四大服务支柱（预防、治疗、减少伤害和惩罚）为基础，我们对每种逻辑进行了以下描述：随着时间的推移，这些逻辑在不同时间和不同程度上在场域层面制度安排中表现明显。下面我们将展示每一种逻辑，以及本书关于基本信念的评估、成瘾的基本方法和成功的隐含指标。

第一，治疗逻辑。基本的信念是，上瘾的人是可治疗的。因此，治疗应该是容易获得的，并且应该鼓励上瘾的人接受治疗。成功的标志是，人们接受了治疗，至少其中一些人学会了控制自己。

第二，惩罚逻辑。基本信念是，上瘾者极有可能触犯法律，导致犯罪问题。因此，适当的办法是确保那些因购买和使用非法药物而违法的吸毒者受到惩罚，并通过司法系统（警察和法院）迅速从社区中清除。成功的标志是，通过监禁将那些有不受控制的成瘾和相关非法行为的人从社区中驱逐出去。

第三，预防逻辑。基本的信念是，人们上瘾是因为他们的社会条件。因此，适当的办法是提供资源，改善成瘾率高的社区的社会条件。成功的指标是，指定社区社会条件得到改善。

第四，减少伤害逻辑。基本的信念是，应该保持上瘾的人安全，使其免受进一步的伤害。因此，适当的方法是提供安全的空间，人们可以在那里消费他们的药物，并防止因过量用药而死亡。成功的指标是，与吸毒活动有关的过量死亡率降低及社区暴力减少。

本书的分析表明，尽管这四种逻辑在过去十年中在艾伯塔省成瘾领域共存，但是逻辑的安排（制度安排）有所不同。21世纪初，治疗、惩罚和预防逻辑非常强大，几乎没有证据表明存在减少伤害逻辑。政府提供的一系列服务侧重于治疗（如戒毒方案和个人咨询）以及罚款或监禁惩罚，这些措施有时结合在2005年启动的戒毒法庭（Hurley，2007）等举措中。在戒毒法庭上，那些面临牢狱之灾的人，他们的罪行被认为是由上瘾引起的，并且他们进入了一个戒毒治疗项目，在那里他们的药物使用会受到持续的监控。复发者将被判入狱。

人们还注意到预防逻辑，这在学校公共资助的毒品宣传方案和教育电视宣传活动中得到了证明。虽然其他司法管辖区已纳入与减少危害逻辑相关的公共资助项目（如温哥华安全注射点），但是阿尔伯塔政府拒绝考虑此类举措（Edmonton Journal，2005）。正如本书在下面的分析中所述，随着时间的推移和不同政府的选举，解决方案的性质被修改，首先包括减少伤害逻辑（特别是在建立受监管消费场所方面），其次在增加治疗和惩罚逻辑的同时，至少降低伤害减少逻辑的强度。

（二）艾伯塔省成瘾场域：2015 年前

在保守的（右倾哲学）省和联邦政府的领导下，艾伯塔省戒毒服务的提供受到由治疗、惩罚和预防逻辑组成的制度解决方案的指导。医疗系统为那些想停止使用药物的人提供治疗。警方和法院负责对持有非法毒品的人进行社会惩罚（监禁）。政府社会服务处也参与了改善家庭生活状况的社区倡议，期望在长期内改善结果（降低成瘾率）。这三种逻辑以及相关的政府部门经常在具体举措上结合在一起，如预防驾驶受损运动，或在监狱中的治疗方案上。与 McPherson 和 Sauder（2013）的研究结果类似，我们注意到这些项目需要不同专业人员的共同努力，以确保在场域层面提出的逻辑组合在组织层面得到实例化。在公共部门，政府资金对这些项目的实施至关重要。

虽然减少伤害的概念已经被了解和讨论，但是艾伯塔省政府拒绝支持（Edmonton Journal，2005 年 1 月 30 日），并且不会为包括非法药物消费在内的举措提供资金。相关医疗专业人士一直在呼吁并于 2012 年开始正式合作，倡导配备当时名为“医疗监督注射场所”的设施。该团体还表示，这些设施将由政府全额出资，并作为独立场所存在，提供一项保健服务，以减少伤害，并将个人与社会支持、初级保健、咨询和戒毒计划联系起来。本书将这种逻辑安排视为一种制度解决方案，由一个强大的行动者控制，该行动者包括治疗、惩罚和预防逻辑，但排除了减少伤害逻辑。

（三）艾伯塔省成瘾场域：2015~2019 年

随着新民主党省政府和自由党联邦政府的选举，这两个政党的理念都相对左倾，建立安全注射点的呼吁得到了更积极的响应。一年内为初始注射点制订了计划，并在 2017 年 10 月前获得了所有必要的批准；第一批注射点在一个月之内开放。我们看到，政府在规划网站和通过省级预算提供资金的行动中，将减少危害逻辑加入制度解决方案中。政府官员解释受监管消费场所价值的声明也揭示了这一点。

现有证据表明，受监管的消费服务：①通过逆转过量用药帮助挽救生命；②通过提供无菌设备和针头，减少疾病和感染的传播；③提供其他医疗服务如伤口护理、慢性病护理、心理健康支持或阿片依赖治疗等综合服务；④通过减少公共物品使用和废弃针头建设更安全的社区。

受监管的消费场所主要是按照减少危害的逻辑建立的。这些场所的重点是提供给人们一个可以服用非法药物的场所，以及训练有素的专业人员在有人吸毒过量或出现其他不良反应时提供救生治疗的场所。这些场所还提供少量与预防逻辑相关的服务。例如，工作人员参与了增强公众意识活动，并就适当的安全预防措施提供了建议。他们还通过提供关于治疗方案的书面信息表和手册，对治疗逻辑给予最低程度的关注；如果有人寻求帮助，可以转诊到治疗项目。

（四）艾伯塔省成瘾场域：2019 年至今

随着更具右倾理念的联合保守党政府的当选，之前的解决方案几乎立即遭到质疑。新政府的首批行动之一是在对全省现有的消费场所进行审查之前，停止按计划开放新的消费场所。这引起了人们对治疗和预防逻辑不够重视的担忧，更别提减少伤害逻辑了。当被问及政府冻结新场地资金的行动时，时任总理表示："在考虑到受监管消费场所时，其对治疗和成瘾康复的重视不够。"

心理健康和成瘾部长也赞同上述观点，"政府将支持戒毒康复。这就是为什么我们承诺投入 1 亿美元用于精神健康和戒毒支持，以打破吸毒循环，帮助吸毒者走向康复"（艾伯塔省政府新闻稿，2019 年 6 月 6 日）。

同样地，有一位政府发言人表示，从受监管的消费场所对周围社区的影响来看，政府的意图是看是否有更好的方式来平衡服务的提供与社区关注，重点是增加治疗和预防服务。

政府成立了一个专家委员会，负责就受监管消费场所的未来提供建议。该委员会的成员包括一名前警察局长、成瘾治疗专家、经济学家和一位成瘾者的母亲。批评者指出，它既不包括提供这些服务的个人，也不包括减少伤害的声音。此外，批评人士回应说，该委员会的职权范围明确地阻止了它寻找支持消费场所在抑制吸毒成瘾方面功效的证据。专家委员会的任期仅限于下列活动：解决现有场地对当地社区的社会和经济影响，为未来场地建设的决策和减少社会和经济负面影响的方法提供决策依据，并为省级政策（该政策概述了省级资金的要求标准）提供依据。

针对这些批评，政府部长解释说，"这是因为已经有充分证据证明这些场所确实在减少伤害方面发挥了作用"（CBC 新闻，2019 年 8 月 19 日）。

委员会的组成及其任务都严重限制了减少伤害逻辑的可行性。被选入委员会的个人可能与治疗、预防和惩罚逻辑高度一致，而不是与减少伤害逻辑高度一致。通过承认受监管的消费场所在减少危害方面是成功的，政府具有讽刺意味着有效地阻止了委员会考虑与减少伤害逻辑一致的积极结果。在这样做的同时，政府驳回了减少伤害逻辑重要性的陈述，并确保它不会成为委员会报告的一部分，因此也不会成为随后的公众讨论的一部分。

2019 年 11 月，政府宣布了新的资助计划，以加强对治疗和惩罚逻辑的关注。该计划旨在提高药物治疗法庭的能力，这些法庭依靠包括监禁在内的法律惩罚来确保遵守“保持清洁”的规定。政府提出这一倡议的理由是“以公平、坚定和富有同情心的方式对待成瘾问题”（Edmonton Journal，2019 年 11 月 1 日）。批评者很快回应说，他们担心“我们永远不会告诉癌症患者，他们应该期待公平和坚定的治疗”。此外，他们指出，与受监管消费场所特有的减少伤害相比，戒毒治疗法庭决定强调惩罚（Gerein，2019）。

2020 年 1 月，政府发布了进一步的公告，表明希望从场域制度安排中删除减少伤害的逻辑。总理在评论编写的委托报告（尚未公开发布）时表示：“（报告）强调了我们对一些药物注射点对人们和社区产生的负面影响的担忧。”他接着说，该省可能会移动或关闭一些消费点，重点必须放在戒毒和治疗上（Herring，2020）。这些场所的拥护者回答说，关闭任何场所都是错误的。一家收容所的经理指出，如果开始关闭受监管的消费场所，人们就会死亡（Wyton，2020）。2020 年 2 月，政府宣布为戒毒和治疗计划注入大量额外资金，“在未来三年内为挽救生命的戒毒治疗创造额外的 2172 个空间”（阿尔伯塔省政府，2020 年 2 月 1 日）。该公告传达了政府对纳入更强有力的治疗逻辑的承诺。

本章对政府行为和受监管消费场所倡导者的回应的分析表明，关于将减少伤害逻辑纳入现场域层面解决方案的重要性，存在着相互矛盾的观点。政府已表明，他们有能力以与其首选的治疗逻辑相一致的方式部署财政资源，建立治疗和惩罚逻辑。他们还展示了完全撤回符合减少伤害逻辑组织的资金的能力。除了控制与特定逻辑一致（或不一致）的计划的资源可用性之外，我们还注意到，一个强大的行动者如政府有能力控制关于特定计划的论述，并参与构建促进或抑制特定讨论的活动。在本节的例子中，政府一贯将减少伤害定义为“向身体注射毒药的人”，同时将戒毒和咨询计划称为“拯救生命”。

（五）组织反应

为了响应政府的倡议，注射点的倡导者在公共媒体上发出了热情的呼吁，要求保持网站的正常运行并继续计划中的扩张。他们的回应始终如一地指出成瘾者缺乏可用的选择，以及通过维持与减少伤害逻辑相关的服务来拯救生命的重要性。主要倡导者是吸毒者的家庭成员，以及将消费场所视为“普遍和全面的医疗保健系统”必不可少的健康专业人士，家庭成员倾向于基于减少伤害逻辑提出上诉。

波特拿着 31 岁去世的儿子的照片说，“我来这里是因为肯尼的决定类似于蓄意谋杀。我告诉他（卫生部长），我觉得拖延资金就像砍掉椅子的腿，而椅子不稳定。我们需要把四条腿都放在椅子上，来支持那些为生存问题而挣扎的人”（Edmonton Journal，2019 年 6 月 8 日）。

卫生专业人员提出了一些论点，认为消费场所是解决总体成瘾问题的最佳途径，包括关注减少伤害、治疗和预防的逻辑。

安全消费场所是标准的、有证据支持的护理的一部分。受监管消费场所与从减少伤害到治疗的服务一起存在。事实上，它们构成了医疗系统的主要切入点，增加了人们获得治疗的可能性。受监管消费场所是预防性的，而不是反应性的。它们可以防止毒品过量，防止与毒品过量有关的死亡或并发症。因此，它们可以降低医疗利用率和成本。最重要的是，它们可以让人们活着。

这些描述表明，人们不仅努力解释减少伤害的主导逻辑，而且也重视预防和治疗的辅助逻辑。一家受监管消费场所的执行董事表示：

对监管注射场所的投资还将降低今后的医疗成本，因为缺乏支持的吸毒者往往会被送往住院。当社会中有过多不健康的人时，医疗保健系统成倍地增长（CBC 新闻，2019 年 6 月 30 日）。

此外，其他卫生专业人士指出，与预防逻辑一致，通过更好地控制消费场所使用的注射器可以降低艾滋病的发病率（CBC 新闻，2019 年 7 月）。

2019 年 8 月，一项调查艾伯塔省受监管消费场所在过去一年中的影响的研究结果显示，消费场所工作人员“对 4300 多例过量用药做出了反应，零死亡”（艾伯塔省艾滋病社区委员会，2019 年）。报告还发现，工作人员避免了 3700 多个紧急医疗系统（EMS）呼叫，而且与阿片类药物相关的死亡、急诊室用药过量和 EMS 响应总体下降。该研究的作者将这些结果归因于“减少危害战略”（艾伯塔省艾滋病社区委员会，2019）。

受监管的消费场所也公开回应，展示了它们自己的救命记录。例如，自 2018 年埃德蒙顿三家受监管的消费场所开业以来的几个月里，超过 600 种过量药物被撤销。

自 SCS 设施开放至 2019 年 7 月 31 日，共有 2531 起医疗紧急事件由 ARCH 员工响应。在所有医疗紧急情况中，紧急医疗服务被呼叫了 398 次（15.7%的时间），给氧 2369 次，给纳洛酮 984 次，405 名独特的个人在 SCS 设施经历医疗紧急情况时接受了救生干预。Lethbridge 的 SCS 及任何国际 SCS 设施未发生死亡事件（Lethbridge ARCHES 向市议会提交的报告，2019 年 8 月 23 日）。

通过关注拯救的生命，受监管消费场所以明确基于减少伤害逻辑的论据作为回应，不仅试图向政府呼吁，还向公众呼吁继续保留这些场所的重要性。批评者的回应强调了对吸毒者的限制，以及按照减少伤害的逻辑取消该计划对这些人的后果。

五、讨论和结论

在本章中，以加拿大阿尔伯塔省受监管的消费场所为例，我们了解了一个场域内不断变化的制度安排如何影响组织对多种制度逻辑的反应。虽然之前的研究集中于场域层面的制度安排，因为其具有持久性和相对抵抗变化的能力（Fligstein and McAdam，2012；Lu and Reay，2016），但是本章的案例说明了发生重大变化的可能性。根据指出管理制度安排性质的强大行动者的重要性研究（Rao and Kenney，2008），本章展示了政权更迭如何快速改变构成制度安排的逻辑组合。与之前的研究不同，之前的研究建议组织通过有选择地利用现有逻辑来应对场域层面的特定制度安排（Thornton et al.，2012），而本章解释了由于控制制度安排的强大行动者所采取的行动，组织如何在关于混合型组织的决策中受到约束。一些组织可能希望受到特定逻辑安排的指导，但当强大的参与者控制所需资源时，可能无法做到这一点，同时也没有能力管理关于某些逻辑与其他逻辑价值的论述。通过详细说明受监管消费场所的兴衰如何反映一个强大的场域层面参与者（政府）对现场制度安排的改造，本章显示的可用性逻辑可以控制在场域层面，以及解释为何积极和有目的地修订制度安排会导致创建、修改甚至摧毁以不同方式管理逻辑集合的组织。

本章通过关注强大的场域层面行动者的行动可以影响组织对解决方案的体制逻辑组合反应的机制，为场域和组织层面的混合型组织研究做出贡献。我们认为有两个关键机制；一是控制支持特定逻辑的资源分配；二是控制用于描述一种逻辑相对于其他逻辑的价值（或缺乏价值）的论述。虽然之前的研究表明组织混合可能会受到场域活动的影响（Haveman and Rao，2006），但是这种情况的发生方式之前尚未明确。本章的案例直接指向了强大的场域层面行动者的作用，以及他们如何快速改变场域制度安排的组成，这与 Lu 和 Reay（2017）的研究结果一致。此外，本章还展示了这些突然的变化如何影响组织层面的行为。从本章的案例推断，我们认为强大的场域参与者可以直接或间接地影响组织混合。

首先，本章要解决直接使用权力的可能性。正如 Fligstein 和 McAdam（2012）所解释的那样，一个场域中强大的参与者通常控制资源以及资源如何分配给组织。这种控制资源的能力与强有力的行动者确定指导实地参与的规则的能力密切相关。大多数关于制度解决方案的描述都关注这些强大行动者的力量，关注他们通过不断强化既定方式维持现状的能力（Rao and Kenney，2008）。然而，

本章表明制度安排可能是不稳定的。当强大的制度行动者改变主意时，或者当他们被新的强大行动者取代时（如政权更迭时），他们可以决定解的组成以及组织可以制定哪些制度逻辑。本章的案例表明，一个拥有资金的自由政府是如何促进减少伤害逻辑具体化的，而这一逻辑以前不是艾伯塔省成瘾问题解决方案的一部分。2019 年，当政府转向更保守的体制时，资金冻结阻止了新组织的预订开放，并威胁到主要体现减少伤害逻辑的现有受监管消费场所的存在。同时，政府提供了新的资金，以提高遵守其他逻辑（治疗和惩罚）的组织的能力。虽然对制度场域动态的描述通常表明有多种逻辑可供使用（Friedland and Alford，1991），但是本章的案例强调了强大的参与者可以约束或阻止组织与特定逻辑保持一致的可能性。通过场域层面的资源控制，组织层面的混合选择可能会受到制度安排中逻辑可用性的严重限制。

此外，场域层面的行动者可能能够通过更多的间接举措来限制组织的混合性。在本章的案例中，政府还能够通过其既定的公共沟通渠道，以及通过其为基于委员会的评估设定任务的能力，显著控制关于成瘾的讨论。通过制定“坚定和公平”待遇的评估标准，并限制专家小组审查成本而不是拯救生命，政府能够控制场域层面和公众对话的性质。这些行动使得在组织层面公开主张遵守减少伤害逻辑变得更加困难。在本章的案例中，减少伤害的逻辑似乎已被降级为一种现有的、可能是不合法的逻辑，这是因为政府的信息传递和公众对治疗而非减少伤害需求的持续限制。类似的控制或指导机制也可能存在于其他类型的强势行为者有能力左右其他行为者意见的领域，如会计领域（Greenwood and Suddaby，2006）。尽管 Greenwood 和 Suddaby（2006）的研究并未关注五大会计师事务所在控制场域层面对话能力方面的作用，但是他们展示了中央现场参与者如何影响其他人。重新分析他们的数据可能会发现类似的有目的的话语控制模式，这限制了其他组织对混合的选择。本章的案例也有助于解释 Nicolini 等（2016）关于制度安排（他们称之为“制度结”）随时间推移的一些发现。Nicolini 等（2016）在提出关于指导药学领域的逻辑组合的变化机制时，重点关注了制度间系统的动态。我们认为，“解开制度结又重新打上结”的另一种解释可能包括，强有力的声音在促进其他信息的同时压制特定信息，从而影响某些逻辑相对于其他逻辑的可用性和流行度。总的来说，我们建议更多地关注强大的参与者如何控制一个场域内的话语，这将有助于进一步阐明组织参与的场域级逻辑的可用性。

我们还认为，本章的案例揭示了组织层面上关于混合的重要见解。虽然强大的场域层面行动者可能能够控制制度安排的性质，并限制特定逻辑的可用性，但是组织和这些组织内的关键个人可能能够采取一些反行动。在微观层面，专业人士可以调整他们的日常工作实践，从而确定他们遵守特定逻辑的程度（Goodrick and Reay，2011；Malhotra and Reay，2019）。这些行动可能相对不可见，但随着时间的推移，会逐渐导致更大的变化。当场域层面的强大行动者的立场模棱两可时，组织也可能会在不同的时间强调其混合性的不同方面如表现出遵守多种逻辑，即使它们主要关注一种逻辑。在本章的案例中，受监管的消费场所几乎完全专注于通过促进危险药物的摄入来减少危害，并根据需要随时准备拯救生命。类似于 Besharov 和 Smith（2014）的混合型组织类别，其中主导逻辑是组织功能的核心，其他外围逻辑是背景，消费场所中的其他逻辑只有最低限度的实施。咨询或戒毒计划的小册子和联系信息可在现场获得（治疗逻辑），工作人员可访问社区组织讨论安全性（预防逻辑）。然而，面对消灭这些组织的威胁，工作人员和倡导者似乎加强了对前两个背景逻辑的关注，这两个背景逻辑（预防和治疗逻辑）是实地解决方案的一部分。

本章的案例还展示了引入和使用一种新的逻辑如何产生值得考虑的长期影响。在本章的案例中，减少伤害的逻辑在 2015 年被另一个上台的政府高调提出并合法化，2019 年，下一届政府开始采取措施使其非法化。然而，由于减少伤害的逻辑之前是相关的，并且作为成瘾服务可用逻辑的一部分变得突出，因此一些人目前在他们的日常谈话中常提到“减少伤害”。一些受监管的消费场所开始宣传他们过去在拯救生命方面取得的成功，这与减少危害的逻辑是一致的，部分人群通过宣传更多基于这一逻辑的方法采取了公共行动。这些活动表明，尽管有权势的行为者可能会宣布逻辑不合法，但是它仍可能存在于地下。这可能有助于展示“被遗忘的逻辑”（Kroezen and Heugens，2019）如何不再使用，但通过小团体的行动保持活力。处于相对边缘化地位的行动者可能能够继续采取有助于保留（暂时）在场域层面不受欢迎的逻辑的做法。未来调查此类行为人行为的研究（Dacin et al.，2019）可以增加我们对此类流程的了解。总的来说，我们认为进一步关注场域层面制度安排与组织层面混合性之间的关系肯定是必要的。

本章的案例研究指出了强大参与者在直接和间接控制现场逻辑可用性方面的重要性，同时还表明，各组织对制度安排变化的反应可能是有限的。本章的研究背景是在公共部门，政府始终是一个关键的强有力的行动者。我们认为，本章的研究结果可能与其他场域有关，这些场域的特点是特别强大的行动者至少可以部分控制场域层面制度安排的性质。例如，Greenwood 和 Suddaby（2016）研究的精英会计师事务所等领域的知名组织可以确定领域标准。此外，强大的专业团体，如医学协会，有能力为其他人制定场域层面规则（Reay and Hinings，2005）。本章还指出了对话的重要性，以及有权势的行动者能够构建支持或反对特定制度安排的解释的方式。在当今世界，理解话语如何被控制变得越来越重要，我们希望其他研究人员能够利用本章的发现，进一步推进关于混合的相关理论研究。

参考文献

[1] Alberta Community Council on HIV. (2019). A community based report on Alberta's supervised consumption service effectiveness. Retrieved from https://crismprairies.ca/wpcontent/uploads/2019/08/ACommunity-Based-Report-on-Alberta%E2%80%99s-SCSEffectiveness-2019-08-16.pdf.

[2] Alberta Government News Release. (2019). Retrieved from https://www.alberta.ca/release.cfm? xID=64117D8FE517B-C910-CAEF-1F8678CBC55310E6.

[3] Alberta Health Services. https://albertahealthservices.ca/info/Page15434.aspx.

[4] Alberta Health Website. https://www.alberta.ca/opioid-response-options-for-care.aspx.

[5] Alberta Government Website. Retrieved from https://www.alberta.ca/supervised-consumption-services-review.aspx.

[6] AHS News Release. (2018). Retrieved from https://www.albertahealthservices.ca/info/Page15434.aspx.

[7] Battilana, J., & Dorado, S. (2010). Building sustainable hybrid organizations: The case of commercial microfinance organizations. Academy of Management Journal, 53 (6): 1419-1440.

[8] Besharov, M. L., & Smith, W. K. (2014). Multiple institutional logics in organizations: Explaining their varied nature and implications. Academy of Management Review, 39: 364-381.

[9] Binder, A. (2007). For love and money: Organizations' creative responses to multiple environmental logics. Theory and Society, 36 (6): 547-571.

[10] Canadian Institute for Health Information. (2017). Pan-Canadian trends in the prescribing of Opioids, 2012 to 2016. Ottawa, ON: Canadian Institute for Health Information.

[11] CBC News. (2019, August 19). Alberta draws fire after naming panel to review impacts of supervised consumption sites. Retrieved from https://www.cbc.ca/news/canada/calgary/consumption-sitereview-alberta-drugs-luan-committee-1.5252093.

[12] Christiansen, H. L., & Lounsbury, M. (2013). Strange brew: Bridging logics via institutional bricolage and the reconstitution of organizational identity. Research in the Sociology of Organizations, 39 (B): 199-232.

[13] City of Vancouver. (2020). Retrieved from https: //vancouver. ca/people-programs/safe-injection-site-andneedle-exchange. aspx.

[14] Cohen, J., & Csete, J. (2006). As strong as the weakest pillar: Harm reduction, law enforcement and human rights. International Journal of Drug Policy, 17: 101-103.

[15] Creswell, J. W. (2007). Qualitative inquiry and research design: Choosing among five approaches (2nd ed.). Thousand Oaks, CA: Sage Publications, Inc.

[16] Dacin, M. T., Dacin, P. A., & Kent, D. (2019). Tradition in organizations: A custodianship framework. Academy of Management Annals, 13 (1): 342-373.

[17] Fligstein, N., & McAdam, D. (2012). A theory of strategic action fields. New York: Oxford University Press.

[18] Friedland, R., & Alford, R. R. (1991). Bringing society back in: Symbols, practices, and institutional contradictions. In W. W. Powell & P. J. DiMaggio (Eds.), The new institutionalism in organizational analysis (pp. 232-267). Chicago, IL: University of Chicago Press.

[19] Gerein, K. (2019, November 5). "Compassion for Albertans with addictions shouldn't stop at a recovery centre". Edmonton Journal, A2. Retrieved from https: //edmontonjournal. com/news/politics/keith-gerein-compassionfor-albertans-with-addictions-shouldnt-stop-at-a-recovery-centre/.

[20] Glynn, M. A., & Lounsbury, M. (2005). From the critics' corner: Logic blending, discursive change and authenticity in a cultural production system. Journal of Management Studies, 42 (5): 1031-1055.

[21] Goodrick, E., & Reay, T. (2011). Constellations of institutional logics: Changes in the professional work of pharmacists. Work and Occupations, 38 (3): 372-416.

[22] Government of Canada. https: //www. canada. ca/en/health-canada/services/substance-use/canadiandrugs-substances-strategy/strengthening-canada-approach-substance-use-issue. html.

[23] Greenwood, R., Raynard, M., Kodeih, F., Micelotta, E. R., & Lounsbury, M. (2011). Institutional complexity and organizational responses. Academy of Management Annals, 5 (1): 317-371.

[24] Greenwood, R., & Suddaby, R. (2006). Institutional entrepreneurship in mature fields: The Big Five accounting firms. The Academy of Management Journal,

49 (1): 27-48.

[25] Gümüsay, A. A., Smets, M., & Morris, T. (Forthcoming). "God at work": Engaging central & incompatible institutional logics through elastic hybridity. Academy of Management Journal.

[26] Haveman, H. A., & Rao, H. (2006). Hybrid forms and the evolution of thrifts. American Behavioral Scientist, 49 (7): 974-986.

[27] Helms, W. S., Oliver, C., & Webb, K. (2012). Antecedents of settlement on a new institutional practice: Negotiation of the ISO 26000 standard on social responsibility. Academy of Management Journal, 55 (5): 1120-1145.

[28] Herring, J. (2020, January 22). Province may relocate or close some safe consumption sites, Kenney says. Calgary Herald. Retrieved from https://calgaryherald.com/news/province-may-relocateor-shutter-some-safeconsumption-sites-kenneysays/#: ~: text=The%20province%20may%20 move%20or%20close%20some%20safe, commissioned%20by%20the%20United%20 Conservative%20government%20in%20August.

[29] Hurley, M. (2007, July 3). Drug court offers another way to go straight. Edmonton Journal, A1.

[30] James, D. (2007). Harm reduction policy background paper. High Level, AB: Alberta Alcohol and Drug Abuse Commission.

[31] Jay, J. (2013). Navigating paradox as a mechanism of change and innovation in hybrid organizations. Academy of Management Journal, 56 (1): 137-159.

[32] Kerr, T., Mitra, S., Kennedy, M. C., & McNeil, R. (2017). Supervised injection facilities in Canada: Past, present, and future. Harm Reduction Journal, 14: 28.

[33] Klingbeil, A. (2017). Police force working "aggressively" on Calgary's first safe injection site. Calgary Herald.

[34] Kraatz, M., & Block, E. (2008). Organizational implications of institutional pluralism. In R. Greenwood, C. Oliver, & R. Suddaby (Eds.), The SAGE handbook of organizational institutionalism (pp. 243-275). London: SAGE.

[35] Kroezen, J. J., & Heugens, P. P. M. A. R. (2019). What is dead may never die: Institutional regeneration through logic reemergence in Dutch beer brewing. Administrative Science Quarterly, 64 (4): 976-1019.

[36] Lu, C., & Reay, T. (2016). Preserving a settlement despite ongoing challenges: The case of Native Indian Gaming. Research in the Sociology of Organiza-

tions, 48 (B): 1-35.

[37] MacPherson, D. (2001). A framework for action: A four-pillar approach to drug problems in Vancouver. Vancouver: City of Vancouver.

[38] Malhotra, N., & Reay, T. (2019). Hybridity and power in the micro-foundations of professional work. Research in the Sociology of Organizations, 65 (B): 241-255.

[39] McPherson, C. M., & Sauder, M. (2013). Logics in action: Managing institutional complexity in a drug court. Administrative Science Quarterly, 58 (2): 165-196.

[40] Murray, F. (2010). The oncomouse that roared: Hybrid exchange strategies as a source of distinction at the boundary of overlapping institutions. American Journal of Sociology, 116 (2): 341-388.

[41] Nicolini, D., Delmestri, G., Goodrick, E., Reay, T., Lindberg, K., & Adolfsson, P. (2016). Look what's back! Institutional complexity, reversibility and the knotting of logics. British Journal Management, 27 (2): 228-248.

[42] Pache, A., & Santos, F. (2013). Inside the hybrid organization: Selective coupling as a response to competing institutional logics. Academy of Management Journal, 56 (4): 972-1001.

[43] Rao, H., & Kenney, M. (2008). New forms as settlements. In R. Greenwood, C. Oliver, R. Suddaby, & K. Sahlin (Eds.), The SAGE handbook of organizational institutionalism (pp. 352-370). London: Sage Publications.

[44] Reay, T., Goodrick, E., Waldorff, S. B., & Casebeer, A. (2017). Getting leopards to change their spots: Co-creating a new professional role identity. Academy of Management Journal, 60 (3): 1043-1070.

[45] Reay, T., & Hinings, C. R. (2009). Managing the rivalry of competing institutional logics. Organization Studies, 30 (6): 629-652.

[46] Reay, T., & Hinings, C. R. (Bob). (2005). The recomposition of an organizational field: Health care in Alberta. Organization Studies, 26 (3): 351-384.

[47] Smets, M., & Jarzabkowski, P. (2013). Reconstructing institutional complexity in practice: A relational model of institutional work and complexity. Human Relations, 66 (10): 1279-1309.

[48] Smets, M., Jarzabkowski, P., Burke, G. T., & Spee, P. (2015). Reinsurance trading in Lloyd's of London: Balancing conflicting-yet-complementary logics in practice. Academy of Management Journal, 58 (3): 932-970.

[49] Smith, W. K., & Besharov, M. L. (2019). Bowing before dual Gods: How structured flexibility sustains organizational hybridity. Administrative Science Quarterly, 64 (1): 1-44.

[50] Smith, W. K., & Tracey, P. (2016). Institutional complexity and paradox theory: Complementarities of competing demands. Strategic Organization, 14 (4): 455-466.

[51] Special Advisory Committee on the Epidemic of Opioid Overdoses. (2019). National report: Opioidrelated harms in Canada web-based report. Ottawa: Public Health Agency of Canada. Retrieved from https://health-infobase.canada.ca/substance-related-harms/opioids.

[52] Stake, R. E. (2005). Qualitative case studies. In N. K. Denzin & Y. S. Lincoln (Eds.), The Sage handbook of qualitative research (pp. 443-466). Thousand Oaks, CA: Sage Publications Ltd.

[53] Thornton, P., Jones, C., & Kury, K. (2005). Institutional logics and institutional change in organizations: Transformation in accounting, architecture, and publishing. Research in the Sociology of Organizations, 23 (A): 125-170.

[54] Thornton, P. H., Ocasio, W., & Lounsbury, M. (2012). The institutional logics perspective. New York, NY: Oxford University Press.

[55] Tracey, P., Phillips, N., & Jarvis, O. (2011). Bridging institutional entrepreneurship and the creation of new organizational forms: A multilevel model. Organization Science, 22 (1): 60-80.

[56] Waldorff, S. B., Reay, T., & Goodrick, E. (2013). A tale of two countries: How different constellations of logics impact action. Research in the Sociology of Organizations, 39: 99-129.

[57] Wyton, M. (2020). Advocated fear bias in provincial report on SCSs. Edmonton Journal, A1.

[58] Zilber, T. (2013). Institutional logics and institutional wok: Should they be agreed? Research in the Sociology of Organizations, 39 (A): 77-96.

[59] Zilkowsky, D. (2001). Canada's national drug strategy. Forum on Corrections Research, 13 (3): 3-4.

第十三章　混合场域的合法性权衡：以小额信贷、影响力投资和社会创业为例*

摘要： 由于在一个组织结构中结合不同的逻辑，混合型组织面临着特殊的挑战和机遇。虽然对混合组织的研究极大地促进了我们对这些组织如何应对这种紧张关系的理解，但是制度理论表明，组织的合法性和成功也取决于发生在经营场域层面的过程。本章将这两个视角联系起来，考察场域混合性如何影响组织合法性。具体地说，本章认为场域的成熟度和混合度是决定混合对组织合法性的影响的两个重要变量。根据现有研究，利用我们在小额信贷、社会创业和影响力投资场域的实证工作，本章提出了一个框架，考虑了场域混合对组织合法性的积极和消极影响。本章从两个方面对混合组织的研究做出贡献。第一，本章研究表明，混合型组织面临着不同的挑战和机遇，这取决于其发展阶段和经营场域的混合程度。第二，我们建议将场域混合对组织合法性的影响理解为组织需要了解的权衡，进而从战略上利用机遇和应对挑战。

关键词： 混合型组织；混合场域；合法性；小额信贷；影响投资；社会创业

一、引言

获得合法性是组织的一个关键问题，因为合法性将直接影响其从投资者、客户和其他利益相关者处获取资源（Lounsbury and Glynn，2001），从而影响其生存和发展的能力（Aldrich and Fiol，1994）。因此，合法性概念一直是组织理论的核心，并推动了对组织与其制度背景之间关系的开创性研究（Scott，1995；Such-

* Guillermo Casasnovas 和 Myrto Chliova。感谢编辑 Marya Besharov 和 Bjoern Mitzinneck 提供的有益反馈和指导。

man，1995）。对于在稳定和同质场域运作的组织而言，获得合法性通常意味着符合在场域层面上的既定期望（DiMaggio and Powell，1983）。相反地，对于那些位于混合场域和相关市场类别内的组织来说，遵守普遍接受的模板和做法可能更为困难，因此其合法性可能受到威胁。对混合型组织的研究，定义为针对由一种以上的制度逻辑形成的组织（Battilana and Lee，2014），着眼于此类组织面临的合法性挑战，并关注它们如何应对这种紧张关系（Battilana et al.，2015；Besharov and Smith，2014；Pache and Santos，2010）。

为了丰富上述研究方向的内容，本章研究了一个经营场域的成熟度和混合程度与该场域组织的合法性之间重要但被忽视的联系。为此，本章以最近的研究为基础，该研究采用了广泛的场域概念，即相互互动的组织社区，其机构基础设施可能更弱或更强，并且在适当逻辑上的共识可能更少或更多（Zietsma et al.，2017）。本章回顾了越来越多关于混合组织的文献，以及笔者和其他人在小额信贷（Kent and Dacin，2013；Chliova et al.，2015）、社会创业（Casasnovas and Bruno，2013，Pache and Santos，2013；Chliova et al.，2020）和影响力投资（Hannigan and Casasnovas，forthcoming；Hehenberger et al.，2019）等方面的工作，来说明本章提出的框架。

本章的研究框架表明，对场域和组织层面之间相互作用的研究可以平衡地理解混合型组织的合法性机遇和挑战（Battilana et al.，2017；Jay，2013）。本章利用了两种制度理论（Greenwood et al.，2011）和混合组织研究（Battilana and Lee，2014）的现有成果。为了说明场域混合性如何影响组织合法性，引入了两个与研究混合场域与组织之间关系相关的变量，并对现有混合组织文献进行了细微的改动，包括场域的阶段（Zietsma et al.，2017）及其混合程度（Shepherd et al.，2019）。混合型组织面临不同的合法性挑战，这取决于它们所处的场域是新兴场域还是已经成熟，也就是说，取决于参与者之间的关系和互动是否已为可识别和稳定的模式（Lounsbury and Ventresca，2003）。此外，本章对一个场域的混合程度的分析表明，其可以在一个场域的轨迹上变化（Grimes et al.，2018；Litrico and Besharov，2019）。

本章通过强调模型中确定的每种条件下发生的权衡，对混合组织的研究做出了贡献。最近的研究描绘了组织混合的挑战和机遇（Battilana et al.，2017；Mongeli et al.，2019），本章阐述了场域成熟度和场域混合度对组织在混合场域的合法性的负面影响和正面影响。通过这样做，我们加深了对组织在具有不同条件的领域定位时将经历的权衡的理解。本章的框架揭示了权衡是普遍存在的，但在每种情况下都有所不同。它也为在各种条件下战略性地管理组织合法性提供了依据。

在以下章节中，我们简要回顾了有关制度场域和混合型组织的文献，以论证需要考虑场域成熟度和场域混合性的变量；描述了本章的分析方法，解释了本章的模型，并为每种情况提供了示例；讨论了本章的框架如何进一步加深对混合场域和组织的学术理解。

二、场域成熟度和混合度

组织领域或制度场域的概念是“制度理论的基石之一”（Zietsma et al.，2017），并被广泛定义为“公认的制度生活场域”（DiMaggio and Powell，1983），在这个场域中，一组织频繁且宿命般地相互作用（Scott，1995）。然而，各个场域并不是一成不变的，它们的特征可能会因其发展阶段以及不同利益相关者之间利益、目标和组织形式的异质性而有很大差异（Wooten and Hoffman，2017；Zietsma et al.，2017）。早期场域通常在产品定义、市场边界、行业结构和主导制度逻辑方面存在模糊性（Aldrich and Fiol，1994；Santos and Eisenhardt，2009）。相比之下，成熟场域经常在现有企业和挑战者、生产商和供应商、客户和中介机构之间建立制度基础设施和明确关系（DiMaggio and Powell，1983；Greenwood and Suddaby，2006）。

在研究混合对组织合法性的具体影响时，考虑早期和成熟场域之间的差异至关重要。鉴于合法性是外部受众对某个场域适当性的看法的函数，其也是对位于该场域内的组织适当性的看法，因此场域和组织层面的合法性是紧密相连的（Aldrich and Fiol，1994；Wry et al.，2011）。本章对场域早期和成熟阶段混合的区分反映了在考虑混合之前对合法性的讨论（Maguire et al.，2004；Greenwood and Suddaby，2006）。在组织研究中，新兴场域缺乏合法性是公认的，而这类场域的组织需要积极建立集体合法性，这最终会反映到他们身上（Aldrich and Fiol，1994；Wry et al.，2011）。相比之下，在场域发展的后期阶段，当差异化问题变得越来越重要时，合法性问题通常不那么明显（Zhao et al.，2017）。例如，一种在某一点上被视为非法的混合组织形式，如果在场域的框架竞赛中获得成功，就可以逐渐成为合法的（Battilana and Dorado，2010；Lounsbury et al.，2003）。然而，即使在成熟阶段，场域特征也可能存在很大差异（Zietsma et al.，2017），表明需要考虑其对组织合法性的额外场域层面影响。

本书认为，一个场域的混合程度不是一成不变的，它将对组织合法性产生重要影响。而在组织分析层面上关注混合可能有助于我们理解组织如何应对混合，引入场域混合的概念（以多元制度逻辑文献为基础；Greenwood et al.，2011）具有捕捉制度场域动态的优势（Zietsma et al.，2017）。虽然早期的研究以二分法的视角看待混合型组织，假设组织可以是混合型或非混合型，但是最近的研究已经认识到这一分类的局限性，并呼吁开展研究"关注程度上的混合性"（Battilana et al.，2017）。组织的混合程度可能有所不同（Shepherd et al.，2019），这是因为多个逻辑对一个组织具有不同程度的中心性和互补性（Besharov and Smith，2014）。

这种更微妙的混合方法仅部分体现在实证研究中（Casasnovas and Ventresca，2019）。早期的制度逻辑研究着眼于主导逻辑的变化如何为组织合法性创造新的压力（Haveman and Rao，1997；Thornton and Ocasio，1999）。此外，现有文献强调不同的逻辑可以在一个场域内共存或结合（Goodrick and Reay，2011；Ansari et al.，2013），指出不同类型的场域混合。研究人员已经确定了场域混合如何随时间保持稳定、增加（Litrico and Besharov，2019）或减少（Grimes et al.，2018），表明了在研究场域间混合时采用动态视角的重要性。

我们认为，场域成熟度和混合程度的结合尚未得到充分分析，但它可以为场域层次混合性和组织合法性之间的联系带来重要见解。因此，本章的研究问题是，一个混合场域的发展阶段和混合程度如何影响组织合法性。

三、分析方法

为了回答上述问题，我们开发了一个从以前的研究中推导出来的框架。具体而言，本章借鉴了关于混合组织和制度逻辑的文献（Greenwood et al.，2011；Battilana et al.，2017），在场域和组织层面的交叉点进行分析。为了更详细地探索作用机制，我们更密切地观察了小额信贷、社会创业和影响力投资场域的发展，基于先前文献（Kent and Dacin，2013；Pache and Santos，2013；Hehenberger et al.，2019）和我们的研究工作①（Casasnovas and Bruno，2013；Casasnovas and Ventresca，2016；Chliova et al.，2015，2020），发现这些场域受到了学术界、从业者和决策者的极大关注，同时它们也代表了成熟度和混合程度方面不同类型的场域。

小额信贷场域出现于 20 世纪 70 年代和 80 年代，是伴随着国际行动组织

① 以下部分引用的是笔者在研究全球小额信贷和社会创业的演变以及英国影响力投资场域时所做的实地调查。

（Accion International）在拉丁美洲的项目和孟加拉国格拉明银行的工作而出现的，其目标是将金融和发展工具结合起来，为穷人提供小额贷款。混合性是该场域商业和扶贫逻辑的内在结合。在20世纪90年代末，与扶贫逻辑相比，商业逻辑变得更加突出，推动了该场域和相关市场类别在21世纪初的高速增长，同时将投资者利益优先于当地企业家的需求（Roy，2010）。

20世纪80年代末和90年代，Ashoka和其他有志于利用创新手段解决社会挑战的利益相关者的工作，催生了社会创业的论述和活动。到2005年，该场域作为利益相关者社区已达到全球规模，并处于稳定的状况，同时在单一模糊类别下容纳多个框架（Chliova et al.，2020）。

"影响力投资"一词是在2007年创立的，由洛克菲勒基金会和摩根大通等组织推广，作为一种将金融回报与积极的社会影响相结合的方式（Daggers and Nicholls，2016）。到2020年，该场域已引起全球关注，并朝着主要面向机构投资者的方向发展（Hehenberger et al.，2019）。然而，以受益人为中心的替代方法仍然存在（Investing for Impact，2019），并且该场域在许多国家仍处于早期兴起阶段。

为了确定本章的模型并以全面的方式加以说明，我们根据先前的文献将场域成熟度和混合程度对组织合法性的影响分为正面和负面。然而，这种分类是一个视角问题，对一组利益相关者有利的东西可能对另一组利益相关者不利。在讨论混合组织需要评估权衡时，我们回到这一点。

四、场域混合对组织合法性的影响

本章的框架如表13-1所示。

表13-1　场域混合对组织合法性的影响

对组织合法性的影响	新兴场域	成熟场域	
	新兴混合	低混合度	高混合度
消极影响	不可通约意义	被强大行为人支配	制度基础设施薄弱
	不相容的价值	使命漂移	削弱
积极影响	框架灵活性	强有力的制度基础设施	广泛的资源基础
	绩效灵活性	嵌入主流实践	通过当地转化进行扩展

（一）新兴场域混合的负面影响

合法性在新兴场域尤其具有挑战性。新事物的责任可能给组织带来巨大的挑战（Stinchcombe，1965；Aldrich and Fiol，1994），因为合法性的制度化基础，如认知、规范和监管机构，不会在新兴场域发展和根深蒂固（Scott，1995）。我们认为，当一个新兴场域以混合为特征时，它的合法性挑战可能会进一步加剧，尤其是当场域层面的混合源于先前存在的制度场域和相关市场的要素重组时，这些市场在术语、行为规范和监管类型方面存在巨大差异，而所有这些在实践中往往是紧密相连的（Hoffman and Ventresca，1999）。

在一个场域出现的早期阶段，通过不同参与者之间的逐步协商，其意义被社会建构（Khaire and Wadhwani，2010；Leibel et al.，2017），认知合法性通常是一个挑战。认知意义仍在不断变化，这可能会让非专业利益相关者感到困惑。例如，新兴场域需要一定程度的一致性来支持明确定义的市场类别（Grodal et al.，2015），因为利益相关者（如评估者）往往与复杂性做斗争（Zuckerman，1999）。混合性会加剧这一挑战，因为两组不同的、被认为是理所当然的（可以被认为是不可通约的）混合会进一步增加利益相关者的复杂性。

正如 Galaskiewicz 和 Barringer（2012）所观察到的，在提到社会企业时，“通常情况下，观众对混合型组织或边界管理者感到不舒服，因为混合挑战了类别的纯洁性，使他们难以承担责任”。影响力投资的案例再次说明了混合对认知合法性构成的挑战。影响力投资受到另一个混合场域即小额信贷（Bannick and Goldman，2012）成功的启发并以其为模式。新慈善家特别是具有创业背景的慈善家发现慈善事业和利润的双赢主张特别吸引人（Lounsbury and Strang，2009）。在新兴的影响力投资场域内，定义的争论非常激烈，因为它的认知合法性必须与之前存在的两个场域（慈善事业和传统投资场域）进行对比。

在跨这些场域借用逻辑的同时划定清晰的边界使得通约变得困难。如果新兴场域过度侵入其中任何一个场域，它将有被视为不真实或多余的风险。相反地，如果它进一步远离其中一个或两个场域，它将有可能以管辖权小和牵引力小而告终。在影响力投资早期，当慈善和投资逻辑似乎不可通约时，该场域内部人士面临的合法性挑战。

与认知挑战密切相关但更具争议的是场域出现期间的道德合法性挑战。至少在最初被认为高度不相容的价值观和规范可能会使新兴场域的建立充满陷阱，而不仅仅是新问题的责任（Stinchcombe，1965；Aldrich and Fiol，1994）。学者经常讨论在组织层面上平衡道德关注和规范的必要性（Battilana and Dorado，2010；Battilana et al.，2017）及其在场域或国家层面上对逻辑的依赖性（Reay and Hinings，2009；Zhao and Wry，2016）。与认知合法性挑战类似，在混合新兴场域，道德合法性挑战可能是双面的，因为它们可能违反它所依赖的先前存在的两个（或更多）场域的规范。在小额信贷、社会企业家精神和影响投资的案例中，这些道德紧张在领域出现期间尤其明显。就小额信贷而言，对先前适当性概念的践踏引起了强烈的批评和争议。Accion International 是一家在拉丁美洲开展业务的美国非政府组织，它首先开发并领导了小额信贷商业变体的运用，最初使小额信贷社区两极分化。

考虑到向穷人服务的成本高于为富人服务的成本，应向穷人收费，这一收费率实际上可以弥补成本，而这确实存在争议。因此，有一段时间，在会议上会有人对他们大喊大叫，因为他们被认为是无情的，想剥削穷人。之后 Accion 做了一件很有争议的事，他主张向穷人收取正利率，自然引起了争议，他说："如果你想要影响力，你必须成长，你必须与银行建立联系。"然而，对于很多人来说，与银行建立联系就像与魔鬼睡觉一样。后来，Accion 又引起了很大的争议，他说："为了真正继续增长，你必须自己成为一家银行。"

综上所述，我们认为在早期场域出现期间，场域层面的混合性，特别是当它是由认知和规范制度（差异很大）混合而成时，往往会给场域内的组织带来额外的合法性挑战，除了那些由于它的新责任而使他们可能要经历的。本书提出以下命题 1：

命题 1：由于意义的不可通约性和价值观的不相容性，与新兴非混合场域的组织相比，新兴混合场域的组织可能面临额外的合法性挑战。

（二）新兴场域混合的正向影响

除了一些挑战之外，我们还希望混合能为新兴场域的组织带来好处。这些好处可以被概念化为直接积极地影响合法性，或者是屏蔽"非法性"（Zuckerman，1999）。在这里，我们关注两个新兴的混合场域可以允许的积极影响：制定活动的更高灵活性和指定自己的绩效指标的更高灵活性。

与其他新兴场域相比，新兴混合场域内的组织在如何定位自己和制定活动框架方面有更多的回旋余地。当有多种逻辑可供借鉴而它们之间的组合尚未巩固时，组织可以在不改变其基本实践的情况下，尝试使用其他框架方法。特别是，混合场域所利用的任何一个既有场域的一系列道德和认知机构都可以用来吸引持有不同期望的利益相关者和受众。例如，组织可以选择积极强调其工作的某些方面，而隐藏其他方面，以避免失信于特定的利益相关者群体。由 Lee 等（2018）研究的 Addiopizzo 案例表明了一个处于社会运动激进主义和商业企业交叉点的组织如何对其付费客户（游客）淡化其工作的某些方面，如积极谴责黑

手党，同时将其保留在与会员群（当地小企业无视黑手党要求的“保护”资金）的内部沟通中。绿色化学新兴领域的案例（Howard - Grenville et al.，2017）同样强调了不同的成员群体如何通过对每个群体使用不同的术语和规范来聚集到一个新兴场域。

混合型场域可能会为参与者提供更大的空间，让他们主张和构建合适的绩效标准，这会影响他们在外部受众眼中的合法性。在新兴场域，标准和边界可能仍然模棱两可，监管机构缺位，普遍降低了合法性（Abbott，1988）。然而，混合型场域可能为组织提供更广泛的机会，使其在试验确定目标的最佳方式时免受公众监督。Jay（2013）描述的跨部门可持续发展机构提供了一个说明性案例。未能按照最初通过借鉴机构的业务、员工和管理层所设想的绩效要求和标准脱颖而出，尽管这些不同于最初设想的结果，但还是成功地识别出了替代的成功结果。通过这一进程，他们能够修改自己的存在理由和业绩标准，在更大程度上借鉴公共服务逻辑，使本组织能够解决生存危机，为自己找到一个定位。

早期的影响投资同样反映了更好的框架和更高的性能灵活性的好处。在这一新兴场域开展工作的金融中介机构、研究人员和社会企业等组织能够向不同的受众传达适合每个利益相关者群体利益和目标的信息如将向慈善基金会和金融机构宣传关于影响力投资的培训课程，以及对每个基金会和金融机构使用不同的信息。此外，基金经理在评估投资基金的影响时，可以平衡使用财务和社会影响绩效指标。这简化了与不同受众的沟通，同时允许基金经理在分配给每个场域的权重和相关性方面灵活运用策略。例如，Bridges Fund Management 和 Omidyar Network 就是影响力投资者的例子，他们使用的方法组合具有不同的社会影响力和财务预期组合。总结以上的论点，本书提出以下命题 2：

命题 2：与非混合场域的组织相比，新兴混合场域的组织可能享有合法性优势，因为它们在制定活动和定义自身绩效标准方面具有更高的灵活性。

新兴场域需要在外部利益相关者眼中积极建立其合法性的认知、道德和监管基础，而成熟场域则相对不受这一需要的影响，至少在下一个危机和转型期到来之前是如此。本章对以往工作的回顾和实证研究表明，随着场域的成熟，混合对组织合法性产生了一些消极和积极的影响。在此，我们区分了混合度随时间下降的成熟场域（Grimes et al.，2018）和混合度自出现以来保持稳定或增加的成熟场域（Litrico and Besharov，2019）。

（三）成熟场域低混合的负面影响

虽然新兴的混合场域可能难以获得合法性，但是一旦达到一定的合法性水平，它们可能会对广泛的利益相关者产生很大的吸引力，因此合作成为一种可能。在雷达下操作不再是一种可能，而场域之间的竞争通常随之发生（Lounsbury et al.，2003）。混合场域特别容易出现这种竞争，因为它们跨越了经常被视为不一致的价值观和制度（Hoffman and Ventresca，1999）。此外，它们为可能的参与者提供了一个比在非混合场域更广泛的切入点。当不同的组织牢固地融入成熟的混合场域时，其中最强大的组织施加影响的机会可能会增加（Kent and Dacin，2013）。同时，由于混合最初是该场域不可分割的一部分，谴责任何一种逻辑都是不合理。因此，强大的参与者可以在保持两套逻辑之间平衡的前提下进入一个成熟的混合场域，一旦他们完全融入其中，就利用他们的优势破坏他们之间的平衡，将其向自身利益倾斜（Lounsbury et al.，2003）。

在小额信贷场域可以找到因合作而减少混合的例子（Kent and Dacin，2013）。虽然大多数管理学者都从组织内的角度看待这一现象（Battilana and Dorado，2010；Grimes et al.，2018），但是这一混合场域的历史和争论也很有意义（Kent and Dacin，2013；Khavul et al.，2013）。发展社会学家和经济学家（Armendáriz and Szafarz，2009；Morduch，2000；Roy，2010；Weber，2002，2014）以及我们的一些研究指出小额信贷场域已被其体现的两种逻辑之一所“俘获”。特别是，商业逻辑已经在很大程度上主导了目前成熟的全球小额信贷场域（Roy，2010）。商业方面取得了胜利，因此现在所有最初抵制商业方面的组织都在使用商业原则。现在所有的小额信贷机构在很大程度上正在或已经成为受监管的金融机构。最初全球接受小额信贷使我们解除了武装，因此我们没有看到这种情况的发生。我们成立了援助穷人咨询小组，但失去了这个机构。现在它甚至拒绝承认 Yunus 在小额信贷方面的先锋作用。

在商业逻辑的主导下，上述场域经历了相当大的增长，但也不断受到批评，人们认为使命漂移远离了贫困客户，转向了更有利可图的客户（Armendáriz and Szafarz，2009；Morduch，2000；Roy，2010；Weber，2002，2014）。Grimes 等（2018）认为使命漂移对组织具有适应性优势，与此同时，他们的合法性特别是其道德层面可能会受到影响，除非采取实质性行动，即要么重新定义使命使其偏离原始目标，要么将其与实地活动重新结合起来。无论商业游说团的合作对该场域的盈利能力和扩张有多大好处，使命漂移对客户福祉的影响仍存在争议（Grimes et al.，2018）。几年前，印度发生了一场贫困小额信贷借款人自杀式的危机，暴露出某些小额信贷机构在确保贷款偿还方面所能达到的程度。在危机得到遏制的同时，负面宣传给该场域的道德合法性投下了阴影，影响挥之不去。

同样地，欧洲影响力投资场域向国家行为体和金融公司的相对主导地位转变（Hehenberger et al.，2019）也引起了人们对该场域对于社会部门组织的相关性和合法性的质疑，因为据称该场域将迎合社会部门组织的需求。

合法性取决于受众，合作可以提高某些利益相关者的合法性，同时降低其他人的合法性。然而，失去关键利益相关者的支持并从他们的角度提出质疑可能是混合型组织的一个重大障碍（Pache and Santos，2013）。总的来说，我们认为朝着降低混合度方向发展的混合场域将容易受到某些类型的合法性挑战。本书提出以下命题 3：

命题 3：与高混合成熟场域中的组织相比，混合程度低的成熟混合场域中的组织可能面临合法性挑战，这是因为其合作和使命漂移的可能性增加。

（四）成熟场域低混合的正向影响

在组织研究中，制度化的好处已经被多次重申。通过专业协会和国家支持建立清晰边界、受控进入和成员资格、标准化实践、规则和条例的场域可以建立其对非参与者或相邻场域的管辖权，并享受多种好处（Abbott，1988；Lee，2009；Ozcan and Gurses，2018）。已经建立了这样一个制度基础设施的场域可以利用它通过游说或理论化改革努力进一步推进其管辖权的扩展（Aldrich and Fiol，1994；Greenwood et al.，2002）。监管者将发现更容易理解一个具有明确定位、标准和规则的场域，并在这些要求一致时响应场域参与者的要求。因此，较低的混合性可以减少对利益相关者（包括监管机构）的挑战，因为它在解释场域边界和监管方面提供了更大的确定性。当一个成熟场域的混合性减弱时，或者当该场域的利益相关者在其利益上趋于一致时，或者当一组利益相关者主导该场域时，满足他们的需求对监管者来说变得更加简单，从而导致支持性机构的建立更加统一。

例如，在小额信贷场域，世界银行及其附属机构 CGAP 和小额信贷信息交流中心（MIX）促进了全球发展中国家小额供资行业监管的协调。由于将小额信贷国家计划与发展中国家在需要财政援助时实施的结构调整计划捆绑在一起，这一点得以实现，前提是小额信贷将缓和此类计划之后通常出现的社会动荡（Weber，2002，2014）。反过来，统一的国际框架以及 CGAP、MIX 和其他倡议制定的标准和规则，使小额信贷组织与国际银行和投资基金之间建立了具体的交换关系。具体的交换关系（Khaire and Wadhwani，2010；Weber et al.，2008）和相应的保护市场的机构（De Soto，2001；Khanna and Palepu，1997）可以为混合性降低且仍然较低的场域带来一定的好处。

在一个向较低水平的混合性发展的场域中，组织也可以从其混合实践中获益，使其嵌入主流实践中。例如，随着影响力投资的论述和实践越来越符合金融逻辑，影响力投资已经朝着减少混合的方向发展（Hehenberger et al.，2019）。因此，现有的金融市场基础设施已将影响力投资作为一个子类别纳入如今更为主流的可持续和负责任投资场域（Global Sustainable Investment Review，2018）。自

2012 年起，全球可持续投资联盟和 Eurosif（它的欧洲等效机构）在其报告中加入了一节关于影响力投资的内容，因为它在机构市场和零售市场中越来越受到关注。这有助于提高机构投资者对影响力投资的认识，并使这种做法合法化。影响力投资被视为主要对金融市场负责并能够提供高财务回报，这有助于将这种类型的投资融入现有实践。我们认为，如果影响力投资在市场和慈善或社区利益相关者的关注上被认为是均衡的，那么这种嵌入是不可能的。

小额信贷组织的案例也说明了该场域日益减少的混合性（商业逻辑占主导地位）（Roy，2010）不仅促成了相关基础设施的创建，还促成了零售和机构投资者向小额信贷项目分配资金的可能性。例如，西班牙的 Caixabank 和 BBVA 等主流金融机构成立了新的大型部门，专门提供小额贷款，而金融顾问一直在提供专门投资小额信贷机构的资金，作为其投资组合的常规部分。

综上所述，成熟低混合度的场域除了带来挑战之外，还为其成员提供了某些合法性好处。本书提出以下命题 4：

命题 4：由于发达的制度基础设施和嵌入主流实践，与高混合成熟场域的组织相比，混合程度低的成熟混合场域的组织可能享有合法性优势。

（五）成熟场域高混合的负面影响

并非所有新兴混合场域都成熟为高度制度化场域（Zietsma et al.，2017）。随着一个领域的成熟，解决方案可能会使用多个框架，而不是只用一个占主导地位的框架，因为其不像传统的领域，而更像一个模糊的类别（Chliova et al.，2020）。根据 Greenwood 等（2011）的观点，现在更容易接受的是，某些场域更倾向于持久的、竞争性的逻辑。具有高混合性的场域可能特别倾向于围绕多元逻辑解决问题，因为它们提供了更大范围的逻辑，成员组织可以从中借鉴，并且可以创造性地重新组合。社会创业的案例代表了一个支持模糊范畴的碎片化的场域，而不是一个由具体的制度支柱支持的传统交换场域。我们预计在这种情况下，合法性将受到两方面的负面影响，即薄弱的基础设施和可能被稀释的权力。

新的实践只有嵌入日常组织生活的结构并被视为理所当然的，才能制度化（Lawrence et al.，2002；Maguire et al.，2004）。类似地，一个新兴场域也可以被视为理所当然的并最终制度化，前提是它必须融入利益相关者群体与其环境之间的交流中。混合性仍然很高的场域往往包含不同的解释和紧张关系，需要不断迭代（Smith and Besharov，2019），避免直接开发监督和制度框架。参与者仍然不清楚它们的边界，这限制了政府等机构行为者制定相关法规的能力。这可能具有挑战性，因为它会降低某个场域及其支持类别的监管合法性，并在其他新兴场域面对挑战或外部压力的情况下使其处于弱势地位。

例如，美国在缺乏支持回收行业社会企业的明确监管框架情况下，纯盈利动机的回收商可以与非营利动机的回收商在相同条件下竞争。这种情况并没有考虑第一个国家只回收有利可图的东西，丢弃剩余的废物，而之后许多国家则利用其从某些材料中获得的利润补贴其他材料的损失，以便为其经营所在的社区带来环境效益。当社会利益仍未得到承认和难以界定时，融合了市场和非营利逻辑的社会企业难以建立其管辖权并保护其免受其他场域的影响。

我们用我们的利润来完成我们的零废物使命，用以堆肥和解决难以回收的问题……所以我们的利润用于继续（运营），但那些只做回收的盈利公司抗议我们不应该再做回收。他们说："我们现在要做回收"，因此我们对公众说："让他们从我们的社会企业中拿走回收对你们这些人有什么好处?"我们正在创造肥料，创造一个你们都喜欢的零废物社区，我们唯一能做到的就是利用回收的利润。盈利公司能给你提供什么优势？他们打算怎么处理这些利润呢？他们会买豪车和第二套度假屋（回收社会企业家，美国）。

高混合度场域内的另一个负面是，各种各样的组织武断地宣称参与场域的范围更大，这反过来会影响该场域的形象，从而影响该场域内组织的形象（Grodal，2018；Wry et al.，2011）。虽然这种风险可能与所有成熟的场域相关，但是我们有理由认为，具有高度混合性的成熟场域会更容易受到影响。首先，混合场域可以让范围更广的组织和其他利益相关者在其边界内进行自我定位。其次，由于这一点，混合场域可能会发现制定普遍公认的标准、进入壁垒和明确划分其管辖范围的边界更难、更耗时（Abbott，1988）。最后，由于在广泛多样的参与者的推动下，成员资格的替代定义激增，混合场域在就其确切含义达成明确共识方面可能处于不利地位（Reay and Hinings，2005）。由于这些条件的存在，不同的场域成员可能会发现更容易坚持他们自己对该场域所代表的东西的主张，竞争者可以声称自己属于该场域，而无须对其主张进行仔细审查。

社会企业创业虽然早已超越了出现阶段，但是允许各种框架和定义共存，导致产生持续的模糊性（Chliova et al.，2020）。尽管这有助于维持该场域的利益，但是也可能损害内部和外部利益相关者眼中的认知合法性，他们认为与该场域的机会主义联系有可能削弱其意义。事实上，如果任何个人都能自我认定为社会企业家，任何组织都能自我认定为社会企业，那么整个场域和相关范畴的认知合法性就会受到影响。

因此，在一个保持高度混合性的场域中，缺乏保护性基础设施和确定机会主义的基本范围可能会潜在地损害组织的合法性。本书提出以下命题5：

命题5：由于基础设施薄弱和存在削弱风险，与低混合成熟场域的组织相比，具有高度混合的成熟混合场域的组织可能面临合法性挑战。

（六）成熟场域高混合的正向影响

随着场域的成熟，不断增长的制度基础设施对合法性施加了压力，且通常是在一个不断增加同构的过程中（DiMaggio and Powell，1983）。然而，以高混合性为特征的混合场域中的组织，由于其边界通常是流动的，整体一致性较低，因此允许更大范围的分歧行动。这些场域在更大程度上保留了它们赖以存在的两套混合逻辑，因此可能能够改善组织合法性的某些方面。本书专注于聚合广泛的资源基础和通过本地转化进行扩展的好处。

具有高度混合性的成熟场域需要更多机会吸引和聚集更广泛的支持性利益相关者和受众（Battilana et al.，2017）。虽然混合场域在其早期可能会面临重大挑战，但是如果它们超越这些挑战并成为主流，它们可以为成员组织提供与广泛的利益相关者和受众产生共鸣的能力。这些支持者的利益不一定具有高度可比性或趋同性。例如，在社会企业家的案例中，高混合性增强了创造性地理解场域和相关类别含义的可能性。再加上在场域框架、成员资格和边界方面的长期模糊性（Chliova et al.，2020），这种混合吸引了广泛的参与者，并确保了参与者的持续供应，即使在削弱发生时也是如此。现在被归类为社会企业家和社会企业的参与者过去居住在不同的场域，如激进主义、营利性创业和商业、非营利等场域。他们包括来自发展中国家的环境活动家和向英国政府采购服务的大型企业等各种各样的参与者，这些企业从不同角度为社会企业家的生存和繁荣做出了贡献。类似地，从政府到慈善基金会、影响力投资基金等各种各样的资助者一直在为社会企业提供资源（Steyaert and Katz，2004）。

高度的混合还可以吸引广泛的客户。本章研究的一个例子是 La Tavella，这是西班牙的一家先驱型社会企业，向客户提供一篮子本地有机水果和蔬菜（Koteles et al.，2013）。一些家庭购买一篮子产品是因为产品质量高，而另一些家庭购买一篮子产品是因为社会影响因素——La Tavella 雇佣患有严重精神疾病的员工，以帮助他们融入社会。因此，由于在混合性仍然很高的场域有更广泛的逻辑，组织可以依靠更广泛的潜在利基来同时定位自己，也可以依靠更广泛的资助者和客户来获取资源。

此外，声称拥有高混合成熟场域的成员资格可以为其在当地适应提供更广泛的机会，从而带来扩张的可能性。当一个场域允许不同的模板共存并在混合连续体的不同点上定位时，采用和调整现有模板以满足当地需求的利益相关者将受到赞扬，或者至少是容忍的而不是惩罚。因此，能够采用和本地转化各种预先存在的模板（Czarniawska and Sevón，2011）有助于在严格执行原始模板可能不合适的场域快速扩展。此外，本地转化可以带来进化上的好处，即后来者可以利用替

代学习在混合连续体中定位自己，从而避免陷阱，最大限度地为自己带来好处。社会创业为来自不同地区的利益相关者提供可延展的模板，同时允许他们创造性地将这些模板适应当地条件，以促进扩展。

就具有高度混合性的成熟场域而言，道德和认知合法性基本上源于广度，而非深度或聚焦，因为对该场域的确认源于绝对数量的支持者，而不是明确的场域限制和成员标准。总体而言，关于高混合度对混合场域合法性的积极影响，本书提出以下命题6：

命题6：与低混合度成熟场域的组织相比，具有高混合度的成熟场域的组织可能享有合法性优势，因为它们需要广泛的资源基础，并通过本地转化进行扩展。

五、讨论

本章的框架解释了一个场域的混合性如何影响其合法性，这对混合组织的研究做出了两个重要贡献。首先，本章通过考察一个场域的两个关键维度即成熟度和混合程度的作用，揭示了场域混合性影响该场域组织合法性的机制，迄今为止，这两个维度很少受到关注。其次，本章扩展了已经确定混合对合法性的正面和负面影响的文献（Battilana et al.，2017），在讨论中引入了场域成熟度和混合的各个方面，并强调了在评估这种关系时要考虑的潜在权衡。

为了强调场域发展对混合型组织合法性的重要性，我们放弃了这样的假设，即混合性的特征和合法性的斗争在很大程度上都来自场域层面（Lounsbury，2007；Suddaby et al.，2017）。具体而言，本章是基于最近对制度场域的研究（Micelotta et al.，2017；Zietsma et al.，2017），这些研究认为，场域动态因场域的成熟阶段而显著不同。本章对新兴和成熟场域的区分使我们能够进一步揭示混合对合法性的影响，表明这种影响取决于场域成熟度。此外，利用本章所研究的混合场域的证据，我们可以提供说明性的例子，说明这些影响是如何随时间和不同场域发生变化的。在本章中，我们采取了一种方式将关于混合性和成熟度的讨论衔接起来，以评估合法性挑战的演变以及对组织的好处。

这一场域层面的观点不同于大多数关于混合型组织及其合法性斗争的研究，目前为止，这些研究主要集中在组织内层面的分析（Pache and Santos，2013）。本章将其与制度逻辑研究联系起来，该研究考虑了多种逻辑如何在不同场域（Haveman and Rao，1997；Thornton and Ocasio，1999）共存（Goodrick and Reay，

2011）或混合（Ansari et al.，2013；Casasnovas and Ventresca，2019），以争夺统治地位。这种场域和组织层面分析的结合，有助于我们理解影响混合型组织所经历的挑战和机遇的条件，以及组织如何能够最好地使用不同的策略来影响混合性对其合法性的动态影响。

这不可避免地从制度理论传统中带回了重要的见解，且与当前组织和应对社会挑战的形式有关。在这方面，未来可以研究混合场域在符合同构压力的程度上如何变化（DiMaggio and Powell，1983），或者在实践和方法上保持足够的变化（Lounsbury，2008）。本章的框架表明，随着小额信贷与银行业的结合，以及影响力投资与传统投资的结合，与已经拥有完善的制度基础设施的场域建立密切的联系（Hinings et al.，2017），既可能带来更大的整合压力，也可能带来合法性和增长方面的好处。相反地，在更大程度上抵制合作的混合场域，如社会创业，可以享受灵活性和广泛吸引力的好处，但也面临某些合法性挑战，如难以建立健全的制度基础设施或其产品有被削弱的风险。

合法性有不同的方面，但并不总是同步的。例如，某个组织或实践可以享有高度的认知合法性，因为它易于理解和分类，但由于它不符合特定受众的规范性期望，因此道德合法性较低。我们已经确定的不同机制经常指向 Scott（1995）对认知合法性、道德合法性和监管合法性的区分，表明混合与合法性之间的关系需要进行多方面的描述和理论化。这就引出了本章的第二个理论相关点：混合产生的不同类型的合法性之间存在权衡，需要被理解和进一步分析。例如，如果一个混合场域朝着拥有一个非常清晰的组织模板（Chliova and Ringov，2017）的方向发展，该模板主要嵌入在一个制度逻辑如小额信贷中（Kent and Dacin，2013），我们预计这将增加其某些方面的合法性，如其认知合法性（避免稀释的负面影响）以（通过合作机制）牺牲道德合法性等其他方面为代价。此外，本章的框架表明，即使在某种类型的合法性中，合法性也有不同的好处和挑战。例如，一个朝着较低程度混合的场域，如小额信贷，在许多早期支持者眼中，其道德合法性可能会受到影响，但在新的受众如金融部门的专业人士看来，它会获得道德合法性。类似地，混合程度可以通过影响组织享有的合法性来源的范围来影响组织的合法性：在社会创业的情况下，合法性的好处和挑战都来自接触更广泛的利益相关者和受众，而小额信贷（在很大程度上影响力投资）的利益和挑战源于该场域的清晰度和深度。因此，组织考虑在低、高成熟度和低、高混合程度的混合场域中进入或重新定位自己，需要考虑每个条件带来的好处和挑战，并对如何权衡进行战略规划。本章的框架进一步扩展了先前关于混合的好处和挑战的研究工作（Battilana et al.，2017），介绍了场域间成熟度和混合程度的重要方面，有助于可视化每种条件下固有的权衡。

本章的一个局限性在于，它不能提供一个结论性的答案，以说明在每种情况下混合对合法性的正面和负面影响的净影响。我们的目的是提取在每个方向上起作用的一些机制，未来的研究可以利用这个框架来分析每种机制的作用程度，或者其他机制是否会影响混合场域中的组织合法性。未来的研究还可以通过探索特定组织的混合程度如何与场域层面的混合程度相关，产生不同的组织合法性结果，从而进一步细化本章的框架。此外，学者们可以进一步揭示影响混合性的维度，如场域或组织层面的逻辑中心性和逻辑兼容性等影响因素均响应了本章的命题。

值得注意的是，本章的框架中的主要变量即新兴与成熟、低到高混合与缺乏混合尽管出于简化的原因在这里表现为二分法，但是实际上是具有多个中间位置的连续体。同样地，正面与负面效应的评估取决于采用的观点（如现任或挑战者组织、社会活动家或投资者的）和时间范围，因为一些影响在短期内可能是积极的，但在长期内会损害组织的合法性。我们希望本章的研究能够激发人们对探索未来不同类型利益相关者的场域混合性对合法性的影响的兴趣。

本章的研究也为社会企业和其他混合型组织的管理者提供了重要的见解。具体而言，本章指出了以实地建设活动为重点补充内部管理重点的重要性。鉴于混合组织的合法性通常在场域层面上决定，管理人员需要分配时间了解场域混合性影响其合法性的机制，以便将挑战降至最低并利用机会。这些类型的系统建设工作已经在不同的背景下由社会企业家进行，他们的工作吸引了越来越多的实践者和学者的关注（Mair et al.，2012；Donaghey and Reinecke，2018；Hargreaves，2018）。

参考文献

[1] Abbott，A.（1988）. The system of professions：An essay on the division of expert labor. Chicago，IL：University of Chicago Press.

[2] Aldrich，H. E.，& Fiol，C. M.（1994）. Fools rush in? The institutional context of industry creation. Academy of Management Review，19（4）：645-670.

[3] Ansari，S.（Shaz），Wijen，F.，& Gray，B.（2013）. Constructing a climate change logic：An institutional perspective on the "Tragedy of the Commons". Organization Science，24（4）：1014-1040.

[4] Armendáriz，B.，& Szafarz，A.（2009）. Microfinance mission drift? Research Institute in Management Sciences. Retrieved from https：//www.microfinancegateway.org/sites/default/files/mfg-en-papermicrofinance-mission-drift-apr-2009_0.pdf.

[5] Bannick，M.，& Goldman，P.（2012）. Priming the pump：The case for a

sector based approach to impact investing. Omidyar Network. Retrieved from https：//www. omidyar. com/sites/default/files/file_archive/insights/Priming%20the%20Pump_Omidyar%20Network_Sept_2012. pdf.

[6] Battilana, J. , Besharov, M. , & Mitzinneck, B. (2017). On hybrids and hybrid organizing: A review and roadmap for future research. In R. Greenwood, C. Oliver, T. Lawrence, & R. Meyer (Eds.), The SAGE handbook of organizational institutionalism (pp. 128-162). Thousand Oaks, CA: SAGE.

[7] Battilana, J. , & Dorado, S. (2010). Building sustainable hybrid organizations: The case of commercial microfinance organizations. Academy of Management Journal, 53 (6): 1419-1440.

[8] Battilana, J. , & Lee, M. (2014). Advancing research on hybrid organizing-Insights from the study of social enterprises. Academy of Management Annals, 8 (1): 397-441.

[9] Battilana, J. , Sengul, M. , Pache, A. -C. , & Model, J. (2015). Harnessing productive tensions in hybrid organizations: The case of work integration social enterprises. Academy of Management Journal, 58 (6): 1658-1685.

[10] Besharov, M. L. , & Smith, W. K. (2014). Multiple institutional logics in organizations: Explaining their varied nature and implications. Academy of Management Review, 39 (3): 364-381.

[11] Casasnovas, G. , & Bruno, A. V. (2013). Scaling social ventures: An exploratory study of social incubators and accelerators. Journal of Management for Global Sustainability, 1 (2): 173-197.

[12] Casasnovas, G. , & Ventresca, M. (2019). Constructing organizations as actors: Insights from changes in research designs in the study of institutional logics. In H. Hwang, J. A. Colyvas, & G. S. Drori (Eds.), Agents, actors, actorhood: Institutional perspectives on the nature of agency, action, and authority (Research in the Sociology of Organizations, Vol. 58, pp. 135 - 160). Bingley: Emerald Publishing Limited.

[13] Casasnovas, G. , & Ventresca, M. J. (2016). Formative dynamics in the UK social investment market, 2000 - 2015: An "organization rich" agenda on how markets form. In O. Lehner (Ed.), Routledge handbook of social and sustainable finance. New York, NY: Routledge.

[14] Chliova, M. , Brinckmann, J. , & Rosenbusch, N. (2015). Is microcredit a blessing for the poor? A metaanalysis examining development outcomes and

contextual considerations. Journal of Business Venturing, 30 (3): 467-487.

[15] Chliova, M., Mair, J., & Vernis, A. (2020). Persistent category ambiguity: The case of social entrepreneurship. Organization Studies, 41 (7): 1019-1042.

[16] Chliova, M., & Ringov, D. (2017). Scaling impact: Template development and replication at the base of the pyramid. Academy of Management Perspectives, 31 (1): 44-62.

[17] Czarniawska, B., & Sevón, G. (2011). Translating organizational change. Berlin: De Gruyter.

[18] Daggers, J., & Nicholls, A. (2016). The landscape of social impact investment research: Trends and opportunities. Oxford: Saïd Business School, University of Oxford.

[19] De Soto, H. (2001). The mystery of capital: Why capitalism triumphs in the West and fails everywhere else. London: Black Swan Books.

[20] DiMaggio, P. J., & Powell, W. W. (1983). The Iron Cage revisited: Institutional isomorphism and collective rationality in organizational fields. American Sociological Review, 48 (2): 147-160.

[21] Donaghey, J., & Reinecke, J. (2018). When industrial democracy meets corporate social responsibility: A comparison of the Bangladesh Accord and alliance as responses to the Rana Plaza disaster. British Journal of Industrial Relations, 56 (1): 14-42.

[22] Galaskiewicz, J., & Barringer, S. (2012). Social enterprises and social categories: In B. Gidron & Y. Hasenfeld (Eds.), Social enterprises: An organizational perspective (pp. 47-70). London: Palgrave Macmillan UK.

[23] Global Sustainable Investment Review. (2018). Global Sustainable Investment Alliance. Retrieved from: http://www.gsi-alliance.org/wp-content/uploads/2019/03/GSIR_Review2018.3.28.pdf.

[24] Goodrick, E., & Reay, T. (2011). Constellations of institutional logics changes in the professional work of pharmacists. Work and Occupations, 38 (3): 372-416.

[25] Greenwood, R., Raynard, M., Kodeih, F., Micelotta, E. R., & Lounsbury, M. (2011). Institutional complexity and organizational responses. Academy of Management Annals, 5 (1): 317-371.

[26] Greenwood, R., & Suddaby, R. (2006). Institutional entrepreneurship

in mature fields：The Big Five accounting firms. Academy of Management Journal，49（1）：27-48.

[27] Greenwood，R.，Suddaby，R.，& Hinings，C. R.（2002）. Theorizing change：The role of professional associations in the transformation of institutionalized fields. Academy of Management Journal，45（1）：58-80.

[28] Grimes，M. G.，Williams，T. A.，& Zhao，E. Y.（2018）. Anchors A-weigh：The sources，variety，and challenges of mission drift. Academy of Management Review，44（4）：819-845.

[29] Grodal，S.（2018）. Field expansion and contraction：How communities shape social and symbolic boundaries. Administrative Science Quarterly，63（4）：783-818.

[30] Grodal，S.，Gotsopoulos，A.，& Suarez，F. F.（2015）. The coevolution of technologies and categories during industry emergence. Academy of Management Review，40（3）：423-445.

[31] Hannigan，T.，& Casasnovas，G.（Forthcoming）. New structuralism and field emergence：The co-constitution of meanings and actors in the early moments of impact investing. In C. Steele，T. Hannigan，V. Glaser，M. Toubiana，& J. Gehman（Eds.），Macrofoundations：Exploring the institutionally situated nature of activity（Research in the Sociology of Organizations，pp. 171-207）. Bingley：Emerald Publishing.

[32] Hargreaves，M. B.（2018）. Leveraging systemic change：Evaluating what works. Chicago，IL：NORC@ the University of Chicago.

[33] Haveman，H. A.，& Rao，H.（1997）. Structuring a theory of moral sentiments：Institutional and organizational coevolution in the early thrift industry. American Journal of Sociology，102（6）：1606-1651.

[34] Hehenberger，L.，Mair，J.，& Metz，A.（2019）. The Assembly of a field ideology：An idea-centric perspective on systemic power in impact investing. Academy of Management Journal，62（6）：1672-1704.

[35] Hinings，C. R.，Logue，D.，& Zietsma，C.（2017）. Fields，governance and institutional infrastructure. In R. Greenwood，T. B. Lawrence，R. E. Meyer，& C. Oliver（Eds.），SAGE handbook of organizational institutionalism（2nd ed.，pp. 163-189）. London：SAGE.

[36] Hoffman，A. J.，& Ventresca，M. J.（1999）. The institutional framing of policy debates. American Behavioral Scientist，42（8）：1368-1392.

[37] Howard - Grenville, J., Nelson, A. J., Earle, A. G., Haack, J. A., & Young, D. M. (2017). "If chemists don't do it, Who is going to?" Peer-driven occupational change and the emergence of green chemistry. Administrative Science Quarterly, 62 (3): 524-560.

[38] Investing for Impact. (2019). European Venture Philanthropy Association.

[39] Jay, J. (2013). Navigating paradox as a mechanism of change and innovation in hybrid organizations. Academy of Management Journal, 56 (1): 137-159.

[40] Kent, D., & Dacin, M. T. (2013). Bankers at the gate: Microfinance and the high cost of borrowed logics. Journal of Business Venturing, 28 (6): 759-773.

[41] Khaire, M., & Wadhwani, R. D. (2010). Changing landscapes: The construction of meaning and value in a new market category-Modern Indian Art. Academy of Management Journal, 53 (6): 1281-1304.

[42] Khanna, T., & Palepu, K. (1997). Why focused strategies may be wrong for emerging markets. Harvard Business Review, 75: 41-54.

[43] Khavul, S., Chavez, H., & Bruton, G. D. (2013). When institutional change outruns the change agent: The contested terrain of entrepreneurial microfinance for those in poverty. Journal of Business Venturing, 28 (1): 30-50.

[44] Koteles, B., Casasnovas, G., & Vernis, A. (2013). Stories of Scale. Nine cases of growth in social enterprises. Barcelona: Esade Business School, Institute for Social Innovation.

[45] Lawrence, T. B., Hardy, C., & Phillips, N. (2002). Institutional effects of interorganizational collaboration: The emergence of proto-institutions. Academy of Management Journal, 45 (1): 281-290.

[46] Lee, B. H. (2009). The infrastructure of collective action and policy content diffusion in the organic food industry. Academy of Management Journal, 52 (6): 1247-1269.

[47] Lee, M., Ramus, T., & Vaccaro, A. (2018). From protest to product: Strategic frame brokerage in a from protest to product: Strategic frame brokerage in a commercial social movement organization. Academy of Management Journal, 61 (6): 2130-2158.

[48] Leibel, E., Hallett, T., & Bechky, B. (2017). Meaning at the source: The dynamics of field formation in institutional research. Academy of Management Annals, 12 (1): 154-177.

[49] Litrico, J. B., & Besharov, M. L. (2019). Unpacking variation in hybrid organizational forms: Changing models of social enterprise among nonprofits, 2000-2013. Journal of Business Ethics, 159 (2): 343-360.

[50] Lounsbury, M. (2007). A tale of two cities: Competing logics and practice variation in the professionalizing of mutual funds. Academy of Management Journal, 50 (2): 289-307.

[51] Lounsbury, M. (2008). Institutional rationality and practice variation: New directions in the institutional analysis of practice. Accounting, Organizations and Society, 33 (4-5): 349-361.

[52] Lounsbury, M., & Glynn, M. A. (2001). Cultural entrepreneurship: Stories, legitimacy, and the acquisition of resources. Strategic Management Journal, 22 (6-7): 545-564.

[53] Lounsbury, M., & Strang, D. (2009). Social entrepreneurship. Success stories and logic construction. In D. Hammack & S. Heydemann (Eds.): Globalization, philanthropy, and civil society (pp. 71-94). Bloomington, IN: Indiana University Press.

[54] Lounsbury, M., & Ventresca, M. (2003). The new structuralism in organizational theory. Organization, 10 (3): 457-480.

[55] Lounsbury, M., Ventresca, M., & Hirsch, P. M. (2003). Social movements, field frames and industry emergence: A cultural-political perspective on US recycling. Socio-Economic Review, 1 (1): 71-104.

[56] Maguire, S., Hardy, C., & Lawrence, T. B. (2004). Institutional entrepreneurship in emerging fields: HIV/AIDS treatment advocacy in Canada. Academy of Management Journal, 47 (5): 657-679.

[57] Mair, J., Martí, I., & Ventresca, M. J. (2012). Building inclusive markets in rural Bangladesh: How intermediaries work institutional voids. Academy of Management Journal, 55 (4): 819-850.

[58] Micelotta, E., Lounsbury, M., & Greenwood, R. (2017). Pathways of institutional change: An integrative review and research agenda. Journal of Management, 43 (6): 1885-1910.

[59] Mongelli, L., Rullani, F., Ramus, T., & Rimac, T. (2019). The bright side of hybridity: Exploring how social enterprises manage and leverage their hybrid nature. Journal of Business Ethics, 159 (2): 301-305.

[60] Morduch, J. (2000). The microfinance schism. World Development, 28

(4)：617-629.

[61] Ozcan, P., & Gurses, K. (2018). Playing cat and mouse: Contests over regulatory categorization of dietary supplements in the U.S. Academy of Management Journal, 61 (5): 1789-1820.

[62] Pache, A.C., & Santos, F. (2010). When worlds collide: The internal dynamics of organizational responses to conflicting institutional demands. Academy of Management Review, 35 (3): 455-476.

[63] Pache, A.C., & Santos, F. (2013). Inside the hybrid organization: Selective coupling as a response to competing institutional logics. Academy of Management Journal, 56 (4): 972-1001.

[64] Reay, T., & Hinings, C.R. (2009). Managing the rivalry of competing institutional logics. Organization Studies, 30 (6): 629-652.

[65] Reay, T., & Hinings, C.R. (Bob). (2005). The recomposition of an organizational field: Health care in Alberta. Organization Studies, 26 (3): 351-384.

[66] Roy, A. (2010). Poverty capital: Microfinance and the making of development. London: Taylor & Francis.

[67] Santos, F.M., & Eisenhardt, K.M. (2009). Constructing markets and shaping boundaries: Entrepreneurial power in nascent fields. Academy of Management Journal, 52 (4): 643-671.

[68] Scott, W.R. (1995). Institutions and organizations. Thousand Oaks, CA: SAGE.

[69] Shepherd, D.A., Williams, T.A., & Zhao, E.Y. (2019). A framework for exploring the degree of hybridity in social entrepreneurship. Academy of Management Perspectives, 33 (4): 491-512.

[70] Smith, W.K., & Besharov, M.L. (2019). Bowing before dual Gods: How structured flexibility sustains organizational hybridity. Administrative Science Quarterly, 64 (1): 1-44.

[71] Steyaert, C., & Katz, J. (2004). Reclaiming the space of entrepreneurship in society: Geographical, discursive and social dimensions. Entrepreneurship and Regional Development, 16 (3): 179-196.

[72] Stinchcombe, A.L. (1965). Social structure and organizations. In J.G. March (Ed.), Handbook of organizations (pp. 142-193). Chicago, IL: Rand McNally.

[73] Suchman, M.C. (1995). Managing Legitimacy: Strategic and Institution-

al Approaches. Academy of Management Review, 20 (3): 571-610.

[74] Suddaby, R., Bitektine, A., & Haack, P. (2017). Legitimacy. Academy of Management Annals, 11 (1): 451-478.

[75] Thornton, P. H., & Ocasio, W. (1999). Institutional logics and the historical contingency of power in organizations: Executive succession in the higher education publishing industry, 1958 - 1990. American Journal of Sociology, 105 (3): 801-843.

[76] Weber, H. (2002). The imposition of a global development architecture: The example of microcredit. Review of International Studies, 28 (3): 537-555.

[77] Weber, H. (2014). Global politics of microfinancing poverty in Asia: The case of Bangladesh unpacked. Asian Studies Review, 38 (4): 544-563.

[78] Weber, K., Heinze, K. L., & DeSoucey, M. (2008). Forage for thought: Mobilizing codes in the movement for grass-fed meat and dairy products. Administrative Science Quarterly, 53 (3): 529-567.

[79] Wooten, M., & Hoffman, A. J. (2017). Organizational fields: Past, present and future. In R. Greenwood, C. Oliver, T. B. Lawrence, & R. E. Meyer (Eds.), The SAGE handbook of organizational institutionalism (pp. 55-74). London: SAGE.

[80] Wry, T., Lounsbury, M., & Glynn, M. A. (2011). Legitimating nascent collective identities: Coordinating cultural entrepreneurship. Organization Science, 22 (2): 449-463.

[81] Zhao, E. Y., Fisher, G., Lounsbury, M., & Miller, D. (2017). Optimal distinctiveness: Broadening the interface between institutional theory and strategic management. Strategic Management Journal, 38: 93-113.

[82] Zhao, E. Y., & Wry, T. (2016). Not all inequality is equal: Decomposing the societal logic of patriarchy to understand microfinance lending to women. Academy of Management Journal, 59 (6): 1994-2020.

[83] Zietsma, C., Groenewegen, P., Logue, D., & Hinings, C. r. (2017). Field or fields? Building the scaffolding for cumulation of research on institutional fields. Academy of Management Annals, 11 (1): 391-450.

[84] Zuckerman, E. W. (1999). The categorical imperative: Securities analysts and the illegitimacy discount. American Journal of Sociology, 104 (5): 1398-1438.